Esta colecção visa essencialmente
o estudo da evolução do homem
sob os aspectos mais genericamente antropológicos
– isto é, a visão do homem como um ser
que se destacou do conjunto da natureza,
que soube modelar-se a si próprio,
que foi capaz de criar técnicas e artes,
sociedades e culturas.

1. A CONSTRUÇÃO DO MUNDO, dir. *Marc Augé*
2. OS DOMÍNIOS DO PARENTESCO, dir. *Marc Augé*
3. ANTROPOLOGIA SOCIAL, de *E. E. Evans-Pritchard*
4. A ANTROPOLOGIA ECONÓMICA, dir. *François Pouillon*
5. O MITO DO ETERNO RETORNO, de *Mircea Eliade*
6. INTRODUÇÃO AOS ESTUDOS ETNO-ANTROPOLÓGICOS, de *Bernardo Bernardi*
7. TRISTES TRÓPICOS, de *Claude Lévi-Strauss*
8. MITO E SIGNIFICADO, de *Claude Lévi-Strauss*
9. A IDEIA DE RAÇA, de *Michael Banton*
10. O HOMEM E O SAGRADO, de *Roger Callois*
11. GUERRA, RELIGIÃO, PODER, de *Pierre Clastres, Alfred Adler e outros*
12. O MITO E O HOMEM, de *Roger Callois*
13. ANTROPOLOGIA: CIÊNCIA DAS SOCIEDADES PRIMITIVAS?, de *J. Copans, S. Tornay, M. Godelier e C. Backés-Clement*
14. HORIZONTES DA ANTROPOLOGIA, de *Maurice Godelier*
15. CRÍTICAS E POLÍTICAS DA ANTROPOLOGIA, de *Jean Copans*
16. O GESTO E A PALAVRA – I, TÉCNICA E LINGUAGEM, de *André Leroi-Gourhan*
17. AS RELIGIÕES DA PRÉ-HISTÓRIA, de *André Leroi-Gourhan*
18. O GESTO E A PALAVRA – II, A MEMÓRIA E OS RITMOS, de *André Leroi-Gourhan*
19. ASPECTOS DO MITO, de *Mircea Eliade*
20. EVOLUÇÃO E TÉCNICAS – I, O HOMEM E A MATÉRIA, de *André Leroi-Gourhan*
21. EVOLUÇÃO E TÉCNICAS – II, O MEIO E AS TÉCNICAS, de André Leroi-Gourhan
22. OS CAÇADORES DA PRÉ-HISTÓRIA, de *André Leroi-Gourhan*
23. AS EPIDEMIAS NA HISTÓRIA DO HOMEM, de *Jacques Ruffié e Jean-Charles Sournia*
24. O OLHAR DISTANCIADO, de *Claude Lévi-Strauss*
25. MAGIA, CIÊNCIA E CIVILIZAÇÃO, de *J. Bronowski*
26. O TOTEMISMO HOJE, de *Claude Lévi-Strauss*
27. A OLEIRA CIUMENTA, de *Claude Lévi-Strauss*
28. A LÓGICA DA ESCRITA E A ORGANIZAÇÃO DA SOCIEDADE, de *Jack Goody*
29. O ENSAIO SOBRE A DÁDIVA, de *Marcel Mauss*
30. MAGIA, CIÊNCIA E RELIGIÃO, de *Bronislaw Malinowski*
31. INDIVÍDUO E PODER, de *Paul Veyne, Jean Pierre Vernant, Louis Dumont, Paul Ricoeur, François Dolto e outros*
32. MITOS, SONHOS E MISTÉRIOS, de *Mircea Eliade*
33. HISTÓRIA DO PENSAMENTO ANTROPOLÓGICO, de *E.E. Evans-Pritchard*
34. ORIGENS, de *Mircea Eliade*
35. A DIVERSIDADE DA ANTROPOLOGIA, de *Edmund Leach*
36. ESTRUTURA E FUNÇÃO NAS SOCIEDADES PRIMITIVAS, de *A. R. Radcliffe-Brown*
37. CANIBAIS E REIS, de *Marvin Harris*
38. HISTÓRIA DAS RELIGIÕES, de *Maurilio Adriani*
39. PUREZA E PERIGO, de *Mary Douglas*
40. MITO E MITOLOGIA, de *Walter Burkert*
41. O SAGRADO, de *Rudolf Otto*
42. CULTURA E COMUNICAÇÃO, de *Edmund Leach*
43. O SABER DOS ANTROPÓLOGOS, de *Dan Sperber*
44. A NATUREZA DA CULTURA, de *A. L. Kroeber*
45. A IMAGINAÇÃO SIMBÓLICA, de *Gilbert Durand*
46. ANIMAIS, DEUSES E HOMENS, de *Pierre Levêque*
47. UMA TEORIA CIENTÍFICA DA CULTURA, de *Bronislaw Malinowski*
48. SIGNOS, SÍMBOLOS E MITOS, de *Luc Benoist*
49. INTRODUÇÃO À ANTROPOLOGIA, de *Claude Rivière*
50. ESBOÇO DE UMA TEORIA GERAL DA MAGIA, de *Marcel Mauss*
51. O ENIGMA DA DÁDIVA, de *Maurice Godelier*
52. A CIÊNCIA DOS SÍMBOLOS, de *René Alleau*
53. INTRODUÇÃO À TEORIA EM ANTROPOLOGIA, de *Robert Layton*
54. CLAUDE LÉVI-STRAUSS, de *Catherine Clément*
55. COMUNIDADES IMAGINADAS, de *Benedict Anderson*
56. A ANTROPOLOGIA, Marc Augé e Jean-Paul Colleyn

INTRODUÇÃO AOS ESTUDOS ETNO-ANTROPOLÓGICOS

Título original:
Uomo Cultura Società

© Franco Angeli Editore, Milão, 1974

Tradução: A.C. Mota da Silva

Revisão: Artur Morão

Capa de FBA
Desenho realizado a partir de imagem de tambor em madeira
pertencente à tribo Ioruba, Nigéria

Depósito Legal nº 264230/07

Impressão, paginação e acabamento:
GRÁFICA DE COIMBRA
para
EDIÇÕES 70, LDA.
Setembro de 2007

ISBN: 978-972-44-1313-6
ISBN da 1ª edição: 972-44-0402-1

Direitos reservados para todos os países de língua portuguesa
por Edições 70

EDIÇÕES 70, Lda.
Rua Luciano Cordeiro, 123 – 1º Esqº - 1069-157 Lisboa / Portugal
Telefs.: 213190240 – Fax: 213190249
e-mail: geral@edicoes70.pt

www.edicoes70.pt

Esta obra está protegida pela lei. Não pode ser reproduzida,
no todo ou em parte, qualquer que seja o modo utilizado,
incluindo fotocópia e xerocópia, sem prévia autorização do Editor.
Qualquer transgressão à lei dos Direitos de Autor será passível
de procedimento judicial.

INTRODUÇÃO AOS ESTUDOS ETNO-ANTROPOLÓGICOS

BERNARDO BERNARDI

PREFÁCIO

O antropólogo, qualquer que seja a sua especialização, encontra-se frequentemente perante o dever de explicar a própria identidade e ilustrar a diferença entre antropologia e etnologia. Simplisticamente, pode dizer-se que a Antropologia é a ciência do homem e a Etnologia a ciência dos povos: anthropos *significa o homem e* ethnos *significa a colectividade, o povo. Mas tais definições, embora parecendo óbvias, sofrem limitações e diferenciações, as quais geram desorientação e confusão. Por outro lado, ambas as definições são legítimas para indicar toda a especialização das ciências do homem. Na realidade, o diverso uso dos dois termos, antropologia e etnologia, está estritamente ligado às formas de viver e às situações históricas dos vários países.*

Antropologia é palavra há muito conhecida. Etnologia surgiu somente no século XIX, supondo-se que através de um quadro sistemático das ciências concebido por Ampère. A primeira vez que se usou o termo, publicamente, foi em França, com a fundação em 1839 da Société d'éthnologie. *Só mais tarde, em 1859, houve outra sociedade paralela, chamada* Société d'anthropologie.

Ambas as sociedades propunham uma definição da etnologia e da antropologia como «ciência de todo o homem», mas os interesses particulares dos seus membros levaram a uma distinção nítida segundo a qual a antropologia se referia sobretudo e, depois, exclusivamente ao estudo paleontológico e

INTRODUÇÃO AOS ESTUDOS ETNO-ANTROPOLÓGICOS

morfológico da anatomia humana e, portanto, das raças, enquanto a etnologia se aplicava ao estudo dos aspectos culturais ou espirituais e sociais da actividade humana. Esta distinção foi adoptada, pelo menos inicialmente, em todos os países da Europa.

Em Inglaterra, por exemplo, constitui-se uma sociedade de etnologia – Ethnological Society of London *– em 1843, com o fim de desenvolver a ciência do homem em sentido unitário, relativa pois à formação do homem e das raças humanas e ao desenvolvimento das línguas e da civilização. Em 1863 aparece uma outra sociedade que se disse ser da antropologia –* Anthropological Society of London *–, com o fim de se dedicar aos «aspectos anatómicos da etnologia». Entre as duas sociedades houve divergências bastante enérgicas e é significativo que os representantes mais ilustres do darwinismo e do evolucionismo cultural fossem apoiados pela sociedade de etnologia. O antagonismo terminou com uma solução de compromisso que fundiu as duas sociedades, em 1871, no* Royal Anthropological Institute of Great Britain and Ireland, *em geral chamado simplesmente* Royal Anthropological Institute. *(Cf. Stocking, 1971.) Desde então, nos países de língua inglesa antropologia tornou-se o termo mais usado, enquanto etnologia se aplica a uma especialização secundária, respeitante à história da cultura. No âmbito da* anthropology, *a distinção fundamental é entre* physical anthropology *e* social anthropology. *A primeira ocupa-se do estudo morfológico das raças humanas. A segunda, por sua vez, emprega-se correntemente com um significado genérico: refere-se a todos os aspectos culturais da existência humana, incluindo os valores e as concepções cosmológicas.*

A situação nos Estados Unidos da América tem aspectos europeus continentais, devido a o «pai da antropologia americana» ter sido Franz Boas, mas pela língua e cultura está directamente ligada à Inglaterra. O quadro que apresenta é complexo e singular, porque abrange de maneira compreensiva todos os significados. A antropologia americana, como de resto a inglesa e a continental, é neutra, isto é, significa genericamente o estudo

PREFÁCIO

do homem, que se subdivide em tantas especializações possíveis quantas aquelas a que corresponde uma adjectivação qualificativa.

Todavia, no uso corrente e popular do termo anthropology, *prevalece a acepção cultural e não a física. Um americano que se apresente como* anthropologist, *se não acrescenta a este termo uma especificação, é automaticamente considerado um* cultural anthropologist. *A estrutura e organização do* Department of Anthropology *nas universidades americanas correspondem ao valor compreensivo e neutro do termo. Nelas se encontram todas as especializações: a antropologia física, a arqueologia no sentido clássico e no mais lato de pré-história ou paleo-etnologia, a antropologia cultural no sentido genérico (por vezes considerada explicitamente como sinónimo da etnologia –* or ethnology), *se bem que a antropologia cultural seja a culturologia, e há também as outras especializações: antropologia social, política, económica, etc. Há também a etnologia, no sentido especializado de história da cultura. Os manuais americanos de antropologia são organizados e redigidos segundo esta concepção compreensiva e apresentam uma panorâmica complexa, conquanto unitária, das ciências do homem, desde a antropologia física à biologia, desde a linguística à antropologia cultural e social. É claro que, embora excelentes, não correspondem completamente às exigências e às perspectivas dos investigadores europeus.*

A situação italiana tem uma história semelhante à dos outros países europeus. Desde sempre, a etnologia foi considerada o estudo dos aspectos culturais e históricos da vida humana, distinto e separado do estudo dos aspectos paleontológicos e anatómicos do homem. Durante muito tempo, a distinção entre etnologia e antropologia foi nítida, e o termo antropologia, tout court, *indicava sem qualquer dúvida o estudo da antropologia física. Antropologia cultural, como denominação académica, isto é, de um curso universitário especializado e distinto da etnologia, é uma aquisição recente e de nítida origem americana. Com a introdução desta denominação cheia de analogia com etnologia estabeleceu-se a dicotomia cristalina entre antropologia*

9

(física) e etnologia (cultural), que já era costume usar-se em Itália, mas que abriu o caminho a novas especializações.

Para explicar e justificar a inovação começou por se dizer que a etnologia, de acordo com a tradição italiana, se dedicava ao estudo da cultura «primitiva» e das sociedades «simples», exóticas, enquanto a antropologia cultural se dedicava à pesquisa dos valores ideais e das relações entre cultura e personalidade nas sociedades «complexas» e, no caso em questão, na italiana. Neste mesmo período, a antropologia cultural italiana considerava como parte distinta da pesquisa em si os valores culturais, as relações entre cultura e personalidade, com uma especificação que respeitava à culturologia. Recentemente, deslocou-se para âmbitos mais latos e mais pertinentes à antropologia cultural em geral, interessando-se por assuntos tais como a problemática económica das culturas chamadas «primitivas e campesinas». Paralelamente a estas mais recentes alterações da antropologia cultural italiana, também a etnologia italiana, nos últimos anos, mostrava novas tendências no sentido dos aspectos sociais da cultura e fenómenos dinâmicos de aculturação, ou seja, das transformações culturais, tanto nas sociedades «primitivas», agora já não tão simples como anteriormente, mas também nas sociedades complexas, como a italiana.

Se, por tradição, a etnologia em Itália se identifica e se contrapõe à antropologia física, porque abraça todos os aspectos culturais do estudo do homem, pode dizer-se que a antropologia cultural na Itália se apresenta como um ramo especializado da etnologia. Todavia, também é verdade que na acepção internacional, tal como se verifica claramente nos Estados Unidos da América, a antropologia cultural distingue-se e contrapõe-se à antropologia física e, por conseguinte, a etnologia apresenta-se como especialização sectorial. A situação, se não se entender com exactidão, pode parecer um contra-senso e causar a desorientação.

Na realidade, também em Itália, como aconteceu na história de outros países, a preferência e o interesse por um ou outro

PREFÁCIO

sector cultural *foram determinados por circunstâncias ocasionais nas quais prevalece a personalidade científica do estudioso. Às ciências do homem e à antropologia pode chegar-se por várias vias. Entre os ingleses, Radcliffe-Brown era naturalista, Evans-Pritchard era historiador, Fortes era psicólogo e Gluckman era jurista. Entre os italianos, Biasutti era geógrafo, Pettazzoni era historiador das religiões, Grottanelli era economista; e Tentori, Lanternari, Cerulli, investigadores de literatura clássica; Tullio-Altan, filósofo, etc. A especialização e os interesses particulares tanto dos etnólogos como dos antropólogos culturais italianos não diminuem a perspectiva* cultural *que se mantém comum. Beattie afirma em relação à posição inglesa que «os antropólogos sociais são também antropólogos culturais» (Beattie, 1972: 49). Analogamente, deve dizer-se que os etnólogos e os antropólogos culturais da Itália têm em comum o vastíssimo campo da cultura e, sendo idênticos entre si por este título fundamental, diferenciam-se pela pesquisa especializada e sectorial que perfilham. Na realidade, se se chegasse, como não é utópico pensar, a uma divisão da antropologia, deveriam multiplicar-se ainda as especializações, como já acontece noutros países mais adiantados.*

Por esta razão, A. M. Cirese recorreu à nova expressão «estudos etno-antropológicos» para retratar a situação actual em Itália (Cirese, 1970). A mim pareceu-me que esta expressão objectiva se prestaria optimamente para descrever o propósito geral deste livro, pelo que acrescentei ao título a designação: Introdução aos estudos etno-antropológicos. *Talvez, com o tempo, a situação se esclareça mais, mas tudo dependerá da actividade dos novos estudiosos, das pesquisas de campo e das análises interpretativas que saibam realizar. Este livro propõe-se contribuir não só para a informação mas também para a formação de outros investigadores.*

O livro nasceu ao longo de um período de vários anos de ensino universitário em contacto com jovens desejosos de conhecer e apreender as culturas exóticas ou «alheias», não

11

como simples resultado de curiosidade, mas como meio eficaz e liberatório para superar as estreitezas do etnocentrismo. Deixei-me guiar pela experiência da pesquisa, do estudo e da didáctica, com a intenção precisa de dar um quadro claro da problemática, sem me ater a esquemas anteriores.

Acho necessário, embora pareça óbvio, observar que o ponto de vista sob o qual são apresentados os conceitos e os problemas é exclusivamente antropológico, nem filosófico, nem psicológico, nem sociológico. A problemática antropológica tem, enfim, uma conotação distintiva própria e especifica-se pela abertura em relação ao homem individual, parte activa da sociedade e portador/criador de cultura: olha a totalidade do problema cultural e social, mas vai até à fonte capilar da cultura, o homem. Por outro lado, recorda-se também que se trata de uma apresentação dos aspectos fundamentais dos vários problemas e não de uma discussão ou avaliação analítica para especialistas. Sob este aspecto, o livro é uma introdução.

Esta obra compõe-se de três partes: conceitos e método, teoria e escolas, etnemas gerais. A primeira parte compreende quatro capítulos, que têm o objectivo de dar a conhecer a discussão antropológica sobre o processo dinâmico da cultura e o significado dos termos fundamentais. Em particular, existe a tentação de definir num quadro organizado os quatro factores fundamentais da cultura. Substancialmente, não é uma novidade mas, genericamente, demora-se a analisar e a acentuar um ou outro dos simples fenómenos com resultados dispersivos. Era necessário, segundo me pareceu, conseguir uma visão de síntese para coordenar o fruto da longa discussão antropológica sobre o conceito de cultura, até porque, efectivamente, não considero válida uma apresentação desse mesmo conceito que não tenha em conta o contributo essencial dos quatro factores fundamentais.

No capítulo sobre o método, mais do que uma discussão teórica, oferece-se um conjunto de sugestões práticas e concretas resultantes da experiência pessoal e da pesquisa antropológica.

PREFÁCIO

A parte histórica traça nos primeiros dois capítulos um brevíssimo quadro das teorias e das escolas, para orientar o estudioso e o levar à leitura de obras especializadas. A multiplicidade das teorias desenvolve-se geralmente no terreno de uma problemática comum, que representa a tendência ou o interesse prevalecente e característico de toda uma época mais ou menos duradoura. Assim, pareceu-me que tal relevância se prestaria a coordenar a própria sucessão das escolas de modo lógico e claro e, por conseguinte, distingui o primeiro período histórico da problemática das origens históricas da cultura e o segundo período da problemática da função e da estrutura.

O terceiro capítulo da segunda parte apresenta um quadro da situação italiana. É evidente que, tratando-se de uma primeira tentativa sistemática, se limita a assinalar uma senda sobre a qual falta aprofundar a pesquisa. (Ver Grottanelli, 1968.)

A terceira parte refere-se aos etnemas principais: o parentesco, a ordenação política, a religião e a magia, a economia. O estudo de campo acumulou um vasto conjunto de informações e de dados que a antropologia moderna soube analisar e retomar continuamente sob a óptica de novos conhecimentos para contribuir para a formação de uma teoria geral da sociedade. Muitos dos resultados das análises antropológicas tornaram-se parte integrante da cultura moderna e devem tornar-se conhecidos, pelo menos nas suas linhas gerais, por quem deseje também aperceber-se dos limites da cultura nacional ou sectorial.

As indicações bibliográficas foram organizadas segundo o método e as normas internacionais do revista Current Anthropology. *As citações e referências inseridas no texto são mencionadas sempre com o sobrenome do autor, o ano e o número da página. Deve notar-se que o ano da edição nem sempre tem relação directa com a data histórica do livro ou do autor.*

Amiúde, de facto, trata-se de edições recentes ou reedições de livros antigos. A bibliografia final está preparada de acordo com o texto. As referências frequentes do texto pareceram sufi-

INTRODUÇÃO AOS ESTUDOS ETNO-ANTROPOLÓGICOS

cientes para a orientação bibliográfica, sem explicações ulteriores «justificativas». Numa secção à parte são indicados os manuais em italiano, quer sejam obras de autores italianos quer traduções. Um dos problemas que mais interessam os antropólogos italianos é a formação de uma terminologia antropológica. Há termos como clã, totem, tabu, que já entraram na linguagem comum e que portanto apresentam apenas o problema de uma explicação exacta. Mas há outros, no entanto, exclusivos da gíria antropológica, em grande parte ingleses: lineage, kindred, household, bridewealth, witch, *etc. Em geral utilizam-se termos arcaicos, mais ou menos correspondentes, mas que caíram em desuso no actual vocabulário italiano, atribuindo-se-lhes um novo significado antropológico. Nos casos indicados:* lignaggio, parentado, casata, «ricchezza della sposa», stregone *[em português, respectivamente, linhagem, parentesco, famílias, «preço da noiva», feiticeiro]. No entanto, permitimo-nos uma tradução «bárbara» que pareceu mais consentânea com o significado antropológico, por exemplo* cognático *de preferência a* cognatício. *Em pouquíssimos casos, por derivação lógica de conceitos fundamentais, propuseram-se novos vocábulos, como* antropema *e* etnema. *Trata-se de licenças de linguagem lícitas e até convenientes numa disciplina jovem. Exprimimos o desejo de que todos os antropólogos italianos entendam o problema e contribuam com os seus escritos para o esclarecimento e formação do instrumento terminológico italiano [e agora, no nosso caso, português – N. T.], de acordo com a problemática moderna da antropologia.*

A textura deste livro requereu alguns anos de trabalho, mas no conjunto é fruto de muitos mais anos de experiências de campo, de leituras, de contactos pessoais com outros colegas e com estudiosos. É difícil descrever com exactidão quanto devo aos outros porque não há palavras que cheguem. Mas devo recordar de maneira explícita os meus mestres Isaac Schapera, Meyer Fortes, e os amigos e colegas antropólogos Grottanelli, Gluckman, Goody, Lanternari, Cerulli, Maconi, Cirese, Tentori, Tullio-Altan, Signorini e Colajanni; os sociólogos Ardigó,

Giudicini, Di Nallo Rescigno. Das conversações e encontros com todos estes amigos, tirei enorme proveito e ensinamentos. Muito em especial, devo agradecer a Maconi, Di Nallo Rescigno e Colajanni, por terem lido parte do manuscrito e sugerido alterações e ampliações. Um agradecimento pessoal desejo também exprimir aos meus assistentes Antonio Marazzi e Adriana Destro in Pesce. Os estudiosos Valeria Mantovani e Antonio Niero ajudaram-me em algumas pesquisas bibliográficas e na transcrição da bibliografia.

PRIMEIRA PARTE

CONCEITOS E MÉTODO

I

NATUREZA E CULTURA

O objecto específico da pesquisa antropológica é o homem. A antropologia física estuda as formas e as estruturas do corpo humano. A antropologia cultural indaga o significado e as estruturas da vida do homem como expressão da sua actividade mental. É este segundo tipo de pesquisa que nos interessa: actua numa multiplicidade de ramos que formam as especializações da antropologia cultural.

As manifestações da actividade mental do homem são expressões de determinadas escolhas que o homem faz para organizar a própria vida. São elas que constituem a cultura. Nas suas escolhas, o homem é condicionado pela sua constituição de indivíduo, pelas relações que o ligam a outros indivíduos com os quais comparticipa a sua vida e a natureza mais vasta que o circunda e dentro da qual está incluído. Estes três temas – o homem como indivíduo, as relações com os outros homens, a relação humana dos indivíduos e dos grupos com a natureza – são os grandes temas em torno dos quais se desenvolve o estudo antropológico. Começamos pelo último dos três, a natureza. Não compete à antropologia estudar a natureza na complexidade das suas leis e das suas formas, mas compete-lhe definir as várias acepções sob as quais o conceito de natureza se ajusta à mente humana para ordenar a vida do homem em sistemas de interpretações teóricas e de instituições sociais.

1. A NATUREZA, FUNDAMENTO DA CULTURA

As acepções antropológicas do termo e do conceito de natureza têm um valor aproximativo de referência e são múltiplas. Natureza é, antes de mais, o *universo* como totalidade cósmica, visível e invisível, dentro do qual o homem está imerso. É necessário acentuar a *totalidade* do cosmos; inclui as coisas, os seres, os animais, os homens e as forças – conhecidas e desconhecidas – que os regem. Neste sentido e neste contexto, o termo cosmos, de que se fará uso, repetidamente, nestas páginas, refere-se à totalidade do universo e não apenas ao céu ou ao espaço dos corpos celestes. O confronto com esta realidade imensa e imprecisa atrai permanentemente o homem. Busca a medida do universo para encontrar o seu limite individual e procura avaliar as suas forças para conhecer as suas dimensões e determinar a sua própria relação cósmica. Bastante frequentemente, o carácter misterioso do cosmos apresenta-se à interpretação humana como símbolo particular e acontece, assim, que o termo natureza se torna sinónimo de força espiritual e de Deus.

Por natureza compreende-se também o *ambiente ecológico*, a terra, a vegetação, os animais; a vida humana desenvolve-se em simbiose com esta realidade. O homem tende constantemente a conhecer a sua íntima constituição. É impelido a conquistar e a dominar o ambiente para obter os meios da sua subsistência. Esta multiplicidade de relações constrange o homem a organizar a sua vida de forma correspondente. Mas a realidade física da natureza, tal como a do cosmos misterioso, apresenta-se ao homem como objecto de pesquisa e de interpretação, por vezes até de oposição; a natureza, como complexo de forças estranhas ao homem, é encarada em contraste com a cultura, ou seja, com o homem e a sua actividade. A oposição aparece expressa em termos mitológicos e simbólicos e dá lugar a formas de linguagem mítica e mística. Neste sentido, Lévi-Strauss explica assim o totemismo: «O mundo animal e o mundo vegetal não são utilizados apenas porque existem mas porque sugerem ao homem um método de pensamento.» (Lévi-Strauss, 1964: 21.)

As *leis físicas e biológicas* que regem a constituição íntima das coisas e dos seres são também descritas pelo nome de natureza. O próprio homem, na sua estrutura física, sujeita-se a estas leis: nasce, cresce e morre. A personalidade do homem, qualquer que possa ser do ponto de vista cultural, tem um fundamento determinado na sua própria constituição física e biológica.

A constituição natural do homem apresenta-se sob uma forma dupla devido à diferenciação dos sexos. A distinção entre homem e mulher é um factor natural; não um produto de livre escolha do homem. Este vê-se, assim, perante uma distinção que não pode deixar de aceitar e que deve, também, respeitar. O princípio duplo não só implica uma necessidade própria de relações elementares entre os indivíduos, mas possui, igualmente, uma conotação natural precisa. Como princípio de referência interpretativa e de estruturação social tem uma eficácia dinâmica fundamental e singularíssima por força da sua elementaridade. Há vários modos pelos quais a estrutura cultural e social se apresenta relativamente à distinção dos sexos. Durkheim partiu deste princípio, aplicado à distribuição do trabalho humano, para estudar os fundamentos da sociedade (Durkheim, 1962). Entre os Wogeo da Nova Guiné é «doutrina firme que os membros de qualquer grupo sexual serão salvos e invulneráveis, sãos e prósperos, desde que cada um se isole e se abstenha de misturar-se com os membros do outro grupo sexual». Por causa desta concepção, todas as relações entre os dois sexos estão contaminadas, são tabu e requerem uma purificação constante. Para a mulher isso acontece com o fluxo menstrual; os homens «menstruam-se» periodicamente, fazendo incisões no pénis para se purificarem, também, pela perda de sangue (Hogbin, 1970: 87).

Para os Dogon do Mali a gemeidade andrógina é o princípio duplo constitutivo de todos os seres e da ordenação cósmica. Tudo o que contradiga este princípio representa a desordem (Griaule, 1968: 10). Pelo contrário, para os Ndembu da Zâmbia, o nascimento de gémeos é um paradoxo. A noção de dois igual a um, 2=1, é considerada um mistério, mas, mais do que isso, uma

INTRODUÇÃO AOS ESTUDOS ETNO-ANTROPOLÓGICOS

absurdidade, uma troça grosseira e, mais ainda, brutal. Para corrigir este desvio e restabelecer a ordem natural, devem cumprir-se ritos apropriados (Turner, 1969: 84-5).

Não é fácil traçar a linha limite entre natureza e cultura. Em geral, sublinha-se que a natureza é regida por leis universais fixas; é universal, constante, não dá saltos, evolui gradualmente. A actividade cultural do homem procede por forças e vias mais complexas, por altos e baixos, quase por sístole e diástole, segundo a escolha livre do próprio homem. A capacidade de intervir na natureza é a característica mais significativa do homem. Observa-a e estuda-a, não só para a conhecer e apreciar, mas para modificar e corrigir o seu curso, acomodando ou dobrando aos próprios intentos as suas leis. A interacção sexual, «natural» e biológica entre homem e mulher para a procriação e a continuidade da vida humana oferece, por exemplo, ao homem um campo de intervenção. O matrimónio e a família representam, na verdade, o reconhecimento social de factos biológicos. O homem intervém com normas precisas e severas para regular a própria actividade sexual. A proibição do incesto e a exogamia (obrigação de casar fora do próprio grupo) limitam e ordenam, segundo linhas determinadas, as relações sexuais. Trata-se de normas fundamentais difundidas, embora por formas e graus diversos, entre todas as culturas humanas. A proibição das relações sexuais entre parentes próximos é um facto universal, a ponto de Lévi-Strauss considerar a proibição do «incesto» um fenómeno que apresenta simultaneamente o carácter distintivo da natureza, pela sua universalidade, e o carácter distintivo da cultura, porque é objecto de leis e instituições (Lévi-Strauss, 1967: 11).

Também a linguagem apresenta as características da ligação entre natureza e cultura. Os linguistas distinguem a linguagem como facto universal da natureza e a língua como facto particular de cultura. De Saussure descreve a faculdade linguística, ou seja, a capacidade de elaborar uma língua, como o fundamento natural da linguagem (De Saussure, 1968: 19-20). O exercício desta faculdade leva-nos a atribuir um valor semântico aos sons e aos gestos. Mas mesmo estes correspondem a leis físicas precisas – naturais – e devem considerar-se factos da natureza. Atribuir um valor semântico aos sons significa criar símbolos, ou seja, servir-se de uma realidade (sons, gestos) para significar outra (o pensamento). Toda esta actividade já é cultura, isto é, uma intervenção do homem sobre a natureza, pois que a linguagem é uma instituição humana (Martinet, 1967: 8). Por outro lado, não obstante estas indicações, não há análise que consiga apreender a ligação precisa e distinta entre natureza e cultura (Lévi-Strauss, 1967: 8-9).

Em conclusão: a cultura assenta necessariamente sobre a natureza. Se, portanto, se quer compreender a fundo o complexo fenómeno da cultura, convém não descurar o fundamento natural que permite ao homem desenvolver a actividade mental e criar a cultura. Por essa mesma razão, Malinowski e outros antropólogos como ele viram que era necessário seguir o caminho das «necessidades naturais» do homem para analisar as interpretações teóricas e as instituições correspondentes que concorrem para formar a cultura (Malinowski, 1944). A actividade cultural é considerada uma prerrogativa do homem, até em confronto com os animais chamados sociais e sobretudo com os primatas, embora aos últimos se reconheça uma actividade pré-cultural para alguns fenómenos de imaginação na busca de comida. Pode, portanto, afirmar-se, com uma ulterior acepção do termo, que *a natureza do homem é a cultura*, ou seja, que o homem, pela sua própria natureza, produz a cultura.

2. O SIGNIFICADO ANTROPOLÓGICO DE CULTURA

Correntemente, utilizam-se dois significados para o termo cultura: um, humanístico; outro, antropológico. O significado humanístico, de âmbito limitado e restritivo, é tradicional e comummente usado. O significado antropológico nasceu com o

INTRODUÇÃO AOS ESTUDOS ETNO-ANTROPOLÓGICOS

aparecimento da antropologia científica e só lentamente se vai introduzindo no uso comum.

O sentido humanístico de cultura refere-se ao processo de conhecimentos mais ou menos especializados, adquiridos mediante o estudo. É sinónimo de conhecimento e doutrina. Neste sentido, *o homem culto* é aquele que completou estudos superiores, que leu muito e que possui conhecimentos sistemáticos; a um homem que leu devidamente chamam os ingleses *a well read man*. No significado humanístico permanece implícito um sentido de distinção, de superioridade, em contraste com os homens comuns. A condição de homem culto é uma condição de privilégio, ou mesmo de singularidade; o homem da rua não é um homem culto.

Na mesma ordem de ideias, o termo cultura refere-se a épocas particulares, pelo que se diz *a cultura renascentista, a cultura do século XX* – e por aí adiante; também é reservado a uma concepção de vida especial de uma dada região ou localidade, como na expressão *a cultura veneziana* ou *a cultura de Micenas*.

Uma acepção deste género conduz a consequências conceptuais e também sociais limitativas e, frequentemente, também bastante negativas, com verdadeiros preconceitos. Por esta razão é recusada pelos antropólogos. De facto, por contraste com o homem culto e os povos com culturas próprias, admitiu-se a existência, não só de homens não «evoluídos», isto é, com modo de vida irracional, mas ainda mais, homens e povos *sem* cultura; num mapa geográfico da África do século XVIII, até bastante exacto nos seus contornos, mas totalmente inconsistente nas indicações etnográficas (de facto, é anterior ao período das grandes explorações), aparece escrita, numa área ocidental correspondente mais ou menos a Angola e ao Botswana actuais, a seguinte e incrível indicação: *Nação selvagem que se diz nem sequer conhecer o uso da palavra* (Salmon, 1740). Tal afirmação representa um preconceito extremo e, além disso, uma grave ignorância. Para os humanistas, como para os antigos clássicos, os «povos sem cultura» eram *bárbaros*; para os iluministas do século XVIII, passaram a ser *homens naturais* ou *selvagens*. (O termo *primitivos* é já de origem antropológica e faz parte da interpretação evolucionista das primeiras escolas antropológicas do fim do século XIX e do início do século XX.)

A antropologia começa por estudar os costumes e as tradições dos povos, exactamente porque, «sem cultura», se concluiu logo de início traduzir inexactidão e insuficiência do conceito humanístico. Perante o valor e a originalidade dos conhecimentos e das instituições destes povos, embora bastante diversos, nasceu a necessidade de um conceito diferente de cultura de modo a não excluir quaisquer povos e indivíduos que, pelo menos, são tão ricos de pensamento e dignidade social, segundo a elevada opinião de um grande etnólogo que foi Marcel Griaule (1968: 10), como os antigos pré-socráticos.

A primeira formulação do conceito antropológico de cultura pertence a Edward B. Tylor, segundo o qual *a cultura é o complexo unitário que inclui o conhecimento, a crença, a arte, a moral, as leis e todas as outras capacidades e hábitos adquiridos pelo homem como membro da sociedade* (Tylor, 1871: 5). Esta definição ficou clássica na antropologia e continua ainda a ser tomada como base de discussão. A perspectiva de Tylor era evolucionista; considerava, de facto, os primitivos nos níveis mais baixos da cultura. Mas, com a sua definição, pôs as premissas teóricas para superar o preconceito sobre a existência de povos sem cultura, inferiores e rudes, parados nos *primeiros* degraus da evolução cultural, e para reconhecer em todos os homens uma problemática idêntica, mas com interpretações originais e características próprias de toda a tradição cultural e social.

Entre os aspectos mais significativos da definição tyloriana encontra-se o carácter unitário e a integralidade do conceito de cultura. A expressão «complexo unitário» é genérica. Deve precisar-se melhor o modo e a dinâmica como este complexo se forma e se mantém; uma vez começado – e o seu aparecimento é problema bastante complexo –, persiste e continua. Há portanto várias perspectivas para a análise do conceito de cultura. Em relação ao simples indivíduo, pode ver-se como ele se insere numa cultura e como esta serve para *modelar* a sua personalidade, enquanto ele próprio participa activamente na sua criação e na sua manutenção. Em relação à comunidade, o complexo da cultura pode olhar-se, na sua estrutura actual e operante, sob o aspecto funcional e sincrónico, como um todo imediato e global, ou pode também estudar-se sob o aspecto histórico e diacrónico, para reconstruir o seu processo evolutivo e causal. Como complexo unitário, a cultura assume ainda valor de património, isto é, um valor transmitido pelos, pais, e torna-se na herança tradicional que caracteriza todo o indivíduo e toda a sociedade. Enfim, a cultura, como complexo unitário, não é um acervo amorfo de valores e de instituições mas, como se disse, uma estrutura, isto é, um todo coordenado e sistematicamente integrado. Tarefa específica da antropologia cultural é estudar e descobrir a dinâmica interna pela qual a cultura surge e as formas exteriores em que se estrutura.

3. ABSTRACÇÃO E SIMBOLIZAÇÃO

Os antropólogos americanos foram os estudiosos que mais se aplicaram ao estudo do *conceito* de cultura, ao ponto de o tornar uma disciplina especializada denominada *culturologia*. As suas indagações alargaram-se à vasta problemática da dinâmica cultural da ontogénese, ou seja, o processo de formação e de integração da cultura, ao efeito sobre a personalidade de todo o indivíduo e sobre os padrões de comportamento dos grupos humanos e aos fenómenos de transformação.

A cultura apresenta-se como a característica peculiar do homem, pela qual o homem se distingue como um ser especial, diferente dos animais e das coisas e, portanto, acima deles. Kroeber, alterando os termos de Herbert Spencer, definiu a cultura como *The Superorganic* (Spencer, 1967: 67-72). O orgânico é a natureza; o superorgânico é a cultura. Enquanto o orgânico obedece às leis físicas e biológicas da natureza e engloba todos os seres, mesmo o homem, na sua ordem natural, a cultura sobreleva as actividades naturais e coloca o homem acima dos animais, porque é o produto da sua mente. Deriva de uma «faculdade humana específica – *culture rests on specific human faculty*» (note-se a analogia com a «faculdade linguística» de Saussure). O produto desta faculdade diferencia-se pela sua qualidade de qualquer outra actividade humana, e o homem, seja como indivíduo seja como grupo de indivíduos interactuantes, distingue-se dos animais (Kroeber, 1917: 205).

Outro argumento de pesquisa culturológica residiu nos aspectos abstractos da cultura. Que a cultura seja objecto de abstracção, está fora de dúvida. De facto, é o produto mais genuíno da actividade mental, isto é, do pensamento do homem. A dinâmica da cultura mostra-nos como ela se concretiza nos valores teóricos e nas instituições sociais sobre as quais se baseiam as organizações e os usos sociais dos homens. Mas, precisamente porque a cultura pode ser vista como uma abstracção, há quem tenha posto em dúvida a sua própria existência como realidade perceptível e, portanto, como passível de estudo.

Radcliffe-Brown afirma que «nós não observamos uma 'cultura', porque tal palavra denota, não uma realidade concreta, mas uma abstracção e, segundo o costume, uma abstracção bastante vaga» (Radcliffe-Brown, 1940: 2). Efectivamente, a maneira corrente de falar leva a expressões confusas, como esta confidência recolhida pelo escritor da boca de uma personagem inteiramente louca: «*Andei pela África, interessei-me pelas tradições africanas, mas não vi a cultura africana!*» Trata-se de equívocos resultantes do uso ambíguo do termo cultura em que o sentido humanístico se sobrepõe ao sentido antropológico.

Leslie A. White acusa os próprios antropólogos de darem um sentido demasiado abstracto e quase niilista ao conceito de cultura. Em sua opinião, o facto de se ter acentuado excessiva-

INTRODUÇÃO AOS ESTUDOS ETNO-ANTROPOLÓGICOS

mente o aspecto behaviourista da cultura, isto é, as suas consequências sobre o comportamento humano, originou a confusão. Necessita-se «uma análise da situação que distinga entre psicologia, estudo científico do comportamento, por um lado, e culturologia, estudo científico da cultura, por outro, e, ao mesmo tempo, importa também especificar o objecto real e substancial de cada uma destas matérias». Em sua opinião, é necessário opor comportamento a cultura, psicologia a culturologia. Cada coisa e cada acontecimento pode ser motivo de simbolização, observa White, e pode tornar-se causa de cultura. Às coisas e aos acontecimentos que passam através de um tal processo chama-lhes ele *symbolates*, isto é, «simbolados». Se o processo de simbolização se reflecte no comportamento somático, os simbolados tornam-se objecto de estudo da psicologia. Se, pelo contrário, o processo de simbolização de uma coisa ou de um acontecimento está relacionado com outros simbolados, estes tornam-se objecto de estudo da culturologia. White ilustra o seu raciocínio com este exemplo: «No caso da hesitação da sogra, podemos considerá-la em termos da sua relação com outros simbolados ou grupos de simbolados, isto é, com outros costumes conexos com o matrimónio – monogamia, poliginia, poliandria –, lugar de residência depois do matrimónio, divisão do trabalho entre os sexos, modo de subsistência, arquitectura doméstica, grau de desenvolvimento cultural, etc. Ou, então, se considerarmos o voto político, podemos considerá-lo em termos de organização política (tribal, estatal), género de governo (democrático, monárquico, fascista); idade, sexo ou atributos de propriedade; partidos políticos, e por aí adiante. Neste contexto, os nossos simbolados tornam-se *cultura* – elementos culturais ou grupos de elementos, isto é, instituições, costumes, códigos, etc., e o interesse científico será expresso pela *culturologia*» (White, 1959: 229).

De todas estas considerações White passa à seguinte definição: «A cultura é uma classe de coisas e de acontecimentos, dependentes da simbolização, considerada num contexto extra-somático» (White, 1959: 234).

28

Ao considerar a cultura como uma «classe de coisas e de acontecimentos», White não se afasta essencialmente da definição tyloriana. O elemento novo que ele introduz é a simbolização. Desta maneira, precisa o conceito de abstracção que faz da cultura uma expressão da actividade mental.

A simbolização posta em relevo por White representa um fenómeno fundamental da cultura humana. Trata-se de um processo que não cabe à antropologia indagar em toda a sua complexidade gnoseológica e psicológica, mas do qual todo o antropólogo deve estar plenamente ciente. A actividade simbolizante e semântica do homem não se exprime, de facto, somente com a língua e a palavra, mas igualmente com todo o conjunto de padrões de comportamento e das instituições sociais. Qualquer acção do homem pode assumir o valor de um símbolo, isto é, pode ser inserida num sistema de interpretações e de expressões com as quais o próprio homem procura precisar a sua própria relação com a realidade cósmica e com os outros homens, quer como indivíduos quer como associações. Cada coisa, material ou não, ligada a um símbolo, recebe um significado suplementar, que se adiciona ao seu significado normal e natural e exprime uma relação com uma realidade diversa, conhecida ou misteriosa. Uma clava ou uma maça são armas mortíferas, mas, elevadas a símbolo, o seu emprego deixa de ser mortal. Pelo contrário, torna-se simplesmente um indício da autoridade e do poder no sentido mais abstracto e inócuo. O aspecto material do instrumento, neste caso, torna-se quase insignificante.

Devido à simbolização, todas as manifestações materiais e ergológicas da actividade humana adquirem um significado cultural. Coerentemente, fala-se de *cultura material*, porque todos os aspectos materiais da actividade humana, desde o trabalho dos campos aos utensílios de cozinha, adquirem e exprimem um valor diverso que os torna parte integrante de um sistema cultural determinado.

Analogamente, pode-se falar de *cultura arquitectónica* ou de *cultura marinheira*. Estas expressões são plenamente

INTRODUÇÃO AOS ESTUDOS ETNO-ANTROPOLÓGICOS

justificadas no seu significado antropológico. Servem para pôr em relevo um determinado aspecto particular da cultura, seja material no modo há pouco indicado, seja teórico e social, pelo que se diz *cultura religiosa, cultura animista, cultura dos pobres*, e assim por diante.

O valor semântico faz da cultura, em todas as suas manifestações, uma espécie de linguagem singular que relaciona os homens entre si, especifica-a em estilos diversos pelos quais os homens se identificam em grupos e na sociedade. A afinidade entre cultura e linguagem é diversamente valorizada pelos antropólogos, mas é uma realidade assaz importante e útil para a análise antropológica, porque, como já foi destacado, também a linguagem é um facto de cultura.

O aspecto *hereditário* da cultura atribui continuidade à própria cultura e reflecte-se em valores interpretativos e em instituições sociais com consequências bastante profundas. A cultura torna-se, assim, tradição e as tradições tornam-se partes essenciais da cultura. Desta forma, a cultura não diz respeito somente ao indivíduo no sentido de que a formação psicológica e social da sua personalidade vai buscar inspiração e modelo à tradição, isto é, aos ensinamentos formais e informais dos seus pais. Diz respeito, também, a cada grupo social, no aspecto de associação organizada de indivíduos. A cultura, em tal caso, torna-se termo de confronto e modelo de comportamento colectivo, de conformidade, de anomalia, de rebelião, que caracteriza um dado grupo, família, parentesco, associações ou até comunidade, tribos, estados ou nações. Este aspecto interessa sobretudo à dinâmica ontogénica da cultura.

O *carácter integral*, poder-se-ia dizer ecuménico, da cultura leva a que, na procura de uma definição exacta, se chegue a pôr em destaque, segundo os interesses de estudo particular, ora um ora outro dos seus elementos constituintes. Kroeber e Kluckhohn, num ensaio de resenha e de análise, reagrupam as definições propostas pelos estudiosos em sete tipos, cada um com acentuações diversas e múltiplas. Por fim, são levados a

30

propor uma definição que, para ser abrangente, é demasiado prolixa e falha de clareza: «*A cultura consiste em padrões explícitos e implícitos de comportamento e pelo comportamento, adquiridos e transmitidos por símbolos que constituem as aquisições* (achievements) *distintivas dos grupos humanos, incluindo as suas materializações em artefactos; o núcleo essencial da cultura consiste em ideias tradicionais (isto é, historicamente derivadas e seleccionadas) e especialmente em valores com elas relacionados; os sistemas culturais podem considerar-se, por um lado, como produtos da acção e, por outro, como elementos condicionantes de acção sucessiva.*» (Kluckhohn e Kroeber, 1972: 367.)

Esta definição tem em conta elementos importantes do fenómeno cultural. Todavia, revela-se uma definição superficial e, não obstante a sua prolixidade, é incompleta e sem clareza. Na análise do fenómeno é o dinamismo interno que é posto em relevo, precisando os factores de tal dinamismo como elementos essenciais do próprio fenómeno. A felicidade da definição tyloriana é devida, sem dúvida, ao facto de ter indicado alguns dos elementos essenciais, ou seja: (1) a integridade da cultura como complexo unitário; (2) o seu valor como norma de comportamento; (3) para o indivíduo; (4) como membro da sociedade. Por tudo isto, o seu valor continua ainda a ser um ponto clássico de referência.

4. CULTURA E CIVILIZAÇÃO

Só no fim do século passado, quer na linguagem comum quer na científica, o termo civilização era preferido a cultura; depois, os dois termos tornaram-se equivalentes e sinónimos. A afirmação e a difusão da gíria antropológica conduziram, apesar de tudo, através dos escritos etnológicos alemães, a um uso mais vasto de cultura e a uma distinção mais acentuada entre os dois termos.

Não é oportuno registar aqui todas as incoerências dos dois termos, derivadas do seu uso impreciso. É mais importante, por outro lado, pôr em relevo uma divergência de interpretação aparecida no âmbito da antropologia cultural italiana que exige uma explicação. Há autores que empregam o termo *civilização* para exprimir uma manifestação superior ou territorialmente importante da cultura; trata-se, por outras palavras, de uma especialização da cultura. Grottanelli observa o seguinte: «No uso etnológico – que se liga com o paleo-etnológico – costuma-se principalmente empregar o termo civilização no que se refere às formas superiores e territorialmente difundidas e importantes (civilização khmer, maia, indiana, e por aí adiante), reservando o outro (cultura) para designar as formas mais simples e localmente circunscritas (cultura andamanesa, samoieda, etc.) e o fenómeno complexivo nos contextos técnicos (processos da cultura, formas e elementos culturais).» (Grottanelli, 1966 – I: 58.) Quer uma quer outra destas referências são bastante superficiais e não ajudam a esclarecer a problemática com elas relacionada. A referência de civilização a «formas superiores» exprime um juízo de valor e não oferece um critério exacto de avaliação. Não existe, de facto, uma escala a que possamos referir-nos para definir uma classificação das culturas. Quais seriam os aspectos superiores da cultura? Quais os materiais e monumentos ou quais os elementos espirituais e institucionais, transmitidos através dos tempos, embora com expressões menos vistosas e aparentes? No período da escola evolucionista (de que se falará mais adiante) a ordenação da cultura por graus de desenvolvimento constituía o objectivo principal do estudo antropológico. Mas foi precisamente para superar as insuficiências e as inexactidões de um tal método que as classificações evolutivas foram abandonadas. O valor de uma cultura está na sua essência de cultura como produto da actividade mental do homem. Assim, portanto, o critério da difusão territorial não é bastante suficiente e exacto para opor um termo ao outro. O próprio emprego etnológico e paleo-etnológico não é constante e os dois termos podem ser intermutáveis como sinónimos (civilização maia e cultura maia).

Outros estudiosos, em especial Tentori e os antropólogos culturais italianos reunidos à sua volta, adoptaram uma solução proposta por alguns sociólogos americanos, como Alfred Weber, entendendo por cultura o aspecto ideológico, isto é, *os valores teóricos e interpretativos*, enquanto por civilização consideram o *aspecto concreto*, ou seja, as elaborações práticas e institucionais expressas pelas várias sociedades no tempo e em relação com as situações locais.

Numa definição apresentada e subscrita num encontro de estudos sociológicos afirma-se que «*a cultura é o conjunto dialéctico dos patrimónios psíquicos experimenciais dos indivíduos constituídos* (através de relações socialmente integradas entre cada indivíduo e o seu ambiente social e ecológico) *no quadro de uma sociedade historicamente determinada*. Num quadro destes, as componentes da cultura – conhecimentos, crenças, fantasias, ideologias, símbolos; normas, técnicas e esquemas de actividade; valores e atitudes derivadas –, diversas pelo carácter e importância, interinfluenciam-se entre si directa e indirectamente ou em relação ao resto da sociedade» (AAVV, 1958.)

Noutros escritos pessoais, Tentori distingue e opõe cultura e civilização e, por consequência, antropologia cultural e etnologia. Numa das suas definições descreve a *cultura* como «*disposição para enfrentar a realidade, disposição que se constitui nos indivíduos quando membros de uma sociedade historicamente determinada e determinante*». Apresenta, como se disse, o conceito de *civilização* ligado à etnologia, de modo que a civilização serviria para indicar «*o complexo das actividades económicas e sociológicas, das ideologias, das crenças, das manifestações artísticas, dos conhecimentos e aplicações técnicas e científicas característicos de cada uma das sociedades humanas*» (Tentori, 1966: 7-8). Uma tal distinção retoma uma expressão que a antropologia abandonou, preferindo a mais abrangente de

INTRODUÇÃO AOS ESTUDOS ETNO-ANTROPOLÓGICOS

cultura, e não oferece uma exactidão suficiente para fazer do respectivo conceito um instrumento adequado de pesquisa.

A distinção entre cultura e civilização pode, pelo contrário, fazer-se de maneira nítida e precisa, tendo como base a etimologia latina da palavra civilização. (Kluckhohn e Kroeber referem-se-lhe de maneira meramente casual: 1972: 17-18.) *Civilitas* deriva de *civis*, cidadão, palavra e conceito que se contrapõem a *peregrinus* e *hostis*, isto é, estranho ou estrangeiro. A oposição existe também entre os termos *civilis*, que significa educado, afável, modesto, e *ruralis*, que significa rústico, campestre, grosseiro. O conceito etimológico de civilização apresenta-se, portanto, ligado a uma forma de vida citadina. A oposição entre modelos de vida citadina e de vida rural adquire um significado de *urbano* e *não urbano*, de *civil* e *incivil*. Este significado particular, certamente carregado de emotividade particularista, está ligado intimamente à história ocidental e às suas raízes greco-romanas. O conceito de civilização, de facto, representa o modelo ideal das relações entre cidadãos e o termo serviu de base para indicar a orientação típica do viver humano. No sentido humanístico, serve para traçar uma linha de diferenciação entre os povos. Eram civilizados os povos do mundo clássico e cristão, e incivilizados, mergulhados nas trevas da morte, os povos dos outros mundos e das outras religiões.

O tempo e os conhecimentos humanos mostraram a falta de fundamento e o etnocentrismo destas distinções que, lentamente, caíram em desuso. Do mesmo modo, os termos opostos, civil e incivil, urbano e não urbano, perderam o seu significado ético e foram hoje, praticamente, abandonados. Pelo contrário, impuseram-se, lentamente, ao respeito e à aceitação todas as culturas «alienígenas», primitivas ou não. Desta mudança constituiu uma primeira expressão a pesquisa antropológica para uma nova definição do conceito de cultura.

Em conclusão: o termo civilização pode muito bem ser reservado para indicar uma especialização da cultura, não tanto no sentido de superioridade, mas em relação à configuração especial caracterizada pela organização residencial de cidade. Convirá observar que a estrutura urbana não é peculiar da cultura ocidental, mas encontra-se bastante difundida, também, na Ásia e na África pré-colonial, particularmente na África Ocidental, por exemplo entre os Yoruba. Fica ainda o problema da distinção entre os aspectos teóricos e práticos da cultura que Tentori apresenta e, assim, deve haver uma indicação terminológica no próprio contexto do conceito de cultura, como mais adiante se proporá (capítulo II).

5. CULTURA E SOCIEDADE

Na bibliografia antropológica, especialmente na que se refere à antropologia social, o conceito e o termo sociedade são pontos constantes de referência. Em relação, portanto, à cultura, campo específico da antropologia, não se pode deixar de perguntar se as duas palavras, cultura e sociedade, são simplesmente sinónimos ou se, pelo contrário, encerram diferenciações significativas.

Os sociólogos, em geral, mostram-se pouco inclinados a enfrentar o problema da definição abstracta de sociedade. Preferem referir-se a aspectos mais concretos e práticos da pesquisa, como sistema social, organização social, e por aí adiante. De facto, a latitude do significado que se dá no uso corrente ao termo sociedade é extremamente imprecisa: sociedade é o grupo mínimo de uma família nuclear, pai – mãe – filho; sociedade é o complexo industrial de extensão intercontinental; sociedade é o consórcio humano. O significado e os objectivos da actividade destes tipos de sociedade não têm nada em comum. Mas, não obstante estas dificuldades, análogas aquelas que já foram postas em relevo quanto à cultura, continua de pé a necessidade de tentar uma explicação e uma diferenciação dos dois conceitos.

Marcel Mauss, um grande sociólogo e um mestre conceituado de etnografia, oferece-nos a seguinte definição de sociedade: *Um grupo social, geralmente com uma dada denominação que*

INTRODUÇÃO AOS ESTUDOS ETNO-ANTROPOLÓGICOS

lhe é atribuída por si e pelos outros, de maior ou menor extensão mas sempre suficientemente vasta para conter grupos secundários – pelo menos dois –, vivendo ordinariamente num lugar determinado, com uma língua, uma constituição e, frequentemente, uma tradição próprias (1947: 23). Mauss insere esta definição como indicação de pesquisa etnográfica, mas ela reflecte claramente o interesse concreto do sociólogo. Notar-se-á, de facto, como nesta definição não há qualquer referência aos valores conceptuais que constituem a base da ordenação social.

O antropólogo tem presente a totalidade do significado de cultura. Tal significado abrange tudo o que é actividade do homem para além da sua constituição física e biológica, quer como indivíduo quer como pólo de realizações sociais. A participação do indivíduo na dinâmica da cultura é essencial e criativa, como se verá mais adiante. A sua actividade mental, de intuição e pensamento, constitui a base originária a partir da qual surge e toma corpo a cultura.

Nestas considerações emerge imediatamente uma diferença notável entre o conceito de cultura e o de sociedade. A actividade que o homem individual encerra no seu íntimo, como frequentemente acontece com a sua intuição e o seu pensamento, ou, de qualquer, modo, o seu comportamento privado, mantém um carácter nitidamente pessoal mas tira todo o seu impulso e modelo da cultura. A sociedade, como grupo, considera a actividade humana, não no aspecto individual, mas no aspecto de participação e de associação pluri-individual. Representa, portanto, uma manifestação da cultura humana, de aplicação vastíssima e de valor fundamental, mas distinta da cultura como expressão total da mente humana. É verdade que a cultura, ainda que brotando da actividade do homem singular, deixaria de ser cultura se permanecesse ao simples nível individual; mas não haveria nem cultura nem sociedade se não existisse o indivíduo e a sua actividade mental. A cultura abrange todos os aspectos do fenómeno e é um conceito mais vasto e abrangente de sociedade.

No significado da cultura estão incluídos igualmente os aspectos teóricos do pensamento que resultam da actividade mental do homem: o esforço de interpretação das coisas e dos seres, a sistematização dos conhecimentos adquiridos para tirar consequências precisas na definição das relações humanas com toda a realidade cósmica dentro da qual se desenvolve a sua vida. Estas interpretações variam de homem para homem e reflectem-se na organização de grupos, isto é, na constituição da sociedade. Tomemos como exemplo a terra. Trata-se de uma realidade bastante concreta sobre a qual se desenvolve a vida humana O conceito que o homem tem da terra varia. Pode considerá-la uma simples realidade material avaliável em dinheiro; pode, também, considerá-la como símbolo de universalidade e respeitá-la como divindade, a Grande Mãe Terra, da qual todos os seres extraem a vida. Estas concepções, embora diversas entre si, são de ordem cultural, mas reflectem-se de forma determinante no modo de organização e comportamento social: aspecto comercial no primeiro caso, aspecto religioso no segundo. Tomemos agora outro exemplo: a velhice. Há culturas em que é respeitada como plenitude da vida, outras em que se refuta com velharia. Os Massai da África Oriental, como tantos outros povos, atribuem um valor especial aos anciãos e regem a sua organização social à base do respeito por tal valor. O envelhecimento, que outros povos como o nosso temem e evitam devido ao marasmo físico e intelectual da terceira idade, para os Massai torna-se num ideal de prestígio e mecanismo das classes de idade para a distribuição e o exercício do poder.

A cultura não é só um conceito mais vasto de sociedade; esta assume ainda a forma daquela. Por outras palavras, também a sociedade é uma manifestação tipicamente cultural. Se quisermos, portanto, chegar a uma definição de sociedade que tenha em conta estas considerações antropológicas, devemos dizer que *a sociedade é o conjunto dos sistemas normativos das relações humanas que traduzem e accionam os valores e as interpretações culturais em instituições sociais.*

INTRODUÇÃO AOS ESTUDOS ETNO-ANTROPOLÓGICOS

6. OS VALORES CULTURAIS

Na problemática antropológica, o conceito de valor é objecto de contínuo debate e muitas são as análises e reflexões a que este conceito se presta. Firth, para cujo ensaio se remete o leitor, observa que «é difícil reduzir a noção (de valor) a uma forma precisa que satisfaça os antropólogos» (Firth, 1964: 208). A palavra tem interesse económico, sociológico e filosófico. Em economia, o valor é preço determinável em termos de troca e de moeda; em sociologia, é considerado valor todo o elemento da estrutura social; em filosofia, é valor aquilo que importa ao espírito, em contraste com o «facto», que deixa o espírito indiferente. Todos estes significados estão implícitos directamente ou de maneira análoga no uso e na problemática da antropologia.

A formulação de um valor (que é um fenómeno da dinâmica cultural) dá-se por um processo de qualificação que leva à avaliação. Existe um confronto na base do qual se opera uma escolha de qualquer coisa que é considerada um bem e que, portanto, é apreçado, adquirido ou comprado, conservado e transmitido como uma herança. Também em economia, a consecução e a avaliação, antes de serem objecto de troca, pertencem ordem teórica, isto é, cultural, e especificam-se em relação directa para quem tem interesse por esse dado bem. Aquilo que não interessa é recusado, abandonado; não é um valor.

Mas, qual é a medida que faz de um facto ou de uma manifestação cultural um valor? Por agora, limitar-nos-emos a dizer que é a participação na cultura como *complexo unitário*. Aquilo que se insere nesse complexo e contribui para a sua unidade, para a sua integração, constitui um bem. Deve ser valorizado, adquirido, mantido, transmitido. É um valor. Em caso contrário, seria uma ameaça à unidade, um motivo de desintegração e de desordem, isto é, um mal a evitar ou a extirpar. Desta forma, é evidente que qualquer elemento constitutivo da cultura se transforma num valor: a velhice para os Massai, a sacralidade da terra para os Talensi do Gana. As interpretações teóricas do cosmos, geralmente expressas nos mitos e nos ditos sapienciais, as instituições da estrutura de uma sociedade, os próprios objectos materiais, quer utensílios quer cerimoniais, representam todos bens culturais e constituem valores.

A apreciação dos valores culturais é transmitida como uma herança na tradição. Mas não se mantém constante, ou melhor, não se cristaliza. Pode variar com a alteração dos conhecimentos e das interpretações culturais que estão na base das relações humanas. Há valores actuais conhecidos pelo seu significado imediato e vivo; há valores do passado cujo significado é somente histórico. Assim, há instituições sociais que já não têm qualquer força na estrutura social, mas que mantêm ou adquirem um valor teórico, unicamente cultural. Entre os Merú do Quénia, a instituição do Mugwe, um dignitário religioso profundamente respeitado no passado, exauriu completamente a sua eficácia social como instituição religiosa e política. Continua vivamente na memória, como um bem expresso pela tradição, mantém-se como indicação de uma dignidade respeitada antigamente pelos antepassados. Este novo significado de mero valor cultural e já não de instituição social nota-se nitidamente no costume actual de dedicar os institutos públicos, escolas, hospitais, estradas (e até bares), ao nome do Mugwe (o qual, note-se, não é nome de pessoa, mas sim de cargo, como para nós «rei» ou «presidente») (Bernardi, 1971: 427-42).

A apreciação implica gradações diferentes. Estabelece-se assim uma *escala de valores*. A definição de uma escala escapa a uma precisão absoluta, mas exprime-se no sentir comum de quantos se consideram integrados numa cultura. O sentimento de identidade com uma determinada cultura, a certeza de pertencer às suas instituições sociais, dão-nos consciência dos valores culturais como um património que, embora enriqueça pelos benefícios que comporta, força à sua manutenção e à sua renovação.

Conclui-se, portanto, que qualquer valor é relativo. Especificam-se como bens integrados em relação à cultura, em relação às transformações que ela sofre e, daí, em relação ao tempo e, finalmente, em relação aos simples indivíduos. Esta relatividade é uma conclusão de profunda importância para a antropologia, a qual se propõe avaliar os valores da cultura humana em todas as suas manifestações e tem por fim fazê-los conhecer e conservar.

7. OS SISTEMAS E OS PADRÕES CULTURAIS

A unidade do complexo da cultura, revelada já por Tylor na sua definição, não respeita somente à totalidade das manifestações culturais que abrangem toda a vida humana; refere-se, também, à ligação íntima que relaciona entre si tais manifestações. A relação interna de cada expressão cultural, no âmbito de uma cultura, é lógica e racional. Nas formas particulares que a cultura assume, este nexo lógico e a correspondência entre as simples expressões podem, amiúde, escapar a quem lhe é estranho. Acontece, portanto, que tais formas são consideradas rudes, bárbaras, irracionais, incompreensíveis. Só com a mente aberta e com preparação metodológica é possível colher o aspecto racional dos fenómenos culturais e pôr em relevo as correspondências e a coerência que os unem num determinado sistema.

Um certo modo de vida, por exemplo o dos pigmeus, caçadores e recolectores de produtos silvestres, leva logicamente a interpretações simbólicas particulares, como a valorização da floresta ao nível de símbolo da divindade, e determina formas precisas de vida social e económica, como a organização em pequenos bandos aptos para a movimentação na floresta e a dependência total dos frutos espontâneos da selva para a sua nutrição.

O reconhecimento da lógica racional que anima cada cultura é um dado só recentemente adquirido pela antropologia. A análise científica revelou a existência de «sistemas de pensamento», «sistemas de parentesco», «sistemas políticos», em todas as culturas. «Os estudos dos sistemas de conhecimento e de crença», escreve Meyer Fortes, «são um contributo distintivo dos estudiosos franceses da etnografia africana.» Fortes refere-se em particular à obra de Marcel Griaule e da sua equipa, conduzida em posição de relevo por Germaine Dieterlen. Os seus estudos sobre a cultura africana ocidental trouxeram à luz «um corpo de conhecimentos, crenças e doutrina – a *'connaissance'*, para usar um termo francês mais expressivo e exacto –, expresso na mitologia das gentes e no simbolismo dos seus ritos, reflectido nas concepções do homem e do universo e incorporado nas suas categorias de pensamento, nas suas formas de organização social e na sua tecnologia, constituindo um sistema coerente e lógico» (Fortes e Dieterlen, 1965: 3).

O que os franceses fizeram em relação aos sistemas culturais, levaram-no a cabo os antropólogos americanos no aspecto psicológico e formativo da cultura, como em parte já se disse. Em particular, Ruth Benedict introduziu o conceito e a expressão de *padrões culturais – patterns of culture –* como «organizações coerentes de comportamento» (Benedict, 1970: 61).

Quando a cultura é considerada na sua totalidade sistemática, revela-se como um ideal de vida, um modelo ou uma matriz, no qual cada membro se integra e pelo qual se configura. E ainda, da conformação com um modelo específico de cultura, cada um extrai o sentido da própria identidade cultural e, por consequência, adquire um termo de confronto e de distinção em relação aos outros modelos culturais. «Nenhum homem pode ser verdadeiramente participante de uma cultura», escreve Benedict, «se não foi educado e criado segundo as suas formas; mas pode reconhecer que as culturas diferentes são tão significativas e racionais para quem nelas comparticipa como a sua o é para si» (1970: 42).

A aplicação aos problemas psicológicos e culturais da formação da personalidade derivou destes conceitos e princípios a noção da *personalidade de base*. Esta não seria mais do que o conjunto dos padrões de comportamento apresentados por uma determinada cultura, de modo que aquele que com eles se conforma se apropria de algumas normas específicas de comportamento que são comuns a quantos se consideram membros dessa cultura. Da personalidade de base nascem e diferenciam-se depois as características individuais mais ou menos irrepetíveis.

8. OS USOS E OS COSTUMES

Aquilo que é um valor, aquilo que está integrado no sistema, aquilo que é padrão, adquiriu força coerciva que obriga cada membro singular de uma sociedade e a própria sociedade no seu conjunto ao respeito do seu cumprimento. A força coerciva transforma a cultura em *norma*, atribui-lhe assim um poder que limita a liberdade de escolha do indivíduo e o leva a conformar-se com formas estáveis de comportamento. Neste fenómeno, Durkheim vê a origem primária da sociedade. Os iluministas não tiveram a intuição de tal importância, mas tinham já dissertado em termos de «contrato social». Na realidade, a dinâmica da norma nunca foi formalizada desta maneira, excepto quando codificada em leis precisas e escritas; tira a sua eficácia da própria necessidade que todo o homem tem de se identificar com outros homens (em geral, os seus próprios familiares) nas expressões culturais, de pertencer a uma associação específica (quer seja a família quer o parentesco ou o Estado) e de se sentir assim protegido e amparado no dia-a-dia da existência.

A norma indica aquilo que foi transmitido, aquilo que foi estabelecido. Adquiriu, portanto, um significado moral e oferece o termo de comparação para conhecer o que é legítimo ou ilegítimo, próprio ou impróprio, bom ou mau. O complexo das normas rege os *usos e costumes*, ou seja, o padrão de comportamento «normal» no âmbito de uma cultura e de uma sociedade. Quando a antropologia e a etnologia estavam ainda na sua «infância» e representavam apenas o interesse de uma curiosidade, a expressão «usos e costumes», por causa da sua generalidade, era correntemente adoptada para indicar aquilo que hoje, mais exactamente, designamos por cultura.

O valor ético e moral dos usos e costumes era então posto em destaque com o termo latino *more*. Na literatura antropológica americana, tal palavra acrescenta-se à terminologia dos antropólogos e dos sociólogos. Alguns chegaram a fazer a distinção, valendo-se de uma interpretação particular, entre costumes ou normas importantes e costumes ou normas secundárias, não possuindo as últimas uma força coerciva relevante. «Os *mores* são normas culturalmente importantes no caso da proibição de matar e de blasfemar ou no das prescrições que respeitam à responsabilidade dos pais pelos filhos.» W. G. Sumner, na sua obra *Folkways*, distinguia os *mores*, como sendo normas importantes, dos costumes populares: *folkways*. «A intensidade do sentimento que respeita aos costumes populares é relativamente baixa e a conformação com ela é mais ou menos opcional. As normas sobre o modo de vestir, por exemplo, suscitam pouca emoção, excepto quando o desvio atinge aspectos extremos.» O título de um dos capítulos da obra de Sumner é citado como um *slogan*: «Os *mores* podem tornar legítima qualquer coisa e evitar a condenação de qualquer coisa» – *the mores can make anything right and prevent condemnation of anything* (Sumner, 1940).

Redfield propôs a adopção de outra expressão: «estilo de vida». A frase «estilo de vida», segundo afirma, veio à discussão devido à necessidade de um termo que indicasse aquilo que é mais fundamental e duradouro nos usos e costumes de um povo que permanece na História. «*Ethos*», «padrões basilares de cultura», «valores», «configuração da cultura» e «personalidade modal» são outros tantos termos surgidos entre os antropólogos para responder a esta exigência. Se a própria palavra «cultura» parece não satisfazer a necessidade, é porque se emprega com demasiada frequência, mesmo no sentido legítimo, em estreita ligação com instituições e crenças descritas especificamente pelo antropólogo, por exemplo quando se refere aos índios Hopi, em contraste com os índios Navajo.

«Estilo de vida», segundo Redfield, inclui os modos (*the ways*) de se procurar a subsistência na medida em que contribuem para se obter a ideia daquilo que constitui uma vida boa. Desta maneira, são postos em destaque os juízos implícitos ou explícitos do que constitui uma boa conduta. Não se excluem os gostos menores (*tastes*) e as preferências que concedem a um povo, por assim dizer, o seu sabor (*flavour*).

Melhor do que o termo cultura, a expressão «estilo de vida» exprime a possibilidade de as pessoas, embora com conteúdos de cultura diferentes e específicos, poderem ter concepções semelhantes do que constitui uma vida boa. Segundo a maneira habitual de os antropólogos se exprimirem, as culturas dos Lapões e dos Beduínos são bem dissemelhantes. Estes dois povos nutrem-se e vestem-se de forma diferente; têm religiões, costumes e instituições diversas. Todavia, pode muito bem ser verdade que, na maneira geral de ver o mundo, na importância que atribuem a determinadas virtudes e ideais, nalgumas expressões de independência e de hospitalidade, naturais em populações livres nos movimentos, os Lapões e os Beduínos tenham idêntico estilo de vida. Mas «estilos de vida», tal como «cultura», implicam uma certa harmonia das partes e uma certa continuidade no tempo que una a vida passada à vida futura das gerações. Os proletários de Toynbee permanecem, durante alguns períodos, sem um estilo de vida; os deserdados de Espártaco não tinham um estilo de vida. No entanto, um pastor das colinas da Galileia possui um estilo de vida; tal como sucede com um índio Hopi ou com um aristocrata do *ancien régime* (Redfield, 1968: 61-2).

Não se pode dizer que o conceito de «estilo de vida» proposto por Redfield brilhe pela sua clareza; inclui tanto os aspectos teóricos da cultura (mundividência, valores: importância de determinadas virtudes) como os aspectos práticos (as expressões de independência e de hospitalidade). Talvez se defina melhor o estilo de vida, que também se pode chamar estilo de cultura ou etnostilo, como o modo singular de interpretação teórica e de comportamento institucionalizado, que se renova numa base duradoura da cultura e se especifica como característica distintiva de dado período ou dada geração. Um exemplo típico poderia ser *la belle époque* na França.

9. INSTITUIÇÕES E ESTRUTURAS SOCIAIS

As normas culturais têm sobretudo um valor teórico, mas reflectem-se no comportamento prático e nos usos e costumes, conforme se viu. Estas actuações práticas podem considerar-se em relação à sociedade como elementos constitutivos da própria sociedade. Quando a actuação de uma norma se torna estabilizada e constante, constitui um elemento determinante das relações sociais. Como que se institucionaliza. Melhor: a norma torna-se uma instituição.

As *instituições sociais* são os elementos adquiridos e componentes do sistema social. Spencer denomina-os caracteristicamente «os órgãos das funções sociais». Concretizam, assim, a ideia de sociedade. As instituições da família, da iniciação juvenil, as organizações políticas, representam a ossatura de base da sociedade e seguem as linhas da cultura.

Cada instituição tem uma latitude diversa; pode constituir um género ao qual se ligam outras instituições subsequentes. Se tomarmos o exemplo da família, em volta dela gravita uma multiplicidade de outras instituições, entre as quais o matrimónio, o noivado, o «*dating*», como se diz na América a respeito do compromisso entre rapazes e raparigas antes do noivado. Cada instituição possui uma autonomia própria e pode ser considerada isoladamente; mas, para aprofundar a análise e chegar a uma compreensão exaustiva da sua função, deve ser olhada como parte de uma organização social e em relação ao *conjunto orgânico* que é a cultura.

A *organização social* representa uma noção intimamente ligada ao conceito de cultura e de sociedade. Põe em relevo, analogamente ao sistema, o nexo interno dos valores culturais expressos pelas instituições sociais. De facto, entre as partes componentes de uma cultura e de uma sociedade há interdependência. A dinâmica da cultura e da sociedade mantém tais liames vivos e eficazes. A interdependência acentua-se a diversos níveis: ao nível do indivíduo e ao nível de grupo. E tende a manter em eficiência a *ordem social*, ou seja, a coesão entre as várias partes.

Os estudos de Radcliffe-Brown e de Lévi-Strauss foram caracterizados pela análise da *estrutura social*. A expressão não tem um significado unívoco para os dois autores.

Para Radcliffe-Brown, a «*estrutura social é a sistematização constantemente mantida nas pessoas entre relações definidas ou dominadas por instituições, isto é, por normas ou modelos de comportamento socialmente determinados*» (Radcliffe-Brown, 1973: 191). Trata-se de um conceito empírico que atribui importância ao elemento sistemático e constante das relações pessoais. E de pôr em relevo a referência às «pessoas» como elemento concreto.

Para Lévi-Strauss, a estrutura social é o sistema simbólico das relações constantes entre os factos. «*O princípio fundamental é que a noção de estrutura social não se exprime em relação à realidade empírica, mas em relação aos modelos constituídos na base da mesma.*» (Lévi-Strauss, 1958: 305.)

É evidente que a notável diversidade dos dois conceitos se mantém presente na avaliação das obras dos dois autores. Análoga observação se faz em relação aos outros conceitos: cultura, sociedade, organização social, instituições sociais, frequentemente usados como sinónimos, com prejuízo da clareza e da precisão.

10. AS CULTURAS ALIENÍGENAS

Ao analisar os conceitos gerais de cultura e sociedade procurou-se dar relevo aos aspectos fundamentais e universais; frequentemente, porém, houve necessidade de falar das formas particulares nas quais a cultura e a sociedade se baseiam. A cultura, de facto, assume fisionomias precisas que a distinguem no tempo e no espaço. Neste sentido, não há apenas uma cultura mas muitas. Cada uma delas representa o modo típico e específico pelo qual os povos singularmente definem os próprios valores e interpretações culturais e com os quais organizam as instituições próprias num sistema social distinto. Valendo-nos de um conceito já descrito, podemos dizer, em sentido geral, que as culturas são os estilos de vida dos povos. Como na arte, também na cultura os estilos são muitos e distinguem-se nitidamente entre si.

A multiplicidade das culturas exprime-se através de dois pólos: o da uniformidade e o da diversidade.

Todos os homens pertencem por natureza a uma raça idêntica, o *homo sapiens*, e esta pertença comum, esta identidade natural, tem um valor fundamental e fornece uma explicação suficiente e radical da uniformidade que se manifesta na cultura humana. O homem encontra-se sempre face a uma problemática constante nas suas relações com a natureza-universo, seja com a realidade cósmica misteriosa, seja com o ambiente físico e social. Quer habite nas florestas da Amazónia quer se mova nas ruas de Manhattan, o homem tem sempre de salvaguardar a própria vida na situação concreta em que se encontra, definir o seu comportamento ecológico e valorizar a associação com os outros homens que vivem com ele nas mesmas condições.

A diversidade das situações de lugar e de tempo é uma motivação determinante para que o homem altere os modos da sua adaptação ao ambiente. Mas esta explicação não é a única. É preciso ter em conta, também, a liberdade de escolha do homem, que lhe dá a possibilidade de preferir uma solução a outra. Nem todos os povos que vivem na floresta se comportam de idêntica maneira. Há os que dependem inteiramente dos seus frutos espontâneos; há, por outro lado, os que abrem uma clareira e preparam um terreno para cultivo próprio. Quando analisarmos a dinâmica da cultura, veremos que o ambiente do lugar, assim como a situação no tempo, são factores fundamentais, mas não únicos, da cultura.

As variantes particulares, conquanto diversas, contêm em si características comuns do fenómeno cultural e, portanto, são um conjunto orgânico e sistemático de valores e de instituições. Cada cultura aparece, assim, ligada a um modelo ideal de vida e

INTRODUÇÃO AOS ESTUDOS ETNO-ANTROPOLÓGICOS

de comportamento mediante o qual se torna num bem, num valor, para aqueles que dela comparticipam.

Se a identificação com uma cultura ou, pelo menos, a pertença à mesma constituem um elemento positivo cuja eficácia se manifesta, sobretudo, na formação da personalidade de base, isso dá também motivo a exageros e a posições negativas, designadas em bloco pelo termo *etnocentrismo*. O etnocentrismo é uma doença cultural que ataca a faculdade de discernimento e o comportamento em face de outras culturas diferentes da própria e leva, necessariamente, ao preconceito cultural e social. A cultura de pertença surge de facto ligada a termos de comparação mais ou menos censuráveis e de cariz discriminatório; é rude, bárbaro, incivil, aquilo que é praticado pelos outros; é sempre bom aquilo que cada um pratica de acordo com a educação que lhe é própria.

A antropologia, nas suas especializações etnológica, cultural e social, apareceu para superar as discriminações e os preconceitos e para compreender, completamente, os valores e as estruturas das *culturas alienígenas*. Do conhecimento e do apreço destas diversas culturas não só resulta a superação do etnocentrismo, mas obtém-se igualmente a vantagem de uma medida comparativa mais vasta para descobrir os verdadeiros significados e os limites da nossa própria cultura e ainda para nos predispor ao intercâmbio cultural, que favorece a renovação das culturas particulares, enquanto a autarcia cultural representa um empobrecimento e uma paragem.

O conceito antropológico de cultura e a valorização de todas as variantes culturais levam necessariamente a uma avaliação de relatividade nos confrontos da própria cultura. O *relativismo cultural*, de que já se falou, é uma aquisição da antropologia e o seu significado fundamental leva ao respeito por todas as culturas. (Cf. Herskovits, 1948: capítulo 4.) O respeito seria uma palavra vã se não conduzisse, segundo as possibilidades e as circunstâncias, ao estudo e ao conhecimento.

O relativismo cultural dos antropólogos pode desconcertar aqueles que considerem que numa tal visão da realidade já não existe mais nenhum elemento cultural e da vida humana que tenha um valor absoluto. Efectivamente, as transformações culturais que a antropologia estuda, na sua história e na sua dinâmica estrutural, afectam todos os valores e todas as expressões da cultura, renovando-os de maneira mais ou menos aparente e mais ou menos rápida. Mas, mesmo do estudo destas transformações emerge um todo absoluto, o homem, no seu direito à vida e liberdade. O homem situa-se no centro da cultura: todo o homem. E isto, pelo simples facto de ser assim, é digno de reconhecimento e de aceitação. O antigo aforismo clássico *homo sum, nihil humanun a me alienum puto* – «sou homem, não há nada de humano que me seja estranho», permanece sempre actual e adquire novo significado graças aos estudos antropológicos.

11. SUBCULTURA, HEGEMONIA CULTURAL

Na tipologia das culturas particulares fixou-se pouco a pouco o conceito de *subcultura*. Trata-se de uma realidade *sui generis*, que não é fácil de definir. O sub pressupõe o supra e um e outro sugerem a ideia de estratificação. Poder-se-ia, portanto, afirmar que a subcultura faz parte de um fenómeno de estratificação cultural e social. Mas nem sempre os dois conceitos de estratificação e de cultura coincidem. Pode haver uma estratificação social e política e, conjuntamente, a autonomia das culturas em presença. A situação da cultura rundi do Burundi oferece um exemplo apropriado. A ordenação social e política rundi baseava-se na estratificação de três etnias distintas: os Tusos, predominantemente pastores, os Hutú, agricultores politicamente subordinados aos Tusos, e os Twa, caçadores e recolectores da floresta, politicamente insignificantes. Enquanto os Tusos tinham sempre acentuado fortemente o seu domínio, as culturas dos Hutú e dos Twa mantiveram-se relativamente autónomas e não seria exacto descrevê-las como subculturas.

A subcultura não possui uma autonomia completa; participa em certa medida na cultura dominante, embora mantendo elementos importantes de distinção e, também, de separação. Os casos mais típicos encontram-se nas nações de imigrantes onde grupos étnicos mantêm uma certa identidade cultural, embora partilhando a cultura dominante. Nos Estados Unidos da América as comunidades italiana, hebraica, polaca e porto-riquenha consideram-se como parte viva da nação americana, mas conservam muitos aspectos da sua cultura originária. Diversa é a situação dos negros e também diversa a dos ameríndios. A condição dos negros é mais complexa; não são imigrantes normais. Foram escravos arrancados às suas terras e às suas instituições, culturalmente destruídos e socialmente fraccionados. Tiveram de construir, por si, comunidades de sofrimento com uma cultura particular que é uma parte distinta mas típica da cultura americana, nascida na América e integrada na situação peculiar da sua posição. Seja como for, é um fenómeno que tem de ser considerado por si mesmo. Os ameríndios, na medida em que recusaram a integração e continuam a viver nas *reservations*, não representam, por certo, uma subcultura, mas uma cultura autónoma e viva.

Existem grupos que se colocam totalmente à margem da sociedade, com normas e valores distintos, quase sempre em contraste e em contestação. A conduta dos seus membros dissocia tais grupos do resto da sociedade, da qual, no entanto, continuam a fazer parte. (Cf. Schwartz, 1972: 8-9.) Em todo o caso trata-se de expressões culturais novas que persistem em inserir-se na estrutura social tradicional. Bastante frequentemente os aspectos sociais, políticos e económicos do problema levam-nos a descrever a situação em termos de cultura e subcultura. Mas, na concepção antropológica, a cultura é integral. Inclui todos os aspectos da vida humana. Por esta razão, muitos duvidam do valor significativo do termo subcultura.

O aspecto de subordinação que coloca a subcultura numa relação directa com uma outra cultura que, por vários motivos –

histÃ³ricos ou dinÃ¢micos â€“, assume uma posiÃ§Ã£o de domÃnio, Ã©
um aspecto caracterÃstico a considerar.

Cirese descreve esta relaÃ§Ã£o em termos de *cultura
hegemÃ³nica* e *cultura subalterna*. A oposiÃ§Ã£o dos dois termos
pretende pÃ´r a nu a dialÃ©ctica de tensÃ£o e de emotividade, talvez
mesmo de rebeliÃ£o e de violÃªncia, que se gera na relaÃ§Ã£o domÃnio,
subalternidade. A anÃ¡lise de Cirese parte de uma valorizaÃ§Ã£o
positiva das Â«tradiÃ§Ãµes popularesÂ», tambÃ©m chamadas folclore.

Em relaÃ§Ã£o Ã cultura humanÃstica, o folclore, era quase
uma nÃ£o cultura e referia-se Ã s manifestaÃ§Ãµes da assim chamada
Â«cultura vulgarÂ» â€“ do vulgo â€“, ou seja, do povo. As palavras
saxÃ³nicas *folk* (povo) e *lore* (conhecimento) exprimem, portanto,
de certo modo, estes conceitos. Cirese sublinha que as manifes-
taÃ§Ãµes populares representam Â«desnÃveis internos de cultura das
sociedades ditas superioresÂ» e, acertadamente, propÃµe a substi-
tuiÃ§Ã£o da expressÃ£o Â«nÃveis internosÂ» pelos termos Â«nÃveis di-
versosÂ». (Cirese, 1972: 9-42.)

Com o destaque posto na Â«diversidadeÂ» das formas culturais
folclÃ³ricas, Cirese coloca-se, decididamente, numa perspectiva
antropolÃ³gica. A antropologia considera todas as expressÃµes culturais nÃ£o em termos de superioridade ou de inferioridade, mas,
simplesmente, de Â«culturaÂ», expressÃ£o da actividade mental do
homem em determinadas circunstÃ¢ncias de lugar e de tempo e,
porque Ã© produto do homem, digna de consideraÃ§Ã£o e de respeito.

Talvez que uma maior maturidade antropolÃ³gica venha a
achar mais exacto considerar a subcultura como aspectos particulares e locais de uma cultura espacialmente mais vasta e estruturalmente complexa. Quem pretender descrever a cultura italiana, francesa, etc., na sua realidade histÃ³rica moderna â€“ ou em
qualquer outro momento da sua histÃ³ria â€“, se quiser ser exaustivo
e completo, deverÃ¡ incluir todas as expressÃµes particulares e
locais como partes integrantes de um complexo que ultrapassa
as simples componentes, mas que Ã© composto por todas e a
todas inclui.

II

OS FACTORES DA CULTURA

No capítulo precedente, expusemos a problemática antropológica da cultura, alinhando numa determinada ordem uma multiplicidade de conceitos, de termos e de problemas. É necessário, agora, um quadro mais sistemático que dê uma ideia sintética e precisa do fenómeno cultural e realize com clareza a análise da dinâmica da cultura. Procurei, com este objectivo, tirar vantagem de todas as tendências antropológicas e seguir um caminho novo na apresentação, mas não no seu conteúdo, e isolar os elementos essenciais, mostrando como interagem. Trata-se de quatro factores que, em meu entender, operam constante e universalmente para dar vida e continuidade à cultura, em todas as suas formas, quer por acção directa quer por efeitos condicionantes.

A compreensão exacta do valor dinâmico destes factores permitirá compreender o aparecimento e a renovação da problemática da antropologia moderna, dos problemas da personalidade até aos mais tradicionais das relações culturais e das instituições sociais, dos problemas ecológicos até aos históricos, ligados com as vicissitudes do tempo.

A actividade humana desenvolve-se em confronto contínuo com o universo. As interpretações e relações que derivam desse confronto guiam o comportamento do homem e formam a cultura. É lógico interrogarmo-nos por que modo e através de que trâmites se encara o universo e se elaboram as normas de comportamento.

INTRODUÇÃO AOS ESTUDOS ETNO-ANTROPOLÓGICOS

Para responder a esta pergunta é necessário analisar o processo dinâmico da cultura no que respeita aos seus factores. São quatro os factores essenciais da cultura. O *anthropos*, ou seja, o homem na sua realidade individual e pessoal; o *ethnos*, comunidade ou povo, entendido como associação estruturada de indivíduos; o *oikos*, o ambiente natural e cósmico dentro do qual o homem se encontra a actuar; o *chronos*, tempo, condição ao longo da qual, em continuidade de sucessão, se desenvolve a actividade humana.

Nenhum destes factores produz, só por si, a cultura, mas nenhum pode ser considerado estranho ao seu processo dinâmico. A sua acção é constante e, através de uma análise profunda, encontram-se em todas as manifestações culturais com evidência mais ou menos patente.

1. O *ANTHROPOS*

Num conhecido ensaio de 1923, Radcliffe-Brown atribui o estudo do comportamento do indivíduo à *psicologia*, em nítida distinção da *antropologia social*, que estudaria o comportamento da colectividade. Ilustra o seu pensamento formulando um exemplo e fazendo algumas considerações que entendemos útil transcrever integralmente: «Um homem comete um assassínio; a polícia prende-o; é levado perante o juiz e um júri e condenado; depois, é entregue ao carrasco. Encontramo-nos perante uma situação que envolve uma série de indivíduos, com pensamentos próprios, sentimentos próprios e modos de actuar próprios. Pode-se analisar o comportamento destes indivíduos, o assassino, o agente da polícia, o juiz, etc., no âmbito da situação geral, que devemos considerar exacta. Tal análise seria portanto matéria de pesquisa psicológica. Todavia, por mais profundamente que a possamos fazer, não nos oferece qualquer explicação do procedimento em si mesmo pelo qual os indivíduos desempenham os respectivos papéis. Para tanto, teríamos de estudar a

CONCEITOS E MÉTODO

situação no seu conjunto, considerando-a uma acção conduzida pela sociedade e pelo Estado, sobretudo no que se refere aos trâmites dos seus representantes oficiais, e como uma reacção colectiva por parte da sociedade, nas circunstâncias derivadas do assassínio. E então, para o nosso objectivo, as pessoas consideradas individualmente, com a sua forma de pensar, deixam de ter interesse e importância. O objecto do nosso estudo é o procedimento no seu conjunto, e os indivíduos não interessam na medida em que são elementos de tal procedimento. Certamente que o comportamento colectivo engloba as acções dos indivíduos. Já vimos que o processo de base comporta as acções do agente da polícia, do juiz e do carrasco, e se considerarmos o caso em todos os seus aspectos devemos acrescentar também o jornalista que relata o processo e o cidadão que lê o artigo no jornal. Mas o exemplo demonstra que psicologia e antropologia social atribuem a esta acção pontos de vista completamente diferentes. Aquilo que é relevante para uma ciência, resulta quase irrelevante para a outra.» (Radcliffe-Brown, 1973: 39-40.)

A proposta de considerar o *anthropos-indivíduo* como factor fundamental de cultura corrige esta posição de Radcliffe-Brown, porque analisa o comportamento do indivíduo como expressão da sua actividade mental mas não no sentido psicológico, isto é, como actividade mental mesma e também, em sentido antropológico, como contributo determinante do processo cultural. Pode concordar-se com Radcliffe-Brown quando assevera que «os pensamentos e os sentimentos peculiares» dos indivíduos não interessam ao antropólogo enquanto actividade da mente; mas estes pensamentos e estes sentimentos, exactamente porque são «peculiares» – isto é, individuais –, não podem deixar de interessar ao antropólogo, na medida em que têm efeito sobre toda a cultura, isto é, sobre o comportamento dos outros indivíduos e da colectividade. No exemplo apresentado por Radcliffe-Brown pode-se estabelecer a hipótese de uma tomada de posição do juiz contra a imoralidade da condenação à morte; ou ainda do jornalista que, relatando o facto da crónica da condenação e da

INTRODUÇÃO AOS ESTUDOS ETNO-ANTROPOLÓGICOS

sequente execução capital, desencadeia uma campanha de imprensa pela abolição da condenação à morte. Ao antropólogo pode, também, interessar relativamente o estudo psicológico da reacção do juiz contra a condenação que a lei lhe manda infligir, ou da motivação «psicológica» do jornalista que se bate pela revisão da lei. Mas o que interessa, certamente, ao antropólogo é destacar e analisar o processo de transformação cultural que se efectua com a acção peculiar, ou seja, com a manifestação da actividade mental do juiz ou do jornalista. Poderemos acrescentar que na análise do contributo do indivíduo singular ao processo cultural e social se encontra uma das características que distinguem a antropologia social da sociologia. (Cf. Beattie, 1972: 49.)

Não duvidamos de que, se considerarmos a cultura como um todo íntegro, em parte sugerido pela própria definição de Tylor, que lhe chama «aquele complexo», teremos de abstrair do indivíduo singular: a cultura, neste sentido, ultrapassa as intuições e as actuações individuais; de modo análogo, a sociedade estende-se para além das acções individuais, mas inclui-as todas e normaliza-as numa estrutura sistemática que torna possíveis e ordenadas as relações interindividuais. Porem, se considerarmos a cultura na sua génese dinâmica e quisermos chegar a vê-la como uma realidade eficaz e concreta, devemos atribuir ao homem singular apenas a qualidade de indivíduo. Nesta perspectiva, o indivíduo adquire uma posição de primeiríssima ordem e uma função insubstituível para que a cultura seja como é, se mantenha viva e se transmita de geração em geração. O indivíduo está na origem e é o vaso capilar da cultura. «O indivíduo», escrevia Linton, «é a variável irredutível de todas as situações sociais e culturais. É a levedura da fermentação cultural, e cada novo elemento da cultura pode originar-se, em última análise, na mente de qualquer indivíduo.» (Linton, 1961: 40.)

Pessoa e cultura

A relação entre pessoa e cultura é ambivalente. Tem sentido activo devido ao contributo que cada pessoa dá à formação da cultura; tem sentido passivo se se considera a cultura como matriz da personalidade humana. Meyer Fortes põe bem em relevo este duplo aspecto, comentando o culto dos antepassados dos Talensi do Gana Setentrional: «A descendência e o parentesco estabelecem o lugar do indivíduo na sociedade e também os seus direitos e deveres e as faculdades que eles derivam em termos de pertença aos grupos genealógico e familiar e de relações com outros parentes através dos pais, da mulher e dos filhos. Mas há um outro pólo de existência: é a *individualidade do singular*. Pode-se estar seguro de que numa sociedade assim homogénea as histórias dos indivíduos são muito semelhantes umas às outras, com a única diferença do sexo e da idade. No entanto, cada história pessoal é *única*. Alguns homens atingem os fins supremos da vida: a longevidade, a saúde e, sobretudo, os filhos, que perpetuam a sua descendência e tratarão de si depois da morte. Outros não os atingem. Cada vida tem uma textura *particular* de bem e de mal, embora sendo tecida de fibras comuns a todas as vidas. Também no culto dos antepassados se dá relevo a este facto.» (Fortes, 1945: 176.)

Antes, ainda, do sexo e da idade, é necessário ter presente a constituição físico-biológica do homem como base da sua personalidade. A constituição e o funcionamento do corpo humano estão sujeitos a leis gerais «naturais» que acompanham e de vários modos condicionam o desenvolvimento e a actividade da mente humana, da qual, como se disse, brota o primeiro impulso à cultura. Assim, no estudo da personalidade humana e na análise do contributo de cada indivíduo à cultura não se deve prescindir deste condicionamento de base. O homem é um ser harmónico, no qual confluem várias componentes; quando a harmonia que há nele é ofendida, também a sua actividade cultural sofre uma flexão ou pode faltar totalmente. Não cabe à antropologia cultural

INTRODUÇÃO AOS ESTUDOS ETNO-ANTROPOLÓGICOS

estudar os aspectos físico-biológicos e psicológicos do homem. Mas a antropologia nunca pode esquecer que o homem não é, simplesmente, um ser cultural. Assim, quando se aborda o problema das relações entre indivíduo e cultura deve-se, necessariamente, recorrer às contribuições das várias disciplinas que estudam o homem: a biologia, a psicologia e a antropologia.

A incidência do sexo sobre os factos culturais é óbvia. A distinção entre homem e mulher introduz um princípio diádico de estruturação social cujo valor é elementar e constante. Mas, ainda antes de criar efeitos estruturais na ordenação social, ela reflecte-se na personalidade de cada ser humano individual e atinge profundamente a sua constituição. Como princípio estruturador das relações e das ligações sociais, a bivalência sexual voltará a lume, frequentemente, no estudo dos fenómenos culturais e sociais. Todavia, é necessário recordarmos aqui apenas o valor determinante para a personalidade e a função do homem e da mulher singulares na participação activa na cultura.

O contributo activo para a cultura é sempre aceite ou, pelo menos, tende-se sempre a aceitá-lo, quer venha do homem quer da mulher. Não obstante «os usos e costumes» terem exagerado as diferenças derivadas do sexo com instituições cristalizantes, isto é, estáticas, que colocam a mulher em posição subordinada, deve-se, no entanto, notar a tendência bastante difundida que tende a superar, culturalmente, a desigualdade. Estas palavras não se referem tanto aos aspectos normais da participação individual na cultura quanto principalmente aos contributos que determinam mudanças e renovações radicais. Tal tendência encontra-se não apenas nos movimentos de emancipação da mulher nas sociedades complexas mas evidencia-se, também, nas sociedades simples, onde a mulher pode assumir, e, amiúde, assume efectivamente, posições de guia e de renovação, a despeito da sua condição fisiológica feminina.

Análogas considerações se podem tecer em relação ao problema da idade, que também é um princípio individualizador da personalidade e um princípio de estruturação social. Mas a tendência geral não está tão voltada para a discriminação quanto para a superação das desigualdades – que, embora não possam ser anuladas, podem contribuir, no que respeita aos indivíduos, para o bem-estar de todos.

Nos processos dinâmicos da cultura, a enculturação, que se examinará mais adiante, serve para introduzir, isto é, para formar e educar cada indivíduo no âmbito de uma cultura particular. Trata-se de um fenómeno social além de cultural, repercutindo-se as suas consequências, directa e imediatamente, na personalidade de cada simples candidato. O processo da enculturação parte da iniciativa de quem já é membro de uma cultura, os adultos ou os peritos qualificados, e parece colocar o indivíduo numa posição passiva de recepção. A confirmar este aspecto passivo da enculturação intervém, também, o facto de que a primeira inserção cultural se realiza no nascimento do homem, ou, por outras palavras, na escolha de uma cultura que é feita independentemente da vontade do nascituro. Porém, não obstante a realidade desta situação, é preciso ter presente que já não é absoluto o aspecto passivo da enculturação. Esta, de facto, exige uma correspondência por parte do sujeito.

Cada um, desde a idade infantil, assimila e apropria-se do conjunto de valores e dos comportamentos que lhe são ditados. Experimenta-os. Vive-os. Este conjunto de actividades representa uma participação activa na cultura. A criança, contudo, pode também escolher a recusa, seja por vontade de diferenciação seja por consciência de um erro próprio inicial que tem valor de experiência, mas implica uma mudança. Graças ao processo de enculturação, a cultura, no indivíduo singular, de abstracta passa a ser concreta. O homem torna-se, assim, cultura. Quem encontra um homem, encontra cultura, ainda que seja apenas numa forma individuada e capilar. É de profundo significado e suma utilidade evidenciar esta identidade. De facto, isso permite dissipar muitos equívocos sobre o conceito de cultura e ainda esclarecer o valor das relações humanas. Quando se cai na conta de que um africano – só por si – representa a cultura africana, um chinês a cultura chinesa, um italiano a cultura italiana, torna-se claro que tal representatividade atribui força de dignidade a todo o homem singular. Cada um de nós, como todos os outros homens, está disto informado, conscientemente ou no subconsciente. E, por esse motivo, exige que o respeitem. A necessidade de afirmação da dignidade humana, tal como a presença cultural de todas as tradições afirmadas hoje, sobretudo em relação aos povos do Terceiro Mundo, derivam precisamente desta raiz.

O contributo individual

Com o processo de enculturação, cada indivíduo torna-se participante de uma cultura e apropria-se dos seus elementos como de bens seus. Passa a membro de uma cultura ou, como dizem os Alemães, a portador de cultura: *Kulturträger*. Realmente, nele, a cultura torna-se viva e, nela, por sua vez, actuam a sua sensibilidade e as suas interpretações intuitivas. O homem torna-se necessariamente intérprete da cultura pelo simples facto de a ter em si. As suas interpretações, mesmo que sejam imitações, têm sempre qualquer coisa de singular e de irrepetível. Precisamente por esta razão, cada indivíduo deve também ser considerado *criador de cultura*. Evidentemente que o contributo de originalidade varia conforme variam os indivíduos. De um contributo mínimo em que a cultura vive *quase* passivamente, limitando-se apenas a «existir» (considere-se o caso de uma criança que unicamente diz algumas palavras, que veste e se alimenta segundo os usos próprios da cultura em que está integrada), chega-se à máxima participação do homem excepcional, que a renova radicalmente ou introduz elementos novos na cultura.

A figura dos *génios* inovadores demonstra, da maneira mais evidente, a função do simples indivíduo como factor de cultura. Cada cultura tem os seus génios. Em geral, a sua extraordinária participação na formação da cultura presta-se a ser motivo de exaltação mitopoética. Os génios tornam-se assim «heróis culturais», ou seja, seres fabulosos aos quais os mitos atribuem o início do nascimento da cultura humana, a primeira invenção dos sistemas de organização social e política e métodos de produzir ou colher a alimentação. Na realidade, os «heróis culturais» formam um género literário no qual se encontra expressa a exaltação de uma cultura; de qualquer modo, são descritos, pelos seus gestos individuais, com sublimação da individualidade e com nítido fundamento histórico. Entre os aborígenes australianos, os heróis culturais tornaram-se heróis celestes, porque são descritos como seres vindos do Oriente, os quais, depois de terem iniciado a vida humana sobre a Terra e de haverem ensinado aos homens o modo de organizar-se, foram para o Céu. A sua figura, de facto, identifica-se com a do ser supremo (Elkin, 1956: 218.)

Muitas vezes, os heróis culturais representam, em perspectiva mitológica, homens que realmente existiram, mas que se distiguiram por obras ou reformas extraordinárias ou por terem assumido uma posição de autoridade eminente. Na sociedade monárquica da África, por exemplo, os fundadores das dinastias e, frequentemente, também os seus sucessores são considerados heróis culturais de nível divino. Os Merú do Quénia, politicamente organizados em classes etárias, recordam um seu herói cultural, Komenjue ou o Mugwe, que os libertou da escravidão dos tiranos e os conduziu para a terra que actualmente habitam, dando-lhes, deste modo, uma nova organização social e política. (Bernardi, 1959: 57-8.)

Durante muito tempo, a antropologia descurou o contributo original dos indivíduos singulares, sobretudo nas culturas e sociedades «primitivas». Assim, negava-se que o homem primitivo pensasse de maneira lógica. Tratava-se de uma falsa perspectiva, devida a pressupostos teóricos de cunho evolucionista. Hoje, o problema foi ultrapassado. Paul Radin, num livro seu que ficou famoso porque apresentava o homem primitivo como filósofo, propõe-se o objectivo de «descrever as culturas primitivas em relação às suas classes intelectuais e sob o ponto de vista dos

INTRODUÇÃO AOS ESTUDOS ETNO-ANTROPOLÓGICOS

seus pensadores» (Radin, 1957: 5.) O termo «classe» não tem aqui o sentido sociológico. Radin partia do pressuposto de que entre os povos primitivos se encontra a mesma distribuição de temperamento e de capacidade que existe entre nós, havendo portanto no seu seio homens de pensamento, ou seja, pensadores capazes de interpretar e desenvolver em sentido lógico e original as tradições recebidas da própria cultura. «Bastante frequentemente, de facto, verifica-se que o homem primitivo demonstra ter estado em posição de obter certos resultados com a insistência e a perseverança do seu pensamento.» (Radin, 1957: 61.)

A posição de Radin e os seus estudos tiveram muitos seguidores e ampla confirmação. Entre estes, obteve muita ressonância o testemunho de Marcel Griaule sobre Ogotemmeli, um velho caçador que cegou, da tribo dos Dogon. É interessante o retrato que Griaule traça do seu interlocutor, pertencente às gentes do Mali. Das conversações com Griaule obtém-se o conhecimento das concepções cosmogónicas dos Dogon: «Esta doutrina foi confidenciada ao autor por um homem venerável, Ogotemmeli, do Baixo Ogol, um caçador que havia cegado devido a um acidente; mercê da sua enfermidade, conseguira instruir-se profundamente e com esmero. Dotado de uma inteligência excepcional, de uma habilidade física ainda patente mesmo naquele estado e de uma sabedoria cujo prestígio se estendia a todo o país, tinha compreendido o interesse dos estudos etnológicos dos brancos e esperado durante quinze anos a ocasião de lhes revelar a sua ciência. Queria, sem dúvida, que os brancos estivessem ao corrente das instituições, dos costumes e dos ritos mais importantes.» (Griaule, 1968: 10.)

O estudo das personalidades individuais segundo o género literário do retrato e da «história da sua vida» revelou-se um tema de vivíssimo interesse e de fecundos resultados na pesquisa antropológica. (Cf. Casagrande, 1960.)

O valor individual da personalidade é posto em relevo sugestivo pelas iniciações tribais. Trata-se de acontecimentos e instituições prevalentemente sociais, mas o seu objecto directo é a pessoa dos candidatos individuais. O iniciando passa, através de um processo que transforma a sua personalidade de adolescente em adulto, de imaturo e socialmente insignificante a homem culturalmente maduro e plenamente participante na sociedade. Na passagem de uma situação para outra, a condição do iniciando é *liminar*, encontra-se à entrada – *limen*, é ambígua. Já não é uma coisa e ainda não é outra: «O neófito na liminaridade deve ser uma *tábua rasa,* uma folha em branco, sobre a qual se deve inscrever o conhecimento e a sapiência do grupo, com vista à sua nova condição. Os sofrimentos e as humilhações, frequentemente de natureza fisiológica grosseira, a que os neófitos são submetidos representam, em parte, a destruição da condição precedente e em parte uma mitigação da sua essência com o fim de os preparar para enfrentarem as novas responsabilidades e evitar, antecipadamente, o abuso dos seus novos privilégios. Devem compreender que em si mesmos são terra e pó, simples matéria que neles será moldada pela sociedade.» (Turner, 1969: 103.) Turner, de quem extraímos a citação precedente, aplica o conceito de liminaridade a outras pessoas, como os xamãs e os profetas, classificando-os como reformadores. Nestes casos, a liminaridade torna-se um estado permanente, uma condição de *outsiderhoord* ou estranheza, que permite a quem a possui colocar-se acima das partes, criticar e até recusar o que está estabelecido, para introduzir novos mandamentos. «O xamã ou profeta assume um estado sem estado, exterior à estrutura social secular, que lhe dá o direito de criticar todas as pessoas ligadas à estrutura, em termos de um mandamento moral que a todos obriga e, também, de influir em todos os segmentos ou componentes do sistema estruturado.» (Turner, 1969: 116-7.) O problema, como se poderá notar, atinge já a relação entre a actividade cultural do indivíduo e a da comunidade, como veremos adiante. A condição liminar, sobretudo do profeta, como reformador religioso (Turner apresenta como exemplos Buda, Francisco de Assis e outros), corresponde perfeitamente ao conceito de indivíduo como factor de cultura; de facto, torna-se um

INTRODUÇÃO AOS ESTUDOS ETNO-ANTROPOLÓGICOS

centro de atracção e um modelo novo de interpretação dos valores e de vida para todos os outros homens.

A afirmação da própria personalidade surge como distinção e talvez em contraste com a personalidade dos outros indivíduos. O conjunto de fenómenos que daí derivam, especialmente a *rivalidade* conflitual, representa certamente uma expressão da dinâmica social, mas presta-se eficazmente para evidenciar, sob outro ângulo, o valor do indivíduo como factor activo e criador de cultura. Na análise dos sistemas de sucessão em certos cargos, como o de rei, de chefe, de presidente e outros, ainda que o problema se aborde sempre na sua realidade, social e política, a personalidade dos protagonistas singulares emerge prepotente como factor determinante de um ciclo complexo de relações e como pólo de atracção para o qual convergem os valores e sentimentos das facções. A consideração do indivíduo como pessoa responsável e capaz encontra-se, também, na própria escolha dos candidatos: «Nenhum sistema de sucessão», escreve Goody, «é completamente autónomo... Um alto cargo, geralmente, requer certas qualidades particulares da parte do seu titular, quanto mais não seja *mens sana in corpore sano.*» (1966: 13.) Esta exigência moral com respeito ao candidato em si põe em evidência o indivíduo como termo principal de interesse em confronto com as normas. A consequente elasticidade do princípio de sucessão preocupou-me bastante, na pesquisa que efectuei junto dos Meirú do Quénia: «A pessoa do Mugwe é sagrada e o seu cargo é altíssimo, pelo que nenhuma pessoa indigna, mesmo que se trate do filho primogénito do Mugwe, pode assumir uma dignidade tão profunda e elevada. Se o primogénito do Mugwe não é elegível, a escolha do sucessor recairá sobre um alto membro da sua família ou da sua linhagem, mas é preciso que tenha bom carácter, capacidade e abertura mental, probidade legal e moral.» (Bernardi, 1959: 82-3.)

CONCEITOS E MÉTODO

O indivíduo e o método antropológico

Como conclusão destas observações, vale a pena notar a correlatividade do método antropológico com a parte que compete ao indivíduo no processo cultural. Foi graças às experiências dos primeiros antropólogos que o método de pesquisa da antropologia se tornou o que é hoje: pacificamente indicado como *observação participante*. A análise das instituições sociais, das interpretações cosmológicas, de todas as relações culturais, está voltada, na perspectiva antropológica, para a descoberta do homem. Quando o antropólogo se dispõe a estudar uma cultura, é um homem entre homens. Integra-se ao vivo nas manifestações culturais; não se contenta com ser um observador, ainda que participante, das expressões colectivas, mas procura o contacto pessoal. Estabelece relações de confiança e de amizade com os seus interlocutores, com pessoas singulares, no intuito de compreender, ao vivo, a origem e o significado das manifestações que estuda. Foi graças a esta perspectiva humana e a este comportamento de participação que a inteligência racional e o senso de dignidade se impuseram ao respeito dos antropólogos, como qualidades próprias e direitos comuns de cada homem, mesmo aos níveis outrora considerados bárbaros e incivilizados.

2. O ETHNOS

Embora a origem capilar da cultura se apreenda na acção do indivíduo, a mesma natureza individual tem limites que anulariam a eficácia da sua acção e, consequentemente, a tornariam vã, se não encontrasse possibilidades de acolhimento e de expansão junto dos outros indivíduos. A cultura, sob este ponto de vista, representa o resultado da colectividade. Não se trata da condensação informe da acção cultural de cada um, mas da coordenação dinâmica e sistemática num todo único. A maneira como se atinge o processo de coordenação, o modo como se

INTRODUÇÃO AOS ESTUDOS ETNO-ANTROPOLÓGICOS

produzem os vários sistemas culturais – de pensamento, de instituições sociais, de valores, etc. –, não é argumento fácil, mas situa-se entre os mais sugestivos e interessantes obtidos por algumas especializações da antropologia moderna.

Cada sugestão, cada interpretação, cada acção do simples indivíduo, embora nova, original ou importante, estaria destinada a perder-se ou a apagar-se se não fosse, de qualquer modo, apropriada pela colectividade, articulada num conjunto orgânico e transmitida como parte do património comum. As intuições próprias dos homens de excepção, o génio ou o profeta, não poderiam sequer ser compreendidas e muito menos desenvolvidas num impulso de renovação, se não fossem aceites como próprias pela colectividade.

A associação dos homens acontece com base em princípios diversos, através dos quais, em todo o caso, se efectua a interacção dos indivíduos. O processo dessa interacção tende a consolidar-se e a transformar-se em sistema. Neste ponto, a associação dos indivíduos singulares adquiriu uma realidade própria, autónoma, tornou-se, de certa forma, «sistema social», ou seja, um tipo orgânico e integrado de associação, quer se trate de parentesco, comunidade, igreja, Estado, e permanece ainda quando se consideram os seus membros singulares. Por outras palavras, ultrapassa o limite do simples indivíduo.

Tipos de associação comunitária

Os conceitos de *quase-grupo* e de *communitas,* desenvolvidos pela mais recente antropologia, servem bem para ilustrar o momento associativo em que o indivíduo aparece na sua autonomia e espontaneidade e em que ao mesmo tempo se observa a consolidação progressiva do associar-se a sistemas.

Mayer (1966) define o quase-grupo como uma reunião de pessoas que se unem em torno de um ego para uma actividade específica. Por exemplo, num momento de eleições políticas,

Conceitos e Método

são muitos os indivíduos que, para sustentar o seu candidato (o ego em causa), se associam e comparticipam de uma acção comum de propaganda. As motivações que os impelem individualmente podem ser muito divergentes, mas todos estão vinculados ao candidato-ego. Os contornos sociais do quase-grupo são difíceis de definir, mas os indivíduos mais empenhados chegam a formar um núcleo e também a constituir, por fim, um grupo permanente de acção política. O caso concreto analisado por Mayer é o de uma eleição política. Mas ele mesmo observa «que os quase-grupos podem encontrar-se em muitos campos da actividade social». Na esfera económica, por exemplo, indica o caso do vendedor (ego) em torno do qual se forma um quase-grupo de clientes; no campo do parentesco, o conjunto dos parentes (ver capítulo VIII) é um «quase-grupo», ou seja, um conjunto de indivíduos que se reconhece por uma ligação comum em relação a um ego (Mayer, 1966: 115-19.)

Turner propõe a distinção entre *communitas* e *comunidade*. O princípio discriminatório entre os dois conceitos é a medida de estruturação, ou seja, de consolidação da associação dos indivíduos singulares em relação a uma forma sistemática. «Essencialmente, *communitas* é uma relação entre indivíduos concretos, histórica, de sentir comum. Estes indivíduos não estão fraccionados em cargos, mas organizam a vida em termos de eu e tu. O tipo de sociedade em que se integram é homogéneo, *sem estrutura*; os seus limites coincidem idealmente com os da espécie humana.» (Turner, 1969: 131.) Neste tipo singular de associação confluem indivíduos liminares, homens, e todos aqueles que, devido a um período de iniciação ou por uma escolha de destaque da sociedade estabelecida, realizam formas novas de associação. Não é este o lugar próprio para aprofundar a complexa problemática que apresentam os fenómenos deste género. Turner refere-se a exemplos concretos, os quais reúne de maneira bastante aproximativa: os *hippies* de hoje e os discípulos imediatos de S. Francisco, outrora. Mas, para nós, o conceito turneriano de *communitas* serve bem para pôr em evidência o processo dinâmico da cultura como expressão da colectividade.

INTRODUÇÃO AOS ESTUDOS ETNO-ANTROPOLÓGICOS

tural. Mas é claro como fenómenos deste género passam através da comunidade. A relação íntima entre comunidade e cultura torna-se ainda mais evidente se se considera que cada indivíduo e cada comunidade encontra na própria forma particular de cultura o quadro de identidade, a estrutura de pertença, que lhes permitem distinguir-se dos outros indivíduos e das outras comunidades e sentir-se comparticipantes da vida, sem o fantasma do isolamento e do fim.

O problema da cultura, como processo de formação da comunidade, foi analisado por Ruth Benedict em termos *de padrões de cultura* e por Gregory Bateson em termos de *ethos*. Cada tipo de cultura é constituído pelos valores em conjunto e pelos comportamentos que distinguem uma comunidade e os seus membros. Benedict descreve três culturas para ilustrar o seu conceito de modelos culturais. A cultura dos Zuni do Novo México, que define como tipo apolíneo porque a beleza e a dignidade de comportamento, no domínio dos próprios instintos, representam o valor fundamental e a norma de comportamento que o Zuni «ideal» deve adoptar; a cultura dos Kwakiutl, que define como tipo dionisíaco e se exprime pela frequência da dança ritual e no apreço das festas e hospitalidade exercida para próprio prestígio; a cultura dos Dobú, para os quais a existência é concebida como uma luta até à última gota de sangue e que atribuem o máximo valor à malvadez e à perfídia desleal como virtudes reconhecidas da sociedade (Benedict, 1970: 136 e 171).

Segundo Bateson, o *ethos* de uma comunidade é representado por certos comportamentos específicos que «são a expressão de um sistema padronizado de atitudes emotivas» (1958: 286). Baseia-se no contraste existente entre o *ethos* dos homens e o *ethos* das mulheres Iatmul da Nova Guiné e recorre a dados comparativos de certos comportamentos comunitários dos colégios universitários ingleses, concluindo: «Um dos fenómenos mais importantes que o exame dos contrastes dos *ethos* traz a lume é a repugnância que as pessoas criadas segundo um deter-

CONCEITOS E MÉTODO

minado *ethos*, com as suas reacções emotivas estandardizadas segundo um dado padrão, sentem por outros possíveis *ethos*» (Bateson, 1958: 320). Por outras palavras, o processo de identificação é, também, um processo de distinção; identificam-se com o próprio grupo para se distinguirem de todos os outros que não sejam o seu.

No processo comunitário da cultura adquirem valor especial alguns elementos cuja eficácia coesiva e social é fundamental; a língua, por exemplo, e o território. Basta apenas destacar o valor da língua como expressão imediata de relações sociais; convém, além disso, sublinhar a importância especial das tradições literárias no nascimento do sentido comunitário. Estas não estão, necessariamente, ligadas à escrita (os *corroboree* e os hinos cíclicos dos australianos, assim com os poemas dinásticos e pastorais dos Ruanda, não eram escritos), mas a escrita, evidentemente, constitui um meio técnico de grande força social e cultural. O valor comunitário do território relaciona-se com o problema mais vasto do ambiente.

A escrita como meio técnico torna possível transmitir o pensamento através de gerações e o seu valor exige a referência já feita no capítulo precedente sobre cultura material. Não só os grandes monumentos ou as obras de arte originam a cultura, mas também todos os artefactos que servem ao homem para habitar e desenvolver a sua actividade. Bastante amiúde conseguimos reconstruir a cultura do passado através de vestígios, mesmo fragmentários, dos utensílios mais humildes e da cerâmica, ou seja, por meio da chamada cultura material. Os paleo-etnólogos e os arqueólogos chamam a estes vestígios *monumenta*, no sentido latino de «documentos». O seu conjunto testemunha o género de vida das sociedades desaparecidas e o seu modo de conceber a vida, ou seja, de exprimir a cultura.

O ethnos, *sujeito de relações culturais*

A capacidade coesiva da cultura em relação com a tendência associativa e gregária do homem manifesta-se e desenvolve-se nas instituições sociais. Como já se disse, estas são o tipo de vida aceite pela comunidade como norma social e como comportamento padronizado. Uma ilustração concreta disto é-nos dada pelas transformações culturais e sociais através das quais as culturas se diferenciam. No início do século, por exemplo, para os Kikuyú do Quénia, como para quase todos os africanos, o único tipo de iniciação era a tribal; hoje, a educação escolar substituiu em grande parte a iniciação e tornou-se norma comum para todos os jovens kikuyú e o sistema escolar firmou-se como uma das instituições mais sólidas da cultura kikuyú moderna. Até há poucos anos, os ameríndios Cuna do Panamá, as populações nilóticas do Sudão, os Nuer, os Dinka, os Shiliuk, não usavam vestuário; hoje, para todos eles, o vestuário tornou-se norma de comportamento público.

As instituições sociais coordenam-se numa rede complexa que abrange todas as expressões da vida humana e são mesmo formas cristalizantes das intuições individuais; a comunidade apropria-se delas e este processo de apropriação renova-se e consolida-se.

A eficácia normativa das instituições, a fixidez dos aspectos materiais e a transmissão hereditária sublinham a tendência conservadora da cultura. Mas a esta tendência corresponde, e com ela contrasta, a necessidade de renovação; a renovação dos membros através do ciclo da vida e a diversidade das circunstâncias de lugar e de tempo suscitam novas exigências. O carácter da cultura como processo comunitário resulta ambivalente: de conservação e de renovação.

Cada forma particular de cultura tem a sua dinâmica interna e cada comunidade que a gera e possui caracteriza-se e distingue-se por força dos seus fenómenos. A caracterização interna da cultura leva os membros de uma comunidade a reconhecerem-se entre si, quase a identificar-se, mas distingue-os até no que respeita às outras comunidades e às outras culturas. Esta distinção não é de isolamento, mas de relação. Assim nascem as *relações culturais*. O fenómeno é radical e aplica-se a todos os tipos de comunidade: desde a família nuclear nas suas relações com outros núcleos análogos até à sociedade estatal. As relações culturais abrangem todo o campo das manifestações culturais e, nos aspectos sociais, dão lugar a desenvolvimentos característicos de ordem política e jurídica.

3. O *OIKOS*

Oikos é uma palavra grega que literalmente significa «casa». Dela deriva o termo ecologia, que nas ciências naturais indica o estudo do ambiente e mais especificamente as relações entre o ambiente e os organismos biológicos que, em conjunto, determinam o equilíbrio necessário à vida. A ecologia tornou-se nos últimos anos uma exigência primária, quase um despertar mental súbito perante as devastações da poluição produzidas pelo desenvolvimento industrial. Concordou-se, embora tardiamente, que a rotura do equilíbrio natural ameaça seriamente a própria possibilidade de vida do homem, além da de todos os seres vivos.

A antropologia interessa-se pelos aspectos humanos da ecologia, isto é, pelos modos e formas pelos quais o ambiente se reflecte na cultura. O ambiente inclui toda a natureza externa, a configuração topográfica dos lugares (das montanhas às estepes, dos rios aos mares), o clima e todas as manifestações atmosféricas, a vegetação espontânea e cultivada e finalmente a fauna no sentido mais vasto e múltiplo da vida animal. O homem não se encontra sozinho sobre a terra. No desenvolvimento da sua vida, ele está inserido numa amplíssima gama de relações, entre as quais predomina, de maneira determinante, a tecnologia.

A tecnologia

O ambiente, factor de cultura, condiciona, apesar de tudo, a técnica, ou seja, toda a actividade exterior e material do homem; o material dos utensílios e das armas, as possibilidades de alimentação através da caça, da pesca, da colheita, ou através da criação e do cultivo, o tipo de vestuário e de habitação. Condiciona, além disso, as concepções abstractas da cultura e reflecte-se na interpretação da natureza e do cosmos, no significado das relações reais ou supostas entre o cosmos e o homem, entre as árvores, os animais e o homem.

Por outro lado, o homem, por meio da tecnologia, procura dominar o ambiente. O seu intento é o de garantir um espaço mais seguro para viver. A fim de atingir este objectivo, precisa de alimentação e de protecção. Inventa, com o impulso da fantasia e da experiência, instrumentos cada vez mais adequados: desde o pau de escavar ao arado; do fogo à energia atómica; do arco e da flecha às redes. O desenvolvimento tecnológico, em si mesmo, nunca mais tem fim; pelo contrário, encara a descoberta de novas fontes e meios de energia, e a produção, a transformação e a distribuição dessa energia, assegurando a alimentação e a protecção. O homem, de facto, não só precisa de se alimentar, mas tem necessidade de se proteger contra a inclemência do clima, as insídias da doença, as devastações dos animais e as vicissitudes causadas por outros homens.

O ambiente condiciona a vida humana em relação directa com o desenvolvimento tecnológico. O que equivale a dizer que, quanto maior é a possibilidade de extrair energia de um determinado ambiente, tanto maior é a possibilidade de fixação humana. Entre tecnologia e demografia há uma relação directa.

O rápido desenvolvimento que se seguiu à revolução industrial tornou a tecnologia omnipresente e omnipotente, a ponto de anular, aparentemente, a força do ambiente. Nada parece impedir mais a posse da população humana; o deserto tropical da Arábia ou o Sara, as regiões glaciais do Árctico, a própria aridez da Lua, o cosmos extraterrestre, vergaram-se à força tecnológica. A prolongada experiência de vida no *Skylab* é a mais recente e, por certo, não será a última conquista do homem sobre o ambiente. A tecnologia domina o ambiente, quando não é ela própria a gerá-lo. O homem moderno vive nela como o pigmeu na floresta. No entanto, apesar desta fascinante experiência, é um erro aceitar a equação tecnologia-ambiente. Não só o limite humano continua subordinado à dimensão infinita do cosmos, mas o próprio homem tem necessidade do contacto directo e imediato da natureza para evitar que venha a ser vítima das suas mãos.

O condicionamento prático do ambiente e o seu reflexo nas concepções teóricas da cultura têm sido objecto de estudo desde que a antropologia e a etnologia começaram a constituir-se como ciências sistemáticas. Hoje, a importância da ecologia antropológica não é apenas marginal e genérica, mas considera-se como essencial. As interpretações e as posições dos antropólogos sobre o assunto nem sempre são unívocas. Alguns vêem no ambiente um simples condicionamento e motivação que induz o homem às conquistas tecnológicas com as correspondentes ordenações sociais para as quais, em todo o caso, surge como dominador do ambiente. Outros minimizam a iniciativa do homem e dão o máximo relevo ao condicionamento determinante do ambiente.

Um exemplo de análise ecológica que ficou clássico é a investigação da sociedade nuer feita por Evans-Pritchard (1940). Os Nuer são povos *prevalentemente* pastores, mas sê-lo-iam integralmente, como os Massai da Tanzânia e do Quénia, se as condições ambientais em que vivem não os orientassem para a agricultura e a pesca. O terreno da planície nuer é argiloso, as árvores são raras. As chuvas, que atingem o seu máximo nos meses de Julho e Agosto, são torrenciais; os rios mudam-na e depois transformam-na em pântanos. A água demasiada torna escassos os pastos e o gado sofre com isso. O leite, por consequência, é pouco, embora seja a alimentação principal dos Nuer, os quais, para a completar, se dedicam ao cultivo do milho e à pesca.

INTRODUÇÃO AOS ESTUDOS ETNO-ANTROPOLÓGICOS

O ritmo estacional ocasiona, também, uma dicotomia residencial: nas aldeias, durante as chuvas; nos campos, durante a estação seca. Não só o sistema residencial se torna, assim, condicionado pelo ambiente, como igualmente todo o sistema político (Evans-Pritchard, 1940: capítulos 1-3).

A relação do ambiente sobre o modo de vida dos Massai é de outro género. Também eles, para encontrar a erva para o gado, se deslocam segundo a mudança das condições ambientais sem respeito pelos limites territoriais impostos pela administração colonial. Através dos séculos, ficaram ligados à vida pastoral e ninguém os convence a mudar de técnica recorrendo ao cultivo (excepto grupos especiais, que os Massai «puros» desprezam). (Jacobs, 1965: 302.) Desde sempre, o leite tem sido o seu alimento principal, a ponto de estudos biológicos recentes terem revelado no metabolismo do colesterol dos Massai uma característica genética singular e única. (Kang-Jei, 1971: 403.)

O ambiente, conquanto condicione as soluções práticas e os modos de vida humana, nunca subjuga completamente a actividade mental e a inventiva do homem para novas soluções. Pode-se, assim, dizer que as adversidades ambientais estimulam a capacidade de adaptação e de domínio do homem. A liberdade de escolha por parte do homem e a singularidade das formas culturais estão documentadas pela variedade das soluções adoptadas em ambientes análogos. Por exemplo, a vida na neve levou os esquimós ao uso de raquetas de marcha semelhantes às que usam os habitantes dos Alpes. Pelo contrário, os esquimós foram os únicos a desenvolver os *iglus*, casas em cúpula feitas de gelo, que se distinguem dos *kachim*, ou casas cerimoniais, para cuja construção os esquimós se servem de ossos de baleia ou madeira semienterrada para as estruturas, segundo um tipo de construção difundido por todas as latitudes. Nas florestas equatoriais, os pigmeus preferem a liberdade da caça e da colheita, enquanto os Bantos são sedentários e se dedicam ao cultivo em parcelas de terreno expressamente roçadas. É muito interessante neste aspecto a conclusão geral que Evans-Pritchard tira do seu estudo dos Nuer: «Nas suas condições ecológicas actuais não é possível melhorar a técnica geral nuer da criação de gado; por conseguinte, melhores conhecimentos do que aqueles que já possuem não lhes seriam úteis; o gado, se não fosse para eles motivo de incessante vigilância e cuidado, não poderia sobreviver nas difíceis condições ambientais.» (Evans-Pritchard, 1940: 36.)

O ambiente natural, entendido como território, representa um elemento que o homem valoriza para a sua actividade económica e para a sua organização política. Estes dois aspectos entram como partes fundamentais na cultura. O território ou a terra assumem, deste modo, significados emotivos, jurídicos e políticos universalmente difundidos e conservados. A relação com a terra é radical: o homem extrai dela o seu sustento por processos que variam, mas com resultados de feição psicológica e jurídica que o levam a identificar a sua prosperidade, a sua própria existência, quer como indivíduo quer como comunidade, com a terra. O conceito de património cultural, que já vimos referir-se à cultura na sua totalidade, adquiriu com respeito à terra uma forma concreta singular. Trata-se de uma relação hereditária que provém dos pais e que conduz ao conceito político de pátria.

O reconhecimento do direito à terra, seja como direito de habitá-la, seja como direito a extrair dela a alimentação, representa o reconhecimento do direito à vida e pelo qual cada homem se sente directamente interessado e empenhado em determiná-lo e garanti-lo.

As alianças sociais, a todos os níveis políticos, do parentesco com o Estado, tem por objectivo concretizar esta exigência fundamental para lá da força lábil do indivíduo singular. Os modos e os métodos pelos quais isto acontece são os objectivos do estudo da antropologia política.

O tipo de utilização material da terra para a alimentação e para todos os outros fins presta-se para diferençar nitidamente as formas particulares de cultura. Por isso, amiúde este é o índice exterior mais significativo de que os antropólogos se têm servido para classificar as culturas. Fala-se assim de cultura de caça ou de colheita para indicar o modo de viver pelo qual o homem obtém a alimentação dos frutos espontâneos da natureza (frutos, mel selvagem) ou da caça aos animais da selva. Toda a organização social e até política está voltada para tornar possível esta actividade, com grupos comunitários limitados, ligados entre si por vínculos de parentesco, e expeditos nos movimentos de migração através da selva. A cultura dos agricultores e a cultura dos criadores de animais representam outras duas formas basilares que assumem diversificações múltiplas e características com base nos métodos de trabalho para a apanha dos produtos ou dos animais criados.

Valor material e simbólico do ambiente

Como já se indicou, nem só o aspecto material da cultura é condicionado pelo ambiente: também se reflecte, claramente, nas concepções mais propriamente espirituais, ou seja, na visão cosmológica do Mundo, nas interpretações religiosas e nas instituições rituais. Analogamente à classificação geral da cultura, a própria classificação religiosa pode ostentar indícios relacionados com o ambiente. Fala-se, assim, de teísmo silvestre a respeito das crenças religiosas dos povos recolectores e caçadores porque da selva e da floresta derivam o símbolo de Deus e a inspiração para os ritos religiosos e mágicos. O teísmo agrário, pelo contrário, baseia as suas interpretações cosmológicas e os ritos não só no conceito de terra mas no ciclo estacional das culturas. O teísmo pastoral concentra a sua atenção no céu e nas manifestações urânicas como símbolos de Deus e de todas as outras forças cósmicas das quais depende a prosperidade dos rebanhos e da família.

Examinemos, para uma exemplificação concreta, o valor da terra na tradição africana (Bernardi, 1971). Trata-se de um conceito polivalente. Segundo a mentalidade africana, a Terra é vista como parte integrante de todo o cosmos. Mas a sua extensão, que tem por limite o horizonte e a possibilidade do seu fraccionamento, presta-se a uma distinção nítida: de símbolo universalizante e de valor económico e social.

«Os Kikuyú», escreve Jomo Kenyatta, «consideram a terra a 'mãe' da tribo, devido ao facto de a mãe suportar no seu seio, durante oito ou nove luas, o peso da criança enquanto esta lá está e depois ainda por um breve período de aleitamento. A terra, pelo contrário, nutre a criança por toda a vida; e, mesmo depois da morte, novamente toma conta dos espíritos dos mortos por toda a eternidade. Assim, a terra é a coisa mais sagrada acima de tudo o que habita dentro dela ou sobre ela.» (Kenyatta, 1938: 21.)

Para os Talensi do Gana, escreve Fortes, a terra é «o símbolo das forças que promovem o bem-estar comum de toda a humanidade, sem discriminação. Do mesmo modo que a superfície terrestre não tem limite, assim o poder místico da Terra é universal». Um estranho encontrado a vaguear não é verdadeiramente estrangeiro; é uma «coisa da terra». Ninguém o deve molestar, porque, como não se sabe quem é, deve ser entregue ao chefe para que o proteja (Fortes, 1945: 176).

Segundo o seu valor simbólico, a terra aparece integrada na história mitológica desde o princípio do Mundo quase como um ser personificado; presta-se para indicar a universalidade do poder de Deus como ser supremo; pode ela própria ser considerada como uma divindade; portanto, como mãe dos homens.

Como bem económico e social, a terra é possuída, é habitada, cultiva-se, vende-se e compra-se, abandona-se. Na tradição africana, embora o direito à propriedade seja fundamentalmente um direito dos indivíduos singulares, a terra era um bem comum. Por exemplo, entre os Tiv da Nigéria, o território habitado é denominado *tar*. O direito de habitar o *tar* provém dos antepassados e é o parentesco que o determina, dando a cada um o direito de o cultivar; mas a posse do *tar* permanece dos antepassados e do parentesco. «Um terreno cultivado dura apenas dois ou três anos, depois deixa-se repousar e os direitos específicos caducam. No entanto, o direito de cultivar um terreno qualquer do *tar* nunca caduca.» Portanto, observa Bohannan, «uma pessoa não está ligada a um terreno, mas ao cultivo temporário do mesmo» (Bohannan, 1966: 106.)

Quando se diz que os verdadeiros proprietários da terra são os antepassados equivale a dizer que é a comunidade e não os indivíduos quem possui a terra. A comunidade é o parentesco ou o chefe, não como indivíduo, mas como representante da comunidade. A terra é a garantia de continuidade e deve ser conservada para os nascituros. À continuidade da terra corresponde a continuidade da comunidade. O *idile* ou linhagem dos Yoruba demonstra-o bem: «Uma vasta família da qual muitos membros estão mortos, alguns vivos e inúmeros ainda para nascer.»

Sobre estes valores tradicionais essencialmente religiosos e sociais começam a prevalecer, actualmente, em medida cada vez maior, os valores meramente económicos e comerciais. Já em 1948 Lucy Mair observou que, «no caso da terra, é bastante claro que os comportamentos emotivos e religiosos inculcados pela tradição não impediram o desenvolvimento de atitudes comerciais». (Mair, 1948: 185.) Nalgumas partes da África, como no Quénia, estas transformações foram aceleradas pela reforma agrária e hoje a terra é tratada quase exclusivamente como um bem comercial; desfruta-se, vende-se ou compra-se com proveito exclusivo do proprietário individual, sem ter já respeito pela antiga relação com os antepassados.

A análise do valor da terra na tradição africana põe em evidência e confirma o significado dinâmico do ambiente; não se cristaliza em valores ou formas absolutas, mas adapta-se ao trabalho contínuo da mente humana em variedade de concepções e nas correspondentes instituições sociais.

4. O *CHRONOS*

O factor tempo na formação da cultura está assim intimamente ligado ao processo estruturador da cultura, até quase se identificar com ele. A cultura nasce, desenvolve-se e vive no tempo. Se a intuição do indivíduo deve ser assimilada pela comunidade na medida em que se articula na cultura, é óbvio que tal articulação acontecerá na sucessão do tempo. Foi o que se viu ao falarmos da passagem da *communitas* à comunidade. De maneira mais radical dir-se-á que o fenómeno está ligado à própria ideia de tempo.

É válido para a cultura o que Fortes escreve da estrutura social: «A noção de um sistema social ou de uma estrutura social implica necessariamente uma extensão através de um período de tempo. Um sistema social, por definição, tem uma certa vida. E um sistema social, determinado sistema social, somente enquanto os seus elementos componentes se mantêm ou são adequadamente substituídos; o processo de substituição é o ponto crucial, porque o organismo humano tem uma amplitude de tempo limitada. A manutenção e a substituição são fenómenos temporais. Os processos pelos quais actuam constituem um objecto de interesse quando estudamos o factor tempo na estrutura social.» (Fortes, 1945: IX.)

Dimensões do tempo

Das três dimensões do tempo, passado-presente-futuro, são sobretudo o passado e o presente que assumem, em relação à cultura e aos fenómenos sociais, um valor significativo. Para ilustrar esta afirmação, serve muito bem a concepção de tempo que, segundo a análise de um estudioso de África, John Mbiti, pertence à tradição africana: «O tempo é um fenómeno bidimensional com um longo passado, um presente e, virtualmente, nenhum futuro.» Para precisar estes conceitos, Mbiti serve-se de duas palavras swahili, *sasa* (literalmente *agora*) para o presente, *zamani (antigamente)* para o passado. «*Sasa* é o lapso de tempo no qual a gente está consciente da própria existência e dentro do qual se projecta seja em relação ao futuro próximo seja sobretudo em relação ao passado. *Sasa* é por si mesma uma dimensão completa ou tempo completo, com o seu breve futuro, um presente dinâmico e um passado experimentado. Poderemos chamar-lhe *microtempo*. O microtempo é significativo para o indivíduo ou para a comunidade só através da sua participação nele ou da sua experimentação. *Zamani* não se limita no entanto àquilo a que os Ingleses chamam passado. Tem, também, o próprio 'passado', 'presente' e 'futuro', mas numa escala mais vasta. Poderemos chamar-lhe o macrotempo. O *zamani* sobrepõe-se ao *sasa* e os dois não podem ser separados. O *sasa* alimenta ou desaparece no *zamani*. Mas, antes de os acontecimentos se incorporarem no *zamani,* devem ser realizados ou actualizados na dimensão *sasa*. Quando isto aconteceu, então os acontecimentos recuam do *sasa* para o *zamani*. Assim, o *zamani* transforma-se no período além do qual ninguém pode passar.

«Ambos, o *sasa* e o *zamani,* possuem qualidade e quantidade. Referimo-nos a eles como grande, pequeno, pouco, breve, longo, etc., em relação a um acontecimento ou fenómeno particular. O *sasa* geralmente une em conjunto os indivíduos e o seu ambiente imediato. É o período do viver consciente. Por outro lado, o *zamani* é o período do mito que dá sentido de fundamento ou de 'segurança' ao período *sasa;* e, unindo em conjunto todas as coisas criadas, todas as coisas se incluem no macrotempo.» (Mbiti, 1969: 22-3.)

O passado pode entender-se segundo o valor de antigo, de origem. O valor de origem é mencionado como justificação de todas as interpretações, de todas as instituições, de todos os elementos organizadores da sociedade. O tempo das origens surge, assim, em termos de comparação e transmuta-se em *tempo mitológico*. Os aborígenes australianos descrevem a *era do sonho* ou *era heróica* como referência à época primordial quando os heróis celestes habitavam sobre a terra e deram início à vida. «Os mitos da era do sonho são para ele (australiano) documentos históricos, ligados ao seu ambiente geográfico, às suas aspirações económicas, à sua ordem social e à sua experiência pessoal. Mas o tempo a que se referem participa da natureza do 'sonhar' porque, como no sonho, o passado, o presente e o futuro são em certo sentido aspectos contemporâneos de uma única realidade. É a eterna era do sonho que se manifesta no passado através dos heróis, no presente através dos iniciados (especialmente. nas cerimónias sagradas, e se manifestará no futuro para que os seus vínculos não sejam quebrados.» (Elkin, 1956: 205.)

O tempo mitológico, que nas várias expressões da era do sonho ou idade de ouro se encontra quase em todas as culturas, é um modo singular de interpretar que permite ao homem anular as dimensões do tempo e ligar a sua passagem num contínuo e renovado presente, com o fim, sobretudo, de manter ou reconquistar a força impulsiva que havia na origem da vida.

Mircea Eliade (1966), em perspectiva histórico-religiosa, designou os mitos dos primórdios como os mitos do *eterno retorno*; mediante o modelo destes mitos, o homem tenta superar o tempo para reconquistar o modelo dos arquétipos primordiais estabelecidos pelo criador ou pelos heróis culturais.

Nesta mesma perspectiva, as festas das estações do ano, sobretudo do fim do ano, as orgias que as acompanham, assim como em todas as ocasiões de novidade, seja o início de uma nova família pelo casamento ou o nascimento de uma nova vida em consequência dele seja a construção de uma nova casa ou de um templo, representam a ritualização da obra da criação (início da vida) e o domínio do caos (expresso pela orgia). (Cf. Lanternari, 1959.)

Tempo ecológico e tempo estrutural

Uma outra avaliação do tempo como factor de cultura foi introduzida por Evans-Pritchard na sua análise dos Nuer com a distinção entre *tempo ecológico* e *tempo estrutural*. O tempo ecológico tem um desenvolvimento cíclico determinado pela dicotomia estacional da terra nuer. As duas estações, *Tot*, da chuva (de meados de Março a Setembro-Outubro), e *Mai*, seca (de Setembro a meados de Março), não só regem as mudanças de clima como assinalam, também, o movimento da população das aldeias para os campos. O conjunto destes ritmos migratórios realiza-se no período de um ano, mas o ano e as estações são conceitos ligados, sobretudo, às actividades sociais. As iniciações, os casamentos e as outras cerimónias realizam-se de acordo com o tempo ecológico. Para os Nuer, «o calendário é uma relação entre um ciclo de actividade e um ciclo conceptual, ligados entre si; o ciclo conceptual vai buscar o seu significado e a sua função ao ciclo de actividade» (Evans-Pritchard, 1940: 100). Os Nuer não usam o nome dos meses como unidade aritmética de tempo, mas como referência às actividades sociais: tempo dos primeiros campos, dos casamentos, das colheitas, da guerra com os Dinka, etc. A figura 2.1 ilustra o significado do tempo ecológico nuer (1940).

«Em certo sentido», afirma Evans-Pritchard, «tudo é tempo estrutural» (1940: 104), pois representa a conceptualização das actividades sociais e coordena-as de maneira sistemática e orgânica. Para explicar esta afirmação, Evans-Pritchard analisa as três instituições fundamentais do sistema político nuer, isto é, os grupos territoriais, as classes de idade (*age-sets*) e a linhagem.

O tempo estrutural está ligado à ideia de distância (que outros autores exprimem pelo termo «escala»). Também a distância pode ser ecológica e estrutural. A *distância ecológica* é a «relação entre comunidade definida em termos de densidade e distribuição, com referência à água, vegetação, vida animal, etc.». A *distância estrutural* é a relação distintiva «entre grupos de pessoas expressa em termos de valor» (Evans-Pritchard, 1940: 109-10).

Os grupos territoriais são distintos entre si no espaço, mas cada um deles, a tribo, o distrito, a aldeia, representa uma unidade construída no tempo. Para a máxima expressão territorial, como a tribo, pode-se ter uma profundidade histórica de cerca de cinquenta anos, para além da qual existe a incerteza e o vácuo.

A linhagem, segundo a análise de Evans-Pritchard (que introduziu este termo na linguagem da antropologia social), representa um grupo de parentesco no interior do clã e tende a multiplicar-se por um fenómeno de segmentação. Há linhagens máximas, maiores, menores, mínimas, ou seja, de poucas famílias. No sistema político nuer, a pertença a uma linhagem é considerada título de poder, mas a posição no âmbito da linhagem e a extensão do poder são estabelecidas e modificadas pela distância que distingue os vários grupos e os seus membros; um chefe de família torna-se chefe de linhagem, etc. A distância amadurece, no sentido de que se torna, assim, factor de estruturação da própria linhagem.

As classes de idade são os agrupamentos dos membros da sociedade nuer que foram iniciados ao mesmo tempo. As classes de idade sucedem-se a outras classes de idade, segundo ritmos precisos, determinados pelas cerimónias de iniciação, e a cada uma cabem competências distintas na actividade social e política. A sucessão acontece no tempo, que assume eficácia estrutural.

O sistema das classes de idade como organização da sociedade não é peculiar dos Nuer; encontra-se entre muitas outras culturas e em particular entre os Nilo-Camitas da África Oriental, dos quais os representantes mais típicos são os Massai. O impulso rítmico de ordenação em classes é dado pela iniciação, pela qual os jovens passam da adolescência à idade adulta. Os iniciados, dentro de um período aproximado de quinze anos, formam uma classe. Em geral, há quatro classes; raramente sobrevivem os representantes de uma quinta classe. O primeiro grupo, dos jovens, tem funções militares, de polícia, de defesa e ataque (saques). A segunda classe, dos homens casados, ocupa-se dos deveres sociais da família e da criação. A terceira classe, dos anciãos que têm filhos iniciados, detém o poder político e domina, em particular, os movimentos das classes dos jovens. Por fim, a quarta classe, dos velhos, representa a tradição, e as suas funções são exclusivamente místicas ou sagradas. A idade, isto é, o tempo, age como princípio estrutural desta ordenação típica, na qual a todos os membros, em sucessão ordenada, é consentida a participação activa no poder e na autoridade (Bernardi, 1955).

Maio Junho Julho Ago. Set. Out. Nov. Dez. Jan. Fev. Mar. Abr.

CHUVAS
Cheias dos Rios

ESTAÇÃO SECA
Baixa dos rios

HORTICULTURA
Sementeira e Sacha

Queimadas

REGADIO

Construções e reparações

Colheita

1.ª Colheita
do milho

2.ª Colheita
do milho

CAÇA E PESCA

Escassez de comida

Abundância de comida

ALDEIAS

Os velhos
voltam à aldeia

Os jovens
voltam à aldeia

CAMPOS

Os jovens retornam
aos campos

Todos para
os campos

Casamentos, iniciações,
sepulturas e outras cerimónias

Estação para combater
os *Dinka*

Fig. 2.1

A concepção filosófica e o valor mitológico, ecológico e estrutural indicam a complexidade dos aspectos sob os quais pode ser considerado o tempo como factor de cultura. A cultura move-se no tempo, passa de geração em geração como uma herança recebida dos «pais», torna-se tradição. Esta dinâmica é própria da cultura em geral e encontra-se em todas as suas variantes. Por outras palavras, a cultura e todas as suas expressões são história. Infelizmente, o hábito humano de encarar a história como pesquisa das causas e da concatenação dos acontecimentos à base da documentação escrita induziu demasiado os historiadores a considerarem os povos sem escrita como se não tivessem história. Os próprios antropólogos, depois do primeiro entusiasmo pelo estudo histórico das origens da cultura, por excessiva reacção a conclusões gratuitas descuraram, pelo menos sob alguns aspectos, a história, a ponto de negarem a utilidade de análise das culturas e das sociedades sem escrita. Tais posições injustificadas e extremistas estão em grande parte superadas actualmente. A necessidade do estudo histórico da cultura vem novamente sendo considerada com premissa essencial para a compreensão dos factos culturais (Vansina, 1964 e 1965).

Estas posições, que serão mais amplamente descritas no capítulo sobre a história das escolas, conduziram a diversas aproximações e métodos para o estudo «cronológico» da cultura. Há a abordagem *sincrónica*, que estuda a cultura e as suas expressões particulares como um todo integrado num determinado momento, considerado como presente etnográfico. Os presentes etnográficos podem ser tantos quantos os momentos pré-escolhidos. Há a abordagem *diacrónica*, que analisa os factos culturais na perspectiva de sucessão do tempo. Há a abordagem *histórica*, que aprofunda a pesquisa conforme o tempo fornece todos os documentos possíveis, desde testemunhos orais a descrições de observadores do passado (viajantes, missionários, administradores coloniais, etc.), com o fim de se conseguir uma compreensão das causas das realidades culturais na sua ordenação, na sua função e no seu desenvolvimento.

Segundo a análise antropológica, parece evidente que o sentido e a perspectiva em que se situa o conceito de tempo são essencialmente relativos. Estão ligados a situações de facto e a dados de observação que se diferenciam de lugar para lugar, de colectividade para colectividade, de indivíduo para indivíduo. Por outras palavras, o factor temporal gera a cultura precisamente pela eficácia interactiva com que incide, juntamente com outros factores, no processo cultural. Também por este processo interactivo dos quatro factores a cultura surge como uma realidade dinâmica, global e inter-relativa.

5. A INTERACÇÃO DOS FACTORES

A interacção dinâmica dos quatro factores fundamentais põe em destaque a complexidade do conceito e da realidade da cultura. A acentuação de um ou de outro factor no processo dinâmico cultural por parte dos antropólogos corresponde a interesses particulares de estudo. Há quem, fascinado pela profundidade da personalidade humana, se volte para as pesquisas sobre as relações entre cultura e pessoa: quem, sensível à problemática social, se ponha numa perspectiva comunitária ou sociológica; quem, atraído pela problemática económica, atribua importância singular ao factor ambiental e tecnológico; quem, atento ao decorrer das vidas humanas, indague as ligações causais entre os seus acontecimentos. É claro que cada uma destas acentuações é legítima e justifica e explica o contínuo surgir dos muitos ramos de especialização no desenvolvimento das disciplinas antropológicas. Todavia, uma visão verdadeiramente global do problema antropológico da cultura não pode deixar de ter em conta não só os factores e os simples elementos culturais, mas também os vínculos interactivos dos vários factores, dos quais nasce o fenómeno da cultura.

Entre os quatro factores fundamentais existe uma complementaridade bipolar que os distingue em duas unidades correspondentes. No quadro do fenómeno geral da cultura, trata-se de uma distinção lógica e útil para a análise das interacções dos próprios factores, mas tem um fundamento real na natureza desses simples factores, conforme descrevemos. Há a relação *anthropos-ethnos* e há a relação *oikos-chronos*. O *anthropos*, com a convergência dos indivíduos em sociedade, dá vida ao *ethnos* e o *ethnos* gera o *anthropos*, oferecendo-lhe um âmbito completo de vida. Entre os dois factores há uma atracção constante de acção, mas conjuntamente, também, de distinção. A complementaridade bipolar pode representar-se como indicado na figura 2.2.

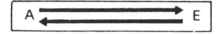

Fig. 2.2

O *oikos*, como espaço, oferece uma dimensão ao *chronos* pela qual é possível avaliar o tempo no seu decorrer. Os dois conceitos, na mente humana, estão intimamente ligados mas também são nitidamente distintos. A relação bipolar entre os dois pode representar-se com o mesmo diagrama (ver figura 2.3).

Fig. 2.3

Entre as duas unidades bipolares estabelece-se uma correspondência integradora que completa a interacção dos quatro factores, dando origem à cultura. O diagrama ilustrado pela figura 2.4 assinala a relação entre as duas unidades bipolares e descreve o fenómeno dinâmico na cultura em termos completos.

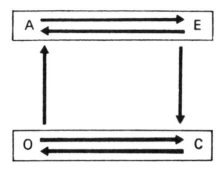

Fig. 2.4 – *O diagrama da cultura:* anthropos-ethnos; oikos-chronos.

6. ANTROPEMAS E ETNEMAS

Os dois primeiros factores da cultura, o indivíduo e a comunidade, vão buscar as suas definições ao homem e dizem-lhe respeito directamente; deles e para eles a cultura assume a sua qualidade específica como fenómeno humano. Os outros factores, o ambiente e o tempo, conquanto essenciais e determinantes, constituem somente condicionamentos exteriores. Daí, será aos dois primeiros que se deverá atribuir maior relevância para prosseguir na análise das formas particulares da cultura.

Uma vez que a actividade mental do *anthropos*-indivíduo está na origem da cultura e a acção do *ethnos*-comunidade produz a estrutura e estabelece a relação entre simples homens e as suas instituições, chamaremos aos aspectos individuais da cultura *antropemas* e aos aspectos colectivos *etnemas*.

A complexidade dinâmica da cultura, mesmo até nos seus aspectos menores, não se limita, no entanto, à acção do indivíduo, embora este esteja sempre presente e seja determinante. Deriva, também, de *motivos singulares ou princípios de interpretação elementar*, que, em certo sentido, guiam ou determinam a escolha do indivíduo e da comunidade e podem, por isso, ser considerados na raiz de expressões particulares de cultura. Também denominaremos estes princípios *antropemas*. De facto,

CONCEITOS E MÉTODO

do mesmo modo que a intuição criadora do homem constitui um antropema e dá início a factos culturais novos, também todos os princípios estruturais a partir dos quais se ordenam as instituições de uma comunidade dão início a novos factos culturais e têm força de antropemas. A primeira utilização humana do fogo é um antropema. Foi realmente uma descoberta (no sentido mais genérico do termo). Sobre ela escapam-nos os dados exactos, mas os mitos descrevem-na em narrativas de gestas heróicas, como uma experiência intelectiva do homem e a qual trouxe um contributo determinante e criador para o desenvolvimento da cultura. Analogamente, a fissão nuclear do átomo, considerada em si, e sem atender aos estudos que a prepararam, é um antropema. Toda a sua história é conhecida e sabemos bem que profundas inovações e mudanças (deveria dizer-se, antes, mutilações e mortes) introduziu na cultura e na vida humana. Antropema é a aplicação da distinção «direita-esquerda» à organização cultural e social. As organizações duplas que caracterizam muitíssimas sociedades tiram a sua inspiração e classificação deste tipo de oposição. A aldeia típica dos Bororo do Brasil, por exemplo, está dividida em duas metades apostas e exógamas, chamadas *Ecerae* e *Tugarege* (Albisetti, 1962: 430-6.) Com objectivo análogo, a aldeia tradicional dos Massai da África Oriental desenvolve-se no interior de uma sebe protectora e nos lados apostos abrem-se duas ou quatro entradas. As casas ao lado de cada entrada pertencem a uma família poligínica: a primeira casa à direita da entrada pertence, à primeira mulher; a primeira casa à esquerda da entrada, à segunda mulher; a segunda casa da direita, à terceira, e assim por diante (Jacobs, 1971: 16). Os Massai aplicam a distinção direita e esquerda também às classes etárias. Estão à direita os primeiros e mais vigorosos jovens iniciados e estão à esquerda os últimos iniciados. Direita e esquerda adquirem, desta maneira, um significado de valor superior e inferior, melhor e bom (raramente de bom e mau), assim como na estrutura parlamentar podem significar conservadores e progressistas.

Os antropemas podem definir-se como as *expressões capilares da cultura, originadas pela intuição inventiva de um indivíduo, e que, portanto, se especificam como raízes da estrutura cultural e social.* A análise dos antropemas visa, sobretudo, individualizar o aspecto inicial e radical da cultura, no sentido dinâmico (embora não necessariamente histórico). O seu estudo permite não perder de vista o significado individual da cultura, isto é, continuar a ver a árvore enquanto se estuda a floresta e salientar as formas elementares da estrutura cultural e social.

Os etnemas são o resultado dos antropemas constituídos em estrutura, isto é, articulados entre si, sistematicamente. O conjunto sistemático dos etnemas é um produto específico da comunidade, que acolhe e torna normativos e estáveis os antropemas. Por exemplo, na distinção entre *communitas* e comunidade, anteriormente referida por Turner, *communitas* representa um antropema e comunidade um etnema, porque resulta do conjunto de normas que proporcionam estabilidade e estrutura à ideia matriz expressa pela *communitas.* Etnema é a família nuclear representada pela fórmula pai – mãe – filho; os elementos singulares são, entretanto, antropemas, porque resultam do reconhecimento social de uma situação natural elementar, a de genitor por parte do pai e de genitora quanto à mãe; de prole ou descendente no que respeita ao filho.

Há etnemas *simples* e etnemas *complexos.* O etnema complexo inclui sempre outros etnemas. Se considerarmos o parentesco sob este ponto de vista, isto é, como etnema, ele provém da articulação da família nuclear, da família extensa, da linhagem, do clã e talvez, também, da tribo (quando esta é definida como grupo de parentesco): de todos estes grupos, só a família nuclear é um etnema simples. Igualmente a religião é um etnema complexo. As crenças, os mitos e os ritos podem considerar-se como outros tantos etnemas, que são analisados nos seus conteúdos peculiares. Por exemplo, a dança curativa dos bosquímanos Kung, descrita por Marshall, é um etnema religioso complexo. Inclui a dança, o transe e a imposição das mãos sobre o doente. Quando um dos anciãos, em pleno transe, se destaca do grupo para impor as mãos, a sua decisão é um antropema; cada um dos seus actos é um antropema; mas o conjunto da sua acção representa um etnema complexo (Marshall, 1969: 349 e 370). Toda a problemática religiosa em relação à realidade misteriosa do cosmos, as interrogações sobre a natureza das forças cósmicas, sobre o porquê da vida, da dor, da morte, são antropemas que se combinam numa variedade de etnemas, representados pelas expressões e pelas narrativas mitológicas das cerimónias e dos ritos, etc. As intuições reformadoras do profetas começam como antropemas, mas as expressões novas de interpretação e de estrutura, que associam os seus sequazes em novas igrejas ou instituições, têm o carácter de etnemas.

Entre os elementos constitutivos da cultura há que distinguir os aspectos mais especificamente teóricos, como as suas interpretações intelectivas, os valores culturais que informam a mentalidade e a personalidade e os aspectos práticos, como as instituições sociais, as expressões artísticas e as actuações materiais. Alguns antropólogos, como se viu, propuseram chamar cultura aos aspectos teóricos e denominar civilização os aspectos práticos. Semelhante contraposição entre cultura e civilização não nos parece exacta e gera confusão. Propomos, por isso, denominar *ideo-etnemas* todos os elementos teóricos da cultura, coordenados em sistemas de pensamento e assumidos com base na personalidade e no comportamento, e *socio-etnemas* todos os elementos práticos e materiais da cultura.

Propomos também designar pelo termo *etnostilos*, ou seja, «estilos de vida», como sugeriu Redfield, os modos singulares ou específicos da cultura que, tanto nos aspectos teóricos e ideológicos (ideo-ietnemas) como nos aspectos práticos (socio--etnemas), concorrem para caracterizar uma variedade particular de cultura, no seu conjunto e em *num determinado momento ou época*. Por exemplo, a cultura italiana seiscentista representa, do ponto de vista antropológico, um etnostilo que inclui as formas barrocas das artes plásticas, os valores ideológicos da literatura (Marino) e da religião (Contra-Reforma, os «Segneri»), e abrange, também, as instituições sociais e políticas e os comportamentos humanos do tempo (cultivados ao vivo e descritos com argúcia e transparência por Manzoni no seu romance). Etnostilo é o ideal de vida e as organizações impostos aos Zulu do Sul da África por Chaka, o Napoleão da África, no momento em que os conduziu ao apogeu da potência militar (Cf. Gluckman, 1940.)

O exame dos quatro factores fundamentais permitiu-nos isolar as causas determinantes do desenvolvimento do processo dinâmico da cultura. Para lá dos simples factores, a dinâmica cultural apresenta uma problemática em si que, amiúde, esconde as raízes verdadeiras dos factos culturais. Nas descrições que se seguem e na própria situação existencial, em que os factos culturais acontecem, convirá fazer referência constante à presença e ao significado dos factores fundamentais para poder captar, na sua complexidade, o fenómeno global da cultura.

III

A DINÂMICA CULTURAL

Analisados os factores da cultura, é preciso, agora, examinar os fenómenos da dinâmica cultural. Proposta com antecedência a indicação de alguns conceitos fundamentais, como função e energia, são três os principais aspectos sob os quais se agrupam as manifestações dinâmicas da cultura: a enculturação, a culturação e a desculturação. No âmbito destes fenómenos, outros fenómenos e outras instituições particulares se verificam, por exemplo a iniciação, a actividade missionária, a colonização, os movimentos de libertação e de renovação religiosa. Cada um destes fenómenos apresenta aspectos sociais e históricos próprios, mas, como é óbvio, serão encarados aqui na perspectiva antropológica como aspectos particulares da dinâmica cultural.

1. FUNÇÃO E ENERGIA

Uma vez individualizados os elementos constitutivos das formas particulares da cultura ocorre espontaneamente interrogarmo-nos: qual é a causa pela qual um antropema, qualquer que seja a sua proveniência – a intenção humana ou a aplicação de um princípio estrutural –, é acolhido pela comunidade e transformado em etnema? Qual é a causa pela qual um etnema se articula com outros etnemas, como se se tratasse de um organismo vivo? Quais as razões por que, num certo momento, um etnema é recusado ou abandonado, deixando de ser integrante?

INTRODUÇÃO AOS ESTUDOS ETNO-ANTROPOLÓGICOS

Esta problemática ocasionou pesquisas e discussões sobre a dinâmica da cultura, definitivamente assimiladas pelo pensamento antropológico. Entre os conceitos e termos produzidos por este trabalho de ideias, encontrou uma certa preferência e uma continuidade de emprego o vocábulo *função*. Tal termo exprime a relação de energia que liga entre si os etnemas de uma cultura particular, articulando-os numa estrutura orgânica. Para os evolucionistas do século passado, semelhante analogia era «mais do que uma metáfora. Spencer estava convencido de que as leis da biologia, válidas para os agregados histológicos, seriam igualmente válidas para os agregados humanos» (Mair, 1970: 34). Segundo Spencer, «o conceito de função implica a noção de uma *estrutura* consistente num conjunto de relações *(set of relations)* entre *simples entidades*, enquanto a *continuidade* da estrutura era mantida por um *processo vital* elaborado pela *actividade* das unidades constitutivas». Nas comunidades como as tribos de África ou da Austrália, observa Radcliffe-Brown, reconhecemos a existência de uma estrutura social. Os indivíduos estão, de facto, ligados entre si por um conjunto definido de relações sociais que formam um todo íntegro. «A continuidade da estrutura social, como a de uma estrutura orgânica, não é destruída por mudanças de unidade. Os indivíduos deixam a sociedade por morte ou de qualquer outro modo; outros ingressam nela. A continuidade da estrutura é mantida pelo processo da vida social que consiste nas actividades e interacções dos indivíduos e dos grupos organizados dentro dos quais se encontram unidos. A vida social da comunidade é aqui definida como o *funcionamento* da estrutura social. *A função de qualquer actividade decorrente, como a punição de um rebelde ou uma cerimónia fúnebre, é a parte que ela desenvolve na vida social entendida como um todo e daí o contributo que induz à manutenção da continuidade estrutural»* (Radcliffe-Brown, 1969: 180).

No conceito de função de Radcliffe-Brown assinala-se sobretudo o valor fundamental que ele atribui ao indivíduo; a actividade individual está na base da formação da cultura entendida também como estrutura social. Mas convém observar que se é, também, verdade que a continuidade da estrutura não é destruída com a mudança dos indivíduos, muda porém a sua qualidade e a sua forma. Mudam os indivíduos e mudam os antropemas, isto é, mudam as interpretações e as intuições que estão na raiz da cultura e da sociedade. Neste sentido é muito significativo que a problemática da dinâmica cultural, e em particular o problema das transformações, se tenha imposto ao estudo dos antropólogos, mesmo com a preponderância do interesse funcionalístico. O aspecto individual é irrepetível, pelo que só em sentido analógico a cultura se pode chamar um organismo.

Contemporaneamente a Radcliffe-Brown, o conceito de função foi aprofundado por B. Malinowski, ao qual se deve em grande parte o caminho para o estudo dinâmico da cultura e das transformações culturais. O pensamento dos dois mestres foi diversamente desenvolvido pelos seus discípulos e por outros estudiosos; assim, com matizes diversos, o conceito de função aparece ainda útil como termo de referência para descobrir e analisar a parte activa de cada elemento na constituição e na manutenção da cultura como um todo orgânico. Como se verá na parte histórica, o estudo funcionalista foi oposto ao estudo histórico e tornou-se em chave sincrónica. Mas, quando as transformações culturais e sociais se tornaram objecto de análise, a perspectiva histórica afirmou-se novamente, porque a pesquisa também se estendeu a sociedades complexas com documentos escritos.

De um ponto de vista teórico pode parecer pouco menos do que impossível estabelecer o que seja o todo cultural em direcção ao qual cada antropema e cada etnema desenvolvem as suas funções. A dificuldade é sentida, sobretudo, no âmbito das culturas e sociedades complexas. As especializações e os etnostilos destas sociedades são de tal maneira diversos e múltiplos que não consentem uma perspectiva sintética e holística. A dificuldade, pelo contrário, não surge no âmbito das sociedades ditas simples, graças à sua escala reduzida que permite observá-las integralmente; por exemplo, os «bandos» dos caçadores e recolectores (pigmeus, aborígenes australianos, etc.). De novo importa salientar que o conceito da cultura e da sociedade como um todo integral surgiu com o aparecimento da antropologia, mas só se precisou com a aplicação do método do trabalho de campo e pela participação directa na vida das sociedades simples, como fizeram Radcliffe-Brown e Malinowski no que se refere, respectivamente, aos Andamaneses e aos Trobriandeses. A este respeito observa Mair que quem tiver experiência de trabalho de campo percebe com clareza que os objectivos e os significados dos vários elementos culturais que fazem parte de um todo estão implícitos nos comportamentos daqueles que os exprimem e os executam (Mair, 1970: 39).

A partir do conceito de função, de que se tornou pai e paladino, Malinowski foi levado a aprofundar o conceito integral de cultura de maneira mais radical, tomando como ponto de partida as necessidades humanas. Numa obra publicada postumamente, distingue entre necessidades fundamentais ou de base (*basic needs*) e necessidades derivadas (*derived needs*). A satisfação das primeiras é necessária ao homem para sobreviver. Trata-se, de facto, de necessidades biológicas de carácter universal, às quais o homem dá soluções culturais, ou seja, necessidades fundamentais idênticas mas muitíssimo variáveis na forma. É possível elaborar uma lista destas necessidades e Malinowski tenta-o, de maneira simplista, a título de exemplificação, contrapondo a cada necessidade a resposta cultural: (1) metabolismo – abastecimento; (2) reprodução – parentesco; (3) bem-estar corporal – abrigo-casa; (4) segurança – protecção; (5) movimento – actividade; (6) desenvolvimento – instrução; (7) saúde – higiene.

As necessidades derivadas são impostas pelo modo e pela actividade com que o homem satisfaz as necessidades fundamentais e, por esta razão, Malinowsky também lhes chama imperativas. A cada imperativo corresponde uma resposta cultural e o autor fornece igualmente a seu respeito uma indicação exemplificativa: (1) instrumentos de produção – economia;

CONCEITOS E MÉTODO

(2) comportamento humano – controlo social; (3) conhecimento da tradição – educação; (4) autoridade – organização política. (Cf. Malinowski, 1944, X e XI.)

O tema das necessidades humanas foi retomado, recentemente, por alguns sociólogos franceses juntamente com o conceito de aspiração social, mas o seu contributo não acrescenta muito a quanto já foi indicado por Malinowski, a não ser talvez uma maior acentuação do significado dinâmico da necessidade como força de actuação e de transformação social. Põe-se sobretudo o acento sobre a «aspiração à consideração» e sobre a «necessidade de não ser desconsiderado» que se encontram em todos os homens. São estes aspectos que têm um significado próprio em relação ao fenómeno da desculturação, como se verá mais adiante (Chombart de Lauwe, 1970: 17-8).

Na relação entre função e estrutura ocorre distinguir, como faz Tullio-Altan, funcionalidade e funcionamento. Segundo este autor, «a função mede-se pela capacidade de uma estrutura para resolver um problema» e a funcionalidade consiste, de certo modo, na melhor solução possível de um problema. O funcionamento, pelo contrário, consiste na actuação concreta que a vida apresenta. Os quadros de referência, ou seja, os parâmetros com os quais se medem as funções, são dois: um é dado pelo conjunto do sistema pelo qual a estrutura realiza uma função de equilíbrio e de conservação; o outro é dado pela situação e pelos problemas concretos da vida de que ela consta.

Quando a estrutura e o sistema (por outras palavras, quando os etnemas na sua articulação) são funcionais, a distinção entre funcionalidade e funcionamento é irrelevante. Mas, quando não são funcionais, isto é, incongruentes com os problemas que estavam destinados a resolver, então a distinção revela-se útil para analisar o fenómeno. A incongruência entre sistemas e situações concretas, mesmo quando uma instituição parece funcional, reduz a capacidade de funcionamento. Um exemplo apresentado por Tullio-Altan (1968: 116) consiste nos aspectos negativos da sociedade de consumo, cujas «estruturas, em vez de satisfazerem as necessidades humanas, se transformam em mecanismos eficientíssimos destinados em grande parte a suscitar necessidades artificiais entre os homens, para os levar a satisfazer as crescentes exigências criadas pelo seu hipertrófico funcionamento».

Daqui resulta uma bipolaridade no conceito de função que é preciso ter presente para a análise da dinâmica cultural: uma polaridade positiva e negativa, de funcionalidade e de disfuncionalidade.

Se a função é uma relação de energia, o valor dos etnemas ao manter viva a cultura e o próprio valor da cultura dependem da medida de energia de que dispõem. Já Leslie White observava que «o funcionamento de uma cultura no seu conjunto depende e é determinado pela quantidade de energia produzida e pelo modo como é utilizada. O que pressupõe outro factor além da energia. A energia isolada não faz sentido. Para ser culturalmente significativa, a energia deve ser produzida, dirigida e aplicada. Isto faz-se por meios tecnológicos, ou seja, com instrumentos de qualquer espécie. A eficiência dos meios tecnológicos varia; alguns são melhores do que outros. A quantidade de alimentação, de habitações ou de outros bens produzidos por uma certa quantidade de energia é proporcional à eficiência dos meios tecnológicos pelos quais se utiliza a energia, supondo o resto constante» (White, 1949: 367-8).

Varagnac, numa obra sobre a conquista da energia (1972), distingue a energia da tecnologia e mantém que o progresso de uma cultura depende bastante mais do progresso da energia do que do progresso da técnica. Desde o tempo da Pré-História, observa ele, a Humanidade passou através de várias revoluções energéticas. As últimas duas pertencem ao nosso século e são o uso da electricidade e do petróleo e a conquista da electrónica e da energia atómica. Destas duas revoluções derivaram a automatização do trabalho e a automação. Ambas as consequências tendem a reduzir e fizeram reduzir a participação activa do homem, com grave prejuízo da sua força muscular e da sua personalidade. A análise da dinâmica cultural requer, portanto, o estudo das fontes de energia (mão-de-obra humana, animal, etc.), enquanto, de um ponto de vista prático, o principal problema moderno é a introdução de novas formas de acção e de trabalho físico que permitam voltar a dar ao homem uma maior participação activa na criação da sua própria cultura (Varagnac, 1973).

Se a conquista da energia é um tema importante da pesquisa, outro tanto o é a perda da energia. A perda é disfuncionalidade e as consequências que daí resultam podem ser bastante graves. A inércia cultural, a entropia social e política, a deriva, o vazio social e outros conceitos do género que se encontram na bibliografia antropológica, sobretudo sobre as transformações culturais, representam aspectos particulares da disfuncionalidade.

O fenómeno da inércia destaca-se em particular na desigualdade das transformações culturais. Os etnemas, como, por exemplo, «os complexos míticos (*mythical charters*) têm uma inércia cultural própria pela qual retardam e condicionam a adaptação noutros campos» (Forde, 1970: VIII). Por outras palavras, um sistema religioso ou mágico tem uma transformação mais lenta do que um sistema económico ou político.

O conceito de entropia é tratado pela termodinâmica e indica uma propriedade pela qual se mede o grau de *desordem* dos elementos constituintes de um sistema e se avalia a possibilidade de transformação. Aplicada à dinâmica cultural e sociológica, a entropia refere-se ao desfasamento que pode haver entre estrutura e função pelo qual um dado etnema perde o valor e acaba por ser transformado ou substituído. Balandier aplica o conceito à organização. «A *ordo rerum*», escreve, «(isto é, a ordem proveniente das coisas: as estações, as orientações, etc.) e a *ordo hominum* (isto é, a ordem baseada nos homens: o sexo, as gerações, etc.) estão ameaçadas pela entropia, pelas forças de destruição que elas encerram em si mesmas, pelo desgaste dos mecanismos que as mantêm. Todas as sociedades, mesmo aquelas que parecem mais estáveis, estão imbuídas pelo sentimento da sua vulnerabilidade» (Balandier, 1967: 128).

2. A ENCULTURAÇÃO

Ao processo educativo pelo qual os membros de uma cultura se tornam conscientes e comparticipantes da própria cultura dá-se o nome de enculturação. A educação informa toda a cultura, os ideo-etnemas e os sócio-etnemas. Por outras palavras, pela enculturação informa-se e forma-se a visão mental do homem e orienta-se o seu comportamento. A informação nutre a consciência, e a criança, de criatura totalmente dependente torna-se pessoa responsável e autónoma (de *child*, neutro, transforma-se em *he* ou *she*, com personalidade). Os padrões e valores culturais, como se viu, não são recebidos passivamente, antes servem para suscitar o seu juízo crítico. Esta capacidade crítica manifesta-se mais lentamente em relação aos sócio-etnemas, que vem a conhecer e a apreciar mediante a participação activa nas instituições sociais. (É sobretudo este aspecto particular da enculturação que corresponde ao que os sociólogos descrevem como *socialização*.) É importante notar que a enculturação, na mesma medida em que é transmissão da cultura estabelecida pelos pais (*establishment*), é também um meio de crítica, isto é, de escolha, que implica adesão conformista ou, no extremo oposto, recusa renovadora. A enculturação actua num momento preciso que poderia também descrever-se como presente cultural e reflecte o etnostilo desse dado momento; mas, embora se baseie naquilo que já foi construído no passado, projecta-se no futuro. Um jovem africano de hoje, como um de qualquer outra cultura, torna-se comparticipante da cultura africana de hoje e prepara-se para construir a cultura africana de amanhã.

A enculturação acontece de maneira *informal* e *formal*. Esta distinção, embora sendo nítida, não pode considerar-se como absoluta. Também quando o processo enculturacional tem lugar em instituições e modos rigidamente formais, como veremos, não pode de modo algum inibir a percepção da mente humana, pronta a captar, como uma objectiva grande-angular de extrema abertura, tudo o que se lhe apresenta.

O processo enculturacional informal dá-se continuamente ao longo de toda a vida. Não há momento algum em que cada um de nós não amadureça com actividade autónoma ou não receba, conscientemente ou não, quaisquer valores ou modo de vida pelos quais se torna membro de uma determinada cultura num preciso momento de tempo e de lugar: italiano dos anos setenta, italo-americano, italo-australiano, ou seja o que for.

O fenómeno revela-se com maior evidência no período da infância, quando a criança é educada para ser homem, no âmbito da família e dos grupos espontâneos das da mesma idade. O objectivo essencial da família é dar à criança uma forma de vida, um etnostilo, algo a que se conformar como ponto de referência, quanto mais não fosse para superá-lo ou negá-lo. Na família, particularmente no primeiro contacto com a mãe e, depois, com os outros membros, a criança aprende quem é, o que vale, o que deve fazer para se tornar homem adulto.

Cada um pode refazer a história da própria experiência pessoal para avaliar quanto é profundo e espontâneo o processo de enculturação. Mas toda a autobiografia representará um documento singular no qual, embora abstraindo-se dos incidentes individualíssimos e irrepetíveis, transparecerá a eficácia dos modelos impostos ao desenvolvimento mental e social da criança. Eis o testemunho de um jovem Luya do Quénia Ocidental: «A educação tribal, quase em todos os estádios, baseava-se no ensino por meio da experiência, enquanto os pais, especialmente a mãe, estavam prontos a acudir se se cometia qualquer erro. A actividade de *'nurse'* nos anos da minha infância (quando vigiava a minha irmãzinha) ilustra este tipo de educação. Igualmente o trabalho no campo ou nos pastos com o gado... As crianças tornavam-se adestradas ao fim dos primeiros anos, para serem respeitadoras, obedientes e educadas, pois eram estes os padrões com que os adultos se tornavam aceitáveis à sociedade» (Fox L. 1967: 16).

A formação de grupos espontâneos entre crianças pequenas só aparentemente tem como fim o divertimento e o jogo; na realidade, representa a primeira tomada de consciência das relações sociais e um modo concreto de as realizar. O mesmo escritor do Quénia exprime-se assim a respeito da actividade do jogo: «Num certo momento do nosso crescimento, havia três períodos por dia em que nos era normalmente permitido brincar ou em que devíamos fazer jogos»; um era de manhã, durante o pastoreio, quando a vigilância do gado não impedia os pastorinhos de se juntarem e brincarem; o segundo era no regresso, cerca das quatro, quando os pequenos deviam apenas dedicar-se aos jogos; o terceiro era depois da ceia, quando se brincava às escondidas enquanto havia luz e depois se continuava com o conto de fábulas, de adivinhas, e assim por diante (Fox L., 1967: 10). Lanternari observa: «Os jogos infantis e tradicionais imitam, como desporto espontâneo e livre, tipos de actividade, instrumentos, ritos, comportamentos, que entre os adultos estão já em vigor com funções complexas, económicas e sociais, culturalmente fecundas.» (Lanternari, 1966: 556.) Acrescente-se ainda que «os miúdos se entregam, também, em tom de paródia e com a consciência de ficção, se bem que com ar sério, a certas acções que imitam os ritos adultos. Por exemplo, o funeral de um gato segue os cânones tradicionais dos ritos fúnebres locais, com procissão, banquete fúnebre, danças rituais ao som de tambores» (Lanternari, 1966: 619.)

No período infantil, a *imitação* é o aspecto da enculturação que mais surge como determinante. Seria errado, por outro lado, pensar que as imitações cessam com a idade infantil; pelo contrário, continuam toda a vida e prosseguem com o processo enculturacional. Basta pensar no fenómeno da moda, que, seguindo as exigências consumistas, exerce ao máximo a tendência inata do homem para a imitação. Seria, pois, errado pensar que na idade infantil a imitação actua só passivamente; desde os primeiros anos, com um crescendo contínuo, afirma-se na criança e no homem a sua individualidade, ou seja, a capacidade de interpretar de maneira autónoma e pessoal aquilo que vê ou lhe é apresentado.

Num determinado momento do desenvolvimento, que, segundo os sistemas, pode surgir logo depois da infância ou mais tarde até, no fim da adolescência, todos os jovens, rapazes e raparigas, são confiados a mestres escolhidos, aos quais se atribui o encargo da *enculturação formal*. Esta tem por fim aumentar a sua inserção na sociedade, através de múltiplas manifestações, e, em particular, prepará-los para a responsabilidade do matrimónio e da actividade militar e política. Por esta razão, a enculturação formal tem sempre, ou quase sempre, carácter colectivo e só raramente se limita ao simples indivíduo, pelo que, em cada caso, mesmo que se parta de um grupo, é sempre o indivíduo quem dela tira ensinamento e vantagem.

Este tipo de enculturação diferencia-se do informal porque a educação do candidato já não é deixada à simples iniciativa de imitação do jovem e aos cuidados ocasionais, ainda que atentos e incessantes, da família ou dos grupos espontâneos, mas é confiada de maneira específica a um ou mais responsáveis e nela prevalece o aspecto normativo e obrigatório. A iniciativa espontânea do candidato fica logo bastante reduzida, talvez aparentemente anulada, mas, na realidade, continua a estimular a iniciativa pessoal no quadro preciso de uma determinada sociedade.

3. A INICIAÇÃO

Neste vocábulo, tão vasto e genérico, incluem-se todos os tipos de iniciação: os da puberdade e os tribais, os religiosos e mistéricos, os escolares e académicos, os desportivos e militares, e, por fim, os particulares de outros grupos e associações. Como se vê, o tema da iniciação, embora sendo um aspecto da enculturação, é complexo e multiforme. Aqui, todavia, será suficiente indicar alguns pontos característicos das iniciações tribais para esclarecermos o seu significado.

Em grande parte das sociedades iletradas constituíam um período sistemático de instrução, análogo ao período escolar das sociedades letradas. Hoje, que a difusão da escrita é quase universal, as instituições tribais incluem o sistema escolar, mas não sem criar, de certo modo, uma série de problemas típicos de transformação cultural e social. A educação escolar – pelo menos na sua primeira fase histórica – não demonstrou tanta eficácia formativa como as iniciações tribais. A eficácia estrutural destas era tal que o candidato que terminava a iniciação sabia exactamente qual era a sua posição social e podia participar plenamente na vida normal da sociedade.

Há tipos de iniciação que acompanham o desenvolvimento fisiológico dos jovens, outros que simplesmente têm em consideração a maturidade fisiológica dos candidatos para os declarar adultos. Um exemplo típico do primeiro tipo de iniciação encontra-se entre os Wogeo da Nova Guiné. Enquanto, para as meninas, se realiza um único rito no momento da primeira menstruação, o desenvolvimento do rapaz é seguido passo a passo pelos anciãos. São eles que, no período da infância, lhe perfuram as orelhas, convencidos de que só assim se poderá tornar, verdadeiramente, rapaz; quando rapazes, retiram-nos às mães e fazem-nos dormir na casa comum dos jovens, porque, de outro modo, nunca atingiriam a puberdade; na idade púbere, escarificam-lhes a língua para que possam tocar a flauta (associada aos espíritos) e chegar à juventude; chegada a puberdade, ensinam-lhes a ferir o pénis (para se purificarem periodicamente com o sangue e, dessa maneira, se tornarem homens) (cf. Hogbin, 1970.)

O objectivo normal das iniciações tribais é a inserção dos adolescentes entre os alunos por ocasião do reconhecimento da chegada da maturidade fisiológica. O candidato é instruído para tomar parte activa na vida social. Por esta razão, no período da iniciação, ensinam-se-lhe, sob a orientação de mestres, as tradições e os segredos da comunidade. Podem distinguir-se três tipos de iniciação: *instrutiva, dramática* e por *visão*. A mais comum é a iniciação instrutiva, na qual o candidato recebe ensinamentos não só sobre as tradições mas também sobre o

CONCEITOS E MÉTODO

comportamento que deverá observar na sua vida futura. A iniciação dramática serve-se da acção cénica para imprimir na mente do candidato os ensinamentos tradicionais, como acontece com os aborígenes australianos, entre os quais se revive «o tempo do sonho», a fim de que os candidatos dele extraiam toda a força vital. Entre os Venda do Transval é usual ensinar-se aos jovens iniciandos, através de uma representação dramática, a prudência que devem usar, uma vez casados, para com os homens (Stayt, 1968 (2): 120-1).

A iniciação por visão é comummente praticada pelos Ameríndios do Norte. O jovem, para ser considerado adulto, deve isolar-se, sozinho, na selva, por onde, durante dias, vagueia, em busca do encontro com o espírito; este poderá revelar-se num pormenor aparentemente insignificante mas que não deixará de reclamar a sua atenção: pode ser o tombar de um ramo ou qualquer outro fenómeno, como a alucinação provocada pelo prolongado jejum. O encontro, embora fortuito, deve corresponder ao modelo cultural que pertence à tradição do seu povo. O espírito passará a ser o seu protector e do primeiro contacto dará conhecimento aos anciãos; sobretudo, deverá demonstrar, pelo seu comportamento, a eficácia da visão.

A iniciação tribal não é um acto único, mas uma série de estádios. Entre os elementos componentes da iniciação há quase, constantemente, uma prova física, uma mutilação de qualquer género: a extracção ou incisão dos dentes, a depilação, a tatuagem, a incisão da fronte, a circuncisão. Enquanto entre os Wogeo, no momento da instrução para a incisão do pénis, «a ideia de educar o jovem não parece, de facto, preocupá-los» (Hogbin, 1970: 103 e 125); nos outros povos, em geral, espera-se que o candidato saiba aguentar o sofrimento físico sem fechar os olhos, porque, à maturidade física, deve corresponder a maturidade de carácter, demonstrando poder enfrentar, como adulto, as vivências e dores da vida. Dado que frequentemente estas operações assumem um carácter evidente de festividade, tende-se a identificar a prova física com toda a

INTRODUÇÃO AOS ESTUDOS ETNO-ANTROPOLÓGICOS

iniciação, mas erroneamente. Diz-se de um jovem Kikuyú ou Massai que é circunciso para significar que está iniciado, mas, na realidade, a iniciação implica bastante mais do que a simples operação física.

Os efeitos da iniciação são de ordem psicológica e de ordem estrutural. O jovem, quando sai da iniciação, leva arreigado no espírito o sentido de dignidade que o separa já dos rapazes, e o seu comportamento reflecte esta consciência como se fosse verdadeiramente um homem novo.

A novidade de vida representa a mudança de *status* social. Juntamente com a iniciação são muitos os acontecimentos que causam uma mudança de condição social, de lugar, de posição. Van Gennep (1909), num estudo que ficou clássico, denominou os actos e as cerimónias que solenizam estas mudanças *ritos de passagem*. Trata-se de uma classificação genérica que compreende três fases: *ritos de separação*, pelos quais o candidato é retirado do seu mundo anterior e dele segregado como que por uma morte simbólica; *ritos marginais* ou da *liminalidade*, que assinalam o momento de passagem sagrada, quando o candidato já não tem, ou ainda não tem, uma qualificação precisa (encontra-se na soleira ou limiar: *limen*); *ritos de agregação*, que restituem ao candidato a plenitude de vida, quase uma ressurreição simbólica, e que o tornam membro efectivo da sociedade. (Cf. Gluckman, 1972.)

A classificação de Van Gennep teve muita voga porque toca nalguns aspectos essenciais destes ritos, que correspondem ainda a tudo o que acontece nas iniciações. A sua intenção era, sobretudo, pôr em destaque os aspectos rituais. No entanto, suprime (em vez de sublinhar) o valor educativo da iniciação como fenómeno enculturacional e a sua eficácia estrutural.

Os efeitos estruturais da iniciação são particularmente evidentes nas sociedades em que a organização política se baseia nas classes de idade (ver capítulo IX). Por exemplo, entre os Massai, a iniciação realiza-se durante o tempo de abertura; nos tempos fechados, toda a iniciação está proibida. Os jovens iniciados, no referido tempo aberto, formam uma unidade de co-etários e todos os iniciados de um dado período completo (aproximadamente com quinze anos) constituem uma classe de idade. As classes sucedem-se às classes no exercício do Poder, mas é a celebração da iniciação que indica o ritmo de sucessão e imprime à organização massai o seu dinamismo. Não é necessário, para o nosso objectivo, descrever muitas formas de iniciação nem analisar em particular o sistema escolar pelo qual a responsabilidade enculturacional ou educativa é assumida prevalentemente pela sociedade, em colaboração com a família, nos melhores casos.

Por outro lado, destaca-se um aspecto relacionado com toda a fenomenologia da enculturação, e é o seguinte: na medida em que ela encontra repercussões em verdadeiras instituições sociais como as iniciações ou os sistemas escolares, a sua acção incide directamente sobre o indivíduo, enquanto faz dele um membro activo das várias formas de comunidade. E recorda-se que a enculturação, devido à sua incidência sobre o indivíduo, é também um processo criativo pelo qual cada indivíduo procura diferenciar-se dos outros. A diversidade aparece apenas ao nível do microcosmo, ou seja, na peculiaridade pela qual, na mesma família, um irmão se diferencia de outro irmão, um piemontês de outro piemontês, um italiano de outro italiano. Ao nível do macrocosmo, «a diversificação pode parecer unilinear», isto é, não existir sequer; no confronto com um africano, o italiano é um europeu como um inglês ou um alemão. (Cf. Shimahara, 1970: 147.)

4. A ACULTURAÇÃO

Se é possível, para fins analíticos, isolar o processo de enculturação, não seria exacto considerá-lo alheio aos contactos que cada cultura tem com outras culturas. Por outras palavras, a enculturação acompanha ou sobrepõe-se à aculturação. Enquanto

INTRODUÇÃO AOS ESTUDOS ETNO-ANTROPOLÓGICOS

a enculturação diz respeito à dinâmica interna de uma cultura particular em relação aos seus membros, a aculturação refere-se às relações existentes entre as demais culturas e aos efeitos que derivam do seu contacto. Na linguagem antropológica, a palavra aculturação é relativamente recente e difundiu-se, principalmente, entre os da corrente histórica. Todavia, o fenómeno tem sido sempre estudado, embora com perspectivas diversas. A escola histórico-cultural, nascida das posições metodológicas de Ratzel, fundador da antropogeografia, interpretava as relações culturais em termos de migrações dos povos; com os povos desloca-se e renova-se a cultura.

As relações culturais, na realidade, ocasionam uma multiplicidade de fenómenos. Assinalaremos alguns, como a *simbiose cultural*, ou seja, a coexistência ou a convivência de duas ou mais culturas. O caso mais típico de simbiose reside nas chamadas subculturas, as quais continuam a manter as suas características etnémicas, não obstante o predomínio da cultura dominante. Para que haja simbiose é preciso, por outro lado, que a convivência não seja só ocasional ou temporária. Por exemplo, Paul Schebesta tinha afirmado que os Bambutos do Ituri (Zaire), por ele estudados, apesar do seu apego à liberdade da selva viviam em simbiose com os vizinhos Bantús. Turnbull (1966), embora confirmando em grande parte a descrição da cultura pigmeia feita por Schebesta, corrigiu um tal juízo, demonstrando que os Bambutos têm contactos de serviço com os Bantús, mas são bastante mais ciosos da sua liberdade e das suas tradições e, quando lhes apetece, fogem e retiram-se para a floresta, para viverem apartados segundo as suas tradições.

Dos contactos de vizinhança deriva a *osmose cultural*. O fenómeno é observável, particularmente, nas situações geográficas e políticas de fronteira. Os etnemas das culturas confinantes, conquanto sejam profundamente diversos pela língua e etnostilo, entrelaçam-se de maneira bastante evidente. Na África Oriental, por exemplo, a vizinhança entre os Massai – Nilo-Camitas – com alguns Bantús – os Kikuyú, os Kamba, os Merú – deter-

110

Conceitos e Método

minou um fluxo mútuo de osmose através de alianças matrimoniais, trocas comerciais e recontros bélicos. Do lado bantú, nota-se a assimilação da estrutura política das classes de idade, do nome do deus *Ngai,* próprio dos Massai (o nome tradicional bantú é *Murungú),* das formas de vestuário, a ponto de nas classificações etnológicas o grupo ser chamado Bantú-Camita.

A compenetração dos etnemas de duas ou mais culturas chega a tornar-se íntima e total até à *fusão cultural.* O fenómeno pode parecer evidente à primeira vista, mas só se pode afirmar, em *todos* os seus aspectos, através de uma análise histórica minuciosa. Um exemplo significativo é oferecido pela cultura actual do México. As suas componentes são três: a azteca, a espanhola e a moderna, completamente autónomas. Na Cidade do México, na praça chamada das Três Culturas, porque aí se vêem monumentos pertencentes aos três períodos históricos, há uma lápide que recorda a derrota dos Aztecas por parte dos Espanhóis e comenta com consciência cultural, punctual e humana que «*não foi uma derrota, mas sim o nascimento do povo mestiço que é o México de hoje*». Um outro exemplo de fusão encontra-se na África Austral realizada entre os colonos holandeses e os *prófugas* huguenotes franceses. Uns e outros representam actualmente uma cultura completamente diferente das originárias; os holandeses descendentes dos primeiros colonos já não reconhecem quaisquer ligações históricas com a cultura holandesa e os huguenotes esqueceram completamente a sua língua francesa; os modernos *afrikaanders* são, embora africanos, um produto típico de fusão e mestiçagem derivado da fusão entre os calvinistas holandeses e os huguenotes franceses. Por paradoxo histórico e por interesse político, mais do que cultural, afirmam e impõem a própria distinção cultural e étnica, quer em confronto com os outros brancos, particularmente de origem inglesa, quer sobretudo em contraste com os africanos, a quem chamam com desprezo «nativos» ou simplesmente «bantús». O *apartheid* é o produto desta política paradoxal e contraditória.

A *segregação* ou *apartheid* racial e cultural é a recusa política da aculturação; a *autarcia* é a recusa comercial. Uma e outra constituem fenómenos negativos, verdadeiras doenças culturais, que contrastam e violentam a realidade dinâmica da cultura, sem contudo a conseguirem deter totalmente.

De um ponto de vista religioso, o *sincretismo* é um caso típico de aculturação. Dá-se quando as características da divindade ou de outros etnemas religiosos pertencentes a sistemas religiosos distintos se fundem para produzirem divindades ou etnemas totalmente novos. Nas religiões clássicas, principalmente no período helenístico, assim como no desenvolvimento histórico do cristianismo e da sua liturgia, o fenómeno apresenta-se bastante evidente. Aparece também com relevo nas religiões orientais, particularmente no hinduísmo e no budismo, sobretudo chinês. Muitas das novas religiões milenaristas e os movimentos de libertação religiosa apresentam caracteres revestidos de sincretismo. O *umbanda* do Brasil e o *vudú (voudu, voodoo)* haitiano contêm figuras das religiões tradicionais africanas, especialmente do Daomé e dos Yoruba, elementos religiosos cristãos e elementos de origem ameríndia, que se fundem entre si com resultados estranhos e impressionantes.

A escola histórico-cultural atribuía um significado histórico à difusão da cultura e considerava o estudo das migrações e relações culturais como meio de reconstituir a história. Na realidade, cada cultura desloca-se e entra em contacto com outras formas de cultura da maneira mais inesperada, quer por via capilar através de contactos individuais, por antropemas e etnemas, quer por migrações de culturas inteiras levadas, de certo modo, pelas migrações dos povos. Os movimentos migratórios, que os antigos latinos exprimiam por uma frase clássica, *coloniam deducere*, representaram sempre causas determinantes de novas relações culturais. Pense-se nos Fenícios, nas conquistas marítimas, nos conquistadores e nos «Pilgrim Fathers» da América, nos *settlers* da Austrália e da África.

Segundo Herskovits, que foi um dos antropólogos a quem se deve a difusão do termo, entende-se por aculturação a *transformação cultural em curso*. Na realidade, se se pensar que toda a cultura é dinâmica e não estática, a aculturação representa uma constante da cultura. O isolamento cultural é um facto relativo, ao passo que o processo de transformação é sempre activo, quer por impulso interno derivado dos antropemas expressos pelos seus próprios membros, quer pelos impulsos causados pela aculturação. Em antítese actua, também, o processo de conservação, que tende a manter intactos os etnemas estruturais da cultura; dá-se, por outro lado, o processo de desagregação, que dissolve a integridade de uma cultura.

A aculturação identifica-se com parte da dinâmica cultural e, embora com os seus aspectos aditivos e criativos, tem também aspectos negativos e desagregantes. Os antropólogos ingleses nunca aceitaram a palavra *acculturation*, pelo que preferem os termos *culture contact*, *culture change*, e outros semelhantes. Na verdade, trata-se de aspectos particulares da aculturação, que, devido ao facto de serem mais limitados, apresentam vantagem de uma maior concretização.

Os contactos culturais causam as transformações no interior de uma cultura, por vias informais e formais, ocultas e patentes, dando lugar a fenómenos de encontro e desencontro, de aceitação e de recusa. Todos os factores fundamentais da cultura se encontram implicados porque, efectivamente, na aculturação a cultura está *in fieri*, no seu fazer-se e no seu devir. Todavia, assume relevo particular o factor tempo, porque as transformações exigem tempo e medem-se no tempo. Por este motivo, a primeira norma metodológica para analisar as vias e as consequências da aculturação exige que se determine um ponto-base no tempo, a fim de se fixar um termo certo de referência.

5. A ACTIVIDADE MISSIONÁRIA

A actividade missionária, na perspectiva antropológica, é uma actividade aculturante. Os missionários não se consideram votados a estabelecer simplesmente contactos culturais mais ou menos salutares; nem vão de passagem, para oferecer e deixar uma dádiva; vão, pelo contrário, para ficar longamente, por toda a vida, com a intenção específica de operar transformações radicais, alterando os ideoetnemas. Com este fim, actuam directamente sobre os indivíduos singulares e indirectamente sobre as instituições. É uma acção programada de aculturação, no sentido mais pleno da palavra, pelo que eles, os missionários, bem podem considerar-se agentes intencionais de aculturação.

O tema das missões e a sua história milenária são de uma tal vastidão e importância que devem interessar à história de grande parte da humanidade. Convém, de facto, recordar que a actividade missionária não é um aspecto, apenas, do cristianismo, mas também, em geral, de todas as religiões estruturadas em igrejas e, em particular, das religiões chamadas universais, como o budismo e o islamismo. Reconstituir a história da expansão destas religiões é o mesmo que fazer a história da aculturação.

Aqui, limitar-nos-emos a algumas anotações sobre a actividade missionária cristã. A vontade de transformação está já totalmente presente na primeira mensagem de Jesus de Nazaré (como também de qualquer outro profeta reformador): *Arrependei-vos dos pecados e crede na Boa Nova* (Marcos, 1: 15). O arrependimento (em grego, *metanóia*) significa «mudança de mentalidade»; toca as raízes do processo cultural. Esta vontade de transformação torna-se imperativa para os discípulos e, portanto, para a Igreja, no mandamento final de Cristo: *Ide, fazei discípulos de todas as nações* (Mateus, 28: 19).

A partir destes pressupostos é que se desenvolve a sucessiva actividade missionária junto de todos os povos, desde os primeiros apóstolos (os enviados) aos voluntários de hoje. A facilidade das comunicações modernas tornou possível atingir as populações

CONCEITOS E MÉTODO

mais remotas e isoladas. A dedicação e a renúncia dos missionários mereceram, geralmente, o maior respeito e admiração. Nos últimos anos, contudo, têm sido motivo de autocrítica por parte dos próprios missionários e de severas críticas por parte dos estudiosos, os quais chegam ao ponto de os acusar de responsáveis pela destruição da cultura. (Ver Jaulin, 1970; Di Nola, 1972.)

Perante estas opiniões contraditórias, é necessário manter um juízo objectivo. Bastará indicar aqui alguns elementos e critérios para uma visão serena do problema. Além do mais, é conveniente referirmo-nos às directivas oficiais que orientam a acção coordenada dos missionários. Citaremos dois documentos, um da Sagrada Congregação para a Evangelização dos Povos (ou de Propaganda Fide), o outro do Concílio Vaticano II.

O documento da Propaganda Fide culmina no ponto 16 e diz: «Não façais qualquer esforço nem procureis de modo algum persuadir esses povos a mudar os seus ritos, usos e costumes, a menos que sejam evidentissimamente contrários à religião e aos bons costumes. Com efeito, que haveria de mais absurdo do que meter na China a França, a Espanha a Itália ou qualquer parte da Europa? Não leveis isto, mas a *Fé*.» «*Nullum studium ponite, nullaque ratione suadete illis populis ut ritus suos consuetudines et mores mutent modo ne sint apertissime religione bonisque moribus contraria. Quid enim absurdius quam Gailiam, Hispaniam, Italiam aut ullam Europae partem in Synas invehere? Non haec sed lidem importate.*» (Cf. Chappoulie, 1943: 400.)

Nesta directiva transparece o convite ao respeito da cultura local. Há a reserva da «religião e bons costumes», confiada ao senso dos missionários, e a que voltaremos.

O documento do Concílio Vaticano II é o decreto sobre a actividade missionária da Igreja, *Ad Gentes*. Limitar-me-ei a citar a seguinte passagem: «A vida cristã será adaptada ao género e à índole de cada cultura e as tradições particulares, juntamente com as qualidades específicas de cada comunidade nacional ilu-

INTRODUÇÃO AOS ESTUDOS ETNO-ANTROPOLÓGICOS

minadas pela luz do Evangelho, serão integradas na unidade da visão *católica*.» «*Vita christiana ingenio indolique cuiusque culturae accomodabitur, traditiones particulares cum pro priis cuiusque jam iliae gentium dotibus luce Evangelii iliustratis, in unitatem catholicam assumentur.*» (*Ad Gentes*, n.º 22.)

O respeito pelas culturas particulares, expresso neste documento, confirma as antigas directivas da Propaganda Fide. É preciso, no entanto, acrescentar que tal respeito é uma característica peculiar de todo o Concílio Vaticano II.

Perante estas linhas ideais que permanecem constantes, um outro critério de juízo objectivo é a avaliação da acção concreta. A indubitável clareza das directivas ideais não corresponde sempre à actuação na prática. Também aqui se faz, nitidamente, a distinção entre intenção e acção. A posição do missionário que renuncia voluntariamente ao país de origem para conviver frequentemente num modo de vida áspero e duro é sempre digna de respeito e admiração. Todavia, o propósito de expor a outrem uma doutrina diversa para o incitar à mudança de mentalidade pode facilmente transformar-se em vontade de imposição, brandamente velada pela perspectiva de uma salvação a alcançar ou de um prestígio social imediato, ou de eventuais vantagens políticas e comerciais. A história das missões regista casos específicos de todas estas eventualidades. A situação torna-se ainda mais complexa quando a actividade missionária é valorizada e utilizada no sentido político. O direito de padroado (*jus patronatus*), que a Igreja concedeu à Espanha e a Portugal no período das conquistas, foi, talvez, a expressão mais típica da utilização política dos missionários. Actualmente, trata-se de um direito teoricamente ultrapassado. Na realidade, não o está totalmente porque o Acordo Missionário, contrato firmado entre a Igreja e Portugal, pode considerar-se ainda uma consequência do antigo padroado. O resultado desta situação, em desacordo patente com as linhas ideais, foi o confronto dramático entre missionários e bispos de Moçambique, os primeiros, não portugueses, em grande parte, os segundos, por norma do Acordo Missionário, todos

Conceitos e Método

portugueses. O confronto teve diversas explosões clamorosas: o abandono das missões de Moçambique de todos os «padres brancos», em 1971, facto sem precedentes na história das missões. Estes declararam que a razão da retirada era a contrição pela qual a sua obra se orientava, não para valorizar a cultura africana, no sentido cristão, mas para fazer dos africanos portugueses. Uma outra manifestação da referida confrontação foi a corajosa denúncia dos missionários, à opinião pública mundial, acerca dos morticínios cometidos pelos Portugueses nas populações de Moçambique, contra as quais os bispos não haviam levantado as suas vozes. Perante estes resultados, é simplesmente lógico afirmar a necessidade não só de rever o Acordo Missionário mas até de o abolir, eliminando completamente os restos de um antigo direito (cf. Bertulli, 1972.)

Se os aspectos políticos da actividade missionária são facilmente condenáveis, ela suscita não pouca perplexidade se a considerarmos nos seus aspectos morais. De facto, o comportamento missionário torna-se negativo perante os etnemas considerados contrários «à religião e aos bons costumes», tão negativo que pede «operações cirúrgicas» para sanar a cultura mantida doente. O problema afigura-se, neste ponto, extremamente delicado. «A plena conversão ao cristianismo», afirma Hasting, «implica a destruição de crenças e costumes, de toda a forma social.» (Hasting, 1967: 171.) Um comportamento deste género implica, sem dúvida, consequências negativas que não podem deixar de se reflectir em toda a cultura, que é um conjunto integrado. Para julgar o que é contrário à religião, há uma medida precisa. Seria fácil afirmar que tal medida é o Evangelho. Mas a interpretação do Evangelho na história suscita na própria Igreja posições amiúde, contraditórias (pense-se, por exemplo, na escravatura) e, em todo o caso, ligadas a formas particulares de cultura. Até que ponto a medida evangélica não está imbuída de qualificações etnocêntricas? E embora os melhores propósitos dos missionários correspondam ao aforismo de ser «hebreu entre os hebreus, grego entre os gregos, bárbaro entre os bárbaros», até que ponto é

INTRODUÇÃO AOS ESTUDOS ETNO-ANTROPOLÓGICOS

possível deixar de ser italiano, francês ou espanhol para se tornar amazónico entre os amazónicos? Não é possível dar uma resposta totalmente positiva a estas interrogações.

«Do ponto de vista da tolerância e da dignidade humana laicamente concebida», escreve Di Nola, «a *observância*, o respeito das outras religiões e culturas, proclamado pelos documentos (conciliares e pontifícios), não parece ser satisfatório, até mesmo porque o direito cristão ao juízo sobre as outras culturas continua ligado a critérios selectivos vários, muito vagos (ou demasiado específicos teologicamente) para assim tornar lícita uma prevaricação dos elementos culturais ocidentais contra os elementos propriamente evangélicos.» (Di Nola, 1972: 450-51.) Na realidade humana e antropológica, a única medida absoluta é o homem. É a este nível prático, individual, capital, de respeito em relação a cada homem, que a acção missionária se torna crível e, não obstante as suas insuficiências, aceite, quase sempre, pelas populações.

Enfim, para um juízo objectivo da actividade missionária, é útil a sua avaliação no quadro geral da aculturação. O fenómeno da aculturação acontecerá inexoravelmente. As culturas movem-se. É utópico e praticamente impossível mantermos algumas *in vitro* para gozo dos turistas fotógrafos ou dos etnólogos. Seria repetir, sob outra forma não menos dolosa, o método das «reservas». A cultura, cada cultura, não obstante a medida de individualidade ou de incomunicabilidade, foi feita para comunicar entre os homens. É preciso conhecê-la para a entender. De todos os agentes intencionais de aculturação, os missionários surgem, quase sempre, como os mais respeitadores dos valores humanos e os menos afectados de etnocentrismo. A autocrítica a que, depois do Concílio Vaticano II, submetem os seus métodos será verdadeiramente útil se for sustentada por uma preparação antropológica aprofundada.

6. O COLONIALISMO

Entre os agentes intencionais da aculturação, além dos missionários, devem recordar-se os comerciantes e os governos coloniais. O comércio é um dos veículos mais constantes da história dos contactos culturais. O Islão difundiu-se em muitíssimos territórios da África e da Ásia pela acção capilar dos mercadores. As grandes companhias mercantis foram frequentemente um trâmite de penetração colonial e cumpriram os objectivos expansionistas das potências militares. O fenómeno pertence já ao passado, mas deixou a herança do colonialismo, cujo significado antropológico iremos analisar depois de uma breve referência à acção dos comerciantes.

Kluckhohn deu-nos uma descrição cativante da acção dos comerciantes entre os Navajo do Novo México. É uma forma de aculturação típica. «Durante décadas, quando a maior parte dos Navajo só raramente via os funcionários governamentais e sentia o governo, sobretudo, como um organismo mortificante mas remoto, tinham contactos semanais e até diários com os comerciantes mais próximos. Estes e a sua família constituíam, para todos os efeitos práticos, o mundo branco. Hoje, quando muitas partes da reserva já não estão completamente isoladas do resto dos brancos, consideram-se ainda os comerciantes como exemplares importantes dos modos brancos de fazer as coisas. São numerosos os serviços sociais que os comerciantes prestam 'ao povo'. (Povo é a palavra com que os Navajo se denominam a si mesmos. O vocábulo navajo é *diné*, à letra *homem* ou *povo*.) A mulher do comerciante, frequentemente, exerce as medicinas mais simples e subministra os primeiros cuidados; por vezes, o comerciante sepulta os mortos navajo, faz de árbitro nas disputas, ajuda a definir as heranças e traduz ou escreve cartas. Este último serviço tornou-se duplamente importante nos anos da guerra. O comerciante actua, também, amiúde, como amortecedor para com a sociedade branca; ajuda um navajo a obter uma carta de condução ou intercede por ele junto da polícia.

INTRODUÇÃO AOS ESTUDOS ETNO-ANTROPOLÓGICOS

Os Navajo consultam os comerciantes de confiança sobre política e os programas governamentais e consideram as suas informações bastante úteis no que respeita à criação de gado, à agricultura e à tecelagem. «É difícil fazer generalizações objectivas sobre o carácter dos comerciantes. Alguns dos melhores homens e mulheres conhecidos por quem escreve eram comerciantes no meio do 'povo'. Havia, no entanto, outros, poucos, que, sem piedade nem vergonha, exploravam os ameríndios e a sua ignorância do mercado e da aritmética. A situação está a mudar aceleradamente, com o pronunciado aumento do número de lojas e das oportunidades de os Navajo fazerem compras na cidade e com a intensificação dos seus conhecimentos escolares. Mas os comerciantes podem ainda fazer bastante no sentido de ajudar os Navajo a vender as suas mercadorias, favorecendo o artesanato local e promovendo o desenvolvimento económico da tribo» (Kluckhohn, 1962: 130).

A fundação de colónias, como se sabe, é uma antiga expressão latina para indicar as migrações dos povos, e constitui sempre um veículo de contactos culturais e, ao mesmo tempo, um meio de conquista política. No século passado, o fenómeno teve a sua explosão mais virulenta com a formação dos impérios coloniais e, de maneira mais disfarçada, com a ocupação da África pela partilha entre as nações europeias. Se as motivações aduzidas foram de carácter humanitário, como a supressão da escravatura e a «civilização», na realidade, o que impulsionou verdadeiramente os governos foi a cupidez do Poder. As consequências sobre as populações e sobre as culturas locais foram ambivalentes; frequentemente, mais desastrosas do que positivas. Mas os aspectos mais negativos – o domínio e a exploração –, conquanto levassem as populações coloniais à rebelião e à reconquista da independência, suscitaram a condenação do mundo moderno e o fim da época colonial.

Na linguagem comum, para indicar os lados mais negativos da história colonial e a mentalidade que deles derivou empre-

CONCEITOS E MÉTODO

gam-se os termos colonialismo e imperialismo; trata-se de palavras cheias de emotividade, que se prestam à confusão e que é necessário esclarecer quanto ao seu reflexo sobre o problema antropológico da aculturação.

Numa tentativa de análise aparecida em *Current Anthropology*, Ronald Horvath procura definir as diferenças entre colonialismo e imperialismo. O primeiro seria a dominação de um grupo de colonos ou *settlers* permanentes. «A dominação da América Latina, da América do Norte, da Austrália e da Nova Zelândia, da África do Sul e da região asiática da União Soviética, por intermédio das potências europeias, serviu-se sempre da imigração de concessionários (*settlers*) permanentes dos países europeus para as colónias.» O imperialismo, além de utilizar a imigração permanente de colonos, lançou também mão do domínio cultural e político directamente imposto. Os efeitos tanto do colonialismo como do imperialismo seriam equivalentes e de três tipos: extermínio, assimilação, equilíbrio relativo. Dos casos de extermínio, a História oferece exemplos dramáticos «na colonização europeia da Tasmânia e de algumas ilhas das Antilhas e das Caraíbas, podendo-se também citar vastas regiões da América, da Austrália, do Canadá e da Rússia czarista e comunista». Exemplos de assimilação encontram-se na colonização da América Latina ou das Filipinas hispanizadas, do Médio Oriente islamizado, da Ásia Oriental e do Sudoeste achinesado. O tipo de colonialismo de relativo equilíbrio «no qual os indígenas não foram assimilados nem exterminados encontra-se na Argélia, na Rodésia, na África do Sul e na Indonésia» (Horvath, 1972: 47).

A distinção proposta por Horvarth oferece o flanco a fortes críticas se se pensar nas violências perpetradas na Argélia durante a guerra de libertação, no Quénia durante a rebelião Mau-Mau, na África do Sul por ocasião da impiedosa repressão antiafricana; representa, no entanto, o caminho de uma determinação mais científica dos dois conceitos.

Entre as consequências do colonialismo, mesmo nas suas formas aparentemente mais atenuadas, devem recordar-se as *reservas nativas* (*native reserves* e, em americano, *territorial reservations*; em espanhol, *reducciones*). Trata-se de instituições político-administrativas, introduzidas e impostas por motivos ambíguos e por vezes contraditórios. Foram, de facto, estabelecidas para garantir aos aborígenes um território, subtraindo-o à expansão colonial, e permitir-lhes prosperar em autonomia e relativa liberdade. Afinal, acabaram por ficar situadas num isolamento forçado e tornaram-se pretexto para conter a reacção e dominar as eventuais explosões de raiva das populações oprimidas, quando não um meio incontrolável e implacável de extermínio.

Muito semelhantes, pelo menos sob determinados aspectos, foram as antigas *reducciones* dos jesuítas espanhóis no Paraguai (o actual Paraná Ocidental do Brasil) e as «aldeias cristãs» aparecidas no século passado, especialmente em África. Umas e outras instituíram-se para subtrair os catecúmenos e os neófitos ao ambiente pagão e oferecer-lhes um ambiente cristão. As *reducciones* terminaram destruídas pelos bandeirantes paulistas depois dos morticínios de 1628-29. As aldeias cristãs, que reproduziam as *reducciones* nas suas linhas principais, foram abandonadas – como método – pelos próprios missionários, porque afastavam os convertidos do seu ambiente social.

As normas constitutivas das reservas, já de natureza restritiva, constrangiam culturas vivas e vivazes dentro de limites territoriais, sociais e políticos, exasperando as populações até à explosão violenta. A rebelião Mau-Mau dos Kikuyú é um exemplo típico. A necessidade da terra, a recusa da reserva, a aspiração à liberdade para um desenvolvimento completo, constituíram os motivos que impulsionaram os Kikuyú à guerrilha e os levaram – não obstante – a repressão militar, à independência. Do mesmo género são as guerrilhas dos povos ainda sujeitos ao domínio colonial e os episódios de repressão dos Bantús da África do Sul, frequentemente sufocados com sangue (cf. Buijtenhuuijs, 1971.)

As mudanças culturais causadas pela conquista política afectaram toda a cultura. «O estudo dos contactos culturais torna bastante claro o facto de que a sociedade é unidade e se se modifica um aspecto todo o conjunto fica afectado» (Hunter, 1961: 552-53).

O colapso dos impérios coloniais e a independência política das antigas colónias colocou o problema das transformações culturais na perspectiva do desenvolvimento económico mundial. As relações polarizaram-se entre nações ricas e nações pobres, nações que dão e nações que recebem. As ajudas económicas são, além disso, motivo de condicionamento político, pelo menos velado, e levaram à actuação de uma outra forma de domínio chamado, com certa razão, *neocolonialismo*. É óbvio que, nesta situação, o esforço dos países «em via de desenvolvimento» tende para a obtenção da independência plena. Não é empresa fácil porque, enquanto não reúnem as condições de arranque, não só não é possível chegar ao pleno desenvolvimento, mas também surge um círculo vicioso e o esforço torna-se inútil. Enquanto cresce a prosperidade das nações ricas, a pobreza das nações pobres permanece estática e aumenta. Em todo o caso, para lá desta problemática tipicamente económica e política, com a aceitação do sistema monetário e a inserção de novas nações em organismos internacionais como a ONU, a UNESCO e a FAO, o fenómeno de aculturação – como contacto e mudança – revela-se em pleno desenvolvimento.

7. OS MOVIMENTOS RELIGIOSOS DE REFORMA E LIBERTAÇÃO

Um aspecto diferente da aculturação é apresentado pelos movimentos religiosos de reforma. Trata-se de um fenómeno geral e constante da cultura que nas tradições particulares se pode já reconhecer no motivo mítico dos heróis culturais. Mas o problema define-se mais especificamente no contexto colonialista.

INTRODUÇÃO AOS ESTUDOS ETNO-ANTROPOLÓGICOS

A humilhação dos povos submetidos e a opressão dos seus valores culturais e das instituições sociais encontraram no desafogo religioso, o único autorizado, a esperança de salvação, de libertação, de dignidade, de autonomia, de liberdade; numa palavra, de revalorização da própria cultura. Deste complexo de motivações derivam os muitos nomes com que se conhecem na bibliografia antropológica. Barre (1971) propôs chamar-lhes mais genericamente *crisis cults*, cultos derivados da crise, crónica ou aguda, de carácter cultural. «Crise» é uma frustração profundamente sentida ou um problema basilar que nenhum método ordinário, sagrado ou profano, está em condições de resolver. Todo e qualquer desespero de massa, num certo momento de tensão, pode ser uma crise – um problema recorrente. O aspecto «cultural» deriva da não disponibilidade de aceitar quer o reforço da rotura quer a autocrítica da experiência mas, pelo contrário, com a ajuda da necessidade ilusória de companheiros, ceder à ânsia de crer... Não há culto sem uma crise e, como a reacção do corpo à tensão não é boa, também a mente reage de um modo que não é bom (La Barre 1971: 11).

O fenómeno moderno é geral e encontra-se em todos os continentes (cf. capítulo 10, p. 395-97.)

Os próprios movimentos artístico-literários nascidos no período colonial, como a *négritude* de Aimé Cesaire e de Leopold Senghor, os programas políticos de *africanização e de autenticidade (autenticité)*, representam formas vistosas e singulares de aculturação, nas quais a autenticidade é, somente, relativa, na medida em que apelam para a tradição, enquanto predomina um etnostilo de nítida derivação euro-americana. Em todo o caso, trata-se de verdadeiros fenómenos de renovação, mais cultural do que política, dos quais é possível discernir o nascimento de novos e vivazes modelos de cultura.

David B. Barrett, para indicar as raízes profundas e vastíssimas destes movimentos, serviu-se da imagem do «iceberg». A analogia aplica-se perfeitamente a todo o fenómeno da aculturação. O que aparece é somente o cume de um monte imerso que se move e aumenta por vias capilares com uma energia capaz de ocasionar a descolagem do passado e mudanças profundas da tradição.

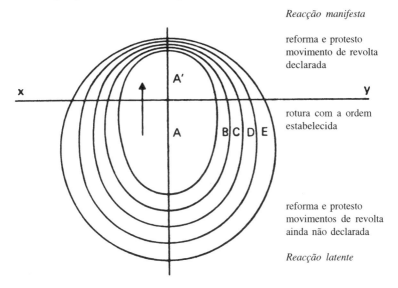

Fig. 3.1 – *O* iceberg *da aculturação*.

Nota: Este diagrama, que Barrett usa para explicar os movimentos religiosos de reforma, serve perfeitamente para ilustrar todo o fenómeno da aculturação e deve ler-se da seguinte forma:

1. Eixo XY = linha de rotura com a ordem estabelecida; abaixo da linha, os movimentos permanecem submersos e em descanso; acima, estão em revolta declarada (cismas, rebelião ou violência).
2. A elipse interior representa especificamente os movimentos cristãos de protesto, alguns dos quais vieram à superfície com o cisma. Os estratos externos do «iceberg» representam movimentos de conteúdo sempre menos cristão e religioso.

INTRODUÇÃO AOS ESTUDOS ETNO-ANTROPOLÓGICOS

3. Categorias dos movimentos: A – movimentos cristãos no interior das Igrejas históricas; A'– movimentos de 5000 igrejas independentes em 290 tribos; B – movimentos sincretistas (em que Cristo não é o centro); C – movimentos religiosos não cristãos, neopaganismo, movimentos nativistas, culto da imunidade, movimentos para a extirpação da feitiçaria; D – movimentos políticos ou militares de protesto, não religiosos, resistência, golpes militares, revoluções, secessões políticas, amotinações; E – movimentos não ideológicos, económicos, agrícolas, rurais, ou outros protestos.
4. Todos os movimentos de resistência ou de protesto podem ser incluídos neste diagrama.
5. A seta indica a direcção de desenvolvimento de um movimento. (Barrett, 1968: 185.)

8. ASPECTOS PARTICULARES DA ACULTURAÇÃO

A assimilação, a integração e a fusão dos etnemas em articulações novas produzidas pela aculturação representam graus diversos do processo aculturativo. De facto, nem todos os elementos podem igualmente introduzir-se e frutificar. A diversidade ecológica, tecnológica e histórica pesam bastante sobre esses desenvolvimentos. Por exemplo, nem todos os ameríndios puderam receber do mesmo modo o cavalo e o fuzil, ambos etnemas importados pelos conquistadores europeus. O cavalo foi completamente assimilado, a ponto de se tornar num elemento integrante da cultura moderna, mas não de maneira igual para todas as tribos. Muitas conseguiram uma verdadeira fusão cultural do novo etnema, a ponto de se tornarem criadoras especializadas. Os Shoshone, pelo contrário, jamais puderam criar cavalos porque o seu território não proporcionava o pasto necessário para um desenvolvimento desse género Assimilaram o cavalo, integraram-no na sua cultura tradicional, mas como um etnema importado para uso alimentar; faltou-lhes a fusão total, de modo a tornarem-se também criadores autónomos. Nenhum dos ameríndios conseguiu alguma vez fazer do fuzil, que todos assimilaram, um etnema completamente fundido na sua cultura. O seu etnostilo permitiu assimilá-lo e integrá-lo como etnema necessário à sua vida actual, mas, por limitações tecnológicas, nunca se tornaram fabricantes autónomos e continuaram a importá-lo dos brancos.

A aculturação, além de ser um fenómeno intencional por parte dos agentes inclinados à transformação (ou conversão), é também selectiva por parte da cultura receptora. A *escolha* ou *selecção* estabelece uma distinção entre um etnema e outro etnema; aceita aquilo que considera útil ao etnostilo e recusa aquilo que lhe parece estranho ou contrário. A escolha não é sempre predeterminada, mas dá-se como que por consequência lógica das premissas do etnostilo tradicional. Os Massai da África Oriental fornecem sob este aspecto um testemunho singular, em contraste com os seus vizinhos Bantús. Enquanto estes (em particular os Kikuyú) fácil e prontamente acolheram, em conjunto, a cultura europeia e a enculturação escolar, os Massai continuaram firmes nas suas tradições, recusando quase tudo o que era imposto como lei, como o uso da moeda e o pagamento de impostos, mas não o que lhes parecesse cómodo, como a substituição pelos tecidos dos antigos vestuários de peles e similares.

Disse-se que a aculturação é um fenómeno complexo; em grande parte fica oculto, como o «iceberg». Quando se torna patente, e dela se toma consciência, então o processo é já aceite e irreversível. Há quem, no entanto, observe que «uma mutação social só se torna verdadeiramente irreversível no momento em que se inscreve nas inovações pedagógicas» (Las Pierre, 1970: 47). Toda a passagem de uma para outra cultura gera crises de mal-estar social, de anomalias pessoais, de entropia política e geral, como já se viu ao falar-se dos movimentos religiosos.

São crises que podem ser comparadas às crises de rejeição das transplantações orgânicas. Inevitáveis, é certo, mas que em grande parte se podem conter e atenuar com um conhecimento adequado da dinâmica da cultura e indispensável sentido da

INTRODUÇÃO AOS ESTUDOS ETNO-ANTROPOLÓGICOS

responsabilidade. O estudo destes fenómenos fez da antropologia, como veremos, uma ciência aplicada.

Dos processos de aculturação nascem formas novas de cultura, novos antropemas, novos etnemas radicados na tradição, mas que são próteses para resolver os problemas existenciais do momento. Neste sentido, a aculturação assume em si os aspectos positivos da dinâmica cultural e constitui o fenómeno principal da própria cultura, objecto proeminente da pesquisa e da análise antropológica.

9. A DESCULTURAÇÃO

A desculturação é o aspecto negativo da dinâmica cultural e, mais exactamente, a subtracção e a destruição do património cultural. A entropia e as crises culturais, além de fenómenos de aculturação, são causas directas de desculturação. A perda de energia, do mesmo modo que reduz a força do homem, anula a vitalidade dos etnemas, a qual, se não for renovada e reforçada por outras aquisições antropémicas, acaba por exaurir-se; os etnemas enfraquecem, caem em desuso, esvanecem-se. As crises derivadas dos contactos culturais têm efeitos contrastantes segundo a natureza pacífica ou violenta, livre ou opressiva dos encontros. Etnemas de proveniência oposta colidem, comparam-se, excluem-se ou fundem-se. Em cada caso, uma novidade que surge, seja política ou económica, seja social ou religiosa, implica a perda da autenticidade etnémica. Essa autenticidade, acentue-se uma vez mais, no aspecto antropológico e dinâmico, tem um significado completamente relativo; a cultura movimenta-se e transforma-se.

A desculturação acontece de maneira ora imperceptível ora traumática; diz respeito só a alguns etnemas ou à cultura inteira.

Os aspectos imperceptíveis, entrópicos, observam-se e analisam-se em perspectiva diacrónica, avaliando o que se perde nas transformações que mudam e caracterizam os etnostilos de época para época.

128

Os lamentos dos anciãos, demasiado ligados aos antigos *usos* e que já não são mentalmente jovens, as atitudes daqueles que Horácio denomina *laudatoris temporis acti*, para os quais só o passado é bom, as admoestações dos «moralistas» e «puristas», oferecem uma fonte fecunda de comparação para avaliar o que já não pertence à cultura viva e se torna valor ou etnema do passado. A história do vestuário, a própria análise do folclore, mais como tradição do que como fábula, prestam-se para descobrir o processo desculturante nos seus aspectos imperceptíveis. Neste ponto, o pálio de Sena, as danças dos ameríndios ou o uso dos tantãs dos africanos urbanizados não representam já etnemas vivos e fontes de energia da cultura tradicional no sentido existencial que tinham outrora; assumem significados novos, relativos às exigências consumistas do turismo, e raramente representam verdadeiras revivescências culturais. Manifestações deste género constituem o surgir de novos etnemas, enquanto assinalam o desaparecimento de outros, e são por isso verdadeiros índices de desculturação.

Fenómeno imperceptível é a transformação da língua. Como meio de comunicação imediato e espontâneo, a língua não está sujeita a obstáculos de autenticidade (a não ser de carácter artificioso por intervenções académicas ou directivas políticas), mas adequa-se à situação existencial, adoptando com facilidade novos vocábulos para novas realidades e com a mesma facilidade rejeitando e abandonando velhas palavras. É um processo mais ou menos lento, mas inexorável, e não leva apenas à perda de vocábulos singulares mas também de complexos linguísticos inteiros. O fenómeno tem um aspecto geral e é objecto de estudo dos linguistas e dos historiadores. Na nossa época, apareceu como uma das muitas consequências negativas do impacte colonial. Já em 1927, no que respeita à África, os etnólogos e os linguistas se preocupavam com isso. Por iniciativa comum, surgiu em Londres o International African Institute (que agora se denomina International Institute of African Languages and Cultures), com o fim estatutário de estudar as línguas e as culturas africanas.

Os *fenómenos traumáticos* de desculturação já não são improvisos. Não acontecem pela explosão destruidora inesperada dos grandes cataclismos naturais mas, como eles, disseminam lágrimas e sangue. Os episódios de genocídio e etnocídio que a História conhece representam a aplicação metódica de desígnios e acções, desumana e fria: ao extermínio trágico das pessoas associa-se, frequentemente, o cálculo político de destruição da cultura. O comércio de escravos e os campos nazis são talvez os casos mais notórios e vergonhosos que a humanidade maquinou.

Calcula-se que, nos três séculos do tráfico, tenham sido entre 50 a 60 milhões os africanos arrancados às suas terras. Desses, desembarcaram vivos apenas uns 15 milhões, dos quais 10 milhões foram, efectivamente, inseridos no sistema da escravatura. Trinta por cento dos chegados com vida não conseguiram sobreviver no período de «adaptação». São cifras enormes, mesmo astronómicas, só de pensar que não representam números ou coisas, mas homens. A exaustão física, juntamente com o medo psicológico e a desagregação da estrutura social que os colocava em poder de patrões desconhecidos, erguiam-se como íncubos perante aquela pobre gente, matando-a. A maneira sistemática como se processou o tráfico não encontra comparação senão na ambição de ganho que o acompanhava.

Nos campos nazis, a destruição física das pessoas visava a supressão total de um certo modo de entender a vida, que não era do agrado dos chefes políticos. A doutrina aberrante da superioridade da raça ariana, com a qual se identificava *a* cultura, era tida como critério absoluto de juízo.

Já nos referimos ao colonialismo e à guerrilha. Muitas das expedições punitivas, das pacificações territoriais, eram verdadeiras represálias de extermínio. Os últimos casos de genocídio que foram assinalados pela opinião pública apresentam-se com a mesma gravidade dos do passado. Em 1967, o próprio governo brasileiro, num documento que suscitou espanto e indignação em todo o mundo, acusou 134 funcionários do Serviço de Protecção dos Ameríndios (SPI) de delitos específicos: homicídios, tortura, latrocínio, perpetrados para se apoderarem das terras dos ameríndios. O «serviço» foi dissolvido e em seu lugar constituída uma Fundação Nacional para o Desenvolvimento do Ameríndios (FUNAI). (O'Saughnessi, 1973: 20-23.) Em 1973 surgiu publicamente a acusação dos missionários contra o governo português, pelo extermínio de algumas aldeias de Moçambique por represália contra os guerrilheiros. O extermínio de homens é entendido e efectuado como extermínio de cultura, de um modo diferente de vida, mas não deixa de ser um dos delitos mais graves contra a humanidade.

O genocídio, por outro lado, tem também carácter «fraticida». A história das populações africanas, por exemplo, está cheia de guerras internas, como a história de todos os continentes. Basta recordar a figura de Chaka, de quem a população da África do Sul ainda se lembra, reconhecendo o seu valor genial de chefe militar, mas recordando com horror o terror e a crueldade com que chacinava os vencidos. Também não era diferente, para dar outro exemplo, a atitude dos Massai nas lutas intertribais. Uma secção inteira ou tribo massai, os Laikipiak, desapareceu pouco antes da chegada dos brancos, destruída em grande parte pela derrota militar inflingida pelos outros Massai coligados e em parte pela carestia devida à morte dos rebanhos. Os episódios mais recentes foram os da guerra do Biafra e das sanguinárias revoluções dos Burundi.

Situações como a dos Massai forneceram o pretexto moral para o nascimento dos impérios coloniais: A «pacificação das tribos indígenas», *Pax britannica, pax gallica,* etc., mais do que, desejo de paz, era um pretexto de domínio; uma paz que Jaulin chama genericamente «paz branca», que não deixava alternativa e que o próprio Jaulin considera responsável pelo etnocídio. Aos submetidos não restava outra solução senão adequar-se à nova situação, renunciando à cultura própria. Por outro lado, a adequação à cultura dos dominadores foi o único meio eficaz para se colocarem num plano de paridade para reconquistar a independência. Na realidade, as acusações de Jaulin são um tanto difamatórias. Em referência a algumas experiências suas entre os Motilone da Venezuela e da Colômbia, põe em cheque os etnólogos, que torna co-responsáveis pelo etnocídio sob a acusação de «etnologia neocolonial», e os missionários, sob a acusação de «evangelização neocolonial» (Jaulin, 1970.)

A *desculturação parcial* apresenta exemplos significativos na situação colonial. Do ponto de vista de organização tradicional, a imposição de limites administrativos arbitrários teve consequências decisivamente negativas. Um exemplo típico é o dos Tharaka, pequena população do grupo Merú do Quénia. Os Tharaka que habitam além do rio Tana chamam-se Thagichú, mas têm sempre constituído uma única etnia. Os rios, de facto, não dividem, mas unem. Na situação colonial, cristalizada agora com a independência, o Tana foi considerado como limite administrativo entre o distrito dos Machakos e o distrito de Merú. No entanto, o maior grupo dos Tharaka gravita à volta da cidade de Merú, sede do governo distrital, e os Thagichú referem-se necessariamente a Machakos, que é a capital dos Kamba, população afim mas com tradições diferentes. O caso dos Somális, separados por fronteiras políticas entre o Quénia e a Somália, e ainda o dos Massai, separados por fronteiras entre o Quénia e a Tanzânia, são ainda mais dramáticos. (A política dos governantes da África independente foi sapiente ao evitar o problema das fronteiras, para não pôr em causa a própria existência dos novos países africanos. Por outro lado, esta atitude teve como consequência tornar permanente a divisão ilógica e antiétnica que os governos coloniais tinham estabelecido na primeira arremetida para o domínio do continente.)

No campo social, a desculturação parcial salienta-se em relação a etnemas determinados; a modificação ou abolição do «preço da noiva», a substituição das iniciações pelo sistema escolar, etc.

Para conclusão deste capítulo, observa-se que a distinção entre enculturação, aculturação e desculturação não corresponde a épocas cronológicas diferentes, como se se tratasse de três

CONCEITOS E MÉTODO

fases sucessivas de nascimento, crescimento e morte. Trata-se, sim, de um processo único mas dinâmico que atinge e transforma a cultura como um todo e tem lugar através dos fenómenos considerados em tempos sucessivos ou, também, contemporaneamente. Muito frequentemente desenvolvem-se pelo impulso ocasionado por causas idênticas que são as normais relações culturais, as situações coloniais ou neocoloniais, a revalorização das tradições no contexto da independência ou pela autenticidade política ou religiosa. A dinâmica da cultura é a causa última das mudanças culturais; aquilo que existe hoje já não é aquilo que existia ontem. De dia para dia, a cultura evolui, adquirindo algo e perdendo algo, renovando-se sempre. «As aspirações de que os homens de uma sociedade tomam progressivamente consciência tendem a fixar-se em necessidades-obrigações. A satisfação destas necessidades suscita novas aspirações e o processo repete-se indefinidamente, com possibilidade de regressão.» (Chombart de Lauwe, 1970: 276.) Se se trata de manifestações piores ou melhores, poderá ser uma avaliação opinável, mas o certo é que representam uma realidade diversa.

IV

O MÉTODO E A PESQUISA

1. OS PRESSUPOSTOS METODOLÓGICOS

A definição de um método está ligada às concepções doutrinais e teóricas em que se baseia uma disciplina. Por esta razão, ao surgirem as teorias e as escolas antropológicas, a especialização e a discussão não se limitaram à elaboração de métodos empíricos mas têm tentado dar uma explicação da natureza e dos princípios fundamentais da antropologia. Também os filósofos, perante a acumulação de conhecimentos antropológicos, foram levados a procurar o significado da cultura e do método antropológico em geral e nas suas variantes particulares.

Neste capítulo, não nos demoraremos com os aspectos filosóficos do assunto, mas recolheremos os dados e sugestões que a experiência leva a reter como úteis para todos os que enfrentam uma pesquisa antropológica de campo. A primeira convicção que se tem vindo a afirmar, precisamente como resultado da experiência, contempla o estudo de campo, como *observação participante*, uma necessidade essencial, quer para o conhecimento dos problemas culturais quer para a formação científica do antropólogo.

A singularidade do método antropológico consiste na capacidade de captar ao vivo a dinâmica cultural nas suas origens antropémicas e etnémicas, tanto nas sociedades iletradas como nas letradas, nas sociedades simples e nas complexas. Em tempos,

135

a antropologia limitava-se só às sociedades iletradas e simples. Hoje, o que se pergunta é se ainda existem sociedades simples, e de qualquer modo o estudo antropológico da dinâmica cultural, em particular das transformações, estende-se a todas as manifestações sem distinção de sociedade.

Na história do método antropológico ficou famosa a expedição ao estreito de Torres, organizada pela Universidade de Cambridge no fim do século passado, porque pela primeira vez se enfrentou a pesquisa de campo como método preciso de estudo. Rivers, que nela tomou parte, sublinhou a importância de alguns resultados de observação directa em relação com o estudo dos sistemas classificadores do parentesco, já assinalados por Morgan, mas que tinham constituído em grande parte um enigma antropológico. «Só graças aos trabalhos mais recentes», escreve Rivers, «a começar pelos de Howitt, Spencer e Gillen, e Roth na Australia, e à expedição de Cambridge ao estreito de Torres, a grande importância das funções dos parentes no sistema classificatório foi imposta à atenção dos sociólogos.» (Rivers, 1968: 45.)

O objecto de estudo da pesquisa antropológica é a cultura na sua totalidade. Por este motivo, o método antropológico é necessariamente interdisciplinar, no sentido de que se serve das técnicas de pesquisa elaboradas por outras disciplinas, tanto na fase da recolha como na fase da elaboração analítica. Pela mesma razão, um antropólogo individual não pode estar em posição de aprofundar todos os aspectos particulares de uma cultura, uma vez que é limitado o âmbito de especialização possível para cada estudioso. Portanto, o conhecimento global da cultura de uma sociedade qualquer resultará somente do trabalho coordenado de múltiplos estudiosos.

O método antropológico é, necessariamente, comparativo; só através da comparação das formas particulares da cultura se torna possível apurar e esclarecer os conceitos fundamentais na sua fenomenologia dinâmica. Todavia, antes do estudo comparativo e também como premissa do mesmo, exige-se a pesquisa monográfica sobre culturas singulares ou etnemas particulares de uma cultura. Duas razões explicam esta exigência: a primeira diz respeito à premissa, agora mesmo salientada, que torna exequível o estudo comparativo. A comparação só pode ser feita se os elementos que se põem em confronto forem bem conhecidos; por outras palavras, só é possível se as variantes particulares da cultura e, para cada cultura, os etnemas e os antroponemas constituintes forem conhecidos nas suas peculiaridades analíticas. As antigas comparações de raio vastíssimo, as antigas histórias universais, já hoje não são concebíveis, não porque não seja necessária uma visão de conjunto, comparativa e sintética, mas porque estamos demasiado conscientes do conhecimento insuficiente dos aspectos particulares que permitem deduções gerais e sínteses seguras. A tendência moderna é, por isso, para comparações limitadas regionalmente ou para assuntos (por exemplo, o sistema de pensamento na África, ou então as leis e a ordem nas sociedades tribais, etc.).

A segunda razão diz respeito à formação do antropólogo. O adestramento no campo, embora limitado no espaço e no tempo, representa uma experiência esclarecedora para se chegar a uma avaliação comparativa dos fenómenos culturais. É necessário, para isso, clarificar bastante o próprio *campo* da pesquisa antropológica e o significado da *observação participante*.

Já se pôs em relevo que o método antropológico se presta ao estudo das sociedades iletradas e letradas, simples e complexas. Mas, por tradição, o campo de pesquisas reservado aos antropólogos foi sobretudo o das sociedades iletradas e simples. Os chamados «primitivos», quer se tratasse dos aborígenes australianos ou dos habitantes das ilhas da Oceania, dos pigmeus ou dos africanos em geral, dos ameríndios ou dos esquimós, dos pré-dravídicos da Índia ou de qualquer outro grupo análogo, não possuíam escrita e, na falta de documentos escritos, foi só por meio da participação directa no seu modo de viver que se chegou à compreensão da sua cultura. Inicialmente, a simples observação de viajantes, de missionários, de comerciantes, enfim, de

INTRODUÇÃO AOS ESTUDOS ETNO-ANTROPOLÓGICOS

terceiras pessoas, é que forneceu o material de estudo aos antropólogos. Na passagem citada, Rivers recorda, de certo modo, Howitt, Spencer, Gillen e Roth. Mais tarde, já não bastavam essas observações, nem sempre adequadas, mas passou-se a ir pessoalmente; a observação tornou-se participante e a estrutura cultural e social das populações «primitivas» surgiu na sua verdadeira imagem.

O conceito de primitivos deriva da interpretação evolucionista da cultura, hoje completamente ultrapassada; as populações da Terra não são simples arquivos de um passado mais ou menos remoto, mas agentes vivos de processos dinâmicos, extremamente complexos. Qualquer que seja a perspectiva mediante a qual se analisem os fenómenos culturais, seja histórica seja funcional, a complexidade revela-se como condição normal da sociedade. Não existem sociedades simples em absoluto, e também em sentido relativo a diferença não é determinante. Em todo o caso, como quer que procedamos no tempo, hoje mais do que ontem, por causa das comunicações de massa, as relações entre os povos multiplicam-se e a fenomenologia de cada forma de cultura torna-se sempre mais complexa. Assim, se se tomar como ponto certo de referência o primeiro encontro histórico entre uma população africana qualquer e os europeus, é claro que a situação moderna se apresenta muito mais complexa do que então e, quanto mais nos afastarmos desse ponto, mais complicada se torna a situação cultural (Goody, 1972).

Acresce, ainda, que nas sociedades letradas ou complexas existem muitos aspectos da cultura que só a observação participante está à altura de apreender: serão sobretudo estes aspectos que o método antropológico deverá enfrentar nestas sociedades.

Naturalmente que, permanecendo iguais os princípios metodológicos, cada pesquisa exigirá um apuramento das normas fundamentais e das técnicas de observação, em relação específica com a sociedade e as circunstâncias de tempo e de lugar em que se leva a cabo.

A determinação do campo de pesquisa adquiriu um valor essencial, seja para o estudo seja, também, para o adestramento. Pela sua própria natureza, a Antropologia ensina-nos a compreender e a avaliar as formas culturais de todas as sociedades; por outras palavras, faz-nos conhecer os outros. É por isso lógico que a pesquisa se deva desenvolver, de preferência, numa cultura *alienígena*.

A alteridade de uma cultura, embora diga respeito ao método de pesquisa, tem certamente um valor relativo. Pode ser *alienígena* também uma forma particular da própria cultura nacional ou continental. Para um alemão, é certamente *alienígena* a cultura sarda, mas pode sê-lo também para um italiano de Milão; para um europeu é, certamente, *alienígena* a cultura bantú, e para um bantú do Natal (um zulú, por exemplo) é, certamente, *alienígena* a cultura dos Bantús-Camitas (os Kikuyú, Kamba, Merú) do Quénia.

Mas, se isto é verdade, não é menos verdade que nenhuma experiência pode ser tão eficaz e esclarecedora como a participação na cultura totalmente estranha, cuja alteridade abranja todos os elementos, desde o ambiente à língua e aos etnemas específicos que a caracterizam. É claro que, para atingir este objectivo, é preciso que se dêem determinadas circunstâncias favoráveis, de financiamento e de tempo, que não é fácil conseguir. Mas, ainda antes disso, exige-se uma disponibilidade ideológica que leve a enfrentar as inevitáveis dificuldades de contactos totalmente estranhos a fim de superar a *nuerose* de que argutamente fala Evans-Pritchard, ao descrever os seus primeiros encontros com os Nuer. Vale a pena reproduzir a página da introdução de *The Nuer*, na qual o autor descreve as dificuldades do primeiro encontro. A entrevista desenrolou-se entre Evans-Pritchard e um jovem Nuer de nome Cuol.

«*E. P.* – Quem és?

C. – Um homem.

E. P. – Como te chamas?

C. – Queres saber o meu *nome*?

INTRODUÇÃO AOS ESTUDOS ETNO-ANTROPOLÓGICOS

E. P. – Sim.

C. – Queres saber o meu *nome*?

E. P. – Sim, tu vieste visitar-me à minha tenda e desejaria saber quem és.

C. – Está bem. Eu sou Cuol. E tu, como te chamas?

E. P. – Chamo-me Pritchard.

C. – E o teu pai como se chama?

E. P. – O meu pai chama-se também Pritchard.

C. – Não, isso não pode ser verdade. Tu não podes ter o nome do teu pai.

E. P. – É o nome da minha linhagem. Qual é o nome da tua linhagem?

C. – Queres saber o nome da minha linhagem?

E. P. – Sim.

C. – O que farás se to disser? Vais levá-lo para a tua terra?

E. P. – Nada disso. Quero só sabê-lo porque vivo nos teus territórios.

C. – Está bem, nós somos Lou.

E. P. – Não te perguntei o nome da tua tribo. Já o sabia. Estou a perguntar o nome da tua linhagem.

C. – Porque queres saber o nome da minha linhagem?

E. P. – Então, não quero saber.

C. – Então por que me perguntaste? Dá-me um pouco de tabaco.

Desafio o etnólogo mais paciente a enfrentar este género de resistência. Fica maluco. Na realidade, após algumas semanas de vida a sós com os Nuer, aparecem de repente sintomas evidentíssimos, se o jogo de palavras for consentido, de *nuerose*.» (Evans Pritchard, 1940: 12-3.)

Do mesmo Evans-Pritchard tiramos também um conselho que confirma a função importante da alteridade no estudo e na análise antropológica. Refere-se a Malinowski, cuja autoridade na pesquisa é, de facto, plenamente reconhecida, porque foi o primeiro a aplicar a método participante. Mas o seu único campo de pesquisa foram os insulares das Trobriand. Ora, observa

Evans-Pritchard, «o estudo de uma segunda sociedade é aconselhável, porque, de outro modo, um antropólogo tende a pensar para o resto da vida, como fez Malinowski, em termos de um tipo particular de sociedade» (Evans-Pritchard, 1964: 76.)

Só com estes pressupostos o estudioso poderá estar à altura de enfrentar argumentos comparativos e abrir-se à problemática essencial e às grandes sínteses com um espírito e uma larga visão que se tornaram válidas, não obstante as notabilíssimas insuficiências, as intuições dos grandes mestres (Goody, 1972: 34.)

Uma outra exigência preliminar é indicada por Marcel Mauss no seu manual de etnografia: «O jovem etnógrafo que parte para o local deve conhecer o que se sabe, a fim de trazer à superfície aquilo que não se sabe» (Mauss, 1967: 2). «Conhecer aquilo que se sabe» pode interpretar-se em relação a duas fases da preparação profissional do antropólogo. Antes de tudo, deve estar elucidado acerca da teoria geral da ciência moderna; isto é, deve estar na posse da problemática de tal modo que possa encontrar motivo e assunto de pesquisa, de aprofundamento e de verificação nas indagações que deverá empreender. Sobre Radcliffe-Brown observa Evans-Pritchard que «o seu estudo junto dos Andamaneses, de 1906 a 1908, foi a primeira tentativa de um antropólogo social para investigar as teorias sociológicas numa sociedade primitiva e para descrever a vida social de um povo, de modo a evidenciar o que nela tinha significado para tais teorias». (Evans-Pritchard, 1964: 73.)

O estudo da teoria antropológica é uma premissa essencial e um óptimo estímulo para saber ver os problemas e conduzir as investigações com clareza de intentos e conhecimento dos critérios, transmitidos pelos grandes mestres, e que a experiência pessoal poderá aperfeiçoar. O antropólogo não nasce nem se improvisa, mas faz-se.

A outra fase da preparação do pesquisador pode chamar-se próxima ou imediata e refere-se ao campo específico de pesquisa. O primeiro interesse do pesquisador deve ser dirigido para a leitura e conhecimento da bibliografia que eventualmente exista

INTRODUÇÃO AOS ESTUDOS ETNO-ANTROPOLÓGICOS

sobre o assunto da sua pesquisa. Na prática, a tarefa não é tão árdua como poderia parecer à primeira vista. Frequentemente, o que foi publicado é exíguo, talvez até superficial. Mas ainda que o valor dos escritos seja insuficiente, o que mais importa é chegar a «conhecer o que já se sabe», para poder descobrir o que ainda se não sabe.

O conhecimento amplo e actualizado da problemática de base e da bibliografia específica não só facilitará a pesquisa ao atingir o local, mas abrirá caminho para a análise aprofundada do material recolhido, a fim de «pôr em evidência aquilo que nele tem significado para a teoria antropológica».

2. A ESCOLHA DO CAMPO

«Mais do que em qualquer outra disciplina científica, a escolha da etnografia demonstra uma preferência deliberadamente admitida pelo pesquisador» (Lebeuf 1968: 185). O antropólogo gosta de conhecer os homens e os seus costumes. O mesmo amor deveria guiar a escolha de um campo específico com critérios de preferência ligados à direcção do estudo e à inclinação do estudioso. Raramente se verificam estas condições. Mais amiúde, a escolha é determinada por motivos contingentes, como as possibilidades financeiras, a situação política, as próprias obrigações familiares. Talvez possa ser ditada pela urgência de uma pesquisa em período de desaparecimento ou para ultrapassar uma situação cultural, ou ainda por coincidir com a altura de uma cerimónia ou de um acontecimento periódico; Germaine Dieterlen, em 1969, seguiu e descreveu as cerimónias do Sigui entre os Dogon, que se realizam cada sessenta anos; a última ocasião tinha sido em 1909; e Griaule, durante a sua pesquisa nos anos trinta, teve de limitar-se a descrevê-la baseando-se no relato dos informadores (Dieterlen, 1971: 1-2).

142

CONCEITOS E MÉTODO

Mas qualquer que seja a razão ou a ocasião da escolha, uma vez feita deve acrescentar-se à intensidade da preparação próxima, através da bibliografia existente, a diligência e a avidez no arranjo de todos os apetrechos e formalidades que permitirão atingir o local. O antropólogo não pode ser um estudioso abstracto, mas prático. Esta qualidade é-lhe necessária, também, para a organização logística que quase sempre absorverá algum tempo, com aborrecimentos de vária ordem.

É muito importante criar, desde início, relações de confiança e respeito recíproco com a autoridade local. Necessário se torna informar-se bem sobre as eventuais normas da pesquisa científica para as respeitar sem incompreensões. Todavia, uma vez completados os passos necessários, convém manter-se o mais afastado possível, sobretudo de compromissos políticos, e manter a própria liberdade. Muita coisa depende das circunstâncias, mas é óbvio que a confiança e a familiaridade poderão manter-se e aumentar se desde início a posição for justa e respeitosa.

No passado, a pesquisa etnográfica raramente atingia profundidade. Contentava-se com descrever toda a vida de um povo, os usos e costumes, as técnicas, a economia, a política, a história, a religião, destacando os aspectos mais vistosos e estranhos. Assim, frequentemente, obtinha-se um amontoado de notícias mais ou menos curiosas, superficiais e desligadas entre si, que após um exame analítico acabavam por revelar-se incompletas e pouco úteis. No entanto, não faltaram monografias sérias e válidas, por exemplo, os livros de Junod (1927) sobre os Tonga de Moçambique e de Lindblom (1916) sobre os Kamba do Quénia.

Com o apuramento do conceito de cultura e a experiência metodológica, a escolha do assunto tornou-se mais restritiva e aprofundada. Uma das características do método antropológico moderno é a de poder descobrir as fontes capilares da cultura, os antropemas, e é por essa razão que as pesquisas antropológicas fazem parte da chamada microssociologia. Outra característica do método moderno é a de relacionar os aspectos particulares de

143

INTRODUÇÃO AOS ESTUDOS ETNO-ANTROPOLÓGICOS

uma cultura, cada antropema ou etnema, com o todo integrado, para se compreender o seu significado e a sua função. «Os trabalhos ordenados, conduzidos dentro de um quadro limitado, são os únicos que podem revelar as ligações internas, infinitamente ramificadas e complexas, mas regularmente organizadas, que regem a totalidade das técnicas e dos ritos, dos sistemas de pensamento e de comportamento original de um grupo humano.» (Lebeuf, 1968: 181.)

A escolha do assunto específico no âmbito de um campo determinado pode ser condição preliminar para obter o financiamento de qualquer instituição. Neste caso, será necessário formular com uma certa precisão o tema anteriormente escolhido. Todavia, não se formalize excessivamente, porque a verdadeira escolha definitiva amadurecerá no próprio decurso da pesquisa, quando se está a trabalhar no terreno. Por outro lado, é uma norma prática bastante útil «fazer o ponto de situação», todos os dias, quanto ao trabalho realizado, não tanto para o analisar (tarefa própria de um estádio posterior), mas sim para extrair directivas exactas para aquilo que falta fazer. Fortes, por exemplo, que foi um dos primeiros estudiosos das linhagens como segmento do parentesco dos clãs, convenceu-se da sua importância graças à observação participante: «A observação local mostrou que cada actividade social de importância entre os Talensi está ligada ao sistema de linhagem. Por conseguinte, pus-me a investigar a função da linhagem na organização social Tale.» (Fortes, 1945: IX.)

Na minha experiência entre os Merú, partira com a intenção de estudar a organização social dos Tharaka, uma secção étnica dos Merú, então (1956) praticamente desconhecida da problemática antropológica. No entanto, só numa segunda fase, depois de terminada a investigação, percebi a existência e a importância da figura do Mugwe como instituição social. Tive, então, de dirigir todo o meu trabalho para o Mugwe, o que me levou a uma completa compreensão do seu valor estrutural e a alargar as pesquisas a todas as outras secções que, com os Tharaka, formam o grupo Merú.

3. O ESTUDO DA LÍNGUA

A Malinowski é atribuído o mérito de ter sido «o primeiro antropólogo a conduzir uma pesquisa na língua local. Foi também o primeiro a viver, durante todo o tempo do seu trabalho, no centro da vida local. Devido a estas circunstâncias, Malinowski conseguiu conhecer bem os ilhéus trobriandeses». (Evans-Pritchard, 1964: 74.) Como resultado da sua experiência e dos seus ensinamentos, o estudo da língua local é hoje considerado um pressuposto de toda a pesquisa antropológica séria.

Há graus diversos na aquisição de uma língua não materna; raramente se atinge o conhecimento revestido de significados idiomáticos ou de gíria, muitas vezes ligados a situações pessoais e momentâneas. O estudo da língua não deve, por isso, cessar nunca. Na realidade, a língua reflecte, em muitos aspectos, o fenómeno dinâmico da cultura, e o seguimento das suas cambiantes proporciona a chave para compreender as mutações e as variações culturais. Idênticas considerações podem repetir-se para cada situação análoga. Está fora de dúvida, por exemplo, que um antropólogo italiano que realize uma pesquisa no vale de Sésia, no Piemonte, ou entre as montanhas de Irpínia ou nas ilhas Eólias, deve aplicar-se no estudo do dialecto local a fim de atingir uma compreensão exacta das expressões de gíria.

O estudo da língua incluirá, também, a literatura oral, gnómica e narrativa, como os provérbios, os mitos e as fábulas. O registo destas formas de expressão não só resultará útil ao pesquisador, para conhecimento da língua, como também pela recolha de material, que pode revelar-se precioso no momento da análise.

Mas, por mais profundos que possam ser o conhecimento de uma língua e a compreensão psicológica de uma cultura alienígena, o facto de ser alienígena levanta uma barreira inultrapassável, seja por que lado for. O pesquisador deverá estar consciente desta circunstância e aceitá-la, não só devido à modéstia necessária para aprender dos outros mas também devido à

INTRODUÇÃO AOS ESTUDOS ETNO-ANTROPOLÓGICOS

posição separada requerida para a perspectiva de análise científica. A experiência directa mostra quão oportuno é manter na justa medida e de maneira espontânea, não ofensiva, essa posição. Fortes faz as seguintes observações, talvez um pouco drásticas mas não isentas de verdade: «Ele (o antropólogo) nunca se sentirá completamente em uníssono com o povo que está a estudar, por mais dotado que seja, linguística ou psicologicamente. Poderá fazer alguns verdadeiros amigos entre os seus hospedeiros; mas nunca poderá adoptar os seus valores culturais. Se o fizesse, perderia aquela posição sem a qual tudo o que escrevesse não teria valor científico.» (Fortes, 1945: VIII.)

Não obstante esta advertência válida de Fortes, não se deverá perder o sentido humano da participação. A descrição e a análise antropológica deverão distinguir-se pela compreensão da realidade existencial, isto é, humana, na qual se realiza a cultura. Já Malinowski observava: «Aos velhos autores o que interessava verdadeiramente era o exótico dos costumes e não a sua realidade. O antropólogo moderno, que trabalha servindo-se de um intérprete mediante o método da pergunta e resposta, pode ainda colher apenas opiniões, generalizações e puras afirmações. Não lhes atribui nenhuma realidade, porque nunca a viu. O toque de ridículo que se encontra na maior parte dos escritos sobre antropologia é devido ao sabor artificial de um enunciado separado do seu contexto vivo. O verdadeiro problema não reside em estudar como a vida humana se submete às regras – o que não acontece; o verdadeiro problema é como as regras se tornam adaptadas à vida.» (Malinowski, 1926-1972: 153.)

4. O TRABALHO DE GRUPO

A pesquisa antropológica, até porque é uma observação participante, é sempre necessariamente um trabalho de grupo. O antropólogo deve saber trabalhar em colaboração com os outros. Insere-se na vida de comunidade dos seus hospedeiros e participa nos actos e acontecimentos de cada dia, umas vezes como simples espectador, outras como actor. Deve, portanto, esforçar-se para que a sua presença não seja tolerada como a de um intruso, mas antes aceite como a de um amigo ou de um hóspede respeitado também, ainda que nem sempre agradável.

Contudo, o trabalho de grupo efectua-se igualmente a nível propriamente profissional. Griaule, que foi um grande pesquisador, sustentava este ponto como o único método válido da pesquisa antropológica de campo. A presença e a cooperação de mais estudiosos, coordenados no seu trabalho específico, não só permite uma extensão maior e talvez mais profunda da pesquisa como oferece a ocasião e a oportunidade de discussões regulares e informais para o apuramento da investigação. Evans-Pritchard, todavia, exprime algumas reservas a este princípio. «Atenção! quando se tomar parte numa equipa de pesquisa. Pode apenas levar à perda de tempo e à irritação. Meyer Fortes disse-me que, quando tomou parte num grupo do género, no Gana, perdeu muito tempo a explicar aos companheiros o sentido das suas observações. E eu, quando, no Quénia, tomei parte num grupo, fui o único que fez qualquer coisa.» (Evans-Pritchard, 1973: 9.) São reservas que põem em evidência os pressupostos necessários para a eficiência de um grupo: preparação suficiente e vontade de trabalhar.

Entre os colaboradores, é sempre bom escolher-se alguns (ou pelo menos um) assistentes do lugar. A sua presença e a sua acção serão de grande eficácia para reduzir ao mínimo as barreiras da alteridade. A familiaridade das pessoas e dos lugares, a percepção exacta dos valores culturais e das cambiantes linguísticas são qualidades que só um elemento local pode possuir completamente.

A escolha deverá recair, possivelmente, sobre jovens inteligentes e instruídos que gozem da confiança das pessoas e ao mesmo tempo estejam dispostos a cooperar. A ajuda e o conselho dos anciãos do lugar, ou de quem conheça já os lugares, poderão ser bastante úteis, mas a escolha definitiva será sempre

INTRODUÇÃO AOS ESTUDOS ETNO-ANTROPOLÓGICOS

pessoal e deverá dar-se depois da prova de um breve tirocínio sobre as técnicas de trabalho. É claro que a prestação da ajuda é remunerada e, com o fim de evitar qualquer incompreensão, convém ratificar o acordo de trabalho com um contrato regular nos termos usuais da terra. Não deve haver demoras em firmar o contrato e deve-se ser pontual e exacto no cumprimento das próprias obrigações; não é só uma exigência de justiça, mas também uma qualidade moral, que se reflecte positivamente, favorecendo a aceitação do pesquisador por parte das gentes.

Parecerá óbvio, mas é conveniente recordar que a colaboração seja aceite voluntária. Se se valorizarem bem, por meio de uma atenta e paciente instrução inicial e de uma aberta participação subsequente, os assistentes locais podem revelar-se os melhores informadores e tornar-se cooperadores preciosíssimos. A primeira norma que um assistente deve aprender diz respeito à recolha de material: não é tanto a sua opinião ou a sua interpretação que o pesquisador espera, mas o registo exacto do facto e das palavras do interlocutor. A opinião do assistente é válida como pessoal e pode tornar-se um informador autónomo, se estiver em grau de o ser; mas, quando é um simples transmissor (ou intérprete), a sua opinião passa para segundo plano.

Retomemos as indicações precedentes, referindo um parágrafo de Mauss com o título de *Dificuldade da pesquisa etnográfica*: «Dificuldades *subjectivas*. Perigo de observação superficial. Não 'crer'. Não pensar que se sabe porque se viveu; não exprimir qualquer juízo moral. Não se espantar. Não ser susceptível. Procurar viver *dentro* e *da* sociedade indígena. Escolher bem os testemunhos. Não confiar nas línguas como o francês, o *petit-nègre*, o inglês, o *pidgin*, etc. (inconvenientes do uso de palavras como feitiço, tantã, etc.). Muitos termos especiais continuam intraduzíveis. Deve-se recorrer a intérpretes, valer-se o mais possível do método filosófico, fazendo transcrever a frase sem sistemas convencionais. Um bom exemplo são os trabalhos de Callaway (1870) sobre os Amazulú. Este método produz documentos no estado bruto susceptíveis de estudo, comodamente, à mesa de trabalho.

«Restam as dificuldades *materiais*, que se superam: (1) Fazendo apelo a informadores conscientes que se recordem dos acontecimentos; podem encontrar-se entre os funcionários jurídicos ou religiosos, sacerdotes, agentes do culto, pregoeiros... (2) Coleccionando e catalogando os objectos; o objecto, em muitos casos, é a prova do facto social; um catálogo de amuletos é um dos melhores meios para redigir um catálogo de ritos.» (Mauss, 1967: 9).

5. A RECOLHA DO MATERIAL

Por material, no presente contexto, entende-se o conjunto das observações e também dos objectos materiais, no sentido indicado no texto de Mauss.

Entre as tarefas mais correntes do pesquisador encontra-se a de redigir um *diário* pessoal. Naturalmente, cada um tem a liberdade de escrever as notas que quiser, contudo, ao dizer «pessoal», não se pretende dizer íntimo; pelo contrário, quer-se dizer que ao pesquisador compete registar, pessoalmente, as suas próprias observações e os seus próprios comentários. Poderá fazer com que os colaboradores procedam de idêntica maneira, o mesmo sucedendo com os assistentes, mas, depois, deverá ser ele a transcrever a experiência dos outros, tais como os mitos e as genealogias. Este diário terá, porém, de conter as suas impressões pessoais e servir-lhe-á como uma ulterior fonte autónoma de conhecimento e comparação. Mas é conveniente iniciá-lo imediatamente logo que chegue ao campo de pesquisa. As impressões dos primeiros dias tornar-se-ão preciosas, dado os olhos estarem «frescos» e apreenderem coisas e objectos que depois a habituação tornará comuns e insignificantes. Em todo o caso, o bloco de notas acompanhará sempre o antropólogo.

A difusão e o aperfeiçoamento dos meios de registo audiovisuais oferecem outros meios para fixar as observações. Pode dizer-se, desde já, que as máquinas fotográficas e cinematográficas, bem como os gravadores magnéticos, se tornaram instrumentos indispensáveis da pesquisa de campo. As vantagens são evidentes. Há, talvez, problemas de manutenção e distracções pelo contacto directo. Diz-se que a objectiva fotográfica obscurece e limita o entendimento da visual. A disponibilidade de aparelhos é grande, mas convém ser selectivo, levando somente aqueles que se está, efectivamente, habituado a usar.

Considere-se o caso do filme etnográfico. É enorme a eficácia do registo cinematográfico, dado permitir colher a acção na sua totalidade e no seu dinamismo, seguindo-se com cuidado o seu desenrolar e permitindo tornar a vê-la, tranquilamente, ao regressar a casa. Mas é necessário que o operador saiba com antecedência qual é, de facto, o desenrolar da acção. Geralmente, este pressuposto não se consegue, e então acontece ter de se repetir a acção, mas em circunstâncias que já não são as mesmas. Por conseguinte, ao filme etnográfico falta, frequentemente, autenticidade, prestando-se a soar a falso. Um caso notório refere-se aos Pigmeus do Ituri. E uma vez que a televisão, incluindo a italiana, tem transmitido repetidamente este filme, transcrevemos por completo a nota de Turnbull (1965: 95):

«A famosa ponte dos Pigmeus e a técnica espectacular de atravessar um rio dependurando-se numa liana e lançando-se de um lado para o outro foram ensinadas aos 'Mbuti, embora com dificuldade, por um operador cinematográfico empreendedor. Patrick Putnam (um branco residente junto dos Pigmeus) foi solicitado como intérprete, mas recusou-se. Em seu lugar, mandou a sua primeira mulher. O mesmo grupo de Pigmeus conservou alguns conhecimentos da técnica, e mostrou-se disposto a repetir a acção para outro grupo de operadores de filmes documentários. Estes Pigmeus são o único grupo que detém tal conhecimento, se bem que, agora, sejam menos hábeis. Mais recentemente, outro operador conseguiu estender um cabo metálico através do rio e colar-lhe a liana para o lançar. Um simples cálculo matemático demonstra a impossibilidade da técnica de lançamento se não se tiver em conta a área de lançamento que é preciso abrir (na floresta), trabalho que, só por si, já está para além da tecnologia 'Mbuti. Partindo da hipótese de que o fulcro se encontra numa margem e os ramos sobre os quais os pigmeus devem lançar a liana estão mesmo em frente, na outra margem (hipótese, aliás, favorável), e supondo que o pigmeu possa colocar-se suficientemente atrás para fazer o lançamento num ângulo de 45 graus, seu limite máximo, a maior amplitude que poderia atravessar seria de três quartos do arco de arremessamento. Numa experiência prática, entre os 'Mbuti, achou-se que, efectivamente, a distância máxima que podia ser atravessada era a metade da altura do arco de arremessamento, tomada na horizontal. Isto quer dizer que para atravessar um rio com a largura apenas de cerca de 100 metros o fulcro teria de situar-se a uma altura de perto de 200 metros, para o que seria precisa uma árvore quase tão alta como a torre Eiffel. Por outro lado, um lançamento normalmente praticável da altura máxima de 20 metros só permitiria a um pigmeu saltar uma corrente de cerca de 10 metros. Os pigmeus, em geral, têm muito mais bom senso a respeito destas coisas do que os cineoperadores.»

Contra a facilidade de preparar falsos etnólogos por meio do filme já se tinha manifestado Graebner, no seu manual do método etnológico, e, com a paixão pela autenticidade que o distinguia, precavera já contra os inconvenientes do seu uso e das contrafacções. Não obstante estes perigos, o filme é um meio que progredirá sempre, cada vez mais, sendo aceite na medida em que o pesquisador se servir dele para documentar a verdade e não para a contrafazer.

No uso dos aparelhos de registo mecânico a discrição é uma regra de ouro. Nem todos suportam a vista de um magnetofone no decurso de uma entrevista. Outros são susceptíveis ao ruído de um disparo fotográfico. O bom senso e a prudência e a eventual acção tranquilizadora dos cooperadores locais poderão indicar a conveniência ou inconveniência do uso dos aparelhos. Todavia, vale a pena referir a conclusão obtida pelo autor de um estudo sobre o assunto, Ivan Polunin, no termo de

INTRODUÇÃO AOS ESTUDOS ETNO-ANTROPOLÓGICOS

uma discussão, na revista *Current Anthropology*: «Tendo despendido grandes esforços para dissuadir os pesquisadores de campo do papel e do lápis, considero simplesmente honesto admitir que não conheço nenhum sistema (excepto o papel e lápis) tão pouco dispendioso, ligeiro e disponível, assim simples de usar e tão imune a erros de funcionamento. Com estas vantagens, o papel e o lápis nunca se tornarão obsoletos.» (Polunin, 1870: 21.) Jean Rouch, um dos etnólogos mais peritos em cinematografia, faz uma observação análoga: «A câmara e o gravador, mesmo que sejam muito aperfeiçoados, nunca substituem os métodos clássicos da pesquisa etnográfica.» (Rouch, 1968: 429.)

6. CARTAS GEOGRÁFICAS, DIAGRAMAS, CENSOS, GENEALOGIAS

Um dos aspectos da preparação preliminar respeita à situação geográfica e climatérica da região e do território em que se desenrolará a pesquisa. As cartas geográficas disponíveis são, em geral, redundantes e pouco intuitivas, por excesso de dados e de pormenores. Portanto, convém sempre tirar cópias esquemáticas e claras, e trabalhar com elas. O mesmo vale para, os censos oficiais que fornecem os elementos demográficos sobre a população; a sua leitura pode revelar inexactidões ou proporcionar dados que um antropólogo não aceitará estritamente mas de que se poderá servir para verificar o seu significado (cf. Bernardi, 1971: 34-37.)

Neste contexto, fala-se de um método etnodemográfico, ou melhor ainda, de «um modo de apreciação dos factos da população no quadro da pesquisa etnográfica» baseada no método antropológico da observação participante (Izard, 1968: 261). Para o nosso objectivo presente basta observar que a distribuição da população de uma região ou de um território de pesquisa, feita com diagramas e mapas, pode oferecer a chave para a análise e a confirmação de uma estrutura social e política particular.

As mesmas considerações aplicam-se aos centros residenciais de qualquer tipo e dimensão. Assim, uma primeira introdução ao conhecimento da estrutura social e política de um lugar pode ser feita com o relevo e o recenseamento de alguns centros ou aldeias residenciais. Não se limitará ao simples registo numérico da população, mas também à relação de parentesco que tenham os habitantes entre si e à função exercida por cada um na organização local. Trata-se, como se vê, de microssociologia, mas relevos deste género determinam uma situação precisa, um presente etnográfico, e proporcionam a base, na amplitude dos tempos, para medir e verificar as mudanças sociais e políticas a nível local. (Cf. Bernardi, 1950, e Garbett, 1960.)

A estatística já foi usada por Tylor para a análise antropológica. Hoje, constitui um elemento e um instrumento insubstituível da pesquisa. Para aplicação correcta do método estatístico à pesquisa etno-antropológica, Guillaumin põe três condições que, segundo nós, há que perfilhar e que, portanto, transcrevemos: «(1) O modelo probabilístico deve, para respeitar a vocação etnológica, apresentar-se como um *meio provisório*, embora talvez necessário, de análise, sem a pretensão de suplantar os modos de conhecimento menos sistemáticos e orientado, pelo contrário, para os tornar mais utilizáveis; (2) a abordagem estatística, sob pena de tender para generalizações de tipo francamente sociológico, deve, na medida do possível, manter-se *intracultural* e evitar problemas interculturais; (3) esforçar-se-á por utilizar esquemas adaptáveis aos *pequenos efectivos*.» (Guillaumin, 1968: 390.)

Análogo aos levantamentos demográficos é o registo ou a recolha das genealogias. No passado, foi um assunto de importância fundamental; as genealogias eram consideradas documentos históricos para a pesquisa das origens da sociedade. Neste sentido e nesta perspectiva, o seu valor não se diferencia do dos mitos. Ultrapassada ou redimensionada a problemática das origens, a pesquisa genealógica conserva toda a sua importância e é sempre de actualidade, sobretudo no que respeita ao problema do parentesco e da sua estrutura na organização social e política.

A anamnese genealógica pressupõe uma certa capacidade mnemónica. A este propósito, Rivers, que foi dos primeiros a usar o método genealógico, afirma o seguinte: «Talvez não se saiba bastante bem que a maior parte das populações de baixa cultura conserva oralmente as suas árvores genealógicas, por várias gerações, em todas as linhas colaterais, e assim podem fornecer, em forma genealógica, todos os descendentes do bisavô ou do trisavô, conhecendo por isso, completamente, todos aqueles que podemos designar por segundos e terceiros primos, e talvez a sua memória recue ainda mais atrás.» (Rivers, 1968: 97.) Há certamente um exagero nestas palavras de Rivers. De facto, são raros os indivíduos de memória tenaz, capazes de recitar uma lista coerente de ascendentes. A tendência mais difundida é a de suprir a incerteza com nomes mitológicos. De certo modo, foi para superar as incertezas derivadas destas insuficiências que os antropólogos sentiram necessidade de introduzir a distinção conceitual entre clã, como unidade mitológica, ou seja, com ancestrais míticos, e linhagem, como unidade de parentesco histórico, isto é, com ancestrais efectivamente conhecidos que existiram. Por exemplo, entre os Tiv da Nigéria, que «vivem, respiram e falam de genealogias», bem poucos conhecem as genealogias para lá do interesse imediato quotidiano. Não só, mas também os peritos – que o fazem por dever político ou por inclinação para o estudo –, em casos de dúvida, são levados a servir-se do estado presente das coisas (que deveriam explicar e justificar por meio das genealogias) para construir as próprias genealogias, modificando, inconscientemente ou não, os termos segundo as exigências da demonstração.

Bohannan (1952: 307) cita uma genealogia Tiv na qual *Amena* (nome em itálico) significa três posições diferentes: Uma, filho de Adoga; outra como mulher de Adoga; e a terceira, a própria pessoa de Adoga (ver figura 4.1).

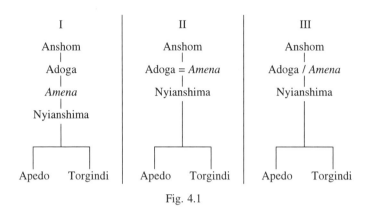

Fig. 4.1

A árvore genealógica apresentada na figura 4.2, na página 157, é tratada por Rivers segundo a descrição do método por ele seguido para a elaborar:

«Esta pequena árvore foi obtida em Guadalcanal, nas ilhas de Salomão orientais, e neste caso comecei a minha pesquisa perguntando ao meu informador, Kurka ou Artur, o nome do seu pai e da sua mãe, explicando claramente que queria os nomes dos seus verdadeiros progenitores e não os de outras pessoas a quem ele desse esses nomes por causa da relação classificatória. Depois de me ter assegurado que Kulini tivera só uma mulher e Kusua só um marido, obtive os nomes dos seus filhos por ordem de idades e informei-me acerca do casamento e da prole de cada um. Assim, obtive o pequeno grupo consistente dos descendentes dos progenitores de Artur. Uma vez que Guadalcanal é uma ilha cujo sistema social se caracteriza pela descendência matrilinear, Artur conhecia melhor o *pedigree* da mãe que o do pai. Obtive os nomes dos progenitores da sua mãe, assegurando-me, antes de mais, que cada um tinha casado uma única vez apenas; depois, perguntei os nomes dos seus filhos e soube os casamentos e os descendentes de cada um. Artur era um homem que estivera ausente muito tempo em Queensland e não estava em condições de ir além dos seus avós, exactamente da forma anterior, mas, se tivesse tido um conhecimento mais vasto, eu

INTRODUÇÃO AOS ESTUDOS ETNO-ANTROPOLÓGICOS

teria indagado sobre os pais de Sinei e Koniava e haveria obtido os nomes dos seus descendentes exactamente da mesma maneira que antes e prosseguiria até que o conhecimento genealógico do meu informador tivesse sido completamente exaurido.» (Rivers 1968: 98.)

Rivers prossegue, dando algumas sugestões sobre o modo prático de actuar. Entre outras coisas, observa que «uma característica bastante importante do método é a de registar, quanto possível, a condição social de cada pessoa incluída no *pedigree*» (p. 99).

«A primeira e a mais óbvia aplicação das árvores genealógicas é a elaboração dos sistemas de parentesco»... «O meu procedimento consistiu em perguntar ao informador os termos que aplica aos diversos membros do seu *pedigree* e, reciprocamente, os termos que eles lhe aplicam» (p. 100). «Um outro uso das árvores genealógicas consiste no estudo das regras do casamento. Se se recolherem os *pedigrees* de uma população inteira, como estive em posição de fazer em casos semelhantes, possuímos assim um registo dos casamentos efectuados na comunidade até, talvez, cento e cinquenta anos atrás» (p. 103). Outra vantagem das árvores genealógicas transparece na análise das normas de descendência e de herança, em certos aspectos da fenomenologia ritualista e em relação a problemas biológicos.

156

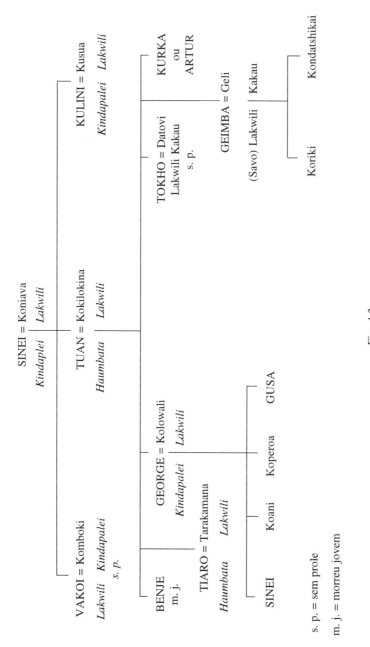

Fig. 4.2

Mas há uma observação de Rivers que vale a pena transcrever: «O método é particularmente útil para aqueles que, como eu próprio, só podem visitar populações selvagens ou bárbaras por períodos relativamente breves, períodos completamente insuficientes para adquirir um grau de domínio da língua nativa que possibilite fazer entrevistas. Para estes, tal método é essencial, se se quer ter uma esperança de obter factos de verdadeiro valor sobre os aspectos mais complexos das organizações sociais» (p. 107).

O valor cultural da genealogia pode ser sagrado para algumas populações e isso terá de se ter em conta no comportamento do pesquisador. Ocorre-nos, a propósito, uma indicação de Guiart: «Não se descure o facto de que uma genealogia não pode obter-se à força. É um dos raros casos em que convém, pelo menos em meu entender, começar de manhã cedo e encorajar o interlocutor a revelar todas as suas possibilidades. Por isso se deve estar em condições físicas normais, para não se ir abaixo diante dele e manter até à noite, se necessário, uma atenção completa. Um pesquisador com males crónicos faz bem em se abster. Trata-se de coisas muito sérias, aos olhos dos interessados, e não se pode criar uma atmosfera ambiental adequada se o etnógrafo suscita compaixão.» (Guiart, 1968: 202.)

7. MITOS

A recolha dos mitos, ou seja das narrativas de acontecimentos sobre a origem do cosmos, do homem, da cultura e dos acontecimentos importantes da história local, constitui uma outra fonte de material antropológico importantíssima. Neste trabalho são de insubstituível valor os gravadores; mas deve proceder-se de modo a usá-los livre e agilmente. Neste caso são mais úteis, na verdade, do que o lápis e o papel. A narração do mito, o que se passa no decurso de uma cerimónia, o que se desenrola durante uma entrevista privada, é vivo, imediato. Se o narrador é

Conceitos e Método

bem dotado, pode realizar uma verdadeira exibição de arte dramática. Com o gravador magnético à disposição, o pesquisador fica livre para seguir todos os gestos e a animação da figura e do corpo, enquanto a transcrição das palavras está assegurada. A exactidão desta, associada ao som, permite uma avaliação posterior, literária e cultural.

Acerca dos mitos, é útil registar todas as versões possíveis, servindo-se de um ou mais informadores e notando as variantes das diversas localidades. Também as formas abreviadas, embora possam parecer irrelevantes, são de registar fielmente, notando as diferenças eventuais de nomes e de papéis desempenhados. Nas narrativas mitológicas encontram-se amiúde temas e motivos bastante difundidos que somente será possível valorizar através de uma ampla comparação.

O que se disse dos mitos, pode repetir-se quanto às fábulas. Alguns povos e, sobretudo, os seus anciãos, são muito fecundos, prestando-se, ao mesmo tempo, e com prazer, a falar do passado. Para uma pessoa idosa, pode ser, de facto, uma satisfação narrar qualquer fábula, e a amizade que daqui brota faculta ocasiões muito mais oportunas para o pesquisador. Recordo algumas noites de lua cheia nas colinas de Tharaka; enquanto se ouvia o ritmo afastado das danças, escutei, com o mais vivo interesse, as narrativas de um velho amigo tharaquês, constituindo o conjunto de tudo aquilo uma experiência cultural bem sugestiva e significativa.

Os provérbios e os ditos sapienciais não valem só por si. Exprimem os valores e normas teóricas, nas quais se baseia a cultura de um povo. «O provérbio», dizem os Rundi, «não vem da árvore, mas sim do homem – *Umungani ntuva ku giti uva ku muutu.*» A árvore, aqui, tem um sentido figurativo – algo de imóvel, incapaz de suscitar a iniciativa da acção. De um doente em coma, diz-se que se tornou como uma árvore – já não há esperança. A árvore seca é o símbolo de tudo aquilo que é infra-humano. Nenhum provérbio pode nascer dela. Só o homem é capaz de se valer da experiência, de interiorizar um

INTRODUÇÃO AOS ESTUDOS ETNO-ANTROPOLÓGICOS

acontecimento e de tirar dele ensinamentos para o futuro. Um provérbio encerra toda a experiência da colectividade. Exprime não só toda a autoridade consuetudinária, mas também toda a sapiência que os antepassados puderam acumular e que ninguém pode menosprezar.

É evidente que a interpretação de um provérbio é feita dentro do contexto orgânico de uma cultura e não isoladamente, como se se tratasse de afirmações absolutas. Nada, portanto, além da observação participante, pode estar em posição de captar o verdadeiro significado dos provérbios. (Cf. Ntabona, 1968: 172-177.)

Juntamente com os provérbios, há formas de oratória, cerimonial e espontânea, cuja gravação poderá revelar-se assaz fecunda. O culto da palavra está bastante difundido, entre os povos iletrados, como expressão de sapiência e maturidade. Entre os Bantús do Quénia, *mugambi* – orador – é também título de distinção. Em geral, não é a fala retórica e vazia que se aprecia, mas o raciocínio lógico e a dicção exacta; um campo onde o pesquisador encontrará abundância de material, sobretudo para o estudo dos ideoetnemas.

8. A OBSERVAÇÃO PARTICIPANTE

Kluckhohn define o método antropológico como «a participação consciente e sistemática, na medida em que as circunstâncias o permitam, nas actividades da vida, e, conforme a ocasião, nos interesses e nos afectos de um grupo de pessoas» (Kluckhohn, 1940: 331). Aquilo que, nesta definição, se refere, genericamente, com as palavras «circunstâncias» e «ocasião» constitui o aspecto aleatório da observação participante. Por esta razão, já se fez notar que só quando se encontra no terreno, perante situações concretas, é que o pesquisador estará em posição de julgar exactamente e de definir o seu método de pesquisa. O elemento personalista deve caracterizar o método de observação partici-

CONCEITOS E MÉTODO

pante. Conquanto este elemento dependa do carácter do pesquisador e das circunstâncias em que se desenvolve o seu trabalho, não contradiz, antes é parte implícita do aspecto sistemático que justamente Kluckhohn apresenta como característica fundamental da observação participante. Nas situações concretas exige-se uma certa ductilidade e elasticidade para saber enfrentar situações imprevistas ou dificuldades emergentes do momento. Nem sempre a participação pode ser completa. Nestes casos é forçoso contentar-se com as informações dos interlocutores e escolher-se-á, com os critérios normais, actos que assegurem a máxima objectividade. Em 1971 encontrava-me entre os Tharaka e tive ocasião de participar na circuncisão de alguns jovens. O *mugani*, ou circuncisor, após alguma relutância, resolvera aceitar-me como hóspede de honra, tomando disposições para que tivesse amplas possibilidades de observar todo o seu modo de proceder. A cerimónia decorreu bastante bem. Logo a seguir acompanhei a clitoridectomia das raparigas. A operação decorria dentro de uma cabana e a operadora era a mulher do *mugani*. Pus-me a seguir o movimento do grupo em direcção à cabana, por saber que se tratava de uma cerimónia reservada às mulheres. Todavia, embora com certo receio, aceitei o convite do *mugani* (que se mostrava exuberante em me querer presente) para que eu também entrasse a fim de observar a operação. Mas, assim que dei alguns passos apenas, levantaram-se vivos protestos de zelo materno quanto a uma das candidatas. Não percebi imediatamente o seu significado e parei, renunciando a entrar; tudo, porém, acabou o melhor possível.

Nos casos deste género, não há outra alternativa, como observa Hogbin, senão condescender, até porque não se pode contender legitimamente com o conjunto dos outros (Hogbin, 1970: 131). Nem é prudente forçar a situação recorrendo a estratagemas ou disfarces que, em todo o caso, podem comprometer a própria plenitude da participação ou suscitar a reacção e desaprovação da comunidade, e criar embaraços para ulteriores pesquisas. A confiança é um elemento fundamental para prosseguir um trabalho que se baseia, essencialmente, na aceitação pessoal.

A progressão da participação é condicionada, também, pelo tempo de que dispõe. Uma visita breve pode criar simpatia, mas dificilmente dará azo a estabelecer relações de confiança mútua, que é possível obter com o decorrer de uma estada prolongada. O caso dos Ogotemmeli nas relações com Griaule pode ser citado devido à surpresa que causou ao próprio Griaule e à riqueza de informações que ele obteve.

Griaule faz notar que já há quinze anos visitava constantemente os Dogon, a fim de fazer as suas pesquisas, e que só depois desse prolongado período os Ogotemmeli, que vinham a acompanhar a presença e o interesse desse homem branco, se decidiram a convidá-lo para o pôr ao corrente de toda a cosmogonia Dogon.

Não é despropositado falar da paciência e da modéstia como qualidades exigidas ao antropólogo. Os conselhos e as normas de Mauss, anteriormente referidas, exigem, de maneira implícita, estas qualidades. Mas basta «recordar sempre que viemos para aprender; os mestres e os especialistas são as pessoas que desejamos investigar» (Jaevie, 1969: 515). Esta atitude, que é de completo respeito e de igualdade, aparece numa página metodológica de grande valor do etnólogo italiano De Martino. Sobre as pesquisas entre as populações meridionais da Itália, escreve: «Entrava na casa dos camponeses da Apúlia como um 'camarada', como um pesquisador de homens de histórias humanas esquecidas que ao mesmo tempo olha e domina a sua própria humanidade, e que quer comparticipar, juntamente com os homens que encontra, na fundação de um mundo melhor, em que nos tornaremos também todos melhores, tanto eu, que pesquisava, como os que encontrava.» (De Martino, 1953: 318-19.)

É neste contexto que se torna pertinente um comentário de Evans-Pritchard: «Talvez os antropólogos se dêem conta, no decurso das suas pesquisas, de que podem estar, e possivelmente estejam, modificados pelo povo que estudam e do qual, sem darem por isso, se tornam parte. Se um antropólogo tem bom senso, não pode deixar de ser assim. Naturalmente, é tudo uma questão pessoal. Só posso dizer que aprendi muito com os 'primitivos' africanos, muito mais do que eles aprenderam comigo, algo que se não aprende na escola; um pouco mais de coragem, capacidade de suportar, paciência, resignação e constância, coisas, enfim, de que não tinha, anteriormente, muita compreensão. Um único exemplo: aprendi mais sobre a natureza de Deus e a situação humana dos Nuer, do que na Inglaterra.» (Evans--Pritchard, 1973: 5.)

A participação, entendida assim, empenha moralmente. E, de facto, o problema ético que daí deriva é sentido e discutido pelos antropólogos modernos; até que ponto a integridade científica se pode conciliar com a participação humana honesta e completa? A resposta a esta e a outras interrogações análogas pode diluir-se numa casuística complexa com limites extremos e embaraçosos. Já se disse que depende muito das circunstâncias específicas. Mas a resposta está na aceitação de ser *estranho*: «A observação participante raramente, talvez nunca, é completa. A participação completa, por outro lado, não é absolutamente desejável.» (Kloos, 1960: 511.) Tal como Fortes se exprime na passagem já citada, é necessário manter uma certa separação para ver as coisas numa perspectiva científica. É, segundo as circunstâncias e com a discrição oportuna, apresentar-se tal como se é, ou seja, como pesquisador, e fazer-se aceitar como tal num trabalho que não só requer cooperação viva mas que, em definitivo, será útil para todos, para o pesquisador e para os entrevistados. A própria implicação política, se se manifestar isenta de emotividade e exprimir com uma discrição objectiva da situação, contém em si mesma, por exemplo, a condenação da segregação racial.

O tema específico da pesquisa poderá sugerir as preferências na participação, sobretudo quando se dão acontecimentos contemporâneos que se deseja ver. Nestas ocasiões, torna-se evidente a colaboração de grupo, porque se poderá facilmente dividir as tarefas e chegar a tudo. Não obstante, não nos devemos dispersar

INTRODUÇÃO AOS ESTUDOS ETNO-ANTROPOLÓGICOS

numa pesquisa que abranja a totalidade da vida cultural e social mas, como se disse, convém aprofundar um assunto, embora seja em função deste assunto que o pesquisador deve alargar o mais possível a sua participação nos actos da vida, sejam de ordem social (nascimento, iniciação, casamentos, doenças, morte), sejam de ordem política (participando nos conselhos de parentesco, de linhagem, etc.), sejam de ordem jurídica (corpos legislativos, tribunais, etc.).

Uma última palavra sobre as quebras de participação. Pode haver situações que, não obstante todas as tentativas mais atentamente cuidadosas, se revelem impenetráveis; nestes casos é necessário saber retirar-se de boa vontade. Em 1971, tentei aproximar-me de um ancião dos Imenti, uma secção tribal dos Merú do Quénia. Desejava esclarecer os motivos da ausência do Mugwe nesta secção, porque na minha primeira pesquisa tive de desistir de qualquer aprofundamento, por se ter efectuado durante a rebelião dos Mau-Mau. Tentara fazer as coisas com muito tacto, e a cooperação dos dois filhos adultos da pessoa de que me queria aproximar parecia ter-me aberto o caminho. Expôs-se o assunto. O velho pai, já cego (a sua figura recordava-me muito a do Ogotemmeli de Graule), acolheu-me amigavelmente. Mas, quando das palavras convencionais passei ao verdadeiro motivo da minha visita, tergiversou e à minha insistência e dos filhos respondeu que havia no território um outro ancião, mais idoso do que ele, que tinha de consultar para decidir quais as informações a dar à minha pergunta. Fixou-se outro dia, com longo prazo de tempo para a consulta. Quando voltei, não havia nada a fazer: gentil, sim, mas firme nas suas reticências. Tive de me retirar. Mais tarde, enviei o meu assistente sozinho, que também pertencia aos Imenti, e compreendi que o afastamento do Mugwe entre os Imenti remontava ao primeiro contacto com os europeus e que o ressentimento por esta repressão tinha deixado uma ferida profunda, que estava ainda aberta nos anciãos.

9. ANÁLISE E AVALIAÇÃO

A última fase da pesquisa consiste na análise, na avaliação e na apresentação do material recolhido. Na prática, trata-se de uma fase que não é completamente separada da pesquisa local. Inicia-se já nas pausas do trabalho no terreno.

Também para o método da análise se deve pôr em relevo o carácter pessoal que pode assumir, mas há sugestões e indicações que podem ser úteis a todos. A primeira sugestão respeita à elaboração do ficheiro. À medida que decorre a revisão do material, é conveniente tirar a ficha respectiva, porque, depois, é fácil ordenar sistematicamente os argumentos escolhidos, segundo um plano de trabalho. O ficheiro oferece uma certa facilidade para o primeiro esboço de um relato sobre a pesquisa. Quase sempre surgem dúvidas e incertezas e tornam-se evidentes os vazios e as lacunas. Assim, antes de um eventual regresso ao campo de pesquisa, é conveniente verificar ainda a bibliografia existente, mas sobretudo submeter à leitura e à discussão com outros colegas o trabalho realizado. A volta ao terreno oferecerá uma nova ocasião para colmatar as lacunas, verificar as dúvidas, enquanto se prossegue a pesquisa.

A última elaboração para a apresentação do material recolhido resultará, assim, como o fruto maduro de uma atenta verificação dos factos e de uma interpretação que, embora nova e pessoal, não é apressada.

Em geral, o material é sempre bastante mais vasto do que o assunto determinado que a análise enfrenta. Eis o que escreve Goody sobre o assunto, referindo-se ao método de trabalho dos antropólogos sociais britânicos: «Se se permanecer no campo 18 meses ou dois anos, o que se escreveu até essa altura é uma parte mínima daquilo que se recolheu. Pode-se dedicar toda a vida a escrever o resto, ou então, pode-se fazer novo trabalho de campo em qualquer outra área e recolher ainda novo material que, provavelmente, ficará sem ser analisado. Segue-se que o trabalho principal será, inevitavelmente, o de escrever (descrições e explicações) sobre sociedades determinadas. Este é o modelo clássico da antropologia social britânica. Evans-Pritchard, no prefácio de *The Azande: History and Political Institutions*, Oxford, 1971, que é o seu terceiro livro sobre os Azande, exprime-se assim: 'Espero ter a possibilidade de apresentar outros volumes sobre as suas instituições e os seus ritos. Terei então cumprido o meu dever – com quarenta ou cinquenta anos de atraso' (p. XI). Assim falou a consciência de um grande etnógrafo.» (Goody, 1972: 14.) (Como é sabido, Evans-Pritchard iniciou as suas pesquisas entre os Azande em 1928 e publicou o seu primeiro volume *Witchcraft, oracles and magic among the Azande* em 1937. Dirigiu, depois, pesquisas junto dos Nuer e dos Senussi, sobre os quais publicou uma série de apreciadíssimas monografias. Só depois de tantos anos é que retomou a publicação do seu material respeitante aos Azande.)

As monografias assim elaboradas constituem sempre pontos de apoio para ulteriores confrontos e avaliações. É um valor do método antropológico, efectuado com muita utilidade nestes últimos anos, a verificação anos após uma primeira pesquisa. Alguns antropólogos como Margareth Mead e Raymond Firth realizaram por própria iniciativa este género de verificação. Mais frequentemente e talvez com melhor resultado, a tarefa tem sido empreendida por outros pesquisadores; Turnbull, por exemplo, estudou os Pigmeus, refazendo as pesquisas de Schebesta. Este género de pesquisas tem um carácter compulsório: dar relevo às transformações ocorridas no período entre duas pesquisas e estabelecer os mecanismos dinâmicos que as determinaram.

A tarefa é indubitavelmente facilitada porque se tem à disposição as informações do primeiro pesquisador. Todavia, as normas metodológicas da pesquisa de campo continuam sem alteração; além disso, acresce a advertência de que o presente etnográfico é diverso. A ocasião da primeira pesquisa está já distante e as circunstâncias já não são idênticas. Cada confronto, por isso, e cada juízo sobre os trabalhos precedentes devem partir desta compenetração e medida.

O trabalho de análise representa a cúpula do trabalho científico. Da fase «gráfica» da recolha passa-se à fase «lógica» e comparativa. Neste ponto, a utilidade de uma pesquisa plural – junto de duas ou mais sociedades – patenteia a sua utilidade por permitir uma visão e uma avaliação funcional e histórica da cultura não fechada e mesquinha. A análise comparativa é o único tipo de estudo que permite uma avaliação funcional e histórica da cultura. A funcionalidade viva dos etnemas surge através da determinação das energias e das interacções concretas. Qual é a parte desenvolvida pelos indivíduos singulares? Qual o tipo de articulação etnémica resultante naquela determinada sociedade ou comunidade? A análise ambiental e temporal põe os resultados desta avaliação em perspectiva diacrónica. O *oikos* e o *chronos* integram-se e confirmam-se na vida pela avaliação específica dos simples etnemas e da forma como se articulam em cultura. É claro que para realizar uma análise deste género é preciso, como já se disse, um conhecimento adequado, não só do material recolhido no campo, mas também da problemática teórica. De outro modo nem sequer se estará em posição de discernir os problemas que o próprio material encerra. Estas indicações foram sinteticamente expressas num ensaio metodológico de Southall, do qual respigo, quase como conclusão deste capítulo, uma série de pontos programáticos sobre a análise comparativa, diacrónica, estrutural-funcional.

«1. Conhecimento íntimo, intensivo, baseado no trabalho de campo, de duas ou mais sociedades e dos seus modelos ideais de organização.

2. As sociedades estudadas devem ser afins, para permitir o estudo de variações concomitantes.

3. O tipo inicial aparece, desse modo, através de uma série de transformações relativas às várias sociedades.

4. Se as transformações representam verdadeiramente as qualidades abstractas das várias sociedades, alterando o modelo dos factores componentes, ou alterando a sua força relativa, ou substituindo uma pela outra, enquanto

INTRODUÇÃO AOS ESTUDOS ETNO-ANTROPOLÓGICOS

o resto se mantém constante, demonstra-se pelas transformações o grau de dependência de um factor em relação ao outro, isto é, a função de cada factor.

5. As transformações *espaciais* (ou ambientais) relativas s várias sociedades devem corresponder às transformações *temporais* relativas às mudanças ocorridas ou que possam ocorrer nas várias sociedades.

6. As mudanças podem, deste modo, fazer ressaltar as suas causas antecedentes fora ou dentro do sistema em que se deram.

7. A explicação que se obtém será aproximativa e não definitiva, mas é o máximo resultado possível para o antropólogo.

8. Se as transformações espaciais e temporais estão correctamente ordenadas, produzem um tipo de documentação que confirma a vicissitude ou acontecimento.

9. O estudo das transformações espaciais e temporais oferece a única possibilidade válida para conferir um significado compreensível à análise funcional.

10. As transformações indicam, também, onde as mudanças ocorreram por razões não sociológicas e podem identificar, sem confusão, os pontos de contacto dos quadros de referência sociológicos e psicológicos.

11. Um argumento final deste método, se nos decidirmos a usá-lo, é a perspectiva de enfrentar adequadamente os sistemas sociais, que não são, nem podemos pretender que sejam, estáticos» (Southall, 1965: 136-37).

168

APÊNDICE

MODELO DE UM MEMORIAL DE PESQUISA

Com fins meramente indicativos, acho útil elaborar uma lista de argumentos, ou seja, um memorial de pesquisa, de carácter geral, relativo a uma *sociedade de pastores*. Foi preparado para «voluntários» que desenvolviam a actividade de missões e estavam desejosos de aprofundar os conhecimentos da cultura em que operavam.

1. *Advertência preliminar:* os assuntos das perguntas servem só para uma primeira definição da pesquisa e do registo; cada um utilizará o seu próprio método. Para que os registos possam ser utilizáveis, devem ser claros e precisos.

2. *Os informadores:* cada interlocutor pode ser um informador a considerar; nunca se recusa uma informação. Note-se, contudo, que de pessoa para pessoa há diversidade de inteligência, de conhecimento e de disposição para a conversa. Interessa bastante que se escolham bons informadores e deles se obtenha simpatia e confiança. A multiplicidade não excessiva (dois ou três) de informadores servirá como meio autónomo (isto sem conhecimento dos informadores) para verificar e, em cada caso, colocar em contraste as informações e o seu valor.

   De cada informador deve registar-se o nome (ou nomes), classificação étnica e familiar, sexo e idade, data e local da conversa.

INTRODUÇÃO AOS ESTUDOS ETNO-ANTROPOLÓGICOS

3. A região: latitude; orografia, cursos de água, poços; clima, precipitação atmosférica.
4. Estações do ano.
5. População: nomes (como a gente se chama a si mesma; como são denominadas as outras populações).
6. Língua própria; dialectos; língua importada: como foi conhecida e como se difundiu?
7. Recenseamento: número exacto ou aproximado dos grupos singulares; densidade.
8. Género de vida: sedentária ou nómada? Agricultores ou recolectores (de frutos espontâneos)? Caçadores ou criadores?
9. Quais as populações vizinhas? Ou com quem vivem mesclados (em simbiose)?
10. Como se considera o mundo no seu complexo visível e invisível? Têm conhecimento das modernas conquistas cósmicas e que impressão suscitam?
11. Que ideia têm do universo físico: a Terra; o firmamento; as estrelas; o Sol; a Lua.
12. Existe entre todos eles uma relação?
13. Como surgiu o Mundo? Foi criado? Por quem? Acabará ou durará sempre?
14. Como se formou a Terra? As montanhas, a água, os rios, os poços (a água sobre a terra), as árvores, a erva, os animais?
15. Os homens: história mitológica e antiga:
    a. Onde habitaram os primeiros homens?
    b. Donde vieram os actuais habitantes do lugar? (Registar as várias narrações.)
    c. Como se fixaram no lugar actual? Pacificamente? Depois de lutas?
    d. Quem foi o chefe que guiou esses primeiros habitantes? Como é que assumiu o comando? Quais os seus feitos? Morreu ou desapareceu? Se foi sepultado, onde?

(Numa sociedade pastoral é bastante provável que a ideia do Ser supremo ou de Deus esteja relacionada com as manifestações urânicas. O assunto requer, mais do que qualquer outro, prudência e respeito, para não forçar sobre os interlocutores as nossas concepções e considerar como autêntico o que seria sugerido pelas perguntas.)

16. Nomes de Deus: principal, secundários, de invocação, de exclamação, etc.
17. Narrativas e mitos sobre a vida, a obra e as manifestações de Deus.
18. Manifestações de Deus: criação; manifestações atmosféricas (a chuva, os temporais, o raio, etc.).
19. Deus e os homens: foram criados por Deus? Deus é pai? Quais as relações iniciais entre Deus e os homens?
20. Há uma narrativa ou uma ideia do pecado original? Quais as consequências?
21. Deus é juiz? Criador da moral? Dador da vida, das doenças, da morte?
22. Há homens (entre a própria população ou nas suas tradições) que não acreditam ou não acreditaram em Deus?
23. Deus é bom ou é também mau?
24. O que é o bem? O que é o mal? Porque é que existe o mal?
25. Satanás: opositor de Deus? Imitador de Deus? Inimigo de Deus? Enganador? Diverte-se com os homens?
26. Monismo e dualismo.
27. Responsabilidade do homem no bem e no mal?
28. Há seres intermediários entre Deus e os homens? De natureza boa ou ruim? Espíritos das coisas? Das árvores? Dos rios? Das cascatas? Dos poços da terra? Dos animais?
29. Quais as relações dos espíritos com Deus? Foram criados? Dependem de Deus?
30. Que relações há entre espíritos e espíritos? Têm uma hierarquia?

INTRODUÇÃO AOS ESTUDOS ETNO-ANTROPOLÓGICOS

31. Quais as relações entre os espíritos e os homens? Fazem-se ver? Ofendem-se? Vingam-se? Podem ser aplacados? São protectores e guardiãos dos homens? Podem «possuir» os homens?

32. O primeiro homem: como apareceu, como e onde viveu, quantos filhos gerou, como morreu, encontra-se em qualquer lugar, agora?

33. A primeira mulher: como apareceu, etc. (como acima).

34. O homem em geral: o corpo (como se dá a distinção dos sexos?), a sombra, a alma, a respiração, o sangue, a mente, o pensamento, a palavra, a vontade, a responsabilidade.

35. Qual é o critério para julgar um homem bom ou mau?

36. A dor:
    a. Moral.
    b. Física; a doença; qual a causa? A cura; os tratamentos; a recaída.

37. A morte:
    a. Origem da morte no início dos tempos?
    b. Causa de cada morte (doença, magia ou o quê?).
    c. Que acontece na morte: do corpo, da alma, da responsabilidade?
    d. Homicídio? Como é considerado?
    e. Suicídio? Acontece? Por que motivos? Como é considerado?

38. A sepultura:
    a. Modos: inumação, abandono, cremação?
    b. A não sepultura, porquê?
    c. São necessárias as cerimónias e ritos de sepultamento? Porquê?

39. A ressurreição: soube-se de alguém que tenha ressuscitado?

40. Há outras cerimónias depois do funeral de sepultura? Com que prazo? Que efeito têm sobre os mortos? Quando é que os «mortos» passam para a categoria de antepassados?

Conceitos e Método

41. Morada dos mortos? Organização social dos mortos?
42. Relações com os vivos: de descontentamento (por ofensas ou coisas semelhantes)? De protecção? De união?
43. Quais são (se é que os há) os mortos que se fazem sentir? Que parentes mais chegados (pai, mãe, etc.)? Ou quem, exactamente?
44. Há lugares especiais de culto? Bosques? Ou árvores? Fontes? Ou lagos? A habitação?
45. Quais são as formas de oração? Pública/privada? De manhã, de tarde, em outros tempos fixos? Estacionais? Ocasionais? (Recolher formulários.)
46. A quem se dirige a oração: a Deus, aos espíritos, aos mortos?
47. Quem toma parte na oração pública: os anciãos, os jovens, as mulheres?
48. A oração é sempre litânica, isto é, sob a direcção de um corifeu?
49. Que formas de sacrifício são praticadas? De animais bovinos, ovinos, de libações?
50. Quem participa nos sacrifícios? É muito importante descrever a posição social de quem participa no sacrifício e a função que assume, mesmo só de assistência ou de comunhão.
51. O sacrifício implica sempre a «comunhão», ou seja, a participação dos presentes no consumo da vítima? De que modo e por que ordem?
52. Que fórmulas e que orações acompanham o sacrifício? São fórmulas litúrgicas tradicionais que se devem repetir com exactidão ou são fórmulas espontâneas?
53. Quais são as ocasiões dos sacrifícios?
54. É praticada a confissão dos pecados? Por quem? A quem? Em que ocasião? Porquê? Quais são os pecados a confessar?
55. Quais são as práticas mágicas?

INTRODUÇÃO AOS ESTUDOS ETNO-ANTROPOLÓGICOS

56. Existe um conceito de «tabú», ou seja, de uma força ínsita nas coisas e nos seres, que é preciso respeitar? Qual a palavra local para tal conceito? Está relacionado com Deus? Ou com os espíritos? Pode ser dominado pelos homens? Pode ser «possuído» pelos homens?

57. Quais são os ritos para «dominar» a força vital dos seres, dos espíritos (também de Deus?), dos homens (particularmente dos inimigos)?

58. Há práticas de adivinhação? Com que fim se realizam?

59. Existem *sacerdotes*? Isto é, homens próprios para invocar Deus, os espíritos, os mortos, em nome de outros homens?

60. O pai de família tem funções sacerdotais? Competem-lhe os sacrifícios pela família?

61. Os anciãos têm funções sacerdotais? Quem realiza o sacrifício em nome dos outros?

62. Há *adivinhos*? Isto é, especialistas na arte de adivinhar? Pertencem a um clã definido? Devem ser aprendizes de outros adivinhos? Por quanto tempo?

63. Há *xamãs*? Isto é, homens que podem pôr-se em comunicação directa com o mundo do além (Deus, os espíritos, os mortos), em *benefício* dos homens, os quais, precisamente por isso, os consultam?

64. Há *profetas*? Isto é, homens aos quais se reconhece uma missão específica confiada por Deus e que são ouvidos e seguidos como guias espirituais?

65. Os *feiticeiros*, isto é, gente que actua ocultamente, servindo-se de venenos ou simplesmente da psicose de medo, existem e são condenados quando descobertos?

66. Existem «feitiços», ou seja, trabalhos representativos do mundo do além? Quem os faz? E quem os possui?

67. O uso de amuletos, pequenos objectos portáteis, está difundido? Quem os faz? Com que propósito?

68. Por *iniciação* entende-se o complexo dos costumes e formalidades pelos quais o jovem ou os jovens se prepa-

174

ram e educam para a vida social adulta, seja matrimonial seja política ou económica. É ou era praticada?

69. Em que idade os jovens são *formalmente* instruídos nas tradições? Ou tal instrução é dada sempre de maneira informal?
70. A iniciação é feita singularmente ou em grupos?
71. Quem apresenta o jovem para a iniciação? O pai? O irmão da mãe? Ou quem?
72. Quem assume a responsabilidade dos iniciandos? Um padrinho-mestre único? Tantos padrinhos quantos os candidatos?
73. Onde se realiza a iniciação? Na própria aldeia ou fora? Há uma cabana reservada e separada?
74. A iniciação é pública ou privada?
    a. Se é pública, há cerimónias solenes?
    b. Quem participa nela? Os vizinhos? Os parentes? Já iniciados? As mulheres? As crianças, também?
75. Há uma prova física de sofrimento? A circuncisão? A incisão na fronte? Outras tatuagens? Quem a realiza e de que modo?
76. Que ensinamentos são dados? Sobre a tradição? Sobre o casamento? Sobre a organização social? Como preceitos-mandamentos?
77. Quais são os efeitos da iniciação? O que pode fazer o jovem iniciado? Casar logo? Possuir o seu próprio gado? Participar nos conselhos tribais e nos tribunais?
78. Que transformações são visíveis nestes costumes tradicionais?
79. Em particular, preenche bem a escola o período de educação formal de iniciação? Se não, quais as causas?
80. *Divisão territorial:* quais são as regiões ou distritos segundo a tradição autóctone? E segundo a administração governamental?
81. Qual é o princípio da divisão territorial?
    a. A residência? O poço? As pastagens? A caça? Outro?

INTRODUÇÃO AOS ESTUDOS ETNO-ANTROPOLÓGICOS

b. Aos vários níveis: de família nuclear, de família extensa, de linhagem, de clã, de tribo?

82. *A tribo:* há agrupamentos distintos no âmbito da mesma população? Sob que princípio se distinguem? Parentesco ou residência? Que relações há entre estes grupos?

83. *O clã:* trata-se de um grupo social que reconhece um *fundador mítico único.* Existem? Quantos são? Registar a sua origem mitológica, os feitos do fundador.

84. O clã é *totémico,* ou seja, há um animal protector ou que tem um papel directo nas vicissitudes míticas do fundador do clã?

85. Qual é a relação dos membros do clã com o eventual totem?

86. Fazer a lista do clã.

87. Os clãs distinguem-se territorialmente ou estão misturados?

88. Quais são as relações entre clãs? De amizade? De defesa? Que significado têm, na prática? De luta?

89. Há clãs com poderes especiais?

90. Os clãs são exogâmicos (isto é, os seus membros devem casar-se só com membros de outros clãs) ou endogâmicos (que devem casar-se só entre si)?

91. A *linhagem (lineage):* trata-se de uma secção do clã que se distingue deste porque a *descendência* dos membros do fundador não é mítica, mas *real.* Por outras palavras, é a secção do clã efectivamente operante. Encontra-se sobretudo por ocasião de funções sociais, como matrimónios, funerais, heranças, disputas, etc.

92. Existem? Se sim, procurar precisar o diagrama genealógico de descendência dos membros do ancestral.

93. Distinguem-se secções de linhagem «agnáticas» e «cognáticas» (isto é, estes últimos aparentados por matrimónio)?

94. A linhagem tem um chefe? Quais as suas relações com os outros membros? É o filho mais velho do último avô?

CONCEITOS E MÉTODO

95. *O poder político:* quem faz respeitar os direitos dos grupos e dos indivíduos? Quem faz respeitar as divisões territoriais segundo a tradição?
96. Quem são os chefes?
    a. Segundo a tradição? Ligados ao clã ou à linhagem?
    b. Segundo o governo actual? Qual é a autoridade efectiva destes?
97. Relações dos chefes tradicionais com o governo? Relações dos chefes governativos com os anciãos?
98. As disputas, entre os membros de um mesmo clã, como são tratadas? E entre os membros da mesma linhagem?
99. Como se dá a sucessão «política» no âmbito de uma linhagem? Há invejas e concorrência?
100. Qual é a autoridade das mulheres:
    a. Teoricamente?
    b. Praticamente?
101. *Classes de idade (age-sets):* por classes de idade entendem-se as incorporações em grupos especiais de quantos foram iniciados durante um mesmo período.
102. Existem? Qual é a sua ordenação interna? Qual é o seu poder? Qual é a relação entre os membros de uma mesma classe? Qual a relação entre membros de classes diversas? E de classes alternadas?
103. *Conselhos tribais.* que tipos de conselhos existem?
    a. A nível tradicional?
    b. Ao nível governativo actual?
104. Com que critério se formam? De residência? De parentesco? Clã? Linhagem? De classe?
105. Qual é o seu poder? Legislativo? Consultivo? Judicial? Religioso? Económico? Educativo? Politico?
106. Qual é o valor que se atribui aos costumes? Quem os interpreta?
107. *O recenseamento-amostra:* é bastante útil, para múltiplos motivos, efectuar um recenseamento exacto e particularizado de uma unidade residencial e familiar.

INTRODUÇÃO AOS ESTUDOS ETNO-ANTROPOLÓGICOS

Trata-se de registar, antes de tudo, a ocupação e distribuição das cabanas ou casas, de forma esquemática, e depois todos os dados sobre aqueles que habitam cada cabana, para elucidar a posição de parentesco de cada um: clã, linhagem, totem, qualificação familiar – pai, mãe, filho (1.º, 2.º, etc.), 1.ª, 2.ª mulher, divorciada, viúva, etc.; cada censo deste género, embora limitado, tem valor de amostra e é precioso porque pode ser indicativo de uma situação real.

Alguns recenseamentos-amostras, comparados entre si, podem dar a imagem social de toda uma situação.

108. O noivado: quais são as razões de uma escolha quanto ao casamento: Sentimentais? Económicas? Políticas?

109. Normas matrimoniais: para precisar os chamados «impedimentos» e, consequentemente, as normas da escolha matrimonial, é bom anotar as acepções do conceito de *incesto*.

110. Quando é que uma união é considerada incestuosa? Normas tradicionais e realidade prática.

111. É permitido o matrimónio entre primos:
    a. Entre primos direitos (filhos de irmãos ou de irmãs)?
    b. Entre primos cruzados (filhos de irmão e irmã)?
    c. O casamento, entre alguns destes primos, é, por acaso, «preferencial», isto é, recomendado e até ordenado?

112. *Aspecto económico:* que normas regem o «pagamento» do matrimónio?
    a. Troca de bovinos ou de outros bens?
    b. A quem é feito o pagamento? Por quem? Em prestações? Ou numa medida inteira?
    c. Trabalho do noivo para o pai da noiva?

113. Existe o matrimónio de rapto? Como é considerado? É tolerado ou completamente condenado?

114. Até que extensão de parentesco as famílias tomam parte nas diligências matrimoniais? Família nuclear? Família extensa? Linhagem? O chefe oú quem?

Conceitos e Método

115. Como é encarado pelos jovens o pagamento do matrimónio? Gravoso? Intolerável? Justo? A reformar?

116. *Celebração das núpcias:* tempos próprios e proibidos. Quem participa nelas? Solenidades religiosas? Festins (distribuição de comida)? Músicas, danças, cânticos?

117. O matrimónio é patrilocal ou uxorilocal? Isto é, o novo casal fica a residir junto do pai do esposo ou junto da família da esposa?

118. Há formas de concubinato, isto é, de uniões não legais?

119. *Poliginia:* quais são as normas para ter mais mulheres? Relações entre a 1.ª mulher e as outras? Relações de cada uma das mulheres com o marido? Organização residencial: cada mulher numa cabana? Organização económica: cada mulher com os seus bens? Quais?

120. Qual é o reflexo social da poliginia: de prestígio? De riqueza? De descendência? Este reflexo ainda hoje se conserva intacto?

121. *O nascimento:* que cerimónias solenizam o evento? Quem participa nelas?

122. Existe um «segundo» nascimento, pelo qual se repete todo o cerimonial, como que para fazer um reconhecimento social e declarar, assim, legítimo o recém-nascido?

123. Quais são as atitudes e os ritos a que se deve submeter a puérpera? E o pai?

124. Existe distinção entre o primogénito e os outros filhos?

125. A descendência é determinada segundo a linha paterna (patrilinear) ou segundo a linha materna (matrilinear)? Isto é, cada pessoa considera os seus parentes segundo a linha do pai ou da mãe?

126. Em todo o caso, o irmão da mãe (tio materno) tem funções ou privilégios especiais em relação ao filho da irmã?

127. Os filhos são diferenciados em relação à posição da mãe no âmbito da família poligâmica?

Introdução aos Estudos Etno-Antropológicos

128. Rapazes e raparigas (estatística no âmbito de uma família): são preferidos os rapazes ou as raparigas?

129. Educação infantil: em que idade se faz a distinção segundo o sexo? Qual a actividade dos rapazes? E das raparigas?

130. As relações entre os rapazes são de costumes fáceis ou são respeitosas, com normas severas? É respeitada a virgindade pré-matrimonial?

131. Que cerimónias solenizam o crescimento dos filhos *antes* da iniciação: corte de cabelo? Outra?

132. Quais são as relações entre parentes «agnatos» e «cognatos»: de «evitação» (isto é, devem afastar-se uns dos outros); de simples respeito ou, então, de familiaridade brincalhona (mediante a qual é lícito, talvez, o insulto feito por brincadeira, até porque são muito jovens)?

133. *Adultério:*
   a. Normas tradicionais?
   b. É punido? De que maneira?
   c. Diferença entre adúltero e adúltera?

134. *Rotura do casamento:* pode-se distinguir entre *repúdio* (que para a mulher não é definitivo) e divórcio? Por que razões se dá o divórcio? Que acontece aos filhos? E aos bens económicos?

135. Morte do marido: qual é a condição da *viúva*? É herdeira? Levirato? Sororato? Entregue a si mesma? Como vive, neste caso?

136. Morte do pai: que acontece aos filhos ainda não iniciados? Quem assume a sua responsabilidade?

137. *Adopção:* se existe, quais as normas que a regem?

138. Existem formas *anómalas* de matrimónio: com os espíritos? Com os mortos? Em tal caso, de quem são os filhos? Do genitor ou do pai (a paternidade é uma qualidade meramente social)?

CONCEITOS E MÉTODO

139. Há formas tradicionais de prostituição? Foram introduzidas recentemente? Como são julgadas?

140. Registar com paciência e exactidão a *terminologia do parentesco*. Parta-se de um ponto fixo indicado como *Ego* e fazer o elenco de todos os nomes que *Ego* dá aos seus parentes.

Ego: pai, mãe, pai do pai, mãe do pai, pai da mãe, mãe da mãe, irmão do pai, etc.

Dar relevo, em particular, ao uso de nomes «classificadores», isto é, de nomes que *Ego* usa para um mesmo grupo de pessoas. Anotar, também, qual é o comportamento devido por *Ego* para com estas pessoas.

141. *Divisão do trabalho.*

a. Por sexo: que trabalho compete aos homens e às mulheres?

b. Por condições sociais: aos chefes, aos subordinados, ao pai, aos filhos, aos jovens, aos iniciados, aos anciãos, etc.?

c. Por prestígio: caça, criação, cultivo, segundo pertença a um clã ou linhagem?

d. Por casta: qual é a posição dos artífices? Dos oleiros?

142. A *propriedade* é do clã, da linhagem, da família? Propriedade da terra, das pastagens, dos poços, do gado, da caça, do produto do próprio trabalho?

143. O *furto:* é condenado teoricamente? Sempre? É punido na prática? No caso de reincidência?

144. Furto: quem é a autoridade competente para julgar e punir em caso de furto? Quais os géneros de condenação? Restituição ou expulsão? Multas? Punições corporais? Condenação e perdão?

145. Como se processam *as heranças dos bens*? No clã, na linhagem? Na família? Ocasiona disputas? Quem é competente para as funções de árbitro?

Introdução aos Estudos Etno-Antropológicos

146. O *comércio:*
  a. Na tradição, que formas de troca existiam? De que mercadorias? Nos mercados?
  b. Formas actuais e novas de comércio: qual o uso da moeda? Só para impostos ou, também, para funções sociais como o matrimónio e semelhantes?

147. *A habitação:* a estrutura arquitectónica das cabanas pode ser interessante. Pôr em relevo, sobretudo, o valor social da construção (quem é que constrói, sozinho, com a família, com os companheiros, etc.).

148. Quais são os divertimentos próprios das crianças? (valor educativo), quais os divertimentos próprios dos adultos (valor distensivo ou de emulação)?

149. A dança (tipos de dança): ritmos; ocasiões; significado religioso?

150. Cânticos: com instrumentos? Quais? Sem instrumentos? Religiosos? Sociais?

151. As narrativas e as fábulas como entretenimento? Os provérbios? Os enigmas?

152. Há formas plásticas de arte? Nas armas? Nas casas? Na apresentação das pessoas?

153. Usam-se as cores? Quais as preferidas? Como são preparadas?

SEGUNDA PARTE

TEORIAS E ESCOLAS

V

PERÍODO I
O PROBLEMA DAS ORIGENS

O aparecimento da antropologia e da etnologia como disciplinas sistemáticas de estudo é bastante recente; remonta ao século passado. Todavia, os usos e costumes dos povos *alienígenos* suscitaram desde sempre a curiosidade e o interesse, a ponto de inspirarem, em homens ousados, empreendimentos extraordinários de «descoberta». A exploração da terra, dos mares e dos continentes foi uma conquista lenta, assaz mais difícil e prolongada do que a actual conquista do espaço, que se serve de uma técnica muito mais aperfeiçoada. O desejo de conhecer uniu-se também a ideais religiosos e a desígnios de conquista e de comércio. Mas os preconceitos e a incompreensão profunda, suscitados pela dúvida de que os habitantes dos novos continentes fossem verdadeiramente homens e pela suspeita de que na sua alma prevalecesse apenas a barbárie e a crueldade, tornaram sempre extremamente difíceis as relações. A redução efectiva da amplitude dos preconceitos constitui um mérito não pequeno dos estudos antropológicos, mas é preciso reconhecer que resta ainda um longo caminho a percorrer para a meta ideal da aceitação mútua de todos os homens, no respeito das suas diversidades, na tolerância e cooperação.

Entre as causas que alimentam, ainda, os preconceitos étnicos, encontra-se certamente a perspectiva etnocêntrica que nós, europeus, temos ao descrever a história dos conhecimentos etnológicos e geográficos. Não restam dúvidas de que o impulso dado pela Europa à exploração, à conquista e ao domínio dos outros povos foi em todos os séculos vivaz e constante. «Descobrir» significou durante longo tempo revelar aos europeus a existência de outros continentes e de outros povos. Mas, por mais determinante que tenha sido a iniciativa europeia, outros povos na História, sobretudo asiáticos, foram induzidos à exploração e à conquista; e deve ter-se em conta que do mesmo impulso estavam animados os primeiros homens que com migrações, cuja dificuldade é mais fácil de imaginar do que de descrever, se reuniram para habitar os recantos mais remotos da Terra.

Neste sentido, a história das explorações tem de ser, por certo, refeita com uma perspectiva não unívoca, não só europeia, mas plural, que tenha em atenção a realidade universal da humanidade e do esforço realizado por todos os homens para conhecer e habitar a Terra.

O primeiro desenvolvimento do pensamento antropológico pode dividir-se em três períodos: (1) A fase da curiosidade e do exotismo; os escritores descrevem os outros povos como objecto de admiração e de espanto, mais prontos a notar os aspectos estranhos e singulares da sua vida do que a originalidade e simples diversidade; (2) A fase da comparação iluminística; os costumes dos povos «novos», descobertos em grande parte pela Europa, foram comparados aos costumes dos povos bíblicos e clássicos, para se extraírem deduções sobre a natureza do homem e sobre o significado das leis sociais; (3) A fase da análise evolucionista. A comparação torna-se no método próprio da pesquisa antropológica virada para a pesquisa das origens e da evolução da cultura.

1. A FASE DA CURIOSIDADE

Na Antiguidade Clássica, os escritores gregos, poetas e historiadores, fornecem uma fonte de notícias fragmentárias mas não completamente privada de interesse antropológico. Nos his-

TEORIAS E ESCOLAS

toriadores é notável a necessidade de viajar para se inteirarem pessoalmente dos factos: «Viajei», escreve Heródoto (II, 29), «e vi tudo *com os meus olhos* até à cidade de Elefantina; para além dela, falo *por ter ouvido dizer* e informei-me perguntando...» E Estrabão (XVIII, 789): «Aquilo que os antigos sabiam por conjectura, os modernos aprenderam-no *indo aos próprios locais*.» Como se vê, quase se poderia entrever nesta atitude uma forma de pesquisa de campo... Mas, quando a descrição destes escritores se afasta da observação pessoal, cai na mesma visão fantástica dos poetas, embora revelem o próprio cepticismo, como acontece com Heródoto (IV, 42): «E contavam coisas em que *eu não acredito*, mas em que outros podem acreditar.»

Há muitíssimos nomes étnicos mencionados pelos escritores clássicos, mas é frequentemente difícil pôr de acordo os vários autores e encontrar confirmação nos nossos conhecimentos actuais. Em geral, os nomes étnicos provêm de peculiaridades curiosas, por exemplo, da maneira de se alimentar: Os *ictiófagos*, comedores de peixes; os *estrutiófagos*, comedores de raízes; os *quelonófagos*, comedores de tartarugas; e assim por diante. Os *trogloditas* são os habitantes das cavernas do deserto africano. «Homens com uma configuração extraordinária e que na corrida ultrapassam os cavalos.» (Heródoto.)

As mesmas qualidades e as mesmas insuficiências se notam nos escritores romanos. Quando houve o contacto pessoal e a observação directa, as descrições são circunstanciadas, objectivas e exactas; Tácito acerca dos Germanos, César, a respeito dos Gauleses, e também Tito Lívio. Se houve menos conhecimento directo, podem encontrar-se intuições gerais, como em Lucrécio, ou ainda o empenho de exactidão, como em Plínio, *o Moço*, mas, em geral, registam-se narrativas e informações fabulosas e estranhas.

Não valeria a pena debruçarmo-nos sobre este período nos escritos dos autores clássicos antigos, como também em certas partes míticas da Bíblia (das quais diremos apenas que, etnologicamente, não têm qualquer valor, não tivéssemos de

INTRODUÇÃO AOS ESTUDOS ETNO-ANTROPOLÓGICOS

buscar as raízes profundas e difundidas dos preconceitos étnicos que caracterizam a cultura europeia até aos nossos dias.

A Idade Média é o período dos grandes itinerários e das longuíssimas viagens, por terra e por mar, em direcção ao Oriente. Cavaleiros, frades e comerciantes vão como embaixadores de Cristo e do Papa, mas ao serviço, também, do monarca, junto das cortes prestigiosas dos grandes países da Ásia. As suas narrações, ainda que relatem impressões vivas, entrelaçam-se com interpretações imaginosas e miraculosas para satisfazer a credulidade popular da época. A lenda do «Preste João», por exemplo, é um caso típico em que a existência de um imperador cristão incendeia as mentes, já excitadas pelos empreendimentos bélicos dos cruzados para a conquista cristã do Santo Sepulcro. A existência deste rei-sacerdote é considerada um milagre vivo entre as gentes pagãs; o seu reino localiza-se umas vezes nas mais remotas regiões da África, outras, da Ásia; na realidade, parece corresponder ao império cristão da Etiópia.

Entre os viajantes, além dos missionários mendicantes Guilherme de Rubruquis e João de Pian dei Carpini, recordaremos, em particular, Marco Polo. O autor de *O Milhão* descreve populações da Ásia e da África que conheceu durante as numerosas viagens que empreendeu no decurso de cerca de vinte e três anos (1272-95). O seu tom é de assombro e de causar estupefacção, face às coisas que se lhe deparavam, mas muito diversas e estranhas para a mentalidade e os costumes europeus.

No mundo islâmico, o preceito da peregrinação a Meca constitui uma motivação para muitos empreenderem longas viagens através de terras e povos desconhecidos.

Ibn Battutah (1304-1376) sobressai, dentre os escritores árabes do século XIV, pelas suas constantes viagens e pelas importantes relações que criou. Nos seus longos itinerários, chegou a Bengala e mesmo à China, devendo-se-lhe o primeiro relatório, digno de crédito, sobre o império do Mali, na África Ocidental, e, em particular, sobre a importante cidade de Timbuctú. A descrição do carácter dos negros do Mali é digna do mais

188

extraordinário respeito: «Raramente são injustos e, mais do que outros povos, têm horror à injustiça. O seu sultão não mostra qualquer espécie de piedade por quem se torne culpado de injustiça. No seu país, há completa segurança. Nenhum viajante ou habitante tem motivos para temer os ladrões ou qualquer espécie de violência.» Nesta como noutras descrições, Ibn Battutah tende a exaltar os islâmicos e a descrever os outros como pagãos e viciosos; uma avaliação tipicamente etnocêntrica, mas que não é diferente da atitude dos cristãos em relação aos pagãos ou dos Gregos e Romanos em relação aos bárbaros.

O período das grandes descobertas da América fez cair toda uma série de preconceitos sobre as características do globo, sobretudo quanto difusão e natureza do homem. Pergunta-se com espanto se os seres humanos daquelas terras serão verdadeiramente homens. Mas, para lá do espanto e dos ideais religiosos que também tinha norteado os mais sinceros viajantes, depressa prevaleceu a cupidez do ouro e do poder.

A crueldade e a violência mancharam gravemente toda a acção política dos *conquistadores* em relação às populações autóctones.

É difícil reconstituir as condições psicológicas, quer dos autóctones estupefactos perante uma arte bélica superior e uma presença inelutável de conquista, quer dos novos patrões postos, de improviso e impensadamente, perante culturas profundamente diversas com riquezas imensas, oferecidas na prática, se não legalmente, à sua disposição. O abuso do poder imposto pelas armas caracteriza toda a política que se seguiu. O domínio sobre as populações locais é brutal, e além disso sobrepõe-se-lhe, de maneira ainda mais vergonhosa, o tráfico de escravos.

A bibliografia etnográfica enriquece-se com documentos preciosos sobre a cultura pré-colombiana, azteca, maia, inca, etc. Muitos são os escritos sobre as culturas ameríndias, alguns, como os de Frei Bernardino de Sahagun, em defesa dos povos autóctones e de acusação contra os conquistadores.

2. A COMPARAÇÃO ILUMINÍSTICA

É preciso chegar ao primeiro período do século XVIII para passar à fase comparativa. Pela primeira vez, da curiosidade da descrição etnográfica passa-se a uma problemática etnológica comparativa. Em 1724, imprime-se a obra do missionário jesuíta J. F. Lafitau *Moeurs des sauvages americaines comparées aux moeurs des premiers temps*. Lafitau viveu muito tempo entre os Iroqueses da América Setentrional (na região do actual estado de Nova Iorque e de Montreal, no Quebec). Das analogias e das correspondências notadas entre a cultura iroquesa e os costumes e usos dos povos da Bíblia e dos escritores clássicos nasce nele o propósito de encontrar uma explicação destas semelhanças na unidade primigénia do género humano. Se as tradições ameríndias podiam servir para a compreensão da Antiguidade Clássica, isso queria dizer que representavam, segundo Lafitau, «os vestígios da mais vetusta antiguidade».

Pouco posterior à obra de Lafitau é o livro de Charles de Brosse, *Du culte des dieux fétiches, ou parallèle de l'ancienne religion de l'Egypte avec la religion actuelle de la Nigritie* (1760). A posição de fundo da obra é análoga: procurar o paralelismo entre a Antiguidade Clássica (o Egipto) e a cultura actual dos negros. Com a obra de Brosse inicia o seu êxito o termo *feitiço*, usado pela primeira vez pelos viajantes portugueses para descrever as estatuetas e os objectos de culto feitos à mão (*feitiço*, do latim *facticium*) nas regiões da África Ocidental. Interpretou-se o feitiço como um ídolo, no sentido bíblico do termo, isto é, como uma divindade, e não apenas como um símbolo ou sede da divindade. O feiticismo foi considerado como uma fase típica do desenvolvimento religioso e os evolucionistas, como veremos, incluíram-no em todas as suas sequências evolutivas.

A busca de uma explicação da cultura europeia em confronto com a cultura dos povos selvagens torna-se o tema dominante do período iluminista. As viagens de James Cook à volta do mundo forneceram notícias de povos míticos (Haway, Tonga, Tasmanianos) ou de guerreiros organizados e fortes (Maori). Da discussão sobre a sociedade, como forma «natural» do viver humano, retém-se a possibilidade de indicar nestas longínquas populações o exemplo típico do *homem natural*, do *selvagem bom*, livre da superestrutura da civilização. Nas *Cartas Persas* (1721) e no *Espírito das Leis* (1748), Montesquieu difunde a imagem de uma civilização «selvagem», regulada só pelas leis da natureza, faz dela um mito. Pela primeira vez, introduz a divisão trina «povos selvagens, bárbaros e civilizados», que se tornará a base das sequências evolutivas do século seguinte.

O modelo do homem natural serve de forma análoga a Rousseau, no *Émile* (1762), para delinear o ideal de educação espontânea e livre.

No conjunto, o significado metodológico do período iluminista não vai além da superação do limite da curiosidade e do exótico; a perspectiva permanece fundamentalmente aproximativa e apriorística com deduções ideológicas completamente subjectivas. Todavia, o caminho ficou doravante aberto para a valorização sistemática dos conhecimentos etnográficos.

3. A SISTEMATIZAÇÃO CIENTÍFICA

Depois do período iluminista, a cultura europeia estende-se às populações de todos os continentes. Se para a história política esta é a época da expansão comercial e do aparecimento dos impérios coloniais, para a história do pensamento antropológico é o período da sistematização e da afirmação das matérias antropológicas como disciplinas de estudo.

As sociedades de antropologia e de etnologia, nas principais nações europeias, nascem então como a expressão mais significativa dos novos desígnios científicos e sistemáticos.

A primeira sociedade surgiu em França, com o nome de *Société Ethnologique de Paris*, fundada em 1839 por William

Fréderic Edwards, mas a primeira cunhagem do termo «*ethnologie*» parece dever-se atribuir a André-Marie Ampère, o grande físico, que o insere entre as «ciências noológicas», precisamente como disciplina autónoma de estudo, num quadro sistemático de todo o saber. (De Rohan-Csermak, 1967: 170-84.) Em 1859, Paul Broca fundou a *Société d'Anthropologie de Paris*.

Na Inglaterra, onde em 1822 tinha sido criada uma secção de antropologia na British Association for the Advancement of Science, só mais tarde se deu a constituição das duas sociedades paralelas, a Etnological Society of London, em 1843, e a Anthropological Society of London, em 1863. A história destas duas sociedades, que incluíam os nomes mais prestigiosos da antropologia oitocentista, como Darwin e Lubbock, é curiosamente vivaz e polémica até à sua fusão, em 1871, com o nome de Royal Anthropological Institute of Great Britain and Ireland, instituição que ainda perdura. «Na Inglaterra, a terminologia mudou (com o abandono do termo *ethnological*), mas o conteúdo continuou a reflectir o carácter mais compreensivo da tradição etnológica (isto é, cultural). A antropologia física foi por vezes chamada 'a verdadeira antropologia', mas os interesses do Anthropological Institute abrangem um campo bastante mais vasto de estudos.» (Stocking, 1971: 385.)

Os cem anos decorridos, desde meados do século passado até à metade do século XX são caracterizados pela *problemática das origens* da vida, dos seres e da cultura. É uma problemática de fundo que aborda todas as concepções, filosóficas, religiosas, morais, científicas e, finalmente, políticas. Tira a sua posição das concepções dominantes do desenvolvimento geral segundo as quais a natureza e a «civilização» correspondem a uma ordenação evolutiva e unilinear. Evolução e progresso tornam-se os conceitos-chave de todo o saber científico, e da própria ciência. O problema das origens, da *Ur*, impõe-se como parte integrante do conceito de evolução e inelutavelmente acabará por constituir um assunto de pesquisa e de análise vivo e apaixonante.

TEORIAS E ESCOLAS

Os cem anos têm duas datas precisas em duas obras de excepcional relevo: 1859, ano da publicação do livro de Charles Darwin, *The Origin of Species*, e 1955, ano da publicação póstuma do duodécimo volume da pesquisa monumental de Wilhelm Schmidt, *Der Ursprung der Gottesidee*. Durante este período, são inúmeras as publicações com o título as *origens...* e não há assunto atinente à constituição física do homem e à sua actividade cultural que não tenha sido tratado sob tal perspectiva.

O conceito de progresso foi formulado por Herbert Spencer (1820-1903) num ensaio com o título *A Hipótese do Desenvolvimento (The Development Hypothesis)*, aparecido na revista *Leader* de Abril de 1852. Spencer observa que o mais simples e o mais pobre é sempre mais antigo que o mais complexo e o mais rico. É um princípio basilar e constitui a lei fundamental do desenvolvimento, o qual, por isso, se dá de maneira uniforme e lógica, do mais simples para o mais complexo, do mais baixo para o mais alto, do homogéneo para o heterogéneo.

Em *Princípios de Sociologia* (1852-1896), Spencer considera a sociedade um superorganismo. Todos os seres vivos da natureza surgem como organismos, e mesmo o homem, como os animais, é um organismo natural; todavia, diferentemente dos animais, desenvolve uma actividade intelectual, cultural e social acima dos organismos naturais. É necessário, por isso, analisar a «evolução superorgânica das sociedades humanas no seu desenvolvimento, nas suas estruturas, nas suas funções, nos seus produtos». Os povos primitivos, considerados como representantes dos primeiros graus evolutivos, oferecem na sua própria vida a demonstração mais clara da evolução.

O título completo do livro de Darwin é *The Origin of Species by Means of Natural Selection*. Teve, mesmo do ponto de vista editorial, um sucesso extraordinário, mas sobretudo um alcance enorme a ponto de caracterizar uma época. Darwin viajou como naturalista no navio *Beagle*, numa expedição científica de vários anos. Ele próprio conta como foi afectado «por alguns factos da distribuição dos habitantes da América do Sul e pelas

INTRODUÇÃO AOS ESTUDOS ETNO-ANTROPOLÓGICOS

relações geológicas entre os habitantes passados e presentes daquele continente». O assunto principal da pesquisa de Darwin era o problema da grande variedade dos seres. Segundo a opinião comum dos naturalistas da época, as múltiplas espécies tinham sido criadas separadamente. Darwin, pelo contrário, sustentou e demonstrou que derivam de um único impulso de vida, mediante modificações orgânicas causadas pela adaptação ao ambiente em correspondência com o género de vida de cada ser. Nem todos os indivíduos, mas apenas os mais fortes, resistiram ao esforço de adaptação: isto é, a própria natureza agia no sentido de seleccionar os seres e tornava possível o desenvolvimento de novas espécies. Por outras palavras, os seres vivos tinham evoluído até chegarem a especializações sempre mais complexas e aperfeiçoadas. O princípio da evolução e do progresso encontrava no mundo biológico da natureza uma demonstração esmagadora e apresentava-se como modelo para a pesquisa das origens de todas as manifestações de vida, incluindo a do pensamento e da cultura humana. Também a antropologia, estudando as múltiplas variantes da cultura, encontrou sentido e orientação no modelo darwiniano, precisamente no momento em que se inseria, como disciplina específica, no quadro das ciências do homem. É a partir destes pressupostos que nasce e se difunde a terminologia sobre «*primitivos*». Os iluministas tinham falado do *homem natural* e de *selvagens*. Os evolucionistas exprimiram-se em termos de antes e depois, de inferior e superior. Os homens dos *primeiros* graus da escala evolutiva são *primitivos*. Em geral, os povos que não possuem ainda a técnica da escrita são primitivos: a sua cultura é primitiva. Os primitivos vivos representam os arquivos da cultura no sentido de que os seus sistemas culturais pertencem a graus ultrapassados. Talvez ninguém melhor do que Tylor, que foi também o primeiro professor de Antropologia de Oxford, exprima tão bem a posição Antropológica da problemática evolutiva: «Nos nossos dias, aqueles que aprofundaram a ciência da natureza inorgânica são os primeiros a reconhecer, para além dos seus trabalhos especializados, a

unidade da natureza, a constância das suas leis, a relação definida entre causa e efeito, na base da qual cada facto depende do
precedente e actua por sua vez sobre o facto que se deve seguir.
Proclamam a doutrina pitagórica da ordem que pervade o cosmos universo. Sustentam, como Aristóteles, que a natureza não
é uma série de episódios incoerentes, como uma tragédia imun-
da: concordam com Leibniz quanto ao seu axioma de que a
natureza não avança por saltos, *natura non facit saltum*, e quanto
ao seu grau de princípio, menos conhecido, de que nada se faz
sem uma razão suficiente. Estas ideias e directivas fundamentais
são aceites pacificamente quando se trata de funções e de hábitos das plantas e dos animais e, também, das funções inferiores
do homem. Mas, quando se fala das funções superiores do sentimento e da actividade do homem, do pensamento e da linguagem, da ciência e da arte, dá-se uma mudança de opinião porque
as pessoas estão mal preparadas para considerar o estudo geral
da vida humana como um ramo das ciências naturais e para
aplicar no seu sentido mais amplo o preceito do poeta: 'Explicai
as coisas morais como coisas naturais.' A muitos espíritos cultos
repugna considerar a história da humanidade como um capítulo
da história da natureza, o admitir que os nossos pensamentos, a
nossa vontade e os nossos actos correspondam a leis, tão definidas como aquelas que regem o movimento dos fluidos, as combinações dos ácidos e das bases, o crescimento das plantas e dos
animais.» (Tylor, 1876: 1,2.)

Nesta declaração tyloriana, além do princípio evolutivo,
afirma-se também, pela primeira vez, que o estudo da cultura
humana faz parte das ciências naturais e não das morais. É uma
interpretação que dividirá a opinião dos antropólogos e que
constitui, ainda, um tema de discussão e de distinção.

Sob o impulso da nova problemática, apareceram nos últimos anos do século obras etnológicas comparativas análogas de
amplíssimo fôlego e de grande valor sistemático. Todas, porém,
apresentam um lado gravemente deficiente, enquanto elaboração
teórica. Os autores servem-se em larga medida de informações

etnográficas transmitidas pelos exploradores, viajantes, missionários e comerciantes a respeito das populações de todo o mundo. Grande parte deste material, disperso por monografias e publicações periódicas da época, é fragmentário, não sendo fácil valorizá-lo através de uma análise comparativa. O pressuposto evolucionista parecia oferecer um critério seguro de avaliação e de método. Todos os autores o adoptaram, e de tal modo que é justo considerá-los como representantes de uma única escola evolucionista.

O fervor dos estudos, que na Inglaterra e na França tinha recebido os impulsos mais eficazes mercê da fundação das várias sociedades etno-antropológicas, manifestara-se, na Alemanha, em algumas obras e iniciativas, que, pela primeira vez, utilizaram o termo *kultur*, que se havia de tornar depois no termo e no objecto específico do estudo da antropologia: por exemplo, o Institut für Kultur und Universalgeschichte, centro da historiografia positivista alemã. Em 1843, Gustav Klemm, em *Allgemeine Kulturgeschichte der Menschheit*, esboça uma história evolutiva da cultura segundo um esquema de três estádios principais: a caça, a criação e a agricultura. Entre as obras alemãs do século, devemos por certo recordar *Das Mutterrecht* (1861), de J. J. Bachoffen (1815-1887), porque pela primeira vez introduz o problema do matriarcado e da descendência matrilinear como primeiro estádio da cultura. A sociedade humana, segundo Bachoffen, teria começado por um estádio de promiscuidade primitiva, no qual não existia qualquer organização, nem sexual nem social; o pai não era conhecido, mas apenas a mãe, fisicamente ligada aos filhos. Nesta situação, a mulher, que foi também a primeira inventora da cultivação, torna-se proprietária da terra e ficou à cabeça da primeira organização social da família. Também do ponto de vista religioso a terra foi considerada divindade e objecto de culto, reforçando a posição da mulher. A descendência e a hereditariedade foram assim definidas segundo a linha materna. Deste primeiro estádio da cultura humana, só lentamente se teria passado, depois, aos estádios sucessivos do patriarcado e da descendência patrilinear.

Adolfo Bastian (1826-1905), nas longas viagens como médico de bordo, ficara espantado com a variedade das culturas humanas e, ao mesmo tempo, com a identidade da vida e das necessidades dos homens. Na sua obra *Der Mensch in der Geschichte* (1860) propõe a explicação desta identidade com o conceito dos *Elementargedänken*, isto é, de pensamentos ou ideias elementares, comuns a todos os homens, e a explicação das variedades pela adaptação ao ambiente. O estudo do ambiente, nas suas variações geográficas e climatéricas, devia fazer-se sistematicamente, por meio de observações meteorológicas, com o fim de compreender as mudanças da cultura.

Nesta obra, o conceito de evolução encontra-se presente, mas sem a precisão esquemática e as sequências que caracterizam os evolucionistas posteriores.

4. A ESCOLA EVOLUCIONISTA

Já nos referimos à obra de Spencer, *Principles of Sociology*, na qual, além de expor o princípio da evolução e do progresso, dá largo espaço à documentação etnográfica, interpretando-a à luz do princípio evolutivo.

J. Lubbock (1834-1913), em *Origin of Civilization and Primitive condition of Man* (1870), ordena todos os factos culturais e concentra a sua atenção sobre a origem e o desenvolvimento da religião. Na origem da cultura humana deve-se pressupor um estádio zero e, no que respeita à religião, uma forma de *ateísmo*, não a negação mas a ausência da ideia de Deus. Deste pressuposto, Lubbock encontrou confirmação na existência de povos primitivos sem religião, afirmada e testemunhada por viajantes e também por missionários. Do ateísmo, a humanidade teria depois passado ao feiticismo, ao xamanismo, à idolatria e, por fim, à ideia de Deus.

Crítico mais cuidadoso foi Edward Burnett Tylor (1832-1917). Embora não proibindo de modo algum a aceitação

INTRODUÇÃO AOS ESTUDOS ETNO-ANTROPOLÓGICOS

do ateísmo de Lubbock como pressuposto teórico, afirmará que não se baseia numa documentação suficiente. Na sua obra principal, *Primitive Culture* (1871), propõe uma outra sequência para o desenvolvimento religioso. Procura, antes de tudo, uma definição «mínima» de religião, isto é, a crença em seres espirituais – *belief in spiritual beings*. A partir dos fenómenos do sonho, da alucinação, das visões e similares o homem teria chegado à ideia da existência de um outro Si mesmo, de uma alma e, daí, dos seres espirituais. Ser espiritual é sinónimo de alma e, assim, o sistema religioso analisado por Tylor é chamado *animismo*. A partir do animismo a religião teria evoluído para o feiticismo, a idolatria, o politeísmo e, finalmente, para o monoteísmo; a ideia de um Deus único seria o cimo da escada evolutiva religiosa. Se ela se encontra, como efectivamente assim acontece, nas populações primitivas, é porque foi importada das grandes religiões monoteístas.

Mas, mais do que pela elaboração da escada evolutiva religiosa, Tylor é recordado pela primeira definição do conceito de cultura e pelo método positivista de estudo. O conceito tyloriano de cultura, embora correspondesse às exigências comparativas e unitárias da nova ciência, continha *in nuce* os conceitos que a antropologia posterior desenvolveria mais especificamente: a integração etnémica, a estrutura e a função, o relativismo das variantes culturais, o indivíduo e a comunidade. «Para que pudesse surgir o conceito moderno e pluralista de cultura, foi necessária uma mudança de perspectiva teórica e metodológica. Mas Tylor contribuiu, pelo menos indirectamente, para esta viragem da orientação teórica e da *praxis* metodológica, quando, ao organizar um levantamento sistemático da cultura dos ameríndios canadianos da costa ocidental, deu a Boas e a outros a ocasião de se darem conta da necessidade de abandonar a orientação evolucionista, pois era incapaz de explicar a variedade e multiplicidade das manifestações culturais e de se dedicarem, por isso, a empreender uma pesquisa sistemática no terreno.» (Angioni, 1972: 66-67.)

Embora tivesse viajado desde jovem e feito uma descrição das suas impressões no seu primeiro livro, *Anahuac, or Mexico and the Mexicans* (1861), Tylor permanece sobretudo um estudioso de gabinete. Conduz, porém, as suas análises com muita seriedade e sentido crítico, comparando a documentação a fim de descobrir a série de gradações como confirmação do pressuposto evolutivo.

Tylor foi também o primeiro dos antropólogos a usar a estatística como método de estudo, examinando, num ensaio, alguns costumes difundidos, como a evitação, ou seja, a regra segundo a qual o marido deve evitar a sogra; a *couvade*, pela qual o marido, no momento do parto, se comporta como se ele próprio sentisse as dores (Tylor, 1888). Introduz, por outro lado, e define o conceito de sobrevivência – *survival* –, para explicar certos aspectos «primitivos» que se encontram nos estádios evolutivos mais avançados, como, por exemplo, as formas de superstição e de feiticismo das religiões monoteístas. Finalmente, com Tylor, como já se sublinhou, o ensino da antropologia entra na universidade.

Paralelamente ao interesse pela cultura e pela religião, outros antropólogos desta época foram atraídos pelo estudo do parentesco do casamento e das instituições sociais; entre estes, os principais são Henry S. Maine (1822-1888), J. F. McLennan (1827-1888) e L. H. Morgan (1818-1881). Em *Ancient Law*, o inglês Maine descreve a família indo-europeia, sustentando que a forma patriarcal da organizacão familiar era a mais antiga. Esta opinião foi violentamente atacada por McLennan, um advogado escocês, na obra *Primitive Marriage* (1865), porque, na sua opinião, o primeiro estádio social tinha sido o matriarcado, como já sustentara Bachoffen. A interpretação do rito simbólico do rapto da esposa no casamento romano como *sobrevivência* de um estádio antigo, no qual o rapto era comum e estava difundido em muitas sociedades primitivas, inspirava o esquema de McLennan; segundo ele, a primeira forma de matrimónio teria sido a promiscuidade sexual, seguida da poligamia no matriarcado

INTRODUÇÃO AOS ESTUDOS ETNO-ANTROPOLÓGICOS

(do qual via vestígios na antiga Grécia), no patriarcado (com vestígios na antiga Roma) e por fim na monogamia. McLennan usou primeiro o termo *exogamia*, que associou ao *totemismo*, abrindo assim uma problemática que por longos anos será um dos temas principais da antropologia social.

São duas as obras fundamentais de Morgan; a primeira respeita ao parentesco, *Systems of Consanguinity and Affinity of the Human Family* (1871), a outra, à história da sociedade, *Ancient Society* (1887). Morgan decidiu-se pelo estudo do parentesco quando teve de aprofundar o sistema social dos Iroqueses para defender os seus direitos numa causa legal (era um advogado americano rico). Dois aspectos singulares deste sistema pareceram-lhe uma novidade tal que os descreveu como «descobertas entusiasmantes». A primeira foi a nomenclatura classificatória, que representa, de facto, um modo particular de catalogar os parentes pelo qual os termos pai, mãe, irmão, irmã, etc., não só são usados para o genitor, a genitora, o irmão e a irmã de sangue, mas para uma classe de pessoas. Segundo Morgan, tal processo de se servir dos termos de parentesco não era uma forma estranha de comportamento ou de cortesia, mas um verdadeiro sistema de organização por meio do qual se precisavam as relações sociais e políticas entre pessoa e pessoa. Morgan salientou ainda que o parentesco entre os Iroqueses não servia só para definir as relações pessoais, mas era o princípio organizativo dos grupos sociais maiores, que denominou *fratrias*, e que compreendiam todos os descendentes na linha feminina de uma mesma antepassada. A terminologia classificatória e a descendência matrilinear convenceram Morgan de que se encontrava perante a evidência de que a mais antiga forma de relações sexuais tivesse sido a promiscuidade e a mais antiga organização social o matriarcado. Da análise da sociedade iroquesa estendeu as suas investigações às sociedades dos outros «primitivos», visitando muitas populações ameríndias e recolhendo documentação sobre populações dos outros continentes e as da antiguidade clássica, grega e romana.

Em *Ancient Society*, formulou um esquema evolutivo da história da sociedade humana que é, dentre todos, o mais elaborado e simplista. Distingue, antes de tudo, três estádios principais: o estádio *selvagem*, no qual o homem vive da caça e da colheita; o estádio *bárbaro*, no qual os meios de produção se tornam mais elaborados, com a criação, o cultivo e a irrigação; o estádio *civilizado*, durante a qual a introdução da máquina e a arte chegaram à plena expansão industrial. Cada um destes estádios é, por sua vez, dividido em três graus: antigo, médio e recente. Nove estádios, portanto, assinalam a evolução do homem desde o estádio animalesco ao civilizado.

1. Estádio selvagem antigo: invenção da linguagem.
2. Estádio selvagem médio: o uso do machado.
3. Estádio selvagem recente: invenção do arco e da flecha.
4. Estádio bárbaro antigo: invenção da cerâmica.
5. Estádio bárbaro médio: criação, cultivação, irrigação.
6. Estádio bárbaro recente: laboração do ferro.
7. Estádio civilizado antigo: invenção da escrita.
8. Estádio civilizado médio: pólvora, bússola, papel, imprensa.
9. Estádio civilizado recente: máquina e indústria.

A rigidez deste esquema corresponde ao determinismo intrínseco ao conceito de evolução predominante daquela época. Mas, para lá das interpretações evolucionistas, permanece o mérito de Morgan, hoje unanimemente valorizado, de ter incluído o estudo científico e sistemático do parentesco como fundamento necessário da organização social e política. Fortes, por exemplo, dá muito relevo à análise do parentesco como sistema social feita por Morgan, a ponto de o reconhecer como precursor da antropologia social: «Se examinarmos os trabalhos de Morgan com espírito genealógico e à luz dos diversos desenvolvimentos sucessivos, podemos considerá-los como o documento fundamental da teoria estrutural moderna da antropologia social.» (Fortes, 1969: 15.) O mesmo Fortes contrapõe Morgan a Tylor com certo exagero dizendo que Tylor «careceu da ideia de sistema

INTRODUÇÃO AOS ESTUDOS ETNO-ANTROPOLÓGICOS

social, de uma sociedade como sistema» e por isso é considerado precursor «daquilo que é chamado antropologia cultural». (Fortes, 1969: 13.)

No âmbito do pensamento marxista, a obra de Morgan foi sempre aceite, mais do que por uma avaliação crítica do seu conteúdo, pelo reconhecimento e pela influência que teve sobre Karl Marx e Friedrich Engels. O enquadramento evolutivo da história, a importância dada aos meios de produção como índice e causa do progresso social e, em particular, a documentação, completamente nova para Marx e Engels, sobre os Iroqueses e os primitivos causaram profunda impressão na mente dos dois pensadores. Marvin Harris, na sua recente história das teorias antropológicas, observa que *Ancient Society* foi um trabalho de extrema importância para Marx e Engels, porque lhes abriu os olhos para a complexidade da cultura primitiva e para as suas próprias carências neste campo» (Harris, 1968: 246.)

A obra de Engels *Origens da Família, da Propriedade Privada e do Estado* recorre bastante a Morgan e depende da sua obra tanto na documentação etnográfica como na interpretação evolutiva. Embora o pensamento marxista tenha tido uma incidência enorme sobre a cultura do nosso século e o materialismo cultural ou dialéctico ofereça perspectivas novas de análise também antropológica, é apenas forçar a realidade histórica o pretender considerar Marx e Engels como precursores da antropologia cultural e social, como faz Harris na história citada (Harris, 1968: 217-49.)

A escola evolucionista liberta a antropologia das peias da simples curiosidade, encaminhando-a para novos desenvolvimentos de método e para o aprofundamento de uma problemática, em grande parte intuída e até formulada pelos primeiros grandes mestres. «Não importa», comenta Kroeber (1952: 142-45), «se as opiniões eram justas ou desprezíveis. O que importa era a existência de uma direcção, uma atitude, uma noção de método, sobretudo uma problemática.» (Fortes, 1970: 6.)

202

Hoje, as posições dos evolucionistas estão completamente ultrapassadas. Mas foi precisamente graças a esta obsolescência que, com a necessária distância para uma perspectiva objectiva, se chegou a um processo de reavaliação dos vários autores; a que Fortes fez de Morgan (acima citada) é um exemplo valioso. A tendência revisionista propõe-se redescobrir o ensinamento acerca do método comparativo dos «pais fundadores» e, sobretudo, reconquistar a visão ecuménica da cultura, sem a superficialidade da problemática das origens e a preocupação rigidamente evolucionista.

Entre os epígonos da escola evolucionista, recorda-se Sir James Frazer (1854-1941). Escritor versátil e erudito, foi sobretudo um literato humanista. Dedicou-se à análise comparativa e levou ao máximo desenvolvimento a problemática dos paralelismos entre o mundo clássico antigo e a cultura dos primitivos. A sua obra principal, em doze volumes, intitula-se *O Ramo de Ouro, Estudo da Magia e da Religião (The Golden Bough. A Study in Magic and Religion).* A obra teve três edições durante a vida do autor: 1890, 1900, 1915. O Ramo de Ouro é o engodo que, pelas instruções da Sibila, Eneias deve apresentar a Prosérpina, a fim de poder ver a sombra do pai, Anquises. (*Eneida VI,* 137.) Representa, também, o ramo que cada escravo podia atirar, por desafio do sacerdote-rei, do santuário de Diana, em Nemos, para pôr à prova a sua força: quem sucumbia, morria; quem vencia, era rei.

Da figura do sacerdote-rei de Nemos, Frazer tomou a ideia de definir o conceito de rei-divino, por meio da comparação de costumes análogos na África e na Polinésia. De singular valor surge nesta perspectiva o *reth* dos Sihilluk do Sudão Meridional, que, segundo as informações etnográficas da época, era sepultado vivo logo que dava sinais de debilidade e de velhice.

No amplo quadro comparativo, Frazer propõe novos temas que permaneceram na problemática geral da antropologia: a magia, o totemismo, a exogamia. Também ele formula um esquema evolutivo geral próprio em que a magia é a primeira manifestação

INTRODUÇÃO AOS ESTUDOS ETNO-ANTROPOLÓGICOS

do espírito humano; a partir dela ter-se-iam desenvolvido, por ordem, a religião e a ciência.

Durante algum tempo, regeu a primeira cátedra de Antropologia da Universidade de Liverpool, mas a sua actividade principal foi a de analista e de escritor. Reconhece-se-lhe o mérito de ter levado a antropologia para o nível do leitor médio, graças a um estilo simples e à grande versatilidade e erudição com que interpretava as histórias clássicas com dados etnográficos. Esta qualidade deu a Frazer muita popularidade e muitos adeptos; mas, embora a vastidão do seu saber e a sua concepção universalista da cultura sejam méritos indiscutíveis, deve-se também dizer que o contributo que deu ao desenvolvimento da antropologia como ciência foi bastante modesto em relação ao valor literário da sua obra. Com Frazer encerra-se a época dos grandes mestres evolucionistas.

Em 1898, em Cambridge, organizou-se uma expedição científica ao estreito de Torres, sob a direcção do zoólogo A. C. Haddon, com a participação do médico psicólogo W. H. R. Rivers (1864-1922), cujo interesse foi também cultural e social, e tornou significativa tal expedição para o desenvolvimento posterior do método antropológico. Rivers distingue-se dos outros evolucionistas ingleses por ter dado à sua problemática e aos seus escritos uma perspectiva especificamente histórica e não genético-evolucionista, em especial nas pesquisas de campo sobre os Toda da Índia Meridional e sobre os melanésios (Rivers, 1914). Hoje, é recordado particularmente por ter sido o primeiro a utilizar o *método genealógico* no estudo da organização social (Rivers, 1968). O registo das genealogias faz conhecer o alcance e a função social do parentesco e o exacto significado e valor dos termos de parentesco. Rivers, todavia, serviu-se dele não tanto para descobrir o entrelaçamento estrutural da sociedade, quanto para reconstituir a história das instituições sociais.

Foi extremamente superficial a posição histórica e difusionista de G. Elliot-Smith e W. J. Perry. Nas suas obras respectivas, sobre a migração da antiga cultura (Elliot-Smith, 1915) e

Teorias e Escolas

sobre os antigos Egípcios (Perry, 1923), fizeram do antigo Egipto o centro de origem de todas as culturas da terra.

5. A ESCOLA HISTÓRICO-CULTURAL

O apriorismo dos esquemas evolutivos ocasionou profundas reservas. A *escolha* dos factos etnográficos, recolhidos das fontes mais díspares, era feita sem critérios objectivos, mas apenas segundo a intuição e a visão pessoal de cada autor. A acusação de psicologismo subjectivo representou, portanto, a crítica mais negativa de toda a escola evolucionista. O próprio Tylor tinha aconselhado a necessidade de maior objectividade, recorrendo à estatística como meio de avaliar quantitativamente, mas também objectivamente, as relações genéticas e históricas que se podem extrair da documentação etnográfica.

A necessidade de novos critérios para a pesquisa evolutiva, que oferecessem garantia de autenticidade histórica na reconstituição do desenvolvimento da cultura, foi considerada, no início do século XX, uma tarefa precisa da «antropologia moderna» (Schmidt, 1906). A problemática permanecia, contudo, voltada para a descoberta das origens da cultura, e os «primitivos», mais do que nunca, eram considerados arquivos da cultura humana. As leis que regem o desenvolvimento cultural deixaram de ser investigadas segundo uma linha determinista de progresso, e antes como expressão da livre escolha do homem e como resultado de relações culturais complexas determinadas pelos movimentos ou pelas migrações dos povos. A controvérsia sobre a antropologia como ciência natural foi debatida contra os evolucionistas e a nova interpretação é feita no sentido moral e histórico. A antropologia é história e não evolução.

Na Alemanha e na Áustria (e, depois, também nos Estados Unidos da América) tomou-se como modelo, para definir os novos critérios, o método crítico da historiografia clássica, estabelecendo um paralelo entre as fontes não escritas da História e os primitivos, fontes vivas da cultura.

205

A primeira definição de um critério para avaliar com certeza as relações entre os elementos culturais foi elaborada por F. Ratzel (1884-1904), eminente geógrafo, iniciador da antropogeografia.

Todos os povos, asseverava Ratzel, têm uma história que é possível reconstituir seguindo os movimentos das suas migrações através dos vestígios deixados nas culturas locais. As migrações dos povos revelam os caminhos da cultura. As analogias dos elementos culturais, examinadas nas suas qualidades singulares, oferecem um critério de avaliação comparativa. Por exemplo, Ratzel procura demonstrar a existência de uma relação cultural, não casual mas histórica, entre a forma ou a qualidade do arco e da flecha da Melanésia e a do arco da África Ocidental. A analogia do feitio do arco destas duas regiões, com a vara não redonda mas chata, do material e da ligação da corda ao arco, da moldura da flecha e da plumagem direccional, não se podia atribuir só ao acaso mas devia fazer supor, entre as duas formas, uma dependência genética, isto é, uma origem comum, a qual, por consequência, indicava a existência de uma relação histórica por parte dos povos contemplados. Foi este o chamado *critério de qualidade*.

Ratzel publicou o seu estudo *Beiträge zur Kenntnis der Verbreitung des Bogens und des Speeres in Indoafrikanischen Völkerkreise* em 1893. Cinco anos depois, em 1898, o seu discípulo Leo Frobenius iniciou a carreira de eminente africanista, levando por diante o método do mestre e formulando o *critério de quantidade*. De facto, revelou que nas mesmas regiões da África e da Melanésia não só o arco, a flecha e a lança apresentavam analogias de forma e qualidade, não necessariamente ligadas à natureza dos objectos, mas uma quantidade de outros elementos culturais, como as máscaras, a linha arquitectónica da casa, o tambor, o vestuário, o escudo, etc. Assim, o pressuposto de relações entre esses povos especificava-se como relações de cultura e as relações históricas entre as duas regiões surgiam como fortemente evidenciadas. Ratzel falara em ciclos de povos: *Völkerkreise*; Frobenius trata mais amplamente das origens das culturas africanas: *Ursprung der Africanischen Kulturen*. Será Graebner quem, da síntese dos dois conceitos – *Kultur e Kreise* –, cunhará o novo termo *Kulturkreise*, que caracterizará toda a escola germano-austríaca, designada também dos ciclos de cultura.

Os dois critérios, de forma ou *qualidade* e de *quantidade*, foram, de facto, aceites e desenvolvidos, como fundamentais, pela metodologia histórica posterior. Parecia que se tinha encontrado o método seguro para sair das areias movediças do psicologismo subjectivo. F. Graebner (1877-1934) aplicou os critérios de qualidade e de quantidade às culturas da Oceania elaborando o conceito de ciclos culturais e de estratos culturais. O ciclo cultural, segundo Graebner, é o conjunto de todos os elementos culturais considerados na sua totalidade – isto é, no círculo ou ciclo completo da actividade humana – e constitui, portanto, uma forma particular de cultura. A totalidade, a globalidade da cultura, afirmada por Tylor como complexa, passa a ser vista em termos de ciclos. Mas a expressão não se aplica apenas à totalidade de uma forma particular de cultura, mas também à sua distribuição ecuménica. Por exemplo, a cultura particular dos caçadores encontra a sua expressão completa nos povos pigmeus e, como tal, representa um ciclo cultural, mas o conjunto de todos os povos caçadores espalhados pelo globo representa uma expressão mais ampla de ciclo cultural. Em linguagem actual pode-se dizer que cada ciclo é uma variante particular da cultura.

Na interpretação histórico-cultural, o ciclo tem uma vida própria, desloca-se seguindo os movimentos de migrações dos seus portadores ou dos seus elementos. Um ciclo sobrepõe-se a outro ciclo, criando um fenómeno de estratificação que a análise histórica deve aprofundar a fim de conhecer o desenvolvimento da cultura nas suas manifestações locais e gerais. O conceito de sobrevivência – *survival* – formulado por Tylor vem assim inserido numa formulação mensurável objectivamente que é a

INTRODUÇÃO AOS ESTUDOS ETNO-ANTROPOLÓGICOS

estratigrafia. Graebner publicou o seu trabalho fundamental, *Kulturkreise und Kulturschichten in Ozeanien (Ciclos Culturais e Estratos Culturais na Oceania)*, em 1904, na revista *Zeitschrift für Ethnologie*. No mesmo ano e na mesma publicação, aparece um estudo análogo de B. Ankermann, com o título *Kulturkreise und Kulturschichten in Afrika*. E em 1913, ainda no referido periódico, Wilhelm Schmidt publicou uma análise sua sobre a América Meridional: *Kulturkreise und Kulturschichten in Südamerika*.

Com esta série de estudos ganhava vulto a nova orientação histórica que Schmidt (1868-1954) pontuava no primeiro número da revista *Anthropos* (1906), com um ensaio intitulado *Die Moderne Ethnologie*. A exigência histórica, em contraposição à evolutiva, levou Graebner a escrever o primeiro manual do método da etnologia: *Methode der Ethnologic* (Heidelberg, 1911). A obra foi ditada com uma lógica e uma atitude crítica bastante lúcidas, mas enfermando de uma linguagem frequentemente tortuosa e obscura. Aos critérios da crítica filológica das fontes escritas, substituía os critérios de qualidade e de quantidade aplicados à interpretação dos elementos e dos ciclos culturais. As fontes históricas da etnologia eram os mesmos «povos primitivos», considerados «arquivos vivos» do passado. Nesta avaliação, os dados histórico-culturais não se diferençavam dos dos evolucionistas. Acerca do livro de Graebner, escreve Schmidt: «Raramente uma obra nova e fundamental foi feita à luz de um único aspecto e com uma integridade quase perfeita, como se tivesse saído das mãos de Graebner como Minerva da cabeça de Zeus. O ter elaborado a maior parte dos pressupostos deste método e ter exposto o próprio método com amplitude e sistematicidade pela primeira vez ficará para sempre como um mérito de Graebner. Não conheço outra obra, nos últimos cinquenta anos de história da etnologia, que se possa comparar a esta.» (Schmidt, 1949: 37.)

O excessivo entusiasmo de Schmidt explica-se por ter sentido fortemente a exigência de uma vida nova, isto é, de um método positivo e crítico, como instrumento de revisão dos esquemas evolutivos propostos pelos autores que o precederam.

Com Schmidt, nascido na Vestfália, mas que viveu muito tempo na Austrália, o centro principal da escola histórica deslocou-se para Viena, a ponto de ter ficado também conhecida pelo nome de «escola vienense». Além da fundação da revista *Anthropos*, Schmidt organizou um instituto com o mesmo nome, Anthropos, com biblioteca especializada. Opôs-se corajosamente com uma crítica radical ao racismo nazi para subtrair o instituto, a revista e ele próprio à apropriação e à prisão. Conseguiu, a tempo, transferir tudo para Friburgo, na Suíça. Só depois da guerra é que a nova sede do Anthropos Institut foi construída em St. Angustin, perto de Bona, na Alemanha.

Os estudos de Schmidt foram exclusivamente de análise e de classificação linguística e etnológica. Em 1919, examinou a distribuição das línguas australianas (*Die Gliederung der Australischen Sprachen*) e, em 1926, publicou uma pesquisa mais ampla sobre as famílias e os ciclos linguísticos da Terra (*Die Sprachenfamilien und die Sprachenkreise der Erde*). Com a colaboração de Wilhelm Koppers, realizou em 1924 uma sistematização dos povos e das culturas: *Völker und Kulturen*, aplicando largamente o método dos ciclos culturais. Mas o trabalho principal de Schmidt, a que se dedicou durante alguns decénios, foram os doze volumes sobre a origem da ideia de Deus: *Der Ursprung der Gottesidee*. O primeiro volume surgiu em 1912, e em segunda edição em 1926; os outros foram aparecendo de tempos a tempos, até ao último, publicado postumamente em 1955. Schmidt retém a ideia de Deus do ciclo dos caçadores e recolectores como a mais antiga expressão religiosa. Descreve, assim, a cultura destes povos como originária, *Urkultur*, e a sua ideia de um Deus único como *Urmonotheismus* e *Urreligion*. Na conclusão da pesquisa do mesmo volume, Schmidt enfrenta explicitamente o problema da origem conceitual desta primeira visão do Mundo e afirma que ela remonta à revelação de Deus: «Em suma, as informações que nos chegaram dos próprios conhecedores das religiões mais antigas não favorecem a afirmação de que elas foram criadas pelo homem que busca e indaga, nem sequer aludem a tal coisa. Todas as suas respostas positivas, pelo contrário, se inclinam a favor da revelação divina: foi o próprio Deus quem ensinou aos homens o que d'Ele devem crer, como o devem honrar e aquilo que devem observar como expressão da sua vontade.» (Schmidt, 1935: 480.)

Em toda a obra de Schmidt transparece a preocupação de valorizar o sentido objectivo dos dados etnológicos, mas por vezes – especialmente na argumentação sobre a revelacão primordial – descobre-se nitidamente que a interpretação já está na sua mente e o leva a torcer o dado etnográfico para testemunho «histórico» de um passado mítico. Embora afirme não querer formar o sentido etnográfico, está pronto a suprir com hipóteses e, depois, com afirmações explícitas aquilo que os mitos não dizem claramente. No parágrafo sobre «*A realidade de Deus que se revela ao homem*» chega a fazer estas afirmações: «O testemunho dos povos mais antigos sobre a origem da sua religião da boca de Deus coloca esta origem exactamente no tempo da feliz união de Deus com os homens, tal como tinha mostrado a sua bondade na felicidade do Paraíso e prometera manter essa plena segurança para sempre e completamente.» (Schmidt, 1935: 493.)

Ainda que a documentação etnológica de que se serve Schmidt seja rica e considerável, não se pode dizer que a demonstração «histórica» seja igualmente aceitável. A passagem da incerteza mitológica das narrativas dos primórdios para a certeza analítica das conclusões schmidtianas é de qualidade... Por esta razão, os críticos de Schmidt acusaram-no de se deixar guiar mais por preocupações apologéticas que científicas, resultantes do seu compromisso de sacerdote católico. Esta acusação foi rebatida secamente por Schmidt (cf. Schmidt, 1951). Mas, se não se deve pôr em dúvida a honestidade científica do estudioso, a sua afirmação de ter captado a origem histórica da religião é tida como uma presunção excessiva e já não é sustentada nem pelos seus próprios discípulos.

Entre outros contributos de Schmidt, deve recordar-se, ainda, a reelaboração do método graebneriano (Schmidt, 1937).

O quadro geral do desenvolvimento histórico da cultura, nas propostas da escola vienense, correspondia ao seguinte esquema: (1) *Cultura primitiva (Urkultur)*; (2) *culturas primárias* distintas no ciclo cultural dos *criadores patriarcais*, no ciclo dos *plantadores matriarcais* e no ciclo dos *grandes caçadores totemistas*; (3) *culturas secundárias* das formas mescladas segundo as várias possibilidades de cruzamento das culturas primárias; (4) *culturas terciárias*, com cruzamentos extremamente complexos.

Schmidt foi essencialmente um estudioso de gabinete, mas tornou-se promotor de importantes pesquisas de campo, em especial junto dos povos caçadores e recolectores. Pela primeira vez na história, os Pigmeus da terra foram sistematicamente estudados com as explorações de Paul Schebesta, entre os Bambuto da África e os Negritos da Malásia; de Paul Vanoverbergh, nas ilhas de Luzon e das Filipinas. W. Koppers empreende indagações entre os Alakwuluf e os Yamana da Terra do Fogo e entre os Bhils da Índia.

A crítica reprovará à escola histórico-cultural uma certa forma mecânica de atribuir os elementos culturais aos vários ciclos, que em definitivo leva àquele mesmo psicologismo subjectivo que a escola reprovava aos evolucionistas. A convicção de ter demonstrado a origem «histórica» da cultura mostrou-se excessiva e superficial. O conceito de ciclo não resistiu à crítica posterior dos próprios sequazes de Schmidt (cf. Haekel, 1956), tanto que, hoje, a escola de Viena cessou de existir como expressão de orientação, doravante antiquada, dos ciclos culturais.

6. O PRIMEIRO PERÍODO DA ESCOLA AMERICANA

Os estudos antropológicos na América do Norte apareceram pela primeira vez com a obra de Morgan. Mas é a Franz

Boas (1858-1942) que se deve a formação de uma escola antropológica americana. Oriundo da Vestfália, depois dos estudos universitários de Física transferiu-se definitivamente para os Estados Unidos em 1887 e, dois anos depois, recebeu a cátedra de Antropologia na Universidade de Colúmbia. Foi sobretudo um mestre, «o campeão do método científico na pesquisa antropológica» (Lowie, 1920: VI), e na sua escola se formaram os primeiros e maiores expoentes da escola americana.

Os pressupostos de Boas foram decididamente antievolucionistas e históricos, no sentido da escola histórico-cultural. Marcou toda a problemática que devia caracterizar o período imediatamente posterior da pesquisa americana; desde as investigações sobre a cultura dos índios até ao conceito de cultura. Quando ainda se encontrava na Alemanha, tinha efectuado uma pesquisa de campo entre os Esquimós do território de Baffin e da baía de Hudson e entre os índios da costa ocidental do Canadá. Os Kwakiutl da Colúmbia britânica foram o seu campo de estudo preferido e a ele devemos não só o conhecimento da sua religião e dos seus mitos, mas também da sua organização social. Bateu-se, através dos seus escritos, contra o preconceito que identificava raça e cultura, quando, particularmente na época nazi, ele se tornou doutrina de Estado. A sua obra *Race, Language and Culture* (1940), que já tinha aparecido em edição alemã em 1911, foi queimada na fogueira de livros acesa na praça pública de Berlim, a 10 de Maio de 1933, pelos nazis.

A posição antievolucionista e histórica foi perfilhada também por Roberto H. Lowie (1883-1957). Pelo método rigoroso, separou a problemática da cultura da história, mas o seu contributo mais significativo continuam a ser os seus trabalhos acerca da organização social dos primitivos. Além de uma obra breve mas clara sobre o conceito de cultura (*Culture and Ethnology*, 1917), escreveu também uma história do pensamento etnológico, que constituiu a primeira obra do género (*History of Ethnological Theory*, 1937). O seu principal trabalho foi, sem dúvida, *Primitive Society* (1920), seguido da pesquisa acerca da origem do Estado (*The Origin of the State*, 1927) e de um escrito a respeito da organização social (*Social Organization*, 1948).

Em *Primitive Society*, Lowie enfrenta em tom antievolucionista a análise da problemática social e o livro tornar-se-ia num dos manuais mais notáveis dos departamentos de antropologia. Trata do casamento e das suas formas «preferenciais», da poligamia e do «hipotético comunismo sexual», da família com os problemas estruturais dos grupos bilaterais, da residência matrilocal e patrilocal, do parentesco «familiar» ou simulado. Introduz o conceito de *sib*, equivalente de clã, do qual faz a história procurando explicar a sua origem, que atribui a invenções independentes. Outros temas dizem respeito à mulher, às associações entre as quais as classes de idade (de que faz uma comparação entre o sistema Massai e o dos índios das planícies), à condição, ao governo e à justiça.

O interesse que o estudo dos índios da América mereceu aos antropólogos induz à pesquisa sistemática que, neste período, tem o seu centro e suporte no American Museum of Natural History. Todos os estudiosos americanos colaboraram, de maneira mais ou menos ampla, nas publicações do *Manual dos Índios da América* e na série de monografias divulgadas por esta instituição.

Entre os outros principais antropólogos americanos, devem-se recordar Alfred L. Kroeber (1876-1960), Clark Wissler (1870-1947), E. Sapir, Clyde Kuckhohn (1905-1960), Merville J. Herskovits (1895-1963).

Kroeber aprofundou a análise do conceito de cultura e abriu uma linha de estudo que mais tarde se chamaria *culturologia*. Pegou no conceito de Spencer «*superorganic*» para esclarecer a confusão causada pela ideia da evolução, entre aquilo que é «orgânico» e aquilo que é «social»: «A alvorada do social não é um elo de uma cadeia, não é uma passagem ao longo de um carreiro, mas um salto para outro plano.» (Kroeber, 1917: 209.) Além do tema constante da cultura, que discute em polémica com Wissler, ou analisa de maneira sistemática com

Kluckhohn (1952), Kroeber foi também «editor», isto é, esteve encarregado da publicação do manual sobre os índios da Califórnia (*Handbook of the Indians of California*, 1925).

A Wissler deve-se, em particular, a formulação da teoria metodológica histórica, *age-area*, que colocava na base das *culture-areas*, conceito que permaneceu típico da escola americana enquanto vigorou a escola histórico-cultural. O princípio *age-area*, ou seja, da área temporal, é que «os traços antropológicos tendem a difundir-se em todas as direcções dos seus centros de origem» (Wissler, 1926: 183). Os traços que se encontram mais difundidos na periferia são os mais antigos; aqueles que ainda não atingiram as margens e se encontram apenas perto dos centros são os mais recentes. Este critério «histórico» foi muito criticado não só pelos opositores da escola histórica mas também pelo próprio Schmidt. Em todo o caso, apresenta-se como base bastante mais vaga dos critérios que formavam o conceito de ciclo cultural.

Na discussão sobre cultura e história, Sapir deu o contributo da linguística e da psicologia. «A linguística», afirma ele, «está para a história da cultura como a geologia está para a paleontologia.» (Sapir, 1921.) Na abordagem fundamental dá constante relevo à história, no confronto da problemática das transformações modernas.

Kluckhohn desenvolve com Kroeber o estudo analítico e comparativo do conceito de cultura, mas o seu interesse específico incide sobre o problema das relações entre cultura e personalidade.

Com Herskovits, o interesse da escola americana sai dos limites da América, isto é, do estudo dos Índios, e, através do problema dos negros da América, chega a África. Herskovits é o primeiro africanista americano de relevo. Realizou as suas pesquisas no Daomé e tentou ainda uma classificação das «áreas culturais da África». O seu contributo teórico ficou ligado ao grande manual *Man and His Work* (1948) e ao conceito de aculturação, que difunde na gíria e na problemática antropológicas, estudando as transformações culturais e os problemas conexos às condições dos negros da América.

A partir destes primeiros desenvolvimentos, a escola antropológica americana conhecerá o seu apogeu nos anos a seguir à Segunda Guerra Mundial, com uma multiplicidade de temas teóricos e uma amplitude privilegiada de pesquisas de campo em todos os continentes.

7. A ESCOLA SOCIOLÓGICA FRANCESA

A actividade científica de Emile Durkheim (1858-1917) é de carácter eminentemente sociológico, mas refaz-se junto das sociedades primitivas, que se tornaram o objecto normal da sua problemática. Assim, dedica uma obra completa ao estudo das formas elementares da religião e ao fenómeno do totemismo entre os Australianos. Todavia, deve ser lembrado sobretudo pelo influência que o seu pensamento sociológico teve sobre os antropólogos, especialmente da escola inglesa, de que falaremos no capítulo seguinte. Pelo conjunto destas razões, Durkheim oscila entre as posições evolucionistas e as anti-históricas da escola funcionalista. Nos aspectos puramente antropológicos do seu trabalho Durkheim funda-se não só na problemática das origens, mas na perspectiva evolucionista. Pelo contrário, o seu pensamento sociológico fornece o quadro de referência da análise antropológica de Radcliffe-Brown e de Malinowski, os quais daí tiram a inspiração para a oposição à escola histórico-cultural.

Entre as obras de Durkheim que tiveram particular significado na história da antropologia há que recordar, em particular, *De la division du travail social* (1893); *Les règles de la méthode sociologique* (1895); e *Les formes élémentaires de la vie religieuse. Le système totémique en Australie* (1912).

Na obra sobre o trabalho social, encontramos desenvolvidos os conceitos que se tornarão fundamentais na antropologia social: a função, a solidariedade, a coesão, a integração, as repre-

INTRODUÇÃO AOS ESTUDOS ETNO-ANTROPOLÓGICOS

sentações colectivas. A primeira parte do livro sobre o trabalho social é dedicada à função: «perguntar em que consiste a divisão do trabalho significa procurar a necessidade a que corresponde» (1972: 63).

Em *As regras do Método Sociológico*, Durkheim estabelece os princípios fundamentais sobre «factores sociais». Estes são: «Modo de agir, de pensar e de sentir exteriores ao indivíduo, e que são dotados de um poder de coerção em virtude do qual se impõem.» (Durkheim, 1971: 53.) «A primeira regra, a fundamental, é 'considerar os factos sociais como coisas'.» (Durkheim, 1971: 64.)

Estes princípios fundamentais e estas regras são de recordar para compreender os problemas e o desenvolvimento da antropologia social. Radcliffe-Brown, Evans-Pritchard, Meyer Fortes e outros expoentes da antropologia social reconhecem abertamente a sua dívida para com Durkheim.

A obra propriamente antropológica de Durkheim desenvolve-se à volta do conceito fundamental da sociedade, mas hoje parece-nos desprovida de significado objectivo. O método antropológico por ele seguido corresponde, como se disse, aos cânones evolucionistas. No totem dos Australianos, Durkheim vê a ilustração evidente do seu conceito de sociedade. O totem representa a própria sociedade; o seu valor simbólico continua para lá de cada indivíduo – assim como a sociedade permanece intacta, não obstante o desaparecimento de membros singulares; o totem representa, de facto, a incarnação do fundador do clã. A força coerciva, que é o elemento característico dos factos sociais, encontra-se nitidamente na proibição ou tabu que os membros do clã têm de destruir o totem. A norma totémica torna-se assim a razão da coesão do grupo clânico, isto é, da sociedade, o ponto de referência para o bem e para o mal. O totem, que Durkheim, segundo a opinião da época, considera um fenómeno religioso, representa a divindade; por outras palavras, o totem-sociedade é a divindade, fonte do bem e do mal.

A Durkheim se deve a fundação da revista *Année Sociologique* (1896-1912), que se torna o órgão da escola sociológica francesa. Nela aparecem os ensaios de Durkheim e dos seus assistentes, e constitui ainda uma fonte fundamental para a história do pensamento sociológico.

Entre os colaboradores de Durkheim distingue-se, pelo contributo decisivamente antropológico, Marcel Mauss (1872-1950), o qual foi, sobretudo, um mestre de pensamento e de método. Os seus ensaios sobre a magia (em colaboração com H. Hubert, *Année Sociologique*, 1902-3) e sobre a dádiva (*idem*, 1923-4) tornaram-se textos clássicos. Também Mauss se encontra em grande parte imbuído nos esquemas evolucionistas, mas os seus ensinamentos, em especial no ensaio sobre a dádiva, concernem à análise fundamental de um dos conceitos-chave da organização social e económica, isto é, o princípio de reciprocidade e da troca. «Qual é», pergunta ele, «a regra de direito e de interesse que, na sociedade de tipo atrasado ou arcaico, faz com que a dádiva recebida seja obrigatoriamente retribuída? Qual é a força que há na coisa dada que faz com que o doador a dê?» (1968: 148). Eis o tipo de problema que ele defronta, mas ao fazê-lo Mauss encaminha a pesquisa analítica para os sistemas sociais, para a sua dinâmica e para a sua estrutura. Deste género de estudo receberam o mote outros estudiosos, em particular para o desenvolvimento do conceito de reciprocidade e de troca sobre o qual se funda a orientação estruturalista, quer na formulação de Radcliffe-Brown quer na de Lévi-Strauss.

Apesar de Mauss nunca ter empreendido pesquisas de campo, escreveu um manual de etnografia (1947) que ainda hoje conserva boa parte da sua utilidade, dado o rico sentido prático de sugestões e a vastíssima bibliografia.

Um outro grande mestre da escola sociológica, mas com um interesse de estudo mais marcadamente filosófico, foi Lucien Lévi-Bruhl (1875-1939). Durkheim já tinha definido «as representações colectivas» e a «consciência colectiva» como «independentes das condições particulares em que se encontram situados os indivíduos» (1872-92). Lévi-Bruhl retoma estes temas e aprofunda-os, numa sequência de escritos sobre as funções mentais das sociedades inferiores, sobre a mentalidade (1922) e sobre a alma dos primitivos (1927). O primitivo, como indivíduo, raciocina com lógica espontânea; se chove, abriga-se, como membro da sociedade é levado a raciocinar de maneira *pré-lógica*, isto é, não atende aos princípios de causalidade e de contradição, mas sim ao princípio de *participação mística*. A percepção do indivíduo é dominada pelas «representações colectivas», que não vêem nos acontecimentos nexos causais domináveis mas os atribuem, de qualquer modo, a forças desconhecidas, isto é, místicas. Lévi-Bruhl cita o caso dos indígenas de Motumotú da Nova Guiné, que atribuem o súbito deflagrar de uma epidemia à chegada do retrato da rainha Victória, estabelecendo uma relação de participação mística entre epidemia e retrato. A diferença, por isso, entre a nossa mentalidade lógica e a pré-lógica dos primitivos seria de qualidade; os primitivos seriam seres num estádio mental inferior.

A crueza destas conclusões foi demonstrada pelo mesmo Lévi-Bruhl, que as teria repudiado, segundo as anotações por ele escritas e publicadas postumamente (1949).

Embora o pré-logismo não tivesse seguimento, serviu no entanto para estimular os estudos sobre o pensamento dos primitivos e fazer reconhecer que também entre os primitivos existem «sistemas de pensamento», coordenados e lógicos, e que os aspectos pré-lógicos, ou melhor, aparentemente irracionais, são um fenómeno que se encontra em todas as culturas humanas – de qualquer nível – e estão destinados a encontrarem-se sempre no raciocinar humano enquanto durar a relação de mistério e incognoscibilidade entre o homem e o cosmos.

VI

PERÍODO II
O PROBLEMA DA FUNÇÃO E ESTRUTURA

Se a indagação sobre a origem da cultura é uma característica comum das primeiras escolas antropológicas, elas diferenciam-se, todavia, pela proliferação e pela divergência das teorias relativas à origem e ao desenvolvimento cultural. Ao ateísmo primordial e ao animismo opõe-se a teoria do *Ur-monotheismus;* à promiscuidade sexual das origens e ao matriarcado contrapõe-se a teoria da monogamia da *Urkultur.* A falta quase total de uma documentação historicamente aceitável não só favorece a subjectividade das interpretações como também dá a cada teoria uma base aproximativa e precária.

O sentimento de frustração e de inutilidade que as vivazes polémicas dos defensores das teorias opostas suscitam nos estudiosos amadurece numa exigência decisiva de arrepiar caminho, isto é, método, e de enfrentar toda a problemática antropológica numa perspectiva totalmente diversa da das origens. Desta difusa exigência tornaram-se paladinos dois mestres ingleses, Alfred Reginald Radcliffe-Brown e Bronislaw Malinowski. «A contínua busca de teorias sobre as origens», escreve Radcliffe-Brown, «tolheu a possibilidade de a antropologia social se desenvolver em sentidos que poderiam ter conduzido a resultados muito válidos.» (Radcliffe-Brown, 1973: 45.) Mas, além dos aspectos polémicos que caracterizam a sua actividade de ensino, os dois referidos autores têm em comum a experiência directa e assídua do trabalho de campo. Ao secundar esta experiência, deslocaram o interesse da pesquisa do passado para o presente e, em vez de se esgotarem em áridas reconstituições históricas, propõem-se captar a realidade cultural e social na sua *estrutura e função*. Será esta perspectiva que caracterizará (primeiro lentamente e depois, nos anos a seguir à Segunda Guerra Mundial, completamente) a antropologia em geral e, sobretudo, a antropologia social inglesa.

1. RADCLIFFE-BROWN (1881-1955)

Os primeiros escritos de Radcliffe-Brown foram assinados apenas com o nome paterno Brown, ao qual acrescentou em seguida o da mãe. Nos anos de 1906-8, desenvolveu uma pesquisa directa entre os habitantes das ilhas Andaman, no oceano Índico, no Sul da Índia, mas o texto do seu relato aparece somente, por causa das dificuldades do pós-guerra, em 1922 e com o título *The Andaman Islanders*. No prefácio da edição americana desta obra (1932), o autor declara ter-se inspirado, para a análise do material recolhido, no pensamento da escola sociológica francesa. Cita uma passagem de H. Hubert na qual se observa que os factos particulares se devem relacionar com os factos gerais e que os factos simples são partes de um mecanismo, «em função» de outras partes. E acrescenta: «Pareceu-me necessário que a etnologia tivesse um método eficaz de interpretação, isento de 'equações pessoais', que é o método pelo qual a linguística interpreta o significado das palavras, ou morfemas, numa língua que se estuda.» (Radcliffe-Brown, 1964: VIII-IX.) Nesta exigência de um método eficaz, Radcliffe-Brown esclarece-se a si mesmo e dá-se conta da diferença entre o tipo de pesquisa histórico, que ele denominará de «etnológico», e o tipo de pesquisa social, que denomina de «antropologia social». Na polémica com Schmidt, publicada na correspondência da revista *Man*, a propósito da interpretação do Ser Supremo dos Andamaneses, *Puluga*, em determinada altura declara explicitamente que o tipo de indagação por ele realizado é completamente diverso do «histórico-cultural». Na realidade, quem quisesse estudar a evolução do pensamento antropológico de Radcliffe-Brown notaria a passagem para contínuas etapas de exactidão, que se desenvolve constantemente em torno de alguns conceitos basilares: Etnologia/antropologia social, antropologia social/ciência natural/leis gerais, cultura/sociedade, integração social/sistemas, estrutura/função.

O pressuposto fundamental em que se baseia o pensamento e os ensinamentos de Radcliffe-Brown diz respeito ao carácter de *ciência natural* da antropologia social. Como Tylor, sustenta que a tarefa da antropologia deve ser a de descobrir e enunciar as leis gerais que regem as relações e o dinamismo dos factos sociais, até poder prever e planificar o seu desenvolvimento. Serve-se do método comparativo, asseverando que a antropologia deve ser sociologia comparada ou também teórica, porque estuda os fenómenos culturais e sociais pelo método das generalizações, isto é, procurando descobrir, através da comparação, as leis gerais dos fenómenos sociais. Sintetiza o esquema comparativo das suas pesquisas em três conceitos: o processo, a estrutura e a função.

Acerca do *processo social* declara que «a realidade concreta a que um antropólogo se deve dedicar é a observação, a descrição, a comparação e a classificação, não de uma entidade genérica, mas de um processo, o processo da vida social. A unidade da pesquisa é a vida social de uma dada região da Terra num tempo determinado. O processo consiste numa imensa multiplicidade de acções ou interacções dos seres humanos, que agem como indivíduos ou como colectividade ou grupos». (1952: 4.) O processo social pode ser estudado em perspectiva sincrónica ou diacrónica (Radcliffe-Brown evita dizer «histórica») e, seja como for, põe em relevo o carácter dinâmico dos factos sociais e das suas transformações.

Acerca da *estrutura*, afirma: «Quando usamos o termo 'estrutura' referimo-nos a qualquer forma de sistematização ordenada de partes ou componentes. Uma composição musical tem uma estrutura, como também a tem uma frase. Um edifício tem uma estrutura, como também uma molécula ou um animal. As componentes ou as unidades da estrutura social são as *pessoas*, e uma pessoa é um ser humano considerado não como um organismo mas como detentor de uma posição numa estrutura social.» (1952: 9-10.) Define, portanto, a estrutura social «como uma sistematização de pessoas em relações ordenadas e definidas institucionalmente; por exemplo, a relação entre rei e súbdito, entre marido e mulher» (1952: 11.)

E, por fim, acerca do conceito de *função*, observa: «Em relação aos sistemas sociais e à sua compreensão teórica, o modo de usar o conceito de função é o mesmo que o uso científico dele faz na fisiologia. É também possível utilizar-se em referência à interconexão entre a estrutura social e o processo da vida social. É este emprego da palavra função que, na minha opinião, o torna um termo útil para a sociologia comparada. Os três conceitos de processo, estrutura e função são, portanto, componentes de uma teoria única, como esquema de interpretação dos sistemas sociais humanos. Os três conceitos estão, logicamente, interligados, porque 'função' é usada para nos referirmos às relações de processo e de estrutura. Trata-se de uma teoria que podemos aplicar tanto ao estudo da continuidade das formas de vida social como aos processos das suas transformações.» (1952: 12.)

Embora Radcliffe-Brown tenha feito pesquisas directas noutros povos além dos Andamaneses e dos aborígenes australianos (1910-12), foi sobretudo através do ensino que tornou conhecido o seu pensamento. Teve cátedra nas seguintes universidades: Cambridge, Londres, Birmingham, Pretória, Joanesburgo, Cidade do Cabo, Sidney, Yenching, Chicago, Oxford, São Paulo, Alexandria (Egipto), Manchester e Grahamstown (África do Sul). A maior parte dos antropólogos sociais ingleses frequentou a sua escola e, através dos seus discípulos, também eles tornados mestres, as teorias radcliffianas foram discutidas em todas as escolas antropológicas. Os seus escritos não são numerosos e podem parecer fragmentários; no entanto, apresentam uma tomada de posição lúcida e muito frequentemente original que faz deles, ainda, uma leitura fundamental para todos os estudiosos.

2. MALINOWSKI (1884-1942)

Bronislaw Malinowski, cidadão austríaco de origem polaca, na altura do rebentar da Primeira Guerra Mundial encontrava-se na Austrália, e conseguiu convencer as autoridades a mudarem o local do seu internamento autorizando-o a viver, para fins de estudo, nas ilhas de Trobriand, da Melanésia. A permanência entre aqueles ilhéus, cuja língua aprendeu e com os quais viveu em contacto quotidiano, fez dele o mestre do método antropológico da observação participante. Graças à profunda penetração do significado de todos os aspectos da cultura e da vida social trobriandesa, ele pôde fazer dela motivo de referência teórica para a discussão de todos os problemas culturais.

Sob o título *Argonauts of the Western Pacific* (1922), descreveu o sistema de troca *kula*, assim denominado porque os Trobriandeses e os outros ilhéus do Pacífico fazem anualmente uma viagem de ilha em ilha, com fins comerciais, mas também para trocarem, de modo cerimonial, ornamentos de conchinhas *kulas*, cujo valor é meramente ritual e social e não comercial. Esse valor aumenta com o número de proprietários que já as tiveram; as conchinhas nunca se tornam propriedade absoluta de quem as possui de momento, porque o seu fim é circularem. Por outras palavras, são um meio de estreitar as alianças.

Além do mais, analisou o sistema de cultivo e de magia no trabalho *Coral Gardens and Their Magic* (estudo dos métodos de cultivo e dos ritos agrícolas nas ilhas Trobriand) (1935), e a vida sexual e matrimonial (1929).

Malinowski regeu a cátedra de Antropologia Social na London School of Economics e, com referências constantes aos Trobriandeses, tomou parte nas discussões científicas do seu tempo. Empreendeu, em particular, a crítica à psicanálise, demonstrando que o complexo de Édipo, segundo a hipótese de Freud, embora talvez válido para a cultura europeia, não encontrava eco na sociedade matrilinear trobriandesa, na qual a autoridade sobre a unidade familiar não pertence ao pai, mas ao tio materno (Malinowski, 1927).

Na polémica contra o método histórico, assumiu o papel, às vezes de modo um pouco fátuo, de chefe da escola funcionalista, a ponto de Radcliffe-Brown entender desligar-se publicamente, acentuando o seu interesse pela estrutura.

O conceito de função está estreitamente ligado ao de cultura. A busca de uma definição científica deste conceito é um dos temas mais constantes da problemática malinowskiana, assim como o de sistema social o era para Radcliffe-Brown. Malinowski considera a cultura como um todo integrado ou global, do qual os elementos culturais singulares são as partes constitutivas. Só a análise funcional está à altura de descobrir e de compreender os significados dos elementos culturais individuais, porque os vê nas suas relações com o todo da cultura.

Malinowski foi apanhado pela morte quando preparava algumas obras teóricas que teriam reunido os seus pensamentos sobre a cultura e a dinâmica cultural. Esses trabalhos foram publicados, postumamente, a cargo dos seus discípulos. (Ver Malinowski, 1944 e 1945.) A tentativa malinowskiana de definir cientificamente a cultura parte de considerações de carácter natural, e por isso mesmo desconcertantes pela sua banalidade, sobre as necessidades fundamentais do homem, às quais faz corresponder uma solução cultural. Evidentemente, Malinowski estava empenhado na totalidade do fenómeno cultural pelo seu reflexo sobre os aspectos mais elementares e normais do viver humano. As necessidades fundamentais são integradas por necessidades derivadas. Estas surgem no homem em consequência da sua associação a outros homens e correspondem-lhe outras tantas soluções organizativas:

A[1] *Necessidades fundamentais*
1. Metabolismo
2. Reprodução.
3. Protecção do corpo.
4. Segurança.
5. Movimento.
6. Desenvolvimento.
7. Saúde.

B[1] *Respostas culturais*
1. Abastecimento.
2. Parentesco de sangue.
3. Abrigo.
4. Protecção.
5. Actividade.
6. Instrução.
7. Higiene.

A[2] *Necessidades derivadas*
1. Produção, uso, manutenção e renovação dos utensílios e bens de consumo.
2. Codificação das normas de comportamento e sanções relativas.
3. Conhecimento e transmissão da tradição.
4. Autoridade e poder para cada instituição.

B[2] *Respostas organizativas*
1. Economia.

2. Controlo social.

3. Educação.

4. Organização política.

Para lá do valor esquemático destas tentativas, é evidente em Malinowski a preocupação de incluir todas as manifestações da actividade mental do homem num quadro completo. Ao mesmo tempo, a sua atenção foi atraída pela problemática nova, derivada dos contactos culturais que nos anos do seu ensino, isto é, antes da Segunda Guerra Mundial, se impunham à atenção e ao estudo. Como Radcliffe-Brown, também ele reconhecia a necessidade de dar uma aplicação prática aos conhecimentos antropológicos, de fazer, pois, antropologia aplicada. Sentiu esta exigência como um aspecto e um fenómeno basilar da dinâmica cultural, e é na perspectiva de mudanças culturais que ele os enfrenta, enquadrando-os nas situações coloniais do momento.

Foi acusado de não ser progressista, porque nunca tomou posição contra os impérios coloniais. Se isto é verdade, também não se pode duvidar que inspirou aos administradores coloniais o respeito e o estudo das culturas tradicionais, opondo-se à política totalitária do nazi-fascismo. Encorajou os jovens africanos, e entre eles Jomo Keniatta. No prefácio ao livro deste último, *Facing Mount Kenya*, que define como «o primeiro contributo realmente competente e instrutivo de um estudioso de pura descendência africana», afirma que, se «não servisse para mais do que para fazer compreender como os africanos vêem as nossas pretensões e como julgam a realidade do Mandato Dual, já seria um grande serviço» (Keniatta, 1938: X-XI, XIII.) Com estas palavras, avalizava a impugnação crítica da administração colonial e da actividade missionária feita por Keniatta.

Aquilo que, em particular, distingue Malinowski e concede a toda a sua obra um aspecto tipicamente antropológico – isto é, humano – é o sentido de participação humana com que estudou os homens e a cultura. Nunca se deixou levar pelo domínio do frio dado científico, mas viu a realidade no seu evoluir dinâmico em correspondência com a condição humana. «A realidade não é um esquema lógico coerente, mas antes uma mistura em ebulição de princípios em conflito... O verdadeiro problema não é estudar como a vida humana se submete às regras: na verdade, ela não se submete. O verdadeiro problema é como as regras se tornam adaptadas à vida.» (Malinowski, 1972: 151-53.) São palavras que devem fazer reflectir todo o estudioso e, em particular, o antropólogo.

3. AS MUDANÇAS COLONIAIS

Para favorecer as novas direcções de estudo, intervieram outras causas particulares, como a condição colonial em que se encontravam quase todas as populações entre as quais os antropólogos desenvolviam as suas pesquisas. Ultrapassado já o período da conquista, as administrações coloniais encontravam-se perante novas entidades políticas que agrupavam as mais diversas «tribos» num fenómeno totalmente novo de vizinhança e até de fusão. A responsabilidade política dos governos coloniais, nestes casos, estava subordinada à Sociedade das Nações, de que eram mandatários. O primeiro despontar dos movimentos nacionalistas, a expansão do sistema escolar, os próprios movimentos de libertação religiosa, além do velho problema criado pela imposição de impostos e a introdução do sistema monetário ocidental, punham os governos perante uma série de fenómenos sociais e políticos completamente inesperados e novos. Não só se devia seguir o desenvolvimento destes fenómenos, mas havia que os orientar, se possível, para que se realizassem de maneira ordinária e positiva. Estas circunstâncias, juntamente com a preocupação dos estudiosos quanto ao destino das populações e das culturas coloniais, levaram à fundação, em Londres, em 1927, do International Institute of African Languages and Cultures; a partir de 1947 chama-se simplesmente International African Institute. Na sua fundação participaram antropólogos e africanistas de todas as correntes, desde Schmidt a Malinowski. Os objectivos do instituto foram e continuaram a ser meramente científicos e não políticos. Segundo o primeiro presidente, Lord Lugard, um dos principais artífices do império colonial inglês em África, o Instituto Internacional Africano devia promover «uma ligação maior entre a pesquisa, o saber científico e os assuntos práticos e, em particular, a recolha de informações sobre o efeito que a civilização e o contacto com grupos europeus haviam tido sobre a procura dos nativos como consumidores e sobre a extensão das mudanças causadas no seu teor de vida». (Lugard, 1928: 3.)

A instituição e a actividade do International African Institute desenvolveram-se numa perspectiva predominantemente cultural e social e, em menor medida, linguística. As pesquisas promovidas pelo instituto e as monografias publicadas foram determinantes para o conhecimento científico das populações e das culturas africanas. O seu número é bastante vasto e o seu contributo não é válido só para um conhecimento etnográfico mais apurado da África, mas teve um reflexo substancial no desenvolvimento da teoria geral sociológica e política. Entre outras, além da publicação da revista *Africa*, fundada em 1928, é de assinalar a preciosa resenha etnográfica *The Ethnografic Survey of Africa*, que oferece, numa colecção de volumezinhos, uma síntese científica e bibliográfica daquilo que actualmente se conhece sobre a África e representa um instrumento indispensável para os africanistas e os antropólogos.

A exigência de um método *e* de uma perspectiva nova, proclamados por estudiosos como Radcliffe-Brown e Malinowski, em contacto directo com a realidade cultural e social, encontrou pleno apoio nas exigências, de outro género mas não sem analogia, por parte das administrações coloniais. O comportamento destas, especialmente no sistema inglês, foi bastante mais liberal e atento aos problemas culturais e sociais das populações do que o comportamento, por exemplo, dos *settlers*. Em todo o caso, o problema dinâmico dos contactos e das transformações torna-se o objecto predominante da pesquisa, seja com respeito às planificações programadas pelos administradores seja pelo interesse fenomenológico dos antropólogos. Pode-se, por isso, dizer que no mundo inglês a antropologia aplicada teve um sentido colonial e se distingue, como veremos, da antropologia aplicada dos Estados Unidos. Nos papéis de serviço colonial inglês aparece a figura do antropólogo funcionário público com actividade meramente de pesquisa e de consulta. Isto contribuiu, decisivamente, para fazer da antropologia uma profissão. Acerca das transformações culturais realizaram-se estudos especializados, entre os quais ficaram dignos de nota, pela sua feição concreta e pela profundidade analítica, os escritos do casal Sodfrey e Monica Wilson na África do Sul. (Cf. Hunter, 1936; Wilson, 1945.)

O estudo das transformações induz à análise de problemas específicos sobre os sistemas de produção, mercado, consumo, sobre a divisão do trabalho, a alimentação, a higiene, tal como se apresentam. na situação actual. Trata-se de toda uma problemática nova que se afirma ao lado dos temas tradicionais.

Na própria Alemanha, onde os nazis, na sua fúria racial, tentavam dominar os antropólogos «históricos», favorecia-se um género de estudos funcionalista-aplicado com objectivos colonialistas, aspirando à restituição das antigas colónias germânicas. (Cf. Muhlmann W. E. e R. Thurnwald, 1939.)

4. A ANTROPOLOGIA SOCIAL INGLESA

A herança de Radcliffe-Brown e de Malinowski, depois de uma fase nominalista e polémica que contrapunha os «funcionalistas» aos «historiadores culturais», foi continuada, com nítida autonomia e originalidade, mas sempre no desenvolvimento directo das linhas traçadas pelos dois insignes mestres, por um grupo autorizadíssimo de estudiosos que forneceram uma consistência científica bastante sólida à antropologia social britânica. O pressuposto, transformado doravante em condição *sine qua non* para se ser um bom antropólogo, foi o trabalho de campo. Pode-se repetir, como já foi dito, que isso representa a «mística» do endereço. Numerosíssimas foram as pesquisas conduzidas com preparação e seriedade científica. Não há dúvida de que a situação colonial favoreceu a realização de todas estas pesquisas, não tanto pelo estado de submissão das populações estudadas (os antropólogos eram cuidadosos e esforçavam-se por se mostrar nitidamente desligados dos governantes coloniais ou dos missionários), mas porque os governos coloniais reconheciam mesmo a exigência de conhecimentos, que os levava – como já se disse – a facilitar a pesquisa antropológica e a aceitar os antropólogos (quase sempre críticos da política colonial) como um mal tolerável, embora fossem um bem desejado.

Enquanto, no passado, no final do último século, o campo de pesquisa era sobretudo a Austrália e a Oceania, no período entre as duas guerras, sem diminuir o interesse por essas regiões, é a África que se impõe como campo urgente e fecundo.

A problemática, quando não é «aplicada», tende para temas precisos como o parentesco, a estrutura política, a economia, a magia e a religião, não descritos de um modo genérico ou «etnográfico», mas antes aprofundados com estudo analítico. Não obstante a afirmação radcliffiana do carácter comparativo da antropologia social, os pesquisadores evitam as comparações com situações não conhecidas directamente, e preferem a análise monográfica. Esta atitude é mais uma virtude do que um defeito, porque os assuntos são aprofundados sistematicamente, a fim de recolher os antropemas elementares no seu valor originário, como acontece, por exemplo, com a determinação dos conceitos de linguagem e de segmentação no fenómeno do parentesco.

Entre os mais insignes representantes da antropologia social apresenta-se, em primeiro lugar, o nome de Sir Edward Evans-Pritchard (1902-1973), que regeu a cátedra de Oxford desde 1948 até 1970. Evans-Pritchard fez as suas primeiras pesquisas entre os Zanda, população bantú do Sudão (já anglo-egípcio) e do Zaire. A investigação acerca da feitiçaria (1937) constituiu logo uma novidade que se tornou um ponto de referência para todos os estudos que se sucederam sobre o mesmo tema.

Evans-Pritchard, de facto, indicou com clareza a distinção entre feitiçaria, enquanto propósito ou influxo automático ruim, e a magia malévola ou magia negra, procurada artificiosamente com técnicas de fascinação.

Outro campo de pesquisa de Evans-Pritchard foram os Nuer, população predominantemente pastoril do Alto Nilo, no Sudão, tornada depois uma das populações mais conhecidas entre os antropólogos. A análise sobre a cultura e a sociedade nuer articula-se numa série coordenada de monografias relativas, respectivamente, à organização política (1940), à religião (1949), ao parentesco e ao matrimónio (1951).

As análises de Evans-Pritchard podem considerar-se modelos clássicos da antropologia social britânica. As suas descrições já não são simples etnografia, mas verificações aprofundadas do significado estrutural e da função dos etnemas simples observados.

Por exemplo, no primeiro livro sobre a organização política, *The Nuer* (1940), mostra como esta resulta da interacção de uma série de factores, da ecologia, ao parentesco, às classes de idade, que equilibram alternadamente criando uma ordem dentro de uma sociedade não só acéfala, isto é, sem chefes políticos, mas intolerante, que ele define, e não por puro paradoxo, como «anarquia ordenada». É neste livro que, com o fim de precisar o significado estrutural do parentesco, introduz pela primeira vez a distinção entre clã e linhagem, doravante universalmente aceite na bagagem antropológica.

Como Radcliffe-Brown, ele inspira-se nas suas análises nos ensinamentos de Durkheim e da escola sociológica francesa. Desde início, por exemplo, perfilha o conceito de «sociedade fragmentária» (Durkheim, 1962: 184) e aplica-o com muita eficiência para explicar a dinâmica interna do parentesco na divisão de clã e linhagem. Na realidade, a dependência de Durkheim, de Mauss, é um facto normal da escola de antropologia social inglesa. Mas Evans-Pritchard afasta-se de Radcliffe-Brown nitidamente, no conceito da história e da antropologia social.

De facto, não considera, como o seu mestre, a antropologia social como uma ciência natural, nem sustenta que ela deva ter o propósito de descobrir leis gerais. A seu respeito escreve: «Continuo a dizer que o esforço de descobrir leis naturais da sociedade é vão e conduz apenas a discussões vazias sobre o método.» Aos paladinos de tais leis cabe a tarefa – jamais realizada – de demonstrar a sua realidade.

Sobre o problema específico da história, reconhece criticamente o valor conjectural da história evolucionista e «histórico-cultural». Mas observa que se devia condenar não a história *tout court*, mas a «*má* história». No caso de existirem documentos seguros, é sumamente útil reconstituir o passado para compreender o presente. Segundo esta concepção, ele mesmo escreve sobre os Senussi da Cirenaica (1950) e publica o seu último livro, a respeito dos Zanda (1970), *The Azande*, que é, de certo modo, a história desta população.

INTRODUÇÃO AOS ESTUDOS ETNO-ANTROPOLÓGICOS

O tema do parentesco, como etnema determinante da estrutura política, foi objecto das pesquisas de Meyer Fortes, professor de Antropologia Social na Universidade de Cambridge de 1959 a 1973. Efectuou as suas indagações entre os Tallensi, uma população do Volta, no Gana Setentrional [curva do rio Níger, *N. T.*], entre 1934 e 1937, estudando, em análises minuciosas, a relação íntima entre o conceito religioso do culto dos antepassados e o sistema de parentesco, e o valor fundamental da linguagem, expressão das relações por parte de pessoas e grupos e base estrutural da organização política. Estes seus estudos (Fortes, 1945 e 1949) reforçam a interpretação da linhagem prospectada por Evans-Pritchard e tornaram-se fontes de referência para o estudo do parentesco. Num outro seu trabalho sugestivo, Fortes analisa o modo de harmonizar a fatalidade do destino individual e a pertença a um grupo de parentesco vinculado e protegido pelos antepassados, indicando na organização social e mais especificamente no sistema de parentesco a origem (não histórica, mas conceitual) da relação religiosa e do valor moral (Fortes, 1959). Fortes estudou também profundamente o valor estrutural do parentesco entre os Ashante do Gana (Fortes, 1950).

A organização social, a vida matrimonial, as ordenações jurídicas e legislativas, as tradições históricas dos Tswana do Botswana foram o tema estudado por Isaac Schapera numa série de monografias com análises estritamente fundadas em fenómenos concretos sobre as actas dos tribunais com base de prova teórica. Sustenta também a utilidade do estudo histórico e, em relação aos Tswana, realiza pesquisas de arquivo, publicando as correspondências e as notas de R. Moffat e D. Livingstone, que foram os primeiros missionários cristãos do Botswana. De 1959 a 1970, depois de ter sido feito titular na Cidade do Cabo, rege a cátedra de Antropologia Social (africanística) na London School of Economics.

Outro eminente mestre da Antropologia Social é Raymond Firth. Nascido na Nova Zelândia (1901), desenvolve as suas pesquisas entre os Maori, depois, na Polinésia, entre os Tikopia (aos quais voltou por três vezes, de decénio em decénio), entre os pescadores malásios do Kelentan, e foi o primeiro a efectuar pesquisas antropológicas sobre o parentesco na sociedade inglesa contemporânea. Em 1933, sucedeu a Malinowski na cátedra de Antropologia Social da London School of Economics (oceanística), que regeu até 1966.

Economista de formação académica, fez da economia e do parentesco os temas principais das suas investigações e análises. Interpretou os dois etnemas como partes integrantes do sistema social que, para Firth, segundo a concepção de pura derivação durkheimiana, é um sistema integrado ou global. Se já Malinowski tinha descrito os aspectos económicos da cultura trobriandesa como partes constituintes daquela cultura primitiva, é a Firth que se deve a elaboração teórica da problemática económica na antropologia. Através da ciência económica, chega aos conceitos basilares de produção, acumulação, distribuição, consumo, etc., e analisa-os no âmbito das sociedades primitivas, onde o seu valor global aparece de maneira mais evidente. «Pode-se absolutamente afirmar que a teoria antropológica de Firth é económica (não certamente no sentido materialista e tecnológico), e que económico, no seu entender, deve ser o contributo da antropologia, mesmo quando se tratam temas como o da religião.» (Belshaw, 1967: 25.) O campo da antropologia económica é constituído, em particular, pelas sociedades «primitivas» sem sistema monetário de troca e pelas sociedades «campesinas» entendidas no sentido estrutural e social e não simplesmente em relação aos cultivadores. As monografias de Firth deste género referem-se, além dos Maori (1929) e dos Tikopia (1939), aos pescadores malásios, cuja economia é classificada por ele como «campesina» (1946).

Também nas investigações do parentesco Firth foi inovador. Além de ter feito pesquisas ao longo do filão tradicional (*We, the Tikopia*, 1936), aplicou o método antropológico da observação participante à situação urbana de Londres (1965 e 1969), segundo uma concepção «integralista» do parentesco,

INTRODUÇÃO AOS ESTUDOS ETNO-ANTROPOLÓGICOS

própria da antropologia: «Os estudos comparativos dos antropólogos sociais revelaram o significado cultural e organizativo do parentesco numa vasta série de sociedades. O parentesco é o núcleo das relações sociais, uma base de educação, um meio de transmissão dos direitos económicos, um enquadramento das obrigações sociais e, amiúde, das adesões políticas e também (como no culto dos antepassados) um centro das ideias morais e dos actos rituais.» (Firth, 1969: 5.)

Teórico do método da antropologia social foi S. F. Nadel (1900-1956). De origem austríaca, emigrou para Inglaterra para fugir às perseguições raciais e realizou pesquisas aprofundadas entre os Nuba do Kordofan, no Sudão (1949), e entre os Nupe da Nigéria Setentrional (1942). As suas obras metodológicas sobre os fundamentos da antropologia social (1951) e sobre a estrutura social (1957) são ainda a única tentativa de apresentar uma ampla elaboração teórica acerca do método da antropologia social. Nadel sustenta que a antropologia é uma ciência fundada em factos sociais, os quais estão submetidos ao «acaso» e à «lei (1951: 193) e, portanto, podem ser «casuais» e «únicos» ou, então, «repetitivos» e «sujeitos a leis». As leis gerais dos factos sociais «têm só um valor de estatística» e a sua natureza é de hipóteses (1951: 247), pelo que «não dizem nada sobre a necessidade de que as coisas sejam como são» (1951: 251). Todavia, embora empíricas e sem uma necessária precisão, as suas pesquisas e explicitações têm o mérito de aumentar o nosso conhecimento da sociedade e os requisitos técnicos para a pesquisa social.

Entre os estudiosos ingleses convém ainda recordar Max Gluckman, que aprofundou a organização política e a história dos Zulu e dos Lozi com a análise dos processos jurídicos, os dos fenómenos do conflito social, latentes e patentes, e o valor dos ritos para superar e resolver esses conflitos. Andrey Richards analisou a relação funcional entre terra, trabalho e alimentação, descreveu a iniciação das raparigas e a organização matrilinear dos Bemba da Rodésia, e estudou os problemas das mutações sociais e políticas das populações do Uganda e da África Oriental.

Destes breves apontamentos conclui-se que os maiores expoentes da antropologia social britânica eram todos conhecedores e especialistas de uma ou duas sociedades entre as quais efectuaram pesquisas directas. A intensidade das suas pesquisas e a segurança dos dados com que realizam as análises interpretativas compensam largamente a falta das grandes sínteses culturais, tentadas pelos antropólogos precedentes, e revelam-se, portanto, bastante mais eficazes para a precisão dos conceitos que levam ao desenvolvimento da problemática e da teoria geral.

Em 1946, foi fundada a Associação dos Antropólogos Sociais (ASA), que acentuou o interesse sociológico dos antropólogos ingleses até formarem, em 1960, juntamente com os sociólogos e os psicólogos sociais, uma nova Secção Sociológica da Associação Britânica para o Progresso da Ciência (Gluckman and Eggan, 1965: XI).

Hoje, é possível diferenciar duas correntes nos trabalhos de renovação dos estudos antropológicos na Inglaterra. A primeira corrente é tradicional; continua o discurso dos epígonos de Radcliffe-Brown e Malinowski, interessando-se pelo estudo dos temas clássicos da antropologia: o parentesco, a descendência, as instituições sociais, as mudanças culturais, com uma revalorização do método comparativo. Tem por chefes os novos titulares das cátedras de Antropologia Social: em Oxford, Maurice Freedman sucedeu a Evans Pritchard; em Cambridge, Jack Goody ocupa agora o lugar que pertenceu a Meyer Fortes. A outra corrente, que tem o seu expoente máximo em Edmund Leach, reflecte a influência de Lévi-Strauss, com interesses de estudos simbólicos e linguísticos. É chamada a nova antropologia. (Ver à frente.)

5. A CULTUROLOGIA

Nas suas publicações, Boas tinha já intuído a importância dos aspectos dinâmicos e funcionais da cultura, e torna-se evidente,

INTRODUÇÃO AOS ESTUDOS ETNO-ANTROPOLÓGICOS

nas suas análises, a passagem da perspectiva histórica ao estudo dinâmico das relações entre cultura e indivíduo e entre pessoa e sociedade. São os temas que se tornarão predominantes entre os antropólogos americanos pós-boasianos. Pode dizer-se, de maneira um tanto aproximativa mas verdadeira, que os antropólogos americanos deste período foram atraídos mais pela problemática geral e teórica da cultura do que pela da sociedade; são, por outras palavras, mais antropólogos culturais do que antropólogos sociais. O estudo da cultura induz a especificar alguns temas que se podem diferenciar assim: os padrões culturais, a personalidade, a aculturação, a antropologia aplicada e, em sentido mais lato, a culturologia.

O tema dos modelos culturais foi introduzido por Ruth Benedict. O seu livro (1934) teve um sucesso extraordinário, mas, mais do que uma análise científica, é uma hábil elaboração de uma tese genial. Naquele momento histórico, as grosseiras teorias da superioridade ariana eram defendidas quase como um dogma científico e estavam prestes a levar a humanidade a trágicas e tremendas vicissitudes. A tese de Benedict, pelo contrário, defendia o relativismo cultural e a necessidade de compreender o significado verdadeiro de cada cultura, para a respeitar.

Toma em consideração três culturas diferentes: os Zuni do Novo México, que ela tinha estudado (Benedict, 1935), os Kwakiutl da Colúmbia britânica no Canadá, estudados por Boas (1897), e os Dobu da Melanésia, estudados por Fortune (1932). Descreve os traços característicos destas culturas e retoma-os numa síntese ideal para pôr em evidência o modelo de comportamento ao qual cada membro responsável da sociedade se deve adaptar. Assim, o padrão zuni é *apolíneo*, porque os Zuni apreciam o equilíbrio, desprezando a desordem; amam o que é belo e bom. Pelo contrário, os Dobu, que se dedicam ao comércio, ambicionam o poder e o domínio por todos os meios da concorrência, mesmo a falsidade, de modo a conseguir os seus fins. Pela mesma razão, a magia, com todos os seus filtros e encantamentos, é praticada frequentemente. Este padrão é denominado

236

dionisíaco por Benedict porque leva a viver numa contínua tensão de frenesi, com a vontade de conseguir o prestígio próprio em confronto com os outros membros da sociedade. A manifestação mais típica deste modelo é o sistema *potlach*, segundo o qual a hospitalidade é a ocasião para demonstrar a liberalidade e a riqueza, até à destruição, de outro modo injustificada, dos próprios bens.

O conceito dos modelos benedictianos é, por certo, demasiado genérico e aproximativo. Todavia, põe bem em relevo o relativismo sob o qual toda a cultura é considerada; os costumes e os ideais de uma cultura podem compreender-se e justificar-se só como partes de um todo integrado e os indivíduos, que nos poderiam parecer anormais pelo seu comportamento estranho e bizarro, surgem, pelo contrário, perfeitamente enquadrados dentro de um sistema de comportamento completamente legítimo.

A relação entre cultura e personalidade, implícita na tese de Benedict, torna-se um tema preciso, sobretudo com os escritos de Ralph Linton (1893-1953). A cultura, na medida em que é algo mais do que uma abstracção criada pelo pesquisador, existe somente na mente dos indivíduos que compõem a sociedade; e, inversamente, a personalidade de cada indivíduo da sociedade desenvolve-se e funciona em constante associação com a cultura. Linton aprofunda o processo da formação da personalidade, quer nos seus aspectos puramente individuais quer nos aspectos correspondentes às múltiplas condições ou *status* em que se realiza a personalidade de cada indivíduo. Interessa-se, consequentemente, pelos problemas da inadaptação – que define como a dificuldade de assumir a *status-personality*, ou seja, a personalidade ideal da própria condição social – e acentua as relações de cooperação entre antropologia e psicologia (Linton, 1936; 1961).

Mas os acontecimentos políticos e bélicos que tinham envolvido a humanidade inteira numa conflagração bárbara e desumana sem precedentes não podiam deixar ninguém indiferente. Para os antropólogos, pôs-se o problema da participação na reconstrução. A partir destas premissas dá-se um novo desenvolvimento,

INTRODUÇÃO AOS ESTUDOS ETNO-ANTROPOLÓGICOS

não só no estudo da cultura como tal, sob o nome de *culturologia*, mas igualmente no esforço em aplicar os conhecimentos antropológicos aos problemas do momento, sob o nome de *antropologia aplicada*. Com este desenvolvimento ultrapassa-se completamente a antropologia como estudo do exótico, do passado, da cultura abstracta, e o homem torna-se o centro do interesse, quer como pessoa quer como protagonista da vida social e política actual. Por outras palavras, a antropologia apresenta-se como elemento de convergência das ciências do homem, sem distinção entre sociedades primitivas e industriais.

A denominação «antropologia aplicada» acaba por prevalecer em confronto com outras denominações, como «antropologia prática». Na situação inglesa, o novo interesse tinha sido ditado, como se viu, pelas necessidades dos governos coloniais; além das obras e das publicações do International African Institute, vejam-se os escritos de Gordon Brown e A. B. Hutt (1933) e de C. K. Meek (1937). Nos Estados Unidos, o interesse manifesta-se com os anos de guerra e o período do pós-guerra. Benedict foi solicitada pelo governo dos Estados Unidos para escrever um estudo de divulgação que preparasse os militares americanos para o encontro com a mentalidade e a cultura japonesa durante a ocupação militar (Benedict, 1946). Ralph Linton, com a colaboração dos mais conhecidos antropólogos americanos, publicou logo a seguir à guerra uma obra com o título significativo de *A Ciência do Homem num Mundo em Crise* (Linton, 1945). Veja-se também o livro de C. Kluckhohn *Mirror for Man* (1949).

A antropologia aplicada tomou de tal modo uma consistência de verdadeira especialização que, em 1941, se chegou à fundação de uma sociedade para a antropologia aplicada e à publicação de uma revista especializada: *Human Organisation*.

O conceito de cultura, como discriminante da actividade do homem como tal, desde sempre tinha atraído a atenção dos antropólogos americanos. Já em 1917, num ensaio em que retomou o termo spenceriano, Kroeber apresentava a cultura como «o superorgânico» na perspectiva histórico-evolucionista de momento. O mesmo Kroeber, numa obra posterior e de colaboração com Kluckhohn, passava em revista as várias posições expressas pelos antropólogos (1952). O conceito de cultura emerge do conjunto destes estudos como resultado de processos históricos por meio dos quais o homem reage aos estímulos internos e externos do seu ser e do ambiente. A cultura emerge como um conjunto de interpretações, de valores e de normas que é transmitido e que condiciona a vida de cada indivíduo, mas que persiste para lá da vida de cada um e que, portanto, constitui a característica diferenciadora das várias sociedades.

Leslie A. White, em particular, tornou-se adepto explícito da «culturologia» como método autónomo para a análise do comportamento humano. Por exemplo, «se nos interessa o voto político, podemos estudá-lo sob o ponto de vista de organização política (tribal ou estatal), do género de governo (democrático, monárquico, fascista), da idade e do sexo ou das qualificações de propriedade, dos partidos políticos, e assim por diante. Neste contexto, os nossos símbolos *(symbolates)* tornam-se *cultura*, traços culturais ou agrupamentos de traços, isto é, instituições, costumes, códigos, etc., e o interesse científico é *culturologia*» (White, 1959: 232-33).

A análise do conceito de cultura e das suas correlações com a formação da personalidade leva à formulação do conceito de *personalidade de base*, que entra, por esta altura, na problemática da antropologia cultural. Por esta razão, tenta-se uma colaboração estreita entre antropologia e psicologia, com exames de nível filosófico pelos quais, facilmente, se afasta da exigência de dados concretos e factuais, cuja falta é considerada como uma insuficiência grave por quantos prosseguem o estudo dos aspectos sociais da cultura (Kardiner, 1945: 107-42).

O tema da *aculturação* surge como uma definição terminológica do fenómeno mais vasto da dinâmica cultural e do fenómeno mais específico das mutações. Em 1936, R. Redfield, R. Linton e M. J. Herskovits publicaram um memorando sobre o

INTRODUÇÃO AOS ESTUDOS ETNO-ANTROPOLÓGICOS

estudo da aculturação, a fim de chamar a atenção dos antropólogos para os fenómenos de mudanças causadas pelos contactos entre as diversas culturas (Redfield, 1936). Aquilo que os histórico-culturais haviam chamado difusão, estes autores preferiram chamar «aculturação», porque consideram o fenómeno não como uma realidade do passado a reconstituir historicamente, mas como um processo dinâmico que se deve observar na sua actuação. Herskovits definirá o conceito dizendo: «o estudo do processo de transmissão cultural – *the study of cultural transmission in process*» (Herskovits, 1948: 525). Ao conceito de aculturação, o próprio Herskovits acrescenta, como correspondente para o fenómeno de inserção numa determinada cultura, o termo e o conceitto de «*early enculturation*» – enculturação inicial –, apresentando-o como sinónimo de socialização, educação, condicionamento cultural, dos primeiros anos de vida do homem (1948: 527).

Na linha da antropologia aplicada situam-se as pesquisas e os estudos de Margareth Mead. Estreitamente ligada a Benedict, cujos escritos reviu (Mead, 1959), Mead investigou particularmente o problema da mulher, da adolescência e da educação segundo o método funcionalista, extraindo motivos de comparação com os problemas e as situações correntes da sociedade ocidental. Escritora elegante e perspicaz, os seus livros tiveram uma larguíssima difusão, contribuindo para tornar os conhecimentos antropológicos parte integrante da cultura do homem moderno.

6. SISTEMAS DE PENSAMENTO

As considerações sobre o homem, sobre a sua capacidade mental, as suas concepções cosmológicas, as suas expressões estéticas e de arte encontram-se entre os assuntos permanentes do interesse e do estudo antropológico. Na definição iluminística do «bom selvagem», na evolucionista do homem primitivo,

Teorias e Escolas

transparece como evidente a curiosidade de descobrir o valor simples das manifestações mentais e espirituais de homens que vivem em situações muito diversas das ocidentais. O homem primitivo foi considerado pelos evolucionistas como incapaz de elevados conceitos, como, por exemplo, o de Deus, porque eram considerados superiores ao seu desenvolvimento mental. Mas, já em 1927, por «uma convicção amadurecida lentamente pela observação e pelos contactos com algumas tribos aborígenes», Paul Radin apresentava o homem primitivo como um filósofo (Radin, 1957: 5). Em contrapartida, nesses mesmos anos, Lévi-Bruhl, como já se viu, partindo de pressupostos da escola sociológica segundo a qual a força coerciva da sociedade sobreleva a capacidade do indivíduo, analisava o modo de pensar dos primitivos em termos de pré-logismo. Portanto, vale a pena assimilar que, no período imediatamente a seguir à guerra, quase como resultado imediato dos primeiros anos em que a pesquisa directa e a observação participante levam os antropólogos ao contacto íntimo com homens das mais variadas culturas, se chegou não só à compreensão dos sistemas de parentesco e de sistemas políticos radicalmente diversos dos ocidentais mas também à valorização positiva do pensamento primitivo e ao reconhecimento, no seio das suas culturas, de verdadeiros sistemas cosmológicos e teóricos. Trata-se de uma direcção de pesquisa caracterizada não tanto pela diversidade de método, que continua a ser sempre o da observação participante, quanto por um interesse predominante de estudo.

O mestre mais insigne desta orientação foi Marcel Griaule (1898-1956). Dedicou-se durante mais de vinte anos à pesquisa de campo, primeiro na Etiópia e, depois, na África Ocidental, formando à sua volta uma equipa de pesquisadores e prosseguindo, depois, no ensino na Sorbona, onde regeu a primeira cátedra de Etnologia, fundada em 1943.

Das pesquisas etíopes, Griaule deixou-nos algumas monografias relativas a aspectos particulares mas externos, isto é, não do pensamento e da cultura «abissínica», mas sobre receituário

INTRODUÇÃO AOS ESTUDOS ETNO-ANTROPOLÓGICOS

herbáceo, jogos, grafitos, etc. O encontro posterior com a cultura dos Dogon, população do Volta, no Mali, foi decisivo para levar Griaule a um interesse novo, mais íntimo e profundo.

A problemática que Griaule enfrenta diz respeito ao modo próprio dos Dogon de conceber o cosmos, os seres, as coisas e a ordenação interna destas concepções. Põe bem em destaque que chegou a este estudo «graças à perseverança e ao método» de participação na vida local. No prefácio a *Deus da Água* afirma que só «quinze anos depois dos primeiros passos foi possível descobrir o sistema cosmológico dos Dogon».

Havia em Griaule a preocupação de obter e manter a confiança dos seus interlocutores, nos quais «acreditava». Este comportamento psicológico levou Griaule a penetrar profundamente na mentalidade primitiva, sem necessidade de alternar as suas categorias sobre esquemas da cultura ocidental, mas aceitando e obtendo a sua autonomia sistemática. A construção do conjunto do pensamento Dogon resulta consistente e lógica. Griaule não esconde a satisfação, quase o entusiasmo, tal como o do pesquisador que deparou com um filão precioso. Ainda no prefácio a *Deus da Água*, em que relata com fidelidade as conversas com o velho Ogotemmeli, escreve que as suas palavras «punham a nu a ossatura de um sistema do mundo cujo conhecimento revolucionará, desde a base, as ideias passadas sobre a mentalidade negra, bem como da mentalidade primitiva em geral» (1968: 11.) E acrescenta ainda: «Estes homens vivem sob uma cosmogonia, uma metafísica e uma religião que os coloca no mesmo plano dos povos antigos e que a própria cristologia terá interesse em estudar.» (Griaule, 1968: 10.)

É claro que a posição de Griaule se situa no pólo oposto da interpretação de Lévi-Bruhi a respeito da mentalidade primitiva.

O entusiasmo de Griaule não ficou isolado. Foi confirmado pelos estudos dos seus discípulos e por estudos de outros pesquisadores que, no mesmo período, se moveram ao longo das mesmas linhas.

No seu curso universitário sobre os métodos, Griaule tinha afirmado que «a equipa é a única capaz de realizar um inquérito coerente e produtivo, porque permite uma divisão do trabalho qualitativo e quantitativo». Este princípio adoptado por ele revelou-se eficaz na continuação das pesquisas feitas e levadas por diante pelos discípulos de Griaule. Entre estes, distinguem-se Germana Dieterlen, que publicou, principalmente, um ensaio sobre a religião dos Bambara e sobre os Dogon, além de um estudo sobre as almas, e prosseguiu a análise científica do material recolhido pelo próprio Griaule (Griaule e Dieterlen, 1965); Geneviève Calame-Griaule, que analisou, de maneira mais complexa, quer sob o aspecto linguístico quer sob o aspecto mitológico, o valor da palavra para os Dogon (1965).

Em 1945, aparece um trabalho de um missionário capuchinho holandês, Placido Tempeis, que vivia há muitos anos entre os Luba do Zaire, com o título, então ousado, de *A Filosofia Bantú – Die Bantoe Philosofie*.

Diversamente de Griaule, escrupulosamente respeitoso da expressão Dogon, Tempels partia das categorias da filosofia ocidental e, mais precisamente, da escolástica para procurar dar uma sistematização aos modos de pensar e de conceber o cosmos dos Bantú. Propunha também um confronto, baseado no conceito de força vital, entre a ontologia bantú, que descreve como «dinâmica», e a ontologia escolástica ocidental, que define como «estática» (Tempels, 1949: 33-34). A tentativa de Tempels foi considerada mais uma tese do que uma verdadeira análise, e no entanto, com estas reservas, o livro impôs-se à consideração dos estudiosos. Tempels tinha visto bem, assinalando a consistência e a sistematicidade do pensamento bantú e apontando no conceito de força vital a base das concepções cosmológicas de todo o sistema de pensamento africano. Mas a adopção de categorias historicamente estranhas ao pensamento bantú e a generalidade dos confrontos eram arbitrárias e causa de confusão.

A nova problemática correspondia a uma exigência difundida e amadurecida pelos pesquisadores em contacto pessoal

INTRODUÇÃO AOS ESTUDOS ETNO-ANTROPOLÓGICOS

com as gentes que estudaram. O próprio International African Institute de Londres se tornou o editor de uma obra colectiva sobre as concepções cosmológicas dos africanos, para a qual contribui também Griaule (Forde, 1954).

Em 1960, em Salisbúria, na Rodésia, por ocasião do Terceiro Seminário Internacional sobre a África, promovido pelo mesmo International African Institute de Londres, o tema geral de estudo foi «os sistemas africanos de pensamento». Participaram nele africanistas de expressão inglesa e francesa. Nas actas elaboradas por M. Fortes e G. Dieterlen ficaram estas declarações de Dieterlen: «O mecanismo mental dos africanos não é diferente do nosso; procedendo por meio de análises e sínteses, têm o sentido da dialéctica» (Fortes e Dieterlen, 1965: 34). O facto de tais declarações terem sido expressas por uma representante eminente da antropologia francesa, a que pertenceram Mauss e Lévi-Bruhl, torna o seu significado ainda mais importante.

7. ANTROPOLOGIA ESTRUTURAL

Durante os anos sessenta, difundiu-se na França a doutrina da antropologia estrutural, segundo os ensinamentos de Claude Lévi-Strauss, quase em contraponto filosófico ao existencialismo de Sartre. É difícil explicar a popularidade, mais ou menos imprevista, de tal doutrina, a não ser pela sugestividade elementar dos seus princípios e da possibilidade de os aplicar ao estudo das ordenações sociais, culturais e políticas da vida contemporânea.

Lévi-Strauss chega à antropologia através da filosofia, e a sua problemática, unicamente fundada em pesquisas de campo, e o seu método de análise permanecem essencialmente filosóficos. Em *Tristes Trópicos* (1955), que é um livro de viagens, refere-se à sua passagem da filosofia para a antropologia em contacto com as populações por ele estudadas. As suas pesquisas desenrolaram-se entre as populações do Mato Grosso e da

Amazónia meridional, mais exactamente entre os Caduve, os Bororo e os Nambiquara.

O problema fundamental da análise lévi-straussiana é a estrutura social. O conceito é tirado da escola sociológica francesa e dos estudos de Mauss, de quem Lévi-Straus se declara continuador.

A estrutura, segundo Lévi-Strauss, é o sistema simbólico das relações constantes entre os factos. Já Durkheim, Mauss e Radcliffe-Brown tinham descrito a sociedade como um complexo integrado, cujos elementos simples adquirem sentido e significado nas suas relações de conjunto. Lévi-Strauss acentua o valor de signo e de símbolos dos elementos singulares e a constância das suas relações mútuas. A estrutura torna-se assim o todo, a cultura e a sociedade. A cultura e a sociedade tornam-se compreensíveis pelo valor de signo e de símbolo de todos os seus elementos; por outras palavras, constituem uma forma singular de linguagem e de relação humana. Lévi-Strauss declara abertamente a sua derivação das teorias estruturalísticas da linguagem, e também afirma que a antropologia é a ciência semiológica que estuda os signos da comunicação humana: «Entendemos a antropologia como aquela que ocupa de boa fé o âmbito da semiologia que a linguística ainda não reivindicou como seu.» (Lévi-Strauss, 1967: 56.)

A comunicabilidade humana está na raiz das relações culturais. Põe-se portanto o problema da passagem da natureza à cultura. Para a solução desta questão, que constitui um tema constante da problemática estrutural, Lévi-Strauss encontra a chave em torno do conceito de *troca*, aliança, reciprocidade, pelo qual, se religa ao estudo clássico de Mauss sobre o dom. A troca estabelece entre os homens relações de reciprocidade e funda o mecanismo pelo qual nasce e vive a cultura; a actividade peculiar do homem manifesta-se na capacidade de estabelecer uma ordem nas trocas. Nesta problemática se insere a discussão do incesto e a sua proibição. A proibição do incesto é uma manifestacão típica da intervenção do homem na natureza e indica com clareza a passagem à cultura.

A proibição do incesto é uma norma universal, também com diversas latitudes de aplicação, e interessou sempre o estudo dos antropólogos para uma explicação histórica e funcional. Lévi-Strauss aponta para a ideia de troca e aliança como sendo a explicação do problema, do mesmo modo que a troca e a aliança explicam o casamento. As duas instituições, aparentemente contraditórias, são homólogas: «Como a exogamia, a proibição do incesto é uma regra de reciprocidade, porque não renuncio à minha filha ou à minha irmã senão na condição de o meu vizinho também renunciar às suas; a reacção violenta da comunidade perante o incesto é a reacção de uma comunidade lesada; a troca, diferentemente da exogamia, pode não ser explícita nem imediata, mas o facto de eu poder obter uma mulher é, em última análise, consequência de que um pai ou um irmão renunciou a ela.» (Lévi-Strauss, 1949: 79. Num outro escrito posterior afirmará que a proibição do incesto fundamenta a sociedade humana e, num certo sentido, é a sociedade (Lévi-Strauss, 1967: 67).

O estudo fundamental de Lévi-Strauss permanece ainda a análise das estruturas elementares do parentesco (1949), na qual não só trata das relações entre natureza e cultura, mas propõe também uma interpretação dos complicados sistemas australianos de parentesco, em termos de relação e de aliança. Igualmente o tema do totemismo, tão estreitamente ligado com o parentesco, é visto por ele sob esta óptica e, recusando todas as interpretações dos antropólogos precedentes, propõe considerá-lo como um modo de responder às exigências intelectuais do conhecimento: «Por meio de uma nomenclatura especial, formada de termos animais e vegetais (e é este o seu único carácter diferenciador), o pretendido totemismo não faz mais que exprimir a seu modo – dir-se-ia, hoje, através de um código particular – correlações e oposições que podem ser formalizadas de outra maneira; assim, em certas tribos da América do Norte e do Sul, através de oposições do tipo céu-terra, guerra-paz, monte-vale, vermelho--branco, etc., cujo modelo mais geral e aplicação mais sistemática se encontram talvez na China, na oposição dos dois princípios do Yiang e do Yin: macho e fêmea, dia e noite, estio e inverno, da união dos quais resulta uma totalidade organizada (*tao*): cópula conjugal, dia ou ano. O totemismo reduz-se, assim, a um modo particular de formular um problema geral; «proceder de modo que a oposição, em vez de ser um obstáculo à integração, sirva antes para a produzir» (Lévi-Strauss, 1964: 125.)

No ensaio sobre o pensamento selvagem (1962), Lévi-Strauss prossegue na análise do totemismo, cuja lógica não considera diferente do simbolismo das antigas culturas grega e romana e da Igreja medieval. Também as normas éticas e sociais que acompanham o totemismo têm um valor simbólico e estabelecem relações. As proibições e as prescrições alimentares correspondem às proibições e prescrições matrimoniais: «Casar e comer é um todo único.» (Lévi-Strauss, 164, 147.)

A passagem da análise das estruturas sociais para a das relações simbólicas alimentares é levada ao extremo por Lévi-Strauss nos seus trabalhos sobre mitologia, que compreendem *O Cru e o Cozido* (1946), *Do Mel às Cinzas* (1966) e *A Origem das Boas Maneiras à Mesa* (1968). Nas correspondências que descobriu entre as narrativas mitológicas das origens, nas quais aparecem, constantemente, indicações sobre os alimentos, Lévi-Strauss não só se abalança a explicar o significado íntimo das prescrições e das proibições culinárias, mas também tira delas a relação simbólica do seu significado, pelo qual se exprime o pensamento humano, e chega a formular a conclusão de que nele se encontra o germe de uma filosofia do espírito e se voltam a encontrar os primórdios da ciência.

Além da indubitável coerência metodológica e do recurso constante aos conceitos de relação e de aliança, a insistência frequente sobre os significados recônditos das receitas culinárias pareceu a muitos excessiva, a ponto de se tornar tema de cepticismo irónico e, seja como for, índice de extravagância e da esterilidade do estruturalismo.

O carácter filosófico das análises estruturalistas e a finura das intuições, expressa, quase sempre, num estilo lucidíssimo,

INTRODUÇÃO AOS ESTUDOS ETNO-ANTROPOLÓGICOS

podem considerar-se as causas principais do sucesso literário e da popularidade de Lévi-Strauss, mesmo se as análises são levadas até relações de ordem matemática e algébrica. A problemática que contempla é fundamental e diz respeito à essência e às origens das instituições sociais, não tanto em sentido histórico quanto nas suas relações estruturais. O estruturalismo lévi--straussiano apresenta-se sempre como uma análise sincrónica e por esta razão foi criticado, por não considerar a dialéctica que existe no desenrolar da história. Contra esta observação, Lévi-Strauss faz profissão de fé na história: «Desprezar a dimensão histórica, com o pretexto de que os meios para a avaliar de um modo não aproximativo são insuficientes, leva a satisfazer-se com uma sociologia rarefeita, na qual os fenómenos estão desligados do seu suporte.» (Lévi-Strauss, 1967: 59-61.)

Mas esta censura de «sociologia rarefeita» fora-lhe já movida por Radcliffe-Brown e pelos seus seguidores (Leach, 1967). Ao dissociar-se do método lévi-straussiano, Radcliffe Brown afirmava que o próprio conceito de estrutura correspondia a uma realidade social concreta que, de facto, podemos definir como estruturalismo institucional, em oposição ao estruturalismo relacional de Lévi-Strauss, totalmente baseado em modelos teóricos. Sobretudo nas análises mitológicas, torna-se evidente que o pressuposto da reciprocidade está na base das escolhas dos modelos ideológicos. Cabe aqui perguntar quais são os critérios de escolha, quer dos mitos quer dos seus elementos que se submetem à análise. Estes critérios nunca são precisados, pelo que a escolha parece psicológica e subjectiva, do mesmo modo que a escolha dos antigos evolucionistas, e, assim, não surpreende que Radcliffe-Brown refute as análises lévi-straussianas como «conjecturais», da mesma forma que tinha refutado os esquemas evolutivos como pseudo-históricos.

A analogia entre a linguagem e a troca sociail pode certamente servir para esclarecer a complexa semiologia das relações humanas. Mas embora a linguagem e a troca actuem segundo um mecanismo biológico e inconsciente, não se subtraem à

TEORIAS E ESCOLAS

capacidade intelectiva e de escolha do homem que as usa, as modifica e as liga às próprias exigências. A actividade da mente humana é, realmente, complexa; se a pesquisa das estruturas elementares serve para captar os antropemas basilares, por outro lado, não pode esquematizá-los segundo um método que se revela assaz rígido e unívoco e cujas bases mostram a sua insuficiência perante a realidade efectiva do Homem.

8. A ETNO-HISTÓRIA

O interesse sincrónico do funcionalismo e do estruturalismo levara ao estudo da cultura e da sociedade, nas suas situações actuais, e, ao impulsionar a pesquisa do dinamismo das transformações, tinha-o considerado como um fenómeno presente ou, mais especificamente, como parte do presente etnográfico. Evans-Pritchard, como se viu, reagiu a este excesso dos seus mestres. Depois dele, o valor e o interesse pelo aspecto histórico da pesquisa antropológica foram largamente perfilhados por algumas correntes de método e de pesquisa que se agrupam, genericamente, sob o nome de etno-história.

Uma primeira orientação consistiu na valorização das tradições orais, recolhidas e avaliadas segundo um método crítico comparativo do qual se fez paladino eficaz J. Vansina (1965). Por meio deste método, vários pesquisadores registaram as tradições orais das populações africanas e, servindo-se das indicações intrínsecas destas tradições, das etimologias etnomásticas ou de outro género, das genealogias e de outros elementos análogos, tentaram reconstituir o passado.

A outra orientação tende a valorizar os documentos eventuais, escritos por antigos relatores, sobre as populações sem escrita. «Por muito estranho que possa parecer», escreve A. Hultkrantz, «as novas tendências históricas derivam em grande parte de orientações de pesquisa não histórica, da inspiração do amontoado de documentos dos arquivos nacionais e de novos processos acres-

INTRODUÇÃO AOS ESTUDOS ETNO-ANTROPOLÓGICOS

centados pela arqueologia.» (Hultkrantz, 1967: 110.) Assim, por exemplo, as próprias exigências da antropologia aplicada levavam a procurar nos documentos de arquivo os dados exactos dos pedidos dos ameríndios e impunham uma metodologia necessariamente historiográfica.

Clark Wissler tinha definido a etno-história como a pesquisa de informações etnológicas nos documentos escritos, mas os objectivos mais amplos da especialização hodierna são mais exactamente indicados no subtítulo prolixo da revista especializada *Ethnohistory – devoted to original research in the documentary history of the culture and movement of primitive peoples and related problems of broader scope*, Indiana University, Rayl House, Bloomington Ind., *for the* American Indian Ethnohistoric Conference.

A consagração da etno-história como especialização de estudo representa o reconhecimento do valor fundamental da história como possibilidade de conhecimento, e não só isso, pois abriu novos filões à pesquisa antropológica, como o registo das tradições orais e as pesquisas de arquivo. São muitos, de facto, os arquivos de instituições civis e religiosas (pense-se nos arquivos da S. C. para a Evangelização dos Povos, a antiga Propaganda de Roma), de famílias particulares e de governos, que estão à espera de ser explorados.

As informações que se pode esperar destas fontes são de vária ordem: antes de mais, a descrição das formas sociais vistas pelos relatores, as quais fixam um «presente etnográfico» diverso do nosso e servem, portanto, como ponto de confronto para avaliar a dinâmica das eventuais transformações culturais com relação a outros «presentes e etnográficos». A utilidade desta nova abordagem foi ilustrada pela Associação dos Antropólogos Sociais da Grã-Bretanha, numa monografia valiosa com o título: *História e Antropologia Social* (Lewis, 1968).

250

9. A NOVA ANTROPOLOGIA

A sugestão do método estruturalista lévi-straussiano e da linguística moderna teve uma eficácia directa e indirecta sobre o desenvolvimento de um género particular de estudos que, para se distinguirem das precedentes correntes científicas, foram denominados «nova antropologia», em Inglaterra, e «nova etnografia» ou «etnociência», na América. «Se a velha antropologia tinha razões para se dizer 'funcionalista', a nova antropologia não pode denominar-se com exactidão 'estruturalista', se se não der a este termo uma conotação mais vasta do que a já adquirida.» (Ardener, 1971: 449.)

Os objectivos da nova antropologia são estudar objectivamente a realidade cultural e social, descrevendo-a não tanto pelo modo como pode ser vista e concebida pelo observador etnólogo, como pelo modo como é, realmente, caracterizada e vivida pelos seus próprios indivíduos. Por outras palavras, refere-se ao ponto de vista dos aborígenes, propondo-se fazer não só a simples descrição etnográfica mas também a análise das relações internas que ligam entre si os conceitos de maneira integrante. Por esta razão é designada também antropologia cognitiva – *cognitive anthropology* –, precisamente porque analisa as formas de conhecimento dos membros de uma cultura. Neste mesmo sentido se diz *etnociência*, porque pretende descobrir o sistema de conhecimentos e de percepção típicos de uma cultura (cf. Sturtevant, 1964: 99-101).

Os termos para distinguir os dois modos de conhecimento, o do observador estranho e o do portador de uma cultura, foram derivados dos termos linguísticos fonético e fonémico, eliminando o primeiro étimo «fon». Assim, *ético* é o conhecimento do observador, expresso em conceitos abstractos e gerais que formam as categorias teóricas derivadas da síntese das pesquisas etnográficas *culture-free*, livre da cultura, isto é, ao nível de abstracção e de separação da realidade cultural vivida. *Émico* é, pelo contrário, o conhecimento próprio do indivíduo pertencente a uma cultura determinada, expresso na lógica interna do seu sistema de conhecimento. Por palavras simples, ético é o conhecimento objectivo; émico é o conhecimento subjectivo.

A pesquisa «etnocientífica» concentrou-se na análise das classificações dos etnemas das culturas singulares, como as relações de aliança e de contraste dos termos de parentesco, dos valores de prestígio e de autoridade social, das cores, dos gostos, dos cheiros, dos alimentos, etc. (cf. Romney e D'Andrade, 1964).

Entre os mais notáveis expoentes da nova antropologia inglesa, devem assinalar-se Rodney Needham (1962 e 1972), M. Douglas (1966), V. W. Turner (1968 e 1969). Dos americanos, lembramos W. H. Goodenough (1949 e 1964), F. G. Lounsbury (1955 e 1956) e C. O. Frake (1961 e 1962).

Uma outra corrente de estudo, que se afirmou especialmente entre os antropólogos americanos, é o neo-evolucionismo. Os seus expoentes são Leslie White, Julian Steward, George P. Murdock e Marvin Harris. Alguns destes autores declararam querer levar avante, quase repetir, as posições de princípio dos antigos evolucionistas. Assim, White não quer ser neo, mas simplesmente evolucionista. Murdock, ao exprimir a sua convicção basilar sobre a evolução, dir-se-ia repetir as palavras de Tylor: «Parece fora de dúvida que os elementos da organização social, nas suas mutações e combinações, se adaptem a leis naturais próprias com uma exactidão pouco menos surpreendente do que aquela que caracteriza as mutações e as combinações dos átomos na química ou dos genes na biologia.» (1949: 183.) Todos atribuem a maior importância ao factor ecológico como elemento determinante da evolução cultural, mas distinguem-se entre si pela diversidade de acentuação do método e dos temas.

Steward dá relevo, principalmente, ao determinismo técnico-ambiental; White, ao determinismo técnico-económico. Murdock desenvolve ao máximo o método da estatística e o seu grande mérito foi ser um extraordinário recolector e elaborador de dados. A ele se deve a *Human Relations Area File*, que é um catálogo no qual estão mencionados, com a colaboração de diversos centros de estudo antropológico, os dados de todas as sociedades e culturas conhecidas. Murdock valorizou estes dados em algumas obras de síntese sobre a estrutura social (1949) e no atlas etnográfico (1967). Nesta obra, publicada na revista que fundou, *Ethnology*, examinou mais de mil sociedades, classificando 862, por meio de um código especial, para permitir a pesquisa comparativa para os usos profissionais mais variados; para conhecer, por exemplo, o nível económico de uma dada cultura, o carácter da sua organização, o grau da sua integração política (Murdock, 1967: 111). A utilidade informativa de tais obras é certamente grande, mas não se pode deixar de acentuar que a validade das fontes etnográficas continua desigual, pelo que o valor dos dados resulta, necessariamente, genérico e aproximativo. E é precisamente este carácter genérico e aproximativo a crítica feita constantemente às construções evolucionistas e às propostas de leis gerais.

Marvin Harris publicou em 1968 uma nova história das teorias antropológicas. Embora se trate de uma nova tentativa para expor o desenvolvimento histórico da antropologia, Harris, mais do que uma história, apresenta uma tese, com escolhas parciais e com interpretações unívocas, pela qual toma posição a favor do neo-evolucionismo ou, mais exactamente, do materialismo cultural. O fim da antropologia, segundo Harris, é a formulação de leis gerais, isto é, a *antropologia é nomotética*. Por esta razão, deve-se estudar as causas do desenvolvimento cultural que se encontram, unicamente, nas condições ecológicas, técnicas e económicas. Pelo conhecimento destas causas e pelo modo como funcionam, não se chega à definição das leis, mas à previsão dos desenvolvimentos. A ecologia cultural equivale ao materialismo cultural e oferece a Harris o parâmetro para julgar cada teoria de um modo predominantemente maniqueu.

Alguns estudiosos consideram a moderna tendência para a especialização como sendo demasiado fragmentária e auguram a reunificação dos vários ramos das ciências antropológicas e etnológicas numa disciplina única de síntese, isto é, numa *antro-*

INTRODUÇÃO AOS ESTUDOS ETNO-ANTROPOLÓGICOS

pologia geral ou *pan-antropologia* (Marshall e Thompson, 1967: 61-91). Estas propostas encontram acolhimento aberto na revista *Current Anthropology*, da Wenner Gren Foundation, a qual se apresenta como fórum de livre discussão a todas as especializações e a todas as orientações atinentes às ciências antropológicas.

Devemos ainda recordar os congressos internacionais das ciências antropológicas e etnológicas, onde se reúnem os antropólogos físicos, culturais e sociais, os linguistas, e onde os propósitos interdisciplinares se exprimem em contrastes frequentemente demasiado inconsistentes.

As actas destes congressos incluem os contributos mais variados, mas não têm tido ainda a eficácia da síntese que os pan-antropologistas se propõem. Pode-se afirmar com certeza que as especializações analíticas continuam a ser uma exigência imprescindível da pesquisa. Os dados específicos, certos e significativos, são essenciais para qualquer tipo de síntese comparativa que permanece a meta a atingir, mas não a antecipar, para evitar o risco de amplas reconstituições arbitrárias que, embora sugestivas, já no passado retardaram, em vez de favorecer, o desenvolvimento do pensamento antropológico.

O Congresso Internacional das Ciências Antropológicas e Etnológicas foi constituído em Basileia a 21 de Abril de 1933, e os congressos internacionais até agora celebrados foram nove: em Londres, em 1934; em Copenhaga, em 1938; em Bruxelas, em 1948 (deste, nunca foram publicadas as actas); em Viena, em 1952; em Filadélfia, em 1956; em Paris, em 1960; em Moscovo, em 1964; em Tóquio, em 1968; m Chicago, em 1973; o décimo está programado para Nova Deli, em 1977.

VII

OS ESTUDOS ETNO-ANTROPOLÓGICOS EM ITÁLIA

No desenvolvimento cientírico da etno-antropologia em Itália podem distinguir-se quatro estádios, que de forma um tanto aproximativa se definem como: (1) positivo-evolucionista; (2) individual ou humanístico; (3) etnológico; (4) etno-antropológico.

Depois de um florescimento prometedor de interesse e de obras não desprovidas de alguma inspiração genial, deu-se uma espécie de indiferença e de pausa, da qual emergem algumas raras figuras de estudiosos que, pelos seus interesses humanísticos de estudo e de pesquisa, mantêm aberta a perspectiva universalista antropológica e estão atentos em seguir e tirar vantagem do progresso que os mesmos estudos registam nos outros países europeus e americanos. Do esforço individual, nada fácil, destes estudiosos brotou a continuação das especializações da etnologia e da antropologia cultural como disciplinas académicas e estabeleceram-se as premissas para dar sentido e significado científicos ao interesse difundido pelos conhecimentos antropológicos, suscitado pelos meios modernos de comunicação de massas, que, de outro modo, estaria destinado a ficar superficial e romântico.

INTRODUÇÃO AOS ESTUDOS ETNO-ANTROPOLÓGICOS

1. PERIODO POSITIVO-EVOLUCIONÍSTICO

A antropologia física representa, em Itália, a primeira matriz dos estudos antropológicos, tanto nos seus aspectos culturais como históricos e etnológicos. Na perspectiva do pensamento positivista e do fervor científico suscitado pela visão evolucionista da natureza, apresentada por Darwin, movimentou-se um primeiro grupo de estudiosos italianos, quase todos médicos e naturalistas. Médico foi Paolo Mantegazza, de Monza (1831-1910), dotado de uma personalidade exuberante, que se tornou mestre e divulgador das novas teorias darwinianas. Havia nele e nas suas obras um amplo sopro de interesse científico e uma ausência de preconceitos inteligente e prolífica ao apresentar os argumentos mais insólitos (sobretudo se se tiver em conta o formalismo social prevalente no século passado) com uma linguagem cruamente positivista e uma perspectiva evolucionista que não deixava lugar a dúvidas. Viajou muito pela Europa e pela América e, em 1854, quedou-se na Argentina, para exercer a profissão de médico. Foi, de certo modo, em contacto com as populações ameríndias do Noroeste da Argentina que o seu interesse antropológico amadureceu. Em 1858, voltou à Itália e regeu a cátedra de Patologia Geral na Universidade de Pavia, onde realizou as primeiras experiências em animais. Em 1870, obteve a primeira cátedra de Antropologia de Itália, na Universidade de Florença. No seu ensino, fez-se defensor activo das teorias darwinianas, estudando em particular a teoria da pangénese, a eficácia da selecção sexual, o atavismo, a relação entre o isolamento geográfico e a variedade das raças humanas. Foi deputado ao Parlamento de 1865 a 1876, ano em que se tornou senador. Ao ensino e ao estudo juntou uma actividade extraordinária de conferencista e de escritor, com obras largamente divulgadoras sobre a fisiologia do prazer (1880), da dor (1888), do amor (1873), do ódio (1889), ensaios de antropologia física sobre o método descritivo lineano do crânio humano e também de romances de carácter entre o científico e o moral. Mas, mais do que à sua produção literária, o nome de

Mantegazza ficou ligado à fundação, em 1870, do Museu Antropológico-Etnográfico de Florença, da Sociedade Italiana de Antropologia Física (1871) e do Arquivo de Antropologia e Etnologia (1870), fundações que ainda hoje perduram e prosperam.

Contemporâneo de Mantegazza, e como ele médico, foi Césare Lombroso (1835-1909), ao qual se deve a implantação da antropologia criminal como disciplina especializada. Lombroso sustentou que a degeneração moral do delinquente devia explicar-se em relação com as suas anomalias físicas. A partir desta consideração fundamental estendeu as suas pesquisas à importância das condições climáticas, das situações ambientais e geológicas, para determinar os valores culturais humanos, quer em relação ao problema morfológico da raça, e no que respeita à densidade da população e à sua alimentação, quer aos problemas mais especificamente morais e sociais, como os das instituições, da religião e da reforma prisional. As teorias de Lombroso, sobretudo quanto ao homem delinquente, tiveram uma continuação notabilíssima, tanto no direito penal – porque o criminoso passou a ser considerado um doente que deve ser tratado e regenerado e não simplesmente punido – como na medicina mental e legal. As suas obras têm títulos significativos: *Génio e Loucura* (1864), *O Homem Branco e o Homem de Cor* (1871), *O Homem Delinquente* (1876), *O Delito Político e as Revoluções* (1890), *As Mais Recentes Descobertas e Aplicações da Psiquiatria e Antropologia Criminal* (1893), *A Mulher Delinquente, a Prostituta e a Mulher Normal* (1893), *O Homem de Génio* (1894), *Génio e Degeneração* (1898), *Pesquisas sobre Fenómenos Hipnóticos e Espíritas* (1909).

O zoólogo Enrico Hyller Giglioli *(1845-1909)* é também recordado pelas suas preciosas recolhas etnográficas da Austrália e da Oceania, que constituem uma das bases mais notáveis do Museu Pré-Histórico-Etnográfico Luigi Pigorini, de Roma. Giglioli deixou-nos também uma descrição da sua longa viagem, com o título *Viagem à volta do globo da Real Corveta a vapor* Magenta *nos anos de 1865-66-67-68 sob o comando do*

INTRODUÇÃO AOS ESTUDOS ETNO-ANTROPOLÓGICOS

Capitão de Fragata V. F. Armijon. Relação descritiva e científica. Prefácio etnológico de Paolo de Mantegazza, Milão, 1875. Atento coleccionador de zoologia, antropologia e etnologia foi Lamberto Loria (1835-1913). Realizou longas viagens no Turquestão, na Nova Guiné e na Eritreia. Mas o seu nome ficou ligado, como ilustre precursor e mestre, às primeiras manifestações dos estudos etnográficos italianos sobre as tradições populares. Laureado em Matemática pela Universidade de Pisa, deixou-se atrair totalmente pelas sobrevivências folclóricas italianas e promoveu o seu conhecimento e estudo. Em Florença, em 1906, fundou o Museu de Etnografia Italiana, em 1910, a Sociedade de Etnografia Italiana e, em 1912, a revista *Lares*, promovendo dessa forma uma das importantes bases da actual antropologia cultural em Itália.

De formação literária e filosófica, não naturalista, foi Giuseppe Sergi (1841-1936). Dedicou-se primeiramente a estudos de filosofia e de filologia indo-europeia, passou a interessar-se por psicologia e pedagogia e, finalmente, dedicou-se plenamente à antropologia física, entendida no sentido unitário com a etnologia. Aperfeiçoou o método de medição antropomórfica e em especial da cranioscopia, procurando precisar por esse meio a descrição geométrica do crânio, um critério taxonómico para a classificação das raças humanas e o problema da sua origem. A perspectiva de Giueppe Sergi permanece constantemente virada para o problema das origens do homem, no sentido evolucionista, e por essa razão as suas pesquisas estenderam-se à paleontologia dos mamíferos e do homem, aos problemas da herança biológica e do mendelismo, às antigas civilizações, à linguagem e à escrita. Escritor fecundo, aplicou também as suas teorias antropológicas à crítica das obras de arte e, como todos os antropólogos que o tinham precedido, tratou os assuntos da delinquência e do feminismo. Nas suas indagações e nos seus escritos há, talvez, uma maior severidade do método crítico, pelo qual, ainda que as suas classificações reflictam os limite do método cranioscópico, se impuseram como indicações significa-

258

TEORIAS E ESCOLAS

tivas. Na realidade, pela amplitude e profundidade das suas indagações e pela seriedade do método científico, Giuseppe Sergi sobressai entre todos os estudiosos deste período como um mestre eminente. Em Roma, onde exerceu o seu ensino, fundou a Sociedade Romana de Antropologia e, em 1911, a *Revista de Antropologia*.

O mérito do começo científico e especializado dos estudos demológicos em Itália pertence também ao médico siciliano Giuseppe Pitré (1841-1916). Foi precisamente pelo contacto com as classes populares a que o levava a sua profissão que Pitré se voltou para o estudo do folclore. Ao princípio, o seu interesse tinha um carácter predominantemente filosófico e referia-se sobretudo às expressões literárias populares, aos provérbios e à poesia, mas depressa se estendeu até abranger toda a gama das manifestações culturais do povo, desde os provérbios aos cantares, das fábulas às adivinhas, dos espectáculos aos jogos, das crenças aos preconceitos, dos usos e costumes às práticas medicinais, nos caminhos, nos campos, nas praias e nas casas. Deste interesse são indícios monumentais os 35 volumes da *Biblioteca das Tradições Populares Sicilianas*, iniciada em 1871 e acabada em 1913. Em 1880, em colaboração com S. Salomone-Marino, também médico, fundou o *Arquivo das Tradições Populares*, o qual, além de recolher o material das indagações etnográficas feitas na Itália, se seguiram os estudos folclóricos no seu desenvolvimento internacional. De igual importância é a colecção das *Curiosidades Populares Tradicionais* e a *Bibliografia das Tradições Populares em Itália*, publicada em 1894. A actividade literária de Pitré, que só por si é extraordinária, teve como complemento e continuação o Museu Etnográfico Siciliano, fundado por ele em Palermo.

O quadro dos estudiosos que caracterizam este primeiro período dos estudos antropológicos em Itália é completado com a recordação do naturalista e paletnólogo Luigi Pigorini. Na sua obra científica de investigador dedicou-se ao estudo das populações paleolíticas da Itália e, em particular, da zona ribeirinha do vale do Pó, mas recorda-se aqui pelo contributo que deu em Roma à remodelação do museu anexo ao Colégio Romano, fundado no fim do século XVII pelo jesuíta Atanásio Kircher e que se tornou no Museu Nacional de Pré-História e Etnografia, que recebeu o seu nome.

Podem-se portanto destacar três componentes dos estudos antropológicos italianos neste período: a componente paletnológica, a etnográfica e a antropológica. Enquanto as escavações «pré-históricas» realizadas e mantidas por Pigorini abriram à arqueologia clássica novos campos e novas problemáticas, e enquanto as recolhas demológicas levam à consolidação da etnografia italiana como uma nova ciência folclorista, as suas perspectivas de estudo ficaram limitadas ao âmbito da antiga cultura clássica mediterrânica, ainda que representem um esforço notável para superar as suas limitações. A antropologia física, ainda hoje unida à etnologia, até pela incerteza do método, ultrapassou as limitações tradicionais da cultura italiana, graças sobretudo à obra de Sergi, com problemáticas novas dirigidas para o estudo de «raças e civilizações» até então ignoradas e descuradas.

2. PERÍODO INDIVIDUAL E HUMANÍSTICO

Destas premissas, tão prometedoras, era lícito esperar um desenvolvimento favorável não só para a antropologia física mas também para a etnologia, como disciplina autónoma respeitante aos aspectos culturais da actividade humana. Assim acontecia nos outros países europeus e americanos. Em Itália, pelo contrário, deu-se uma espécie de atrofiamento ou, como quer que seja, um atraso prejudicial. As causas foram muitas, de ordem social e política; mas, entre as muitas, teve uma consequência determinante, o predomínio no mundo académico do pensamento idealista e crociano.

O positivismo, no fim do século passado, tinha atribuído um valor determinante à pesquisa factual, secundando a exigência experimental das ciências exactas e encaminhando as novas ciências humanas, antropologia e sociologia, para a pesquisa de critérios classificadores e de leis gerais que fossem também exactas. A teoria da unidade evolucionista de todos os seres dava validade e justificava em cheio as premissas positivistas.

Ao contrário, o idealismo, que ao principio do século se impôs e continuou a firmar-se nos anos entre as duas grandes guerras, negou o valor dos factos, defendendo o significado irrepetível da realidade individual e, portanto, a vacuidade da pesquisa dos factos sociais e do seu valor experimental como meio de analisar o significado da cultura e da história. O altíssimo prestígio dos grandes idealistas italianos, sobretudo de Benedetto Croce, e a grande continuação que o historicismo crociano teve no mundo académico italiano transformaram-se em tácita aversão às ciências da observação, entre as quais se procurava a definição da etnologia e das sucessivas orientações funcional e estrutural. Em todo o caso, este é um período de história negativa da antropologia em Itália, no qual se devem analisar as causas do muito que se não fez e que poderia ter sido feito.

O atraso dos estudos etnológicos na Itália, só em parte bastante marginal, pode atribuir-se à participação insignificante que a Itália teve na arremetida colonial. É certo que a presença da Itália na Etiópia, embora efémera, criou como que uma perspectiva de desenvolvimento etnológico, quer porque a Etiópia se situa entre as regiões mais ricas de problemática etnológica e antropológica, e por isso era um campo capaz de inspirar as mais variadas pesquisas, facultando quase um laboratório para as novas ciências humanas, quer porque a formação dos quadros administrativos coloniais se oferecia como ocasião de emulação com o que tinha acontecido na Inglaterra e na França. Tal motivação atribui-se ao nexo histórico que se quer ver entre o florescimento da antropologia social na Inglaterra, da etnologia em França e dos estudos antropológicos nos Estados Unidos e a situação

INTRODUÇÃO AOS ESTUDOS ETNO-ANTROPOLÓGICOS

colonial dos países africanos, asiáticos e dos ameríndios. Uma motivação do género, observa Lewis (e isto é válido, também, para a Itália), confunde o género de pesquisas que a situação colonial certamente favoreceu, com a essência da antropologia. Esta consiste no estudo da diversidade da cultura, que permanece independentemente das circunstâncias políticas em que tal estudo se efectua ou, seja como for, é condicionado por esta somente nalguns aspectos de transformação e de política. Em todo o caso, no que respeita à posição italiana, a Líbia e a Eritreia ofereciam campos de estudo a explorar, e pode acrescentar-se que também as nações onde chegavam emigrantes italianos, nas duas Américas, podiam ser tomadas como interesse de estudo, que faltou, não tanto por insuficiência económica e política quanto devido ao desinteresse idealístico.

Se as condições ideológicas desfavoráveis atenuaram e enfraqueceram os estudos antropológicos, depois do seu primeiro florescimento, não puderam, contudo, fazer parar alguns, poucos, estudiosos que, na pesquisa e no ensino, não se deixaram embriagar pela tendência dominante e, assim, se mantiveram abertos a um género de estudos e de problemáticas que só o preconceito etnocêntrico podia considerar vazio e insignificante. Tratou-se sempre de estudiosos isolados, individuais, já ligados por profissão e especialização a estudos humanísticos precisos, mas até porque, sendo espíritos humanísticos, no sentido mais puro do termo, e por isso de ânimo universalista, estavam prontos e dispostos a abrir-se às culturas alienígenas.

Nesta óptica se colocam as figuras e os nomes de Carlo Conti Rossini, Enrico Cerulli, Renato Biasutti, Raffaele Pettazzoni e outros. Os primeiros são sobretudo etiopistas; Biasutti é antropogeógrafo; Pettazzoni, historiador de religiões.

Carlo Conti Rossini foi funcionário da administração colonial na Eritreia e dedicou-se com paixão ao estudo da história e dos costumes locais como fonte de direito. O seu método foi sobretudo histórico e filosófico, voltado para a descrição etnográfica das gentes etíopes (*Etiópia e genti d'Etiopia*, Florença,

1937) e da sua história (*Storia d'Etiopia*, Bergamo, 1928). Dirigiu durante longos anos a *Rassegna di studi etiopici* e, desde a fundação, foi membro do conselho directivo do International African Institute de Londres. Enrico Cerulli, actual presidente da Accademia dei Lincei, é um orientalista com interesse mais específico pela literatura e pela história antiga da Etiópia. Funcionário do Ministério dos Negócios Estrangeiros, efectuou importantes missões diplomáticas na África Oriental e foi embaixador na Pérsia. Dedicou todo o seu estudo às antigas literaturas euxísticas e às suas relações com as culturas do Próximo Oriente. As suas numerosas publicações eruditas tornaram-no mestre insigne de história e filosofia etíopes e os seus contributos do género tiveram um valor determinante para os conhecimentos etnográficos e etnológicos. Centram-se nas populações do Sudoeste da Etiópia e da Somália (*Etiopia occidentale*, 1932; *Somalia I*, 1957; *Somalia II*, 1959) e representam o resultado científico das suas viagens, feitas numa época em que a Etiópia continuava ainda, em grande parte, fechada e desconhecida na Europa. Durante muitos anos, os seus escritos etnográficos foram a única fonte cientificamente aceitável para o conhecimento da cultura dos Gala e das outras populações meridionais da Etiópia.

Renato Biasutti (1878-1965) foi antropogeógrafo e, devido aos seus interesses científicos predominantes, propôs-se efectuar uma síntese entre os resultados da antropologia física, da peleo-etnologia e da etnologia, em sentido histórico-difusionista. Na sua obra mais bem sucedida e significativa, *Razze e popoli della terra*, que teve quatro edições, deixou-nos um manual das ciências antropológicas que pode justamente considerar-se um ponto de referência válido para o conhecimento da problemática antropológica e etnológica, sobretudo histórica e sistemática. Serve-se do conceito de ciclo, que interpreta em sentido histórico e geográfico e aplica tanto às raças como às culturas. Na «classificação das raças humanas actuais e sua génese» distingue os *ramos (rami)*, isto é, as subespécies do *Homo sapiens, os troncos (ceppi)*, isto é, as raças principais, e as *raças (razze)* de nível secundário, e propõe quatro ciclos: das formas primárias equatoriais (por exemplo, *ramo* dos australóides, *tronco* dos australidas, *raça* australiana, tasmaniana, etc.); das formas primárias setentrionais (*ramo* dos mongolóides, *tronco* dos pré-mongólidas, *raças* paleo-siberiana, tibetana, etc.); das raças derivadas subequatoriais (*tronco* dos paleo-índidas, *raças* tamílica, malabar, etc.); das raças derivadas, do Pacífico e da América (*tronco* polinésio, *raça* polinesiana; *tronco* dos americanídeos, *raça* alegânica, dakota, etc.) (1967 (4). I: 453-70). Nas classificações das culturas propõe uma concordância entre as culturas paleo-etnológicas ou «proto-históricas» e as culturas «históricas», segundo o esquema apresentado na figura 7.1 (Biasutti, 1967-I: 759):

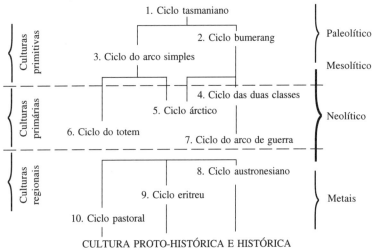

Fig. 7.1

Biasutti levou ao máximo desenvolvimento, com grande fôlego e com informações constantemente actualizadas, a perspectiva antropo-etnológica que foi característica dos primeiros antropólogos italianos e em particular de Giuseppi Sergi. Assim, declara-se contrário a aceitar, com De Martino, a etnologia

TEORIAS E ESCOLAS

como «simples história» (Biasutti, 1967-I: 751-52) e considera «o mundo do etnólogo quase sempre e onde quer que seja como um mundo de ontem». (Biasutti, 1967: prefácio da 2.ª edição.) Biasuttti é considerado o epígono mais ilustre da primeira escola antropológica italiana, e a vastidão do seu saber, a amplitude da sua visão e a originalidade das suas avaliações e propostas científicas tornaram-no um mestre consagrado e um válido precursor do desenvolvimento actual dos estudos etno-antropológicos em Itália.

Um dos aspectos mais significativos da questão das origens, que, como se disse, caracteriza todo um século de estudos, diz respeito ao problema da religião. Com a formação científica da antropologia e da etnologia, define-se, de igual modo, como nova disciplina, a história das religiões, cujo primeiro objectivo foi incluir a história das religiões como fenómeno da cultura humana e dos seus estádios de desenvolvimento. As origens da religião confundem-se, de certo modo, com as origens da cultura, e é por esta razão que as hipóteses sobre a origem e o desenvolvimento da cultura, formuladas pelos primeiros antropólogos, se referem ao problema religioso: o ateísmo, o animismo, a magia, etc. Na Itália, Raffaele Pettazzoni (1877-1959) foi o primeiro introdutor e mestre respeitadíssimo da história das religiões. A sua formação e os seus interesses eram decididamente clássicos, no sentido de que continuou a ir buscar inspiração e referências aos filões tradicionais da cultura humanística italiana. Trouxe-nos, no entanto, um fôlego novo e inovador. Da história das religiões foi atraído para a problemática das origens e pelo estudo da documentação etnológica. Foi profundamente fascinado por esta e, embora continuasse fiel ao método e ao mundo clássicos, jamais deixou de ampliar os seus conhecimentos e a valorização das culturas «primitivas». Regeu a cátedra de História das Religiões na Universidade de Roma.

As indagações que empreendeu, a começar pela religião dos antigos Sardos até às religiões clássicas dos Gregos, dos Romanos, dos Germanos e dos Eslavos, apareceram em

INTRODUÇÃO AOS ESTUDOS ETNO-ANTROPOLÓGICOS

numerosíssimos ensaios, sobretudo nas revistas que fundou, *Studi e materiale de di sioria delle religione* (1925), *Numen* (1954) e em várias monografias. Os assuntos que o fizeram penetrar mais directamente no mundo etnológico foram o conceito de Deus, acerca do qual deixou algumas das suas obras mais significativas, a confissão dos pecados (1922), os mitos e as lendas dos povos primitivos (1948).

O primeiro volume sobre o conceito de Deus tem um título elucidativo: *Dio, origine e svilupo dei monoteismo* (1922). A documentação que analisa refere-se a todo o mundo dos povos primitivos então conhecidos e ao método de selecção dos factos, que é o comparável ao da escola evolucionista. A investigação é conduzida com muita intuição e originalidade. Pettazzoni atribui a ideia de Deus à contemplação humana do céu e das manifestações urânicas. A religião teria tido o seu início nesta primeira intuição, passando, depois, de estádio em estádio, ao politeísmo e ao monoteísmo. Esta teoria, chamada o uranismo originário, foi motivo de ásperos ataques por parte de Schmidt, cujas teorias tiveram, nesse tempo, considerável difusão em Itália. Pettazzoni não deu seguimento ao volume sobre a formação do monoteísmo, mas nunca cessou as pesquisas para aprofundar o assunto e para sustentar a polémica com Schmidt. Só em 1953, cerca de trinta anos mais tarde, é que publicou um novo estudo, com o título *L'Omniscienza di Dio (A Omnisciência de Deus)*, que representa a última etapa do seu pensamento quanto ao conceito de Deus. Sente-se ainda o eco da antiga polémica, mas, ao mesmo tempo, o seu pensamento mostra-se mais incisivo e amadurecido. «A teoria do monoteísmo primitivo», afirma, numa referência clara a Schmidt, «foi construída sobre um equívoco e sobre um erro. O equívoco consiste em considerar como primordial aquilo que não o é, transferindo para a mais arcaica civilização religiosa a ideia de Deus, que é própria da nossa civilização, e que do Antigo Testamento passou para o Novo e foi, depois, sucessivamente elaborada pelo cristianismo. O monoteísmo, na sua concreta realidade histórica, é a crença num só Deus e a negação de todos os outros deuses...» (Pettazzoni, 1955: 4.)

Pettazzoni bate no ponto quando indica a confusão que deriva do equívoco de aplicar a uma cultura um conceito historicamente pertencente a qualquer outro ambiente de pensamento. Não foi fácil para os próprios antropólogos libertarem-se desta limitação e deste pressuposto etnocêntricos, embora o critério para avaliar uma cultura pela sua estrutura interna e autónoma seja considerado óbvio e universalmente aceite. Pettazzoni sentiu a necessidade de uma perspectiva diferente, extraída do interior das culturas examinadas: «Este problema da pertinência da noção de Ser Supremo a um determinado tipo de civilização exige uma posição histórica mais rigorosa. A noção de Ser Supremo não é o reflexo da ideia abstracta e monoteísta de Deus, dotada de todos os atributos mais elevados e a ela, teoricamente, inerentes, entre os quais o da omnisciência, mas uma formação histórica concreta que assume formas diversas, também com atributos diversos, eventualmente, conforme o ambiente cultural em que se exerce. Existe em todas as civilizações um nexo ideal intrínseco entre os elementos que a compõem. A religião é um destes elementos e o Ser Supremo faz parte da religião.» (Pettazzoni, 1955: 627.)

A linguagem de Pettazzoni não está completamente de acordo com a gíria antropológica, mas deixa transparecer as novas interpretações da cultura, entendida como realidade integral e global («*um nexo intrínseco entre os elementos que a compõem*»), que Malinowski indicava como base da orientação funcionalista (da qual Pettazzoni teve de confessar-se admirador, mas não se afastando do método histórico próprio), na realidade já expressa na definição de cultura de Tylor.

No seio da universidade italiana, realizou uma obra eficaz de promoção da etnologia. Empenhou-se no sentido de ser instituído o ensino da etnologia na Faculdade de Letras de Roma e, em 1938, recebeu pela primeira vez esse encargo. Por sua iniciativa fundou-se igualmente o Instituto das Civilizações Primitivas, do qual foi, também, o primeiro director. (Sob a direcção do Prof. Vinigi L. Grottanelli, a denominação passou para Instituto de Etnologia.) Fundou, mais tarde, a Escola de Aperfeiçoamento em Ciências Etnológicas. Pelo conjunto de todas estas actividades e iniciativas, Lanternari escreve: «Creio que se pode afirmar que todos ou quase todos os estudiosos italianos de etnologia ou de ciências antropológicas estão, de modo directo ou indirecto, em dívida para com a pessoa e a obra de Rafael Pettazzoni que, pela actividade de estudioso e pelas iniciativas que levou por diante no campo académico, bem se pode considerar o fundador da etnologia na Itália e o promotor de uma nova abertura para os estudos antropológico-culturais, que havia de amadurecer, depois, por obra de outros.» (Lanternari, 1973: 48.)

Como humanista, foi um dos grandes. Como etnólogo surge, em Itália, como precursor. As suas obras, embora sempre exactas e muitíssimo assentes na documentação, permanecem elaborações de gabinete e intuições, em muitos aspectos, pessoais. Mas, se uma característica o distingue como etnólogo é a vasta erudição sobre o problema religioso dos «primitivos», procurando continuamente informar-se sobre tudo o que era publicado no mundo e que pudesse contribuir para o aprofundamento da pesquisa e a procura honesta da verdade.

3. PERIODO ETNOLÓGICO

Se a acção de Pettazzoni a favor da etnologia, no âmbito universitário, teve de superar não poucos obstáculos e, para ser eficaz, foi necessariamente lenta, a fugaz mas autorizada presença de Wilhelm Schmidt foi de eficácia imediata e penetrante no mundo académico eclesiástico e no mundo católico italiano. Encontrou um ambiente disposto e pronto a valorizar o significado apologético das suas teorias sobre a cultura originária, quer religiosa *(Urmonotheismus),* quer social *(Urmonogamie,* etc.).

Schmidt trabalhou temporariamente em Roma, sendo hóspede da Universidade Católica de Milão. Em 1925, por ocasião da exposição missionária mundial, foi convidado por Roma para organizar e dirigir a secção etnográfica. Pedira-se às Missões de todas as partes do mundo primitivo que enviassem material das culturas locais. Por vontade do papa Pio XI, no encerramento da grande exposição todo o material se utilizou para constituir a secção etnológica do Museu Pontifício de Latrão e Schmidt, nomeado primeiro director científico, deu-lhe uma ordenação conforme às suas teorias histórico-culturais. Iniciou, entretanto, a publicação dos *Annali Lateranensi*, concebidos segundo o módulo da revista *Anthropos*, fundada pelo mesmo Schmidt em 1906, e que se destinava, sobretudo, à publicação de pesquisas etnográficas, históricas e linguísticas dos missionários e da sua documentação, mais do que para discussões de teoria e de método. Presentemente, a sede do museu foi transferida para uma nova ala do Museu Vaticano e o título do periódico passou a ser *Annali dei Pont. Museo Missionario-Etnologico* – Cidade do Vaticano.

Se o estudo da história das religiões e da etnologia encontrou em Itália, nos ateneus eclesiásticos e no mundo cultural católico acolhimento favorável, isso deve-se certamente a Schmidt. O método histórico-cultural e as teorias históricas de Schmidt tornaram-se assim a doutrina comum nestes ambientes, porque ofereciam uma resposta às teorias contrárias ao ensino tradicional da Igreja. Para valorizar o ensino de Schmidt deverá ainda acrescentar-se a polémica que, com coragem e energia, ele vinha travando contra a doutrina grosseira e bárbara da raça, defendida pelos nazis e pelos fascistas. Testemunho desta polémica foram os artigos, alguns ocasionais, outros programados, que o P.ᵉ Miguel Schulien, sucessor de Schmidt na direcção do museu e dos *Annali*, ia publicando no *Osservatore Romano*, o jornal do Vaticano, nos anos que antecederam a última guerra. Estes artigos tiveram uma vasta ressonância na Itália, quer devido ao momento político quer pela novidade divulgadora das argumentações sobre a unidade do género humano, sobre o carácter da cultura primordial humana, sobre a distinção entre raça e cultura, etc.

INTRODUÇÃO AOS ESTUDOS ETNO-ANTROPOLÓGICOS

Com a preponderância das novas orientações da antropologia social e funcional e o consequente abandono das posições e do método histórico-cultural, também na Itália o reflexo cultural da escola schmidtiana perdeu o seu vigor e deixou finalmente de ter seguidores significativos. Entre os epígonos da escola schmidtiana, podem citar-se Renato Bocassino, professor de Etnologia no Instituto Oriental de Nápoles, que com uma preparação profissional singular, obtida na escola dos maiores antropólogos europeus dos anos trinta, e uma experiência notável de trabalho de campo entre os Acholi no Uganda se tornou grande defensor das teorias schmidtianas, especialmente sobre a religião primitiva; Luís Vannicelli, professor da Universidade Lateranense e especialista em etnologia chinesa; Guglielmo Guariglia, professor de Etnologia na Faculdade de Magistério da Universidade Católica, em Bréscia, e estudioso dos movimentos profético-salvíficos.

A presença de Schmidt teve também o efeito de apresentar a etnologia e, através dela, o aspecto cultural da antropologia como uma disciplina científica autónoma para o estudo das culturas alienígenas, especialmente «primitivas», que, em Itália, tardava ainda em ser aceite nos ambientes académicos. Nesta fase tomaram consistência e configuração três correntes diversas, que podem distinguir-se, de maneira um tanto genérica, segundo o âmbito de estudo preferencial. Uma corrente mais tradicionalmente etnológica volta-se para o estudo dos «primitivos»; uma corrente que aplica o método etnológico ao estudo dos fenómenos singulares da cultura metropolitana e, em particular, do Sul da Itália; uma terceira, de interesse americanístico e culturológico.

A primeira corrente tem o seu expoente autorizado em Vinigi Lorenzo Grottanelli. Adido, durante muitos anos, como inspector e superintendente do Museu Nacional Pré-Histórico e Etnográfico Luigi Pigorini e, desde 1967, professor de Etnologia da Faculdade de Letras da Universidade de Roma, realizou numerosíssimas viagens de estudo e efectuou repetidas pesquisas

270

de campo, especialmente em África. A problemática de Grottanelli é tipicamente etnológica, no sentido mais estrito e tradicional do termo. Descrevendo escrupulosamente os traços distintivos, ergológicos, sociais e também linguísticos das populações que examinou, a sua análise propõe-se sobretudo reconstituir as vias históricas da difusão da cultura. Alguns dos seus ensaios, como um acerca dos Pré-Nilotas (1948), no qual descreve uma série de populações, demograficamente exíguas, da Etiópia Ocidental, deram uma contribuição esclarecedora e decisiva à classificação das regiões culturais da África. A partir das pesquisas feitas e depois retomadas na Somália Meridional (1951-52; 1952-53; e 1960), além de ensaios notáveis sobre as relações culturais e históricas da costa oriental da África com as culturas dos outros continentes, Grottanelli legou-nos uma apreciável monografia sobre os Bajuni (1955), que representam a mais distante propagação setentrional da cultura e língua bantús.

De grande interesse e eficácia foi a participação de Grottanelli na redacção da *Enciclopédia da Arte*, na qual dirigiu a ilustração dos valores estéticos das artes figurativas das várias culturas etnológicas. A sua maior obra de síntese são os três volumes de *Ethnologica: l'uomo e la civiltà* (1966), em que a finura e a exactidão das ilustrações, que constituem, só por si, uma documentação científica, serve para dar uma evidência imediata ao vasto texto literário. Este manual situa-se com valor equivalente ao lado da obra já mencionada de Biasutti, da qual se diferencia porque, além de estar estruturada com critérios geográficos, delineia os temas da problemática antropológica essencial e se apresenta como um prontuário enciclopédico de toda a doutrina antropológica.

Durante cerca de vinte anos, Grottanelli efectuou uma pesquisa entre os 'Nzima do Gana, para a qual se serviu, retomando-a por mais de uma vez, da colaboração dos seus assistentes e auxiliares. São já numerosos os ensaios que publicou sobre alguns temas da cultura 'Nzima e está para breve a publicação de uma monografia que apresentará de maneira coordenada os resultados científicos dessa longa missão.

INTRODUÇÃO AOS ESTUDOS ETNO-ANTROPOLÓGICOS

Na sede do Instituto de Etnologia da Universidade de Roma, dirigido por Grottanelli, formaram-se e desenvolveram a sua actividade muitos dos etnólogos italianos actuais. Este instituto, com a escola de aperfeiçoamento em ciências etnológicas, foi durante muitos anos o principal local de formação etnológica da Itália.

A figura de Ernesto De Martino (1908-1965), depois do seu prematuro desaparecimento, assumiu, na história das ciências antropológicas em Itália, uma posição de grande significado. Pela sua formação filosófica, está ligado ao historicismo crociano, do qual foi crítico ardoroso mas a que sempre aderiu. O seu primeiro interesse etnológico centrou-se no método e a sua primeira obra, *Naturalismo e storicismo nell'etnologia* (1941), constituiu uma novidade absoluta, pela escolha do assunto, alheio às preferências literárias e filosóficas do historicismo, e representou uma crítica cerrada do método histórico-cultural à luz dos princípios historicistas. De Martino pôs em relevo as contradições íntimas, naturalistas e evolucionistas, das classificacões descritivas etnológicas e propôs, como critério único para captar a realidade cultural, a visão irrepetível dos acontecimentos históricos. Nesta mesma óptica, refuta a metodologia do funcionalismo, o qual, para superar as insuficiências do método histórico, quer evolucionista quer da escola histórico-cultural, elimina o valor da história.

Das questões de método, De Martino passou à abordagem dos problemas etnológicos da história das religiões. E é precisamente na análise destes fenómenos e, mais exactamente, nas pesquisas de campo realizadas sobre fenómenos religiosos e mágicos de algumas populações do Sul de Itália que De Martino mostra a sua originalidade de pensamento e presta os contributos mais significativos ao desenvolvimento dos estudos antropológicos. O tema central das suas pesquisas, efectuadas em diversos períodos de 1950 até 1959, é a indagação sobre a magia, nos seus aspectos de fascinação, de maus olhados, tarantismo, possessão, etc., na Lucânia, na Apúlia e no antigo reino de Nápoles.

272

De Martino considera a magia uma expressão irracional da mente humana e a fenomenologia mágica actual é para ele uma sobrevivência cultural em contraste com a civilização, realização iluminista e racional.

Nas pesquisas de De Martino importa, antes de tudo, salientar o lugar da pesquisa, isto é, a Itália, que, mesmo nas suas regiões mais atrasadas, constitui uma sociedade complexa. Se é verdade que a extensão do método antropológico às pesquisas metropolitanas ou de sociedades complexas era já uma aquisição da escola de antropologia social inglesa, também é verdade que a perspectiva etnológica em que De Martino se coloca nunca tinha sido encarada como instrumento de análise de factos e de problemas até então vistos exclusivamente no aspecto folclorista. O significado novo das pesquisas de De Martino provém do facto de ele ter posto a descoberto a presença de correntes de cultura viva, embora contemplada como «sobrevivência», no âmbito da cultura «oficial» italiana aceite como tal, com exclusão de qualquer outra expressão.

O método de pesquisa seguido por De Martino é o da observação participante, isto é, o método essencialmente malinowskiano. Entre os camponeses da Apúlia e da Lucânia movia-se como um «companheiro», não só pelo interesse que, como cientista, o ligava à actividade política, mas também e principalmente pelo sentido de participação humana que leva o antropólogo a identificar-se com o objecto de investigação, que nunca deixa de considerar na respectiva realidade humana e existencial.

Os aspectos íntimos do tema das pesquisas, que se reflectem na mais profunda constituição individual, levaram De Martino a associar a si psicólogos e médicos e, assim, a pesquisa em equipa torna-se numa outra característica do seu método de estudo.

A validade da obra demartiniana não reside só na fase etnográfica da pesquisa mas também, com maior propriedade, na fase cultural, de análise e de interpretação. Nesta fase, De Martino serve-se com grande superioridade e destreza dos contributos da crítica histórica, examinando o que por outros já

INTRODUÇÃO AOS ESTUDOS ETNO-ANTROPOLÓGICOS

tinha sido dito sobre o assunto; e penetrou na análise com força intuitiva, às vezes genial, indo dos factos empíricos à problemática essencial. Deve-se porém observar que, não obstante a inspiração historicista e o desânimo psicológico, a sua interpretação permanece essencialmente evolucionista; de facto, contrapõe a magia à civilização, com um antes ao depois, o irracional ao racional, como estádios de progresso, aplicando literalmente o conceito de sobrevivência, *survival*, da autoria de Tylor. Na problemática antropológica mais recente, já liberta do pressuposto evolucionista e de todas as formas históricas rigidamente esquemáticas, a magia e a religião consideram-se ideo-etnemas resultantes da actividade racional do homem, através da qual procura resolver a própria relação com o cosmos naqueles aspectos que escapam à capacidade de conhecimento que nele há: a distinção entre magia e religião não é, portanto, entre racional e irracional, mas no género dos meios e dos ritos com que se efectua o culto mágico e o culto religioso.

Pelo conjunto da sua actividade de pesquisa e de análise antropológica e pela extraordinária difusão que os seus escritos tiveram em Itália, De Martino foi considerado um dos mestres da etnologia italiana, colocando-se quase como intermediário entre a nova ciência etno-antropológica e a cultura humanística tradicional, e em particular o historicismo predominante.

Deve-se a Tullio Tentori a formação inicial da terceira corrente. A sua educação foi nitidamente etnológica e, na escola de Pettazzoni, o seu campo específico de estudo foram os ameríndios e, em especial, a americanística. Em missão de estudo, precisamente para aprofundar a complexa problemática ligada a estes temas, em 1949 e 1950 dirigiu-se, aos Estados Unidos. O seu encontro com o mundo dos antropólogos americanos deu-se num momento em que a problemática da cultura, como conceito base e universal da antropologia, especialmente sob o impulso de Kroeber e de Kluckhohn, se impunha à análise científica como tema autónomo, até se tornar numa verdadeira especialização de culturologia. A mesma problemática estava também a especificar-se ao longo de algumas linhas distintas de interesse e de estudo. Por um lado, Ralph Linton aprofundava a relacão entre cultura e personalidade; Melville Herskovits, o primeiro de entre os antropólogos americanos que alargou, depois, o seu campo de investigação à África, precisava o conceito e os problemas da aculturação; por fim, Robert Redfield aplicava o método da pesquisa antropológica aos problemas dos camponeses, estendendo a um campo diferente e extraordinariamente prometedor o interesse da antropologia americana. A superação dos limites tradicionais da antropologia, desde o estudo dos «primitivos» ou das sociedades simples até ao estudo das sociedades complexas, que já fora aplicado no âmbito da antropologia social britânica, encontrava nestas novas orientações americanas uma correspondência bastante mais vivaz e prolífica e assinalava um desenvolvimento lógico de grande importância para toda a antropologia.

Tentori esteve em contacto com todos estes mestres e o fascínio da nova problemática atingiu-o profundamente. Honestamente, persiste na tarefa de fazer conhecer e aplicar a nova antropologia à sociedade italiana. A imediatidade da relação entre este género de antropologia e a psicologia e a sociologia, em termos de personalidade, de socialização ou enculturação, de aculturação, parecia corresponder às exigências de uma sociedade complexa e em plena fermentacão como era a Itália do pós-guerra. Com este objectivo, Tentori tornou-se promotor paciente da antropologia cultural em Itália, como disciplina distinta da etnologia, desenvolvendo uma actividade intensa e múltipla de ensino, de pesquisa e de conferências, agrupando à sua volta jovens estudiosos igualmente entusiasmados em aplicar à situação italiana o método e os problemas da culturologia americana. Os trabalhos de campo por ele empreendidos centraram-se na cultura subalterna dos Sassi de Matera (1950-52) e na condição feminina na Itália (1960) (Cf. Tentori, 1970; 1971: 101-85.)

A estas três correntes, das quais parte e pelas quais se configura a estrutura etno-antropológica actual da Itália, convém

INTRODUÇÃO AOS ESTUDOS ETNO-ANTROPOLÓGICOS

acrescentar outras componentes, não propriamente etnológicas, mas, no entanto, significativas do desenvolvimento sucessivo dos estudos. Entre estas componentes deve recordar-se a obra de Remo Cantoni. O seu livro *I primitivi* (1941) foi publicado no mesmo ano que o volume crítico de De Martino. Enquanto De Martino se coloca numa perspectiva acentuadamente etnológica, primeiro pelo método e depois pela pesquisa directa e nova, Cantoni aprecia a documentação etnológica de um ponto de vista filosófico, guiando-se pelas análises de Lévy-Bruhl e de Radin. A abordagem de Cantoni ao problema torna-se bastante mais explícita na segunda edição do seu bem sucedido livro, que aparece com um título ligeiramente modificado: *Il pensiero dei primitivi* (1963). A obra de Cantoni não se desenvolveu, em sentido antropológico, com trabalhos de campo, como aconteceu com De Martino; permanece a um nível nitidamente filosófico, mas é marcada pelo raio de difusão que teve e porque foi determinante para a acentuação filosófica dada por alguns antropólogos culturais aos seus estudos.

Uma outra componente consiste nos estudos das tradições populares que tendem a encaminhar-se sempre mais para uma problemática afim à da antropologia cultural introduzida por Tentori. Entre os estudiosos mais significativos deste período, há que recordar Raffaele Corso e Giuseppe Cocchiara.

Raffaele Corso (1883-1965) ensinou em Nápoles e dirigiu a revista *Il Folklore Italiano* (1925-1941) e, depois, *Il Folklore* (1946-1959). Escreveu numerosos ensaios e um *Manual de Etnografia* (1923 (1), 1953 (2). A sua obra foi notável pela amplitude das recolhas e pela constância dos interesses, mas não ultrapassou os limites etnográficos.

Na Sicília, no mesmo período, a tradição folclorista foi levada por diante por Giuseppe Cocchiara. Aperfeiçoou-se na escola dos maiores antropólogos da Inglaterra durante uma estada para investigação de 1929 a 1932; Cocchiara dedicou-se ao estudo do folclore italiano e europeu com uma visão comparativa ampla e numa perspectiva historicista. Como para De Martino, também para ele as manifestações do folclore deviam considerar-se sobrevivências e o seu confronto com usos e costumes análogos dos «primitivos» adquiriu um significado teórico bastante preciso e que, além disso, o aproximava muito da etnologia. Foram numerosos os seus escritos, que desenvolvem, em grande parte, os temas clássicos das tradições populares (1947), a poesia e a literatura popular (1951, 1952 e 1966), a história do folclore (1952), tanto na Itália como na Europa, com admoestações frequentemente românticas e iluministas (1961).

Notável e dignos de serem recordados foram os empreendimentos de Cocchiara para dar pleno impulso aos estudos universitários de antropologia segundo o modelo da escola britânica. Em 1944, durante o governo militar aliado, Cocchiara instituiu em Palermo uma Faculdade de Antropologia Social. Tratou-se, no entanto, de uma iniciativa destinada ao fracasso, devido à duríssima reacção do ministério de Roma para o restabelecimento do poder central, pelo que tudo ficou sem efeito e «muitos alunos que tinham frequentado e feito os exames do primeiro biénio da Faculdade de Antropologia viram-se constrangidos a mudar de curso superior» (Tentori, 1973: 85.)

4. PERIODO ETNO-ANTROPOLÓGICO

A partir do conjunto das actividades de todos os estudiosos e das várias matrizes de pensamento em que eles próprios se formaram, foi-se precisando a situação dos actuais estudos etno-antropológicos na Itália. Para descrever esta situação pode tomar-se como índice determinante a inserção estável das disciplinas relativas nas universidades italianas. De facto, só recentemente tais disciplinas, com a denominação de *etnologia e antropologia cultural*, tiveram o pleno reconhecimento, com a instituição de cátedras universitárias.

INTRODUÇÃO AOS ESTUDOS ETNO-ANTROPOLÓGICOS

Em 1967, realizou-se o primeiro concurso para a cátedra de Etnologia da Universidade de Roma, logo seguido de um segundo, em 1969. Em 1971 foi aberto um concurso de Antropologia Cultural, sendo, até agora, o único ali verificado. No desenvolvimento, lento e polémico, dos estudos, as duas especializações têm-se afirmado como disciplinas distintas. A distinção é, certamente, legítima, mas não pode ter valor absoluto porque, na realidade, tanto uma como outra pertencem ao grupo das ciências do homem e estudam respectivamente a sua morfologia somática e as suas expressões culturais. Por outras palavras, a etnologia e a antropologia cultural não se contrapõem entre si, antes se integram na vida e, além disso, ambas se opõem à antropologia física. A diversa acentuação dos temas e dos interesses provém da possibilidade de enfrentar o estudo da cultura, que é um conjunto integrado por múltiplos etnemas, com tantos ângulos diversos quantos são os etnemas e, portanto, as formas pelas quais a cultura se concretiza na realidade histórica e espacial.

A etnologia em Itália, como nos outros países, nasceu para estudar, sobretudo, os «primitivos» e as sociedades simples. A antropologia cultural, diferentemente dos outros países, surgiu em Itália não só para estudar a cultura em sentido antropológico e não humanístico, mas para aplicar a metodologia e a problemática antropológica a certos aspectos da situação italiana, isto é, de uma sociedade complexa em transformação. O ritmo extraordinariamente acelerado das transformações culturais e sociais eliminou toda a diferença significativa entre sociedade simples e sociedade complexa, pelo que a problemática em geral da etnologia e da antropologia cultural veio sempre a confundir-se mais. A única diferença discriminatória entre as duas disciplinas pode encontrar-se numa acentuação particular por parte da antropologia cultural dos problemas específicos ligadas ao conceito de cultura. Por exemplo, são comuns a uma e a outra disciplina os aspectos sociais que, noutros países, como os anglófonos, pertencem à antropologia social.

TEORIAS E ESCOLAS

O estudo da etnologia e a sua inserção estável na universidade representam a continuação de uma tradição que remonta, como se, viu, desde os primeiros antropólogos-etnólogos, a Pettazzoni e, por último, a Grottanelli. Este é o primeiro catedrático de Etnologia da Universidade de Roma. Com ele ascenderam à cátedra Vittorio Lanternari, primeiro em Bari, depois (1972/73) na Faculdade de Magistério de Roma, e Ernesta Cerulli, na Faculdade de Letras de Génova.

Enquanto Grottanelli segue uma linha de pesquisa histórica havia, por outro lado, um interesse pelas transformações dinâmicas da cultura que Lanternari acentua em investigações especiais sobre as manifestações religiosas. Os seus estudos mais importantes, além de uma análise comparativa das «festas de fim de ano» (1959), isto é, do significado social e religioso das primícias, são os estudos acerca dos movimentos de renovação religiosa que originaram, em muitas populações, formas novas de religião. Lanternari interpreta tais movimentos como tentativas de libertação da condição de opressão política, sobretudo dos povos coloniais (1960). A sua penetração no problema vai, portanto, além de um simples catálogo ou de uma descrição etnográfica superficial, e tenta penetrar ao vivo na dinâmica pela qual se deram as mudanças não só de valor cultural, mas igualmente da estrutura social. A vastidão do tema levou Lanternari a prosseguir o estudo das relações entre o Ocidente e o Terceiro Mundo (1967) que se põem na problemática de hoje, não já apenas em termos de conhecimento etnográfico mas também de interesse político. Lanterrari efectuou em 1971 pesquisas respeitantes aos movimentos de renovação religiosa do Gana e dirige actualmente algumas investigações sobre movimentos análogos no Sul da Itália.

A actividade científica de Ernesta Cerulli é notável, quer como síntese etnológica quer como pesquisa na América e na África. Os seus trabalhos de síntese dizem respeito, entre outras, às populações da Etiópia Meridional (1956), ao significado do ferreiro na África (1956 [2], 1957), além da revisão e actualização da última edição póstuma do manual de Biasutti, que são em grande parte suas. As pesquisas que efectuou no Peru, nos anos de 1962-64-65-68, desenvolveram-se no âmbito da Missão Arqueológica Italiana, da qual participou como etnóloga para pôr em evidência os aspectos sociais e culturais revelados nas escavações da época clássica de Cajamarquilla (a cidade da Lua minguante), na costa central do Peru (1967; 1968). Em África, associou-se a Grottanelli na sua pesquisa sobre a cultura dos Mzima do Gana, dos quais estudou, por diversas vezes (e daí a possibilidade de confrontar as transformações ocorridas), o movimento dos *Water Carriers*, derivação local da religião harrista, que se situa entre os mais importantes movimentos de reforma religiosa em África nos primeiros decénios deste século (Cerulli Er., 1963, 1973 [1], 1973 [2]). Deu vida ao Instituto de Etnologia da Universidade de Génova, que dirige, e em 1972 foi presidente do 39.º Congresso Internacional dos Americanistas, realizado em Roma e em Génova.

Vittorio Maconi, que se formou na escola de Schmidt em Viena e em Friburgo, na Suíça, seguiu também os cursos de Lévi-Strauss em Paris. O seu campo de interesse foi primeiramente a Nova Guiné e a Oceania, com um trabalho de síntese sobre a família (1955) e, depois, com estudos sobre a iniciação e sobre os aspectos religiosos da cultura. Já nestes trabalhos, à exactidão e à vastidão de informações, une a originalidade de análise e intuição. Desde há anos que efectua uma pesquisa entre os Karimojong do Uganda, acerca da qual nos deu alguns importantes ensaios em que se manifesta, de maneira notável, a sua preparação metodológica de pesquisador e de penetrante intérprete da organização social das formas religiosas da cultura. Ensinou na Universidade de Colónia, na Alemanha, na de Roma e, agora, na de Génova.

Italo Signorini, responsável de Etnologia da Universidade de Roma, desenvolveu pesquisas no Peru, com a Missão Arqueológica Italiana (1968), e em África, entre os 'Nzima com a equipa de Grottanelli. Os seus escritos referem-se, sobretudo, à americanística e mais recentemente, em virtude das suas pesquisas africanas, ao parentesco e a algumas formas peculiares de matrimónio entre os 'Nzima do Gana (1972). Em 1973, iniciou uma nova pesquisa etnológica no México.

Antonino Colajanni situa-se entre os jovens etnólogos italianos e conta já uma intensa actividade editorial como director de uma colecção etnológica. Centrou o seu interesse de estudo nos problemas das populações da América do Sul e empreendeu uma pesquisa entre os Jívaros do Equador, com posição etnológico-linguística que, desde os primeiros ensaios apresentados ao 39.° Congresso dos Americanistas (1972), se revela de grande valor. Actualmente, tem a seu cargo a Etnologia na Universidade de Bari.

Entre os jovens etnólogos deve também mencionar-se Piero Matthey, devido às suas pesquisas no Chade. Ensina Etnologia na Universidade de Turim.

A antropologia cultural, na sua configuração actual, revelou-se como a condensação de diversas componentes. Já se indicou a obra de Tentori, na qual ressalta a posição culturológica de cunho americano, nos valores, na personalidade e nos preconceitos. Mas a própria obra de De Martino, embora se qualifique, no início, como etnológica, afastou-se totalmente dos problemas tradicionais da etnologia italiana, a ponto de, ser considerada por alguns o primeiro desenvolvimento da antropologia cultural, «ou melhor, de uma certa antropologia cultural, autónoma, rica de problemas, ligada às nossas tradições culturais e históricas, que com a antropologia cultural dos Estados Unidos (a *cultural anthropology*' oficial) muito pouco tinha em comum, ao princípio, além do nome e de uma convergência de interesses pelo estudo sobre a posição da comunidade metropolitana» (Lanternari, 1973: 57).

O primeiro encontro italiano de ciências sociais, realizado em Milão em 1957, proporcionou a ocasião de definir publicamente o conteúdo e os objectivos da antropologia cultural como disciplina distinta da etnologia. Num memorando apresentado

INTRODUÇÃO AOS ESTUDOS ETNO-ANTROPOLÓGICOS

ao encontro, com a assinatura de alguns estudiosos reunidos à volta do nome de Tentori, definia-se o conceito de cultura e declarava-se que «a antropologia cultural estuda o nível cultural dos fenómenos sociais» e que «se pode interessar por qualquer tipo de sociedade (das chamadas primitivas e das chamadas modernas, das que existem presentemente e das que estão extintas)». Pode ser particularmente útil relembrar o conceito de cultura, como vem expresso no citado memorando: «*Cultura é o conjunto dialéctico dos patrimónios psíquicos individuais, constituídos* (através de relações socialmente integradas entre cada indivíduo e o seu ambiente social e ecológico) *no quadro de uma sociedade historicamente determinada*. Em tal quadro, as componentes da cultura – conhecimentos, crenças, fantasias, ideologias, símbolos; normas, técnicas e esquemas da actividade; valores e atitudes derivadas –, diversas pelo carácter e peso, interagem directa e indirectamente, quer entre si quer com o resto da sociedade.» (AAVV, 1958: 235-53.)

A partir desta descrição, torna-se bastante evidente o predomínio dos aspectos psíquicos e conceptuais da perspectiva culturológica da nova disciplina.

É fácil compreender como esta linha atraiu outros estudiosos que, na esteira de Lévy-Bruhi e, na Itália, de Remo Cantoni, dirigiam o seu próprio interesse de estudo para a interpretação filosófica da documentação etnológica. Ilustre representante desta componente é Carlo Tullio-Altan, actualmente titular de Antropologia Cultural na Universidade de Florença. Os seus principais escritos referem-se principalmente ao pensamento espiritual e religioso dos primitivos (1960) e são sobretudo consagrados a temas de conteúdo e de método. Em particular, aprofundou os conceitos de função, funcionalidade e funcionamento, fazendo um contributo original à problemática que, de Malinowski em diante, tem interessado os antropólogos. Também aplicou o método antropológico ao estudo dos problemas vivos da sociedade italiana, aos magistrados, aos doentes psíquicos, e realizou pesquisas bastante significativas sobre os jovens e seu interesse pela actividade dos partidos (Tullio-Altan, 1968 e 1971).

Outra importante matriz da antropologia cultural italiana é a demologia [estudos das tradições populares]. Quando, no desenvolvimento dos estudos antropológicos, se passou das sociedades simples às sociedades complexas, todo o campo que pertencia, outrora, exclusivamente ao folclore representou para os antropólogos uma fonte nada desprezível de informações e de problemáticas e para os demólogos significou uma ampliação de todas as suas perspectivas. Em Itália, na realização desta nova e diferente posição, reconhece-se como determinante o contributo dos escritos de Antonio Gramsci. Na realidade, em tais escritos não há intuições de nítido significado e valor antropológico. A respeito do folclore, Gramsci observa: «Seria bom estudá-lo antes como concepção do mundo e da vida, implícita em grande parte, de determinados estratos (determinados no tempo e no espaço) da sociedade, em contraposição (também ela quase sempre implícita, mecânica, objectiva) com as concepções do mundo 'oficiais' (ou, em sentido mais lato, das partes cultas da sociedade historicamente determinada), que se sucederam no seu desenvolvimento histórico.» (1971: 267-68.) E sobre os cantares do povo observa que «aquilo que os distingue, no quadro de uma nação e da sua cultura, não é o facto artístico, nem a origem histórica, mas o seu modo de conceber o mundo e a vida, em contraste com a sociedade oficial. Nisto, e só nisto, é que se deve procurar a 'colectividade' do canto popular e do próprio povo» (1971: 273-74.)

O expoente mais qualificado da antropologia cultural de derivação demológica é Alberto Mario Cirese, actualmente titular da cátedra de Antropologia Cultural da Universidade de Sena. No estudo das tradições populares pôs a tónica no seu valor de cultura, cultura subalterna em confronto com a cultura hegemónica. E foi precisamente este carácter «alienígeno» da cultura popular que determinou a convergência da demologia para a antropologia cultural. «Parece-me a mim», escreve Cirese, «que a função real dos estudos demológicos foi a de experimentar (ou de fazer experimentar), mesmo no interior do

INTRODUÇÃO AOS ESTUDOS ETNO-ANTROPOLÓGICOS

nosso mundo cultural, a *pluralidade*, a *alteridade das culturas*, de que a investigação em povos, outrora ditos da 'natureza', fornecia a prova *fora* dos limites da nossa sociedade. Por outras palavras, à consciência da existência dos *desníveis externos* acrescenta-se, de modo deteminante, a consciência dos *desníveis internos* na nossa própria sociedade; desníveis também eles de *cultura*, e não de divisões entre cultura e incultura, conhecimento e ignorância, humanidade e animalidade.» (1966, 17-18: 242.) Recentemente, Cirese orientou o seu estudo para a análise lógica da estrutura cultural, procurando determinar novos instrumentos de análise das relações fundamentais que unem entre si, no seu próprio ser e na sua constituição como partes de um sistema, os elementos culturais mais diversos como os provérbios e os sistemas de parentesco.

Uma ulterior componente da antropologia cultural italiana provém da antropologia social e é representada por Bernardo Bernardi, que ocupa actualmente a respectiva cátedra na Faculdade de Ciências Políticas de Bolonha, a primeira cátedra de Antropologia Cultural em Itália, instituída em 1970. De formação etnológica, Bernardi aperfeiçoou os seus estudos antropológicos nas Universidades da Cidade do Cabo e de Londres. Efectuou vários trabalhos de campo, particularmente em África. Em 1950, publicou uma análise da estrutura social do *kraal* ou aldeia dos Zezuru, população Shona da Rodésia do Sul, análise que, dez anos depois, serviu de base a uma pesquisa análoga de Garbett (1960) para medir o fenómeno de transformação interna da sociedade zezuru. No Quénia, estudou os Meru, população bantú, tornando conhecida a figura do Mugwe, uma instituição de carácter profético e de sucessão hereditária no âmbito de um clã específico, estreitamente ligada à estrutura política das classes de idade. As classes de idade dos Nilo-Camitas da África Oriental constituíram outro tema da pesquisa de Bernardi, que pôs em evidência o seu significado estrutural na organização social e política destas populações (1952). Destes temas analíticos e comparativos extraiu a síntese geral das culturas africanas e, em particular, dos seus etnemas religiosos (1952 e 1967), e, seguindo o desenvolvimento técnico e político da África, estendeu a sua temática às transformações culturais e sociais (1965). Por iniciativa sua, em Abril de 1972 realizou-se, em Bolonha, um encontro de estudos sobre a etnologia e a antropologia cultural na Itália, o primeiro do seu género, com a intenção de contribuir para um esclarecimento das posições teóricas e metodológicas das duas disciplinas (Bernardi, 1973).

Giorgio Constanzo é docente de Antropologia Cultural na Itália e empreendeu uma ampla actividade exploradora na Austrália entre os emigrantes italianos, na Somália e sobretudo na Venezuela, entre os Piarroa, dos quais salientou alguns traços característicos da sua actual cultura. Africanista, com interesses predominantemente político-jurídicos, é Guido Sertorio, que ensina Sociologia e Antropologia Cultural na Universidade de Turim. Gualtiero Harrison e Matilde Callari Galli realizaram algumas pesquisas em equipa sobre alguns problemas do Sul da Itália e, recentemente, sobre as transformações dos modos de vida dos pescadores da ilha de Lampedusa.

A multiplicidade dos interesses dos antropólogos culturais italianos encontrou expressão unitária no Conselho Italiano de Antropologia Cultural. Trata-se de um organismo colectivo no qual participam todos os docentes de antropologia cultural e que tem por fim a promoção da disciplina, sobretudo nos ambientes académicos e de estudo. De entre os membros deste conselho citaremos, apenas, Tullio Seppilli, que foi um dos sócios fundadores e é professor de Antropologia Cultural na Universidade de Perugia e de Etnologia na Universidade de Florença; Matilde Callari Galli, que tem a seu cargo a Antropologia Cultural no Magistério de Bolonha; Gualtiero Harrison, assistente na Universidade de Pádua; Ida Magli, assistente de Sociologia na Universidade de Siena e de Antropologia Cultural em Roma.

A pluralidade das matrizes e dos interesses de estudo não são sinal de ambiguidade e confusão. Pelo contrário, representam um índice de vitalidade e correspondem à multiplicidade

INTRODUÇÃO AOS ESTUDOS ETNO-ANTROPOLÓGICOS

das perspectivas sob as quais a cultura se apresenta em todas as suas formas. É verdade que esta multiplicidade de abordagens induz alguns, sob o entusiasmo de uma atracção universalista que surge quase espontânea pela «descoberta» da antropologia cultural, a enfrentar o estudo e, infelizmente, também a disciplina com lamentável superficialidade e com espantosa falta de preparação; são estes comportamentos que criam a confusão e a ambiguidade. Os etnólogos e os antropólogos culturais têm repetidamente denunciado estes aspectos decorrentes de um fervor de conhecimentos que, por outro lado, é muito prometedor. (Cf. Bernardi, 1973.) As ciências humanas e, em particular, a antropologia cultural, são matérias complexas e exigem seriedade e constância no estudo. O antropólogo não nasce, mas faz-se pelo estudo sistemático e pelo empenho continuado de informação geral e especializada. O campo de estudo é extremamente vasto mas, por isso mesmo, não pode ser abrangido na sua totalidade de modo analítico. Cada estudioso deve portanto fazer uma escolha de temas, à volta dos quais, com base num conhecimento actualizado da problemática geral, aprofundará o seu próprio estudo com a pesquisa sistemática por meio da observação. Não importam os rótulos denominacionais, mas o estudo metodológico sério que, ao conhecimento atento dos factos, junte a análise valorativa radicada e fecundada por uma bagagem sempre mais ampla de doutrina e de teoria.

TERCEIRA PARTE

ETNEMAS SOCIAIS

VIII

O PARENTESCO

O estudo do parentesco foi um dos temas fundamentais a que se dedicaram os estudiosos das primeiras escolas antropológicas. Maine, MacLennan e, particularmente, Morgan deram ao tema uma posição sistemática. Segundo a perspectiva da época, nos sistemas primitivos do parentesco procuraram encontrar as origens da organização social, admitindo hipoteticamente, de modo completamente subjectivo, uma série de estados evolutivos. Para lá desta efémera perspectiva, a sua intuição da importância do estudo do parentesco, do valor social dos sistemas lineares de descendência e da terminologia do parentesco, abriu o caminho a temas de estudo de interesse fundamental.

Desde a época de Morgan, os progressos foram imensos. A problemática da promiscuidade sexual e do matriarcado que, de Bachofen em diante, perdurou até Schmidt está completamente abandonada por falta de fundamento. A escola funcionalista e estrutural, primeiro com os estudos de Radcliffe-Brown e de Malinowski e em seguida com as investigações de Evans-Pritchard, de Fortes e dos seus discípulos, contribuiu para tornar mais sistemática e positiva a análise dos problemas da descendência, dos grupos de descendência e da segmentação dos grupos. Os mesmos fenómenos foram estudados por Lévi-Strauss, segundo o seu ponto de vista estruturalista, isto é, em relação com a formação das alianças, como mecanismos de troca e de cooperação. Em torno destas duas perspectivas, da descendência e da aliança, é que se catalizaram os estudos modernos do parentesco.

Neste capítulo indicaremos, antes de mais, os conceitos basilares do parentesco e do matrimónio; descreveremos, por isso, os tipos e os sistemas matrimoniais, os grupos de parentesco e, por fim, os sistemas da terminologia do parentesco.

1. O PARENTESCO E O CASAMENTO

O que é o parentesco. Consanguíneos – afins – adoptivos

O parentesco mergulha as raízes no ordenamento da natureza humana mediante o qual o homem se divide em macho e fêmea, mutuamente atraídos na relação sexual necessária para a geração e continuidade da espécie. Trata-se de uma realidade natural elementar, que se não pode iludir nem anular, mas que o homem pode regular com normas e para fins sociais. As relações que, de facto, derivam da simples relação sexual entre dois indivíduos vão além do limite de uma escolha recíproca; tocam e interessam aos grupos a que os indivíduos singulares se encontram, por qualquer modo, associados e incluem, em cada caso, a prole que nasce daquela relação.

A necessidade física de cooperação, a necessidade psicológica de identidade e de pertença, são impulsos primordiais que levam a valorizar a articulação heterossexual dos indivíduos para os ordenar em formas associativas várias e múltiplas. Estas formas associativas, que emanam das relações para a geração e a continuidade da espécie, constituem o parentesco. Trata-se de relações basilares, não só pelo seu carácter natural, mas também porque estão na base do convívio humano e sugerem os antroponemas primigénios para o ordenamento da sociedade. Ainda hoje são muitas as populações que valorizam o parentesco como fundamento principal da organização social. Com efeito, o estudo do parentesco na antropologia é considerado uma apren-

Etnemas Sociais

dizagem tão necessária como o estudo da lógica na filosofia ou do nu na arte.

O conceito de parentesco não é de fácil definição. Genericamente, diz-se que o parentesco é um vínculo que liga os indivíduos entre si com vista à geração e à descendência. Mas o vínculo pode ser de vários géneros, pelo que se distinguem, pelo menos, três tipos de parentesco: de consaguinidade, afinidade e relação.

O parentesco de *consanguinidade* é o tipo mais genuíno e autêntico e baseia-se no pressuposto biológico que se manifesta na descendência genealógica. Reforça a ligação dos indivíduos singulares e constitui o eixo «natural» das associações de parentesco. Daí provém o próprio termo parentesco, tirado do latim, *parens, parentes – genitor, genitores*, no sentido preciso de procriação genealógica. O processo biológico da procriação mistura o sangue dos genitores e da prole; daí o termo «consanguíneo». Este tipo de parentesco não tem per si necessidade de reconhecimento social; funda-se na realidade natural; mas, para que tenha o seu pleno significado social, deve também ser socialmente reconhecido. De facto, nem sempre os genitores são também os pais sociais; nem sempre o genitor é pai e nem sempre a genitora é mãe. O caso dos pais adoptivos é o exemplo mais comum para nós. É preciso, portanto, distinguir uma *consanguinidade natural*, que é a descrita, e uma *consanguinidade social*, que é a relação genealógica socialmente reconhecida.

O parentesco de *afinidade* é de ordem unicamente social e dá-se por efeito de normas sociais ou por leis. Os dois tipos de parentesco, consanguíneo e afim, encontram-se nitidamente no matrimónio. Os primeiros afins são os dois esposos; os seus filhos são, por sua vez, consanguíneos de ambos os genitores. Por esta particularidade singular, é necessário distinguir nitidamente o matrimónio do parentesco. O matrimónio é uma relação bilateral, quase antropémica, no sentido de que nela se torna evidente a acção criadora do indivíduo; ao passo que na participação dual dos esposos entra em acção todo o mecanismo do

INTRODUÇÃO AOS ESTUDOS ETNO-ANTROPOLÓGICOS

parentesco; o parentesco consanguíneo avança por meio da prole e o parentesco afim alarga-se por meio do casamento. Afins dizem-se os parentes adquiridos por meio do casamento: para o marido, todos os parentes da mulher, e vice-versa. O efeito social deste mecanismo aparece com evidência em algumas línguas como a inglesa, que formam as denominações dos afins com a terminação *in-law: father-in-law, brother-in-law*, etc., sogro, cunhado, etc., isto é, pai, irmão, adquirido por lei.

O parentesco *relacional* baseia-se numa relação particular e pessoal com um determinado *ego*. Cada um de nós, considerado ego, tem uma roda de parentes que lhe são exclusivos e que, considerados no todo, convém distinguir em consanguíneos e afins, com direitos e deveres específicos, sempre, porém, em relação ao ego. Nem em todas as culturas este tipo de parentesco tem uma função autónoma (na nossa cultura ocidental, por exemplo, não se faz tal distinção), mas, onde existe, denomina-se, em antropologia, com o termo «parentes» (ou parentela) – *(kindred)*. (Ver secção 3 do presente capítulo.)

Os princípios basilares

O fundamento biológico radical e o significado social do parentesco emergem de algumas formulações que precisam os pressupostos das relações de parentesco. Trata-se de seis princípios elementares, que regulam os chamados «factos da vida», ou seja, as relações sexuais, com vista à geração e que os transformam em causas eficientes da estrutura social.

Princípio 1 – A divisão dual dos sexos funda as relações humanas.

Princípio 2 – As mulheres geram os filhos.

Princípio 3 – Os homens fecundam as mulheres.

Princípio 4 – Normalmente, os homens exercem o domínio.

Princípio 5 – Os parentes em primeiro grau não têm relações sexuais entre si.

Princípio 6 – O reconhecimento social sanciona as relações derivadas do intercâmbio sexual.

A formulação dos princípios 2 a 5 é de Fox, 1973: 39. Os princípios 1 e 6 são explicitações que considerei necessárias para completar o quadro proposto por Fox.

É claro que o valor destes princípios, embora sempre fundamentais, não é idêntico. Os três primeiros são pressupostos inelutáveis, por serem impostos pela natureza. A aceitação da realidade que exprimem apresenta-se ao homem como outros tantos antropemas para ordenar a vida social. Assim, a distinção dos sexos resulta da configuração física e dos caracteres fisiológicos dos indivíduos singulares. Trata-se de uma distinção não exclusivista e isolante, mas complementar. A distinção e a complementaridade sexual são tidas como normas em muitas ordenações sociais, como, por exemplo, na divisão do trabalho. Na relação de parentesco, a distinção entre macho e fêmea serve frequentemente para estabelecer a linha de descendência ou como meio de aliança.

O segundo e terceiro princípios enunciam um dado biológico e afirmam a complementaridade dos dois sexos no acto de geração. O acto de geração une momentaneamente os dois esposos num corpo único, mas a função e distinção individual continuam nitidamente separadas, com consequências duradouras. No período da gestação, do parto e do aleitamento a mulher fica em condições físicas delicadas e difíceis. Tem necessidade de protecção. Cabe ao homem fornecê-la, proporcionando-lhe a alimentação e a defesa contra possíveis ataques. É uma tarefa que o homem pode fazer sozinho mas que, em grupo, se efectua com maior eficiência.

Destas simples considerações, que não é necessário desenvolver, adquire já significado o princípio 4, de natureza nitidamente social. Fox é cuidadoso ao qualificá-lo, limitando o seu âmbito a situações «normais». Trata-se, porém, de uma normalidade quase constante. A hipótese do matriarcado, isto é, de um estádio em que o domínio e a autoridade teriam sido apanágio exclusivo das mulheres, revelou-se privada de fundamento real. Mesmo nas sociedades matrilineares, onde a descendência e a propriedade são definidas em relação à linha feminina, o controlo económico e a autoridade política (a nível de grupos) e até a autoridade doméstica (a nível da família) são «normalmente» exercidos pelos homens.

O princípio 5 diz respeito ao problema do incesto, que analisaremos mais adiante e que, como veremos, é uma norma de valor nitidamente cultural e social. Os «parentes em 1.º grau» directamente envolvidos são o pai, a mãe, o filho, a filha, o irmão e a irmã; mas também o podem ser outros parentes.

A proibição do incesto é uma limitação querida pelo homem e, mais do que proibição, considera-se uma «evitação». Quaisquer que sejam as motivações que levaram o homem a impor a si mesmo uma limitação deste género, que parece universal, mas com irregulares e significativas excepções, é algo que ainda não está bem determinado e constitui por enquanto tema de discussão.

O princípio 6 acentua de maneira completa a intervenção do homem. Os factos da vida seriam sempre simples actos sexuais, sem significado particular, para lá das consequências biológicas, se a sanção da sociedade não interviesse para lhe dar um valor social preciso e uma eficácia estrutural. Por meio desta sanção, o acto sexual transforma-se em acto matrimonial, o genitor torna-se pai, a prole é considerada como o conjunto dos filhos, o grupo torna-se família, parentesco, e assim por diante. A sanção social tem um valor normativo e a sua eficácia é tão radical que se substitui aos próprios factos da vida e cria, para todos os efeitos, a consanguinidade social, que é um parentesco fictício, adoptivo ou classificatório; pela adopção, um filho não gerado torna-se consanguíneo social; do mesmo modo, as classes de pessoas que, por exemplo, o ego chama pelo nome de pai ou de mãe e em relação às quais se comporta como se fossem o seu genitor e a sua genitora.

Do impulso dinâmico destes princípios surge todo o complexo das relações de parentesco, em torno das quais se desenvolve a problemática antropológica relativa.

O código

A análise destes problemas levou à formulação de símbolos e a um código de sinais que é necessário conhecer para elaborar e ler os diagramas ilustrativos da pesquisa analítica.

O sinais universalmente aceites são os seguintes: o triângulo fálico representa o homem: △; o círculo indica a mulher: ○; o rombo ou o quadrado é neutro, quando o sexo não é conhecido ou por qualquer razão não é indicado: ◇, □.

Uma barra sobre estes símbolos pode indicar uma particularidade qualquer, que é especificada no texto, como, por exemplo, que o indivíduo já morreu. O mesmo valor simbólico pode ser expresso por meio de diversa coloração dos símbolos, branca ou preta, vazia ou cheia, etc.

A relação de parentesco entre os indivíduos é indicada por meio de traços devidamente colocados, ou também por outros tracejados. Por exemplo, o casamento simples é simbolizado por um traço de união duplo entre o triângulo e o círculo: △ = ○, ou então, por um colchete colocado por baixo dos dois símbolos:
△ ○
└──┘ . A linha tracejada do colchete pode indicar uma união ilegítima ou outra particularidade: △ ○
└ _ ┘ . A descendência e os filhos são indicados por um traço para baixo: △   ○. Os irmãos
                                                                              └─┬─┘
                                                                                │
                                                                                △

germanos (em inglês, *siblings*) são assinalados por uma linha que liga, a partir de cima, os vários símbolos: △ ○ △ .

Os irmãos gémeos podem indicar-se do seguinte modo:

Estes poucos símbolos figurativos são suficientes para a formação dos diagramas das mais diversas relações de parentesco. Todavia, na análise dos sistemas de parentesco utilizam-se também

INTRODUÇÃO AOS ESTUDOS ETNO-ANTROPOLÓGICOS

letras do alfabeto, que é bom conhecer e empregar na sua expressão inglesa, como um código internacional, quer porque se trata de poucas letras fáceis de decorar, quer porque a sua tradução ou substituição em qualquer outra língua, incluindo o português, não favorecia nem o seu uso prático nem a clareza. Os símbolos essenciais são os seguintes: F=*father*, pai; M=*mother*, mãe; S=*son*, filho; D=*daughter*, filha; B=*brother*, irmão; Z=*sister*, irmã; W=*wife*, mulher; H=*husband*, marido. A justaposição destes símbolos serve para indicar as outras relações individuais de parentesco. Por exemplo: FF=*father's father*, pai do pai (avô paterno); MF=*mother's father*, pai da mãe (avô materno); FM=*father's* mother, mãe do pai (avó materna); MM=*mother's mother*, mãe da mãe (avó materna); FB=*father's brother*, irmão do pai (tio paterno); MB=*mother's brother*, irmão da mãe (tio materno); etc.

O que é o casamento

Do ponto de vista antropológico, é difícil dar uma definição de casamento. Trata-se de incluir todas as formas institucionalizadas para a procriação e a enculturação dos filhos. Se o casamento tivesse por único objectivo a procriação, poderia bastar a consideração da simples relação sexual entre dois indivíduos de sexo diferente, biologicamente fecunda. Mas, como também se deve incluir a enculturação das crianças, entendida no sentido mais vasto e genérico do termo, ou seja, a inserção das crianças na cultura e na sociedade, assegurando-lhes a protecção e a segurança económica que permitam o seu desenvolvimento e maturação biológica e social. Por esta razão, todas as sociedades exigem que a relação sexual com vista à procriação se efectue segundo normas e formas estabelecidas. Estas, naturalmente, podem variar conforme variam as sociedades. No entanto, essencialmente, representam o condicionamento social e cultural que faz do matrimónio um mecanismo dinâmico que não só sanciona as

296

relações entre dois indivíduos, homem e mulher, mas igualmente modifica a sua condição social e atinge ainda as relações dos grupos a que cada um deles pertence.

Se, por exemplo, examinarmos o elemento constitutivo do matrimónio, encontramo-nos perante formas diversíssimas que vão de um extremo de vaga aproximação ao extremo oposto de rigidez e precisão. O extremo de aproximação é-nos dado pelos aborígenes australianos: «Estabelecer uma linha entre matrimónios e uniões temporárias nem sempre é fácil, quer em termos locais quer em relação a definições abstractas; mas um critério é o reconhecimento público que torna definitiva uma união, quando corresponde à opinião local do que o matrimónio deve ser, com direitos e obrigações específicas.» (Berndt, 1964: 177.) O extremo oposto encontramo-lo entre os antigos romanos, cuja tradição originou o nosso próprio Direito, em que o matrimónio se realiza pelo acto jurídico do consentimento, expresso pelos dois esposos de modo preciso e definido, que sela um contrato legal.

O matrimónio pode, portanto, dizer-se que é uma relação sexual entre dois indivíduos de sexo diferente socialmente sancionada com vista à procriação e à enculturação dos filhos. Nesta definição há lugar para todas as formas institucionalizadas de casamento. A própria poligamia, ou seja, as formas de matrimónio plural, pode considerar-se incluída, porque a relação para a procriação continua a ser, necessariamente e apenas entre dois indivíduos de sexo diverso, e se a sua união material se insere numa organização de grupo que se articula sobre mais matrimónios e se dentro de tal organização se desenvolve a enculturação dos filhos.

Outras definições aceites pelos antropólogos atribuem ao matrimónio um significado bastante mais restrito, porque introduzem o conceito da *legitimação*. A este conceito, que pressupõe um sistema legal muito definido, preferimos o conceito mais elástico da *sanção social*. O manual dos antropólogos ingleses propõe a seguinte definição: o casamento é «a união de

INTRODUÇÃO AOS ESTUDOS ETNO-ANTROPOLÓGICOS

dois indivíduos de sexo diverso, de modo que os filhos nascidos da mulher sejam reconhecidos como prole legítima de ambos os cônjuges» (*Notes and Queries*, 1951: 71 e 110.)

Enquanto esta definição põe o acento na legitimidade da prole, na medida em que são filhos de ambos os cônjuges, Radcliffe-Brown dá maior relevo à posição legítima que os filhos obtêm na sociedade por meio do parentesco, isto é, dos grupos a que pertencem os dois cônjuges. Para Radcliffe-Brown, de facto, o matrimónio é «uma ordenação social por meio da qual a criança recebe uma posição legítima na sociedade determinada pelo parentesco (paternidade e maternidade) no sentido social» (Radcliffe-Brown, 1950: 5.)

Alguns autores consideram estas definições muito rígidas e limitativas. Leach, por exemplo, faz notar que há diversas formas de casamento que não correspondem a tais pressupostos e propõe precisar os objectivos que o casamento satisfaz para daí inferir um índice classificativo. De facto, «o matrimónio pode servir:

1. para estabelecer o pai legal dos filhos de uma mulher;
2. para estabelecer a mãe legal dos filhos de um homem;
3. para dar ao marido o monopólio sobre a actividade sexual da mulher;
4. para dar à mulher o monopólio sobre a actividade sexual do marido;
5. para dar ao marido o direito parcial ou o monopólio dos serviços domésticos e outros trabalhos da mulher;
6. para dar à mulher o direito parcial ou o monopólio do trabalho do marido;
7. para dar ao marido o direito parcial ou total das propriedades que pertencem ou venham a pertencer à mulher;
8. para dar à mulher o direito parcial ou total das propriedades que pertençam ou venham a pertencer ao marido;
9. para estabelecer um fundo comum de propriedade – uma *partnership* – para benefício dos filhos do casamento;

ETNEMAS SOCIAIS

10. para estabelecer uma 'relação de afinidade' socialmente significativa entre o marido e os irmãos da sua mulher.

Esta lista podia ainda alongar-se consideravelmente, mas em nenhuma sociedade o matrimónio serve para estabelecer todos estes direitos de forma simultânea; nem qualquer destes direitos, em todas as sociedades que conhecemos, se baseia, invariavelmente, no matrimónio. Deve-se, portanto, reconhecer que as instituições comummente conhecidas como matrimónio não têm sempre as mesmas consequências legais e sociais». (Leach, 1955: 182-6.)

Se nos colocarmos na perspectiva fenomenológica de Leach, aumentando, ainda, se se quiser, o seu elenco, o conceito de matrimónio resultaria fortemente qualificado e modificado, nas suas formas estruturais, a respeito de um ou outro dos cônjuges, ou a respeito de um elemento específico da mesma estrutura matrimonial. Efectivamente, a fenomenologia antropológica apresenta-nos o casamento como uma instituição extraordinariamente multiforme. Deve, portanto, ter-se presente esta variedade e analisar os diversos etnemas que concorrem para fazer do casamento uma instituição social. Os principais são a escolha do cônjuge, o contrato matrimonial, a residência, a descendência, a propriedade, a sucessão e a herança. Alguns estão estreitamente ligados à formação dos grupos de parentesco, outros derivam de normas precisas, que podem ter uma determinação proibitiva ou prescritiva, negativa ou positiva.

2. TIPOS E SISTEMAS MATRIMONIAIS

Endogamia, exogamia, incesto

A indicação genérica das regras basilares que prescrevem ou proíbem a escolha do cônjuge é expressa pelos dois termos opostos: endogamia, exogamia.

INTRODUÇÃO AOS ESTUDOS ETNO-ANTROPOLÓGICOS

A *endogamia* (matrimónio dentro) prescreve a escolha no interior de um determinado grupo: a unidade social dentro da qual o matrimónio se deve realizar varia imensamente. A *exogamia* (matrimónio fora) proíbe o casamento dentro de determinados grupos; em sentido positivo, prescreve-o no exterior. O grupo mínimo ao qual se aplica a regra exogâmica é a família conjugal, ou seja, o casamento entre parentes em primeiro grau não se pode efectuar. Só com esta referência se pode falar de coincidência entre exogamia e incesto, precisamente como consequência do princípio 5, que proíbe as relações sexuais entre parentes em primeiro grau.

Deve, além disso, manter-se bem distinta a noção de exogamia da de *incesto*: este diz respeito às relações sexuais; aquela, ao matrimónio. Embora o matrimónio implique a actividade sexual, as duas normas nem sempre coincidem. Pode, de facto, acontecer que as relações sexuais sejam consentidas ou toleradas, ou de qualquer modo não condenadas gravemente, e no mesmo momento em que o casamento é absolutamente proibido.

No estudo do incesto é muito fácil deixar-se influenciar, mais ou menos conscientemente, pelo pressuposto etnocêntrico, enquanto a fenomenologia antropológica exige uma aberta visão comparativa. Goody, que efectuou uma análise comparativa a este respeito, propõe que o incesto se considere juntamente com as outras proibições sexuais e, em particular, com o adultério. Baseado na documentação de algumas sociedades estudadas analiticamente, como os Tallensi, os Ashanti, os Nuer, os Trobriandeses, estabelece uma relação entre as proibições sexuais, a sua severidade e os grupos de parentesco. Distingue, portanto, uma tipologia segundo o valor da proibição das relações sexuais que varia conforme a variedade dos grupos: (1) com um membro do mesmo grupo de descendência (proibição sexual interna ao grupo); (2) com a mulher de um membro do próprio grupo de descendência; (3) com outra mulher casada (proibição externa ao grupo). Os dois primeiros casos (internos ao grupo) constituem incesto ou adultério incestuoso; o terceiro caso, umas vezes

ETNEMAS SOCIAIS

fornicação, se se dá entre não casados, outras adultério, se for entre casados.

A proibição do incesto, embora esteja muitíssimo difundida e seja quase universal, não é uma norma unívoca. Sempre se perguntou pelas motivações que levaram o homem a impor-se uma tal norma. Para achar uma resposta tenta-se amiúde remontar à origem do incesto. O que acontece é apenas repetir que o problema das origens «históricas» do incesto faz parte do problema mais vasto das origens da cultura e não tem solução. Portanto, a referência às «origens» que se encontra na argumentação de autores mesmo modernos, como Fox (1973), só se pode aceitar como uma intuição hipotética, mais ou menos plausível, e nada mais.

Fox foi o autor que reexaminou as várias soluções propostas para a explicação da proibição do incesto; as suas conclusões são bem explícitas e relacionam-se com a simples reserva acerca do valor hipotético da referência às origens. «O tabu do incesto, isto é, o conceito de que a união incestuosa deve ser evitada, faz parte da nossa herança cultural. Começou porque apresentava uma vantagem selectiva, em impedir os resultados desastrosos do cruzamento endogâmico, ou então, porque era o efeito inevitável das limitações demográficas no próprio tipo de cruzamento. Em ambos os casos, o tabu do incesto fixou-se solidamente na estrutura das nossas instituições e foi considerado como um dado firme de todas as sociedades. Mas, uma vez que acabou o período da selecção natural dos primórdios e das limitações demográficas, nem sempre existiu uma razão suficiente para o tabu. Por conseguinte, foi encorajado ou mantido devido a múltiplos factores. Mais do que qualquer outro, foi mantido. Isso talvez se deva a factores biológicos que justificam a rápida formação de sentimentos de culpa e a inibição contra as experiências sexuais precoces, factores que podem ter-se desenvolvido através da selecção natural para fazer frente ao problema de perpetuar o tabu; ou então, por causa de factores de inibição também fundados biologicamente, que actuam para produzir a aversão;

INTRODUÇÃO AOS ESTUDOS ETNO-ANTROPOLÓGICOS

ou então, na ausência destes, geraram-se outros factores inibitórios. Em qualquer destes casos, os resultados não são concludentes. O incesto acontece algumas vezes. Mas, por uma razão ou por outra, normalmente evita-se. E se todas as leis que o proíbem fossem amanhã abolidas, continuar-se-ia sempre a evitá-lo.» (Fox, 1973: 85-86.)

Entre as intuições mais sugestivas sobre a origem do incesto, situa-se a concepção estruturalista de Lévi-Strauss; na proibição do incesto vê ele a passagem da natureza para a cultura. Trata-se de um fenómeno que «apresenta simultaneamente o carácter distintivo da natureza (a universalidade das tendências e dos instintos) e o carácter distintivo da cultura (teoricamente contrário ao anterior, porque é específico e porque sofre a coerção da lei)». (Lévi-Strauss, 1949: 12-29.)

A multiplicidade da problemática e dos aspectos que o incesto apresenta torna bastante difícil conseguir uma definição que não seja genérica. Assim sucede com a que é sugerida por *Notes and Queries*: «O incesto é a relação sexual entre indivíduos vinculados entre si por certos graus de parentesco.» (1951: 113.) Mais precisa, mas também mais etnocêntrica, é a formulada por Radcliffe-Brown: «O incesto, propriamente dito, é o pecado ou o delito de intimidade sexual entre parentes imediatos da família, pai e filha, mãe e filho, irmão e irmã.» (Radcliffe-Brown, 1950: 69.)

Nesta definição transparecem na realidade diversos tipos de incesto, que se encontram com uma frequência bastante diversa, a qual, quase sempre, corresponde a uma avaliação moral diferente (pecado) do próprio incesto. Os casos mais frequentes são os de pai e filha; os mais raros são os de mãe e filho. Este último tipo suscita a maior repugnância e horror. Tal reacção considera-se característica do pecado de incesto; diz-se também que o incesto contém algo de monstruoso e de sacrílego. Mas é uma avaliação extrema. A latitude da repugnância é muito mais ampla e a incidência do horror é bastante relativa. Em todo o caso, no extremo oposto regista-se um certo laxismo ou indiferença, e o incesto condena-se, quando muito, com o ridículo.

Goody sublinha ainda a oportunidade de ter presente a diversidade das gerações e a natureza do grupo a que os interessados pertencem. «Entre os Tallensi patrilineares e os Ashanti matrilineares a relação pai-filha não se situa na categoria mais repugnante, enquanto, em ambas as sociedades, isso acontece com a relação mãe-filho.» A razão, segundo Goody, é que a mãe, entre os Taliensi, é a *mulher* mais chegada de um membro do clã da geração *antiga*, ao passo que entre os Ashanti é um *membro feminino do clã da geração antiga* (Goody, 1969: 26.)

O tipo de incesto irmão-irmã é *troublant*, diz Lévi-Strauss, porque há sociedades que o permitem normalmente; todavia, salienta que a norma favorece só o matrimónio do irmão com a irmã mais velha, enquanto proíbe, como incesto, a união com a irmã mais nova (Lévi-Strauss, 1949: 11-12.)

Goody divide as várias explicações do incesto em três categorias: (1) as explicações em termos de relações internas do grupo e, em particular, da família nuclear (Freud, Radcliffe-Brown, Malinowski, Brenda Seligman, Murdock, Parsons e outros); (2) as explicações em termos de relações externas do grupo (Tylor, Fortune, Lévi-Strauss); (3) as explicações biológicas, genético-psicológicas.

Apesar das muitas explicações, o significado e o valor do incesto continuam a ser objecto – sempre actual – de discussões e de estudo. Se, de facto, a norma que o proíbe constitui, como parece, um antropema fundamental para o ordenamento da actividade sexual e para a formação dos grupos de parentesco que limita, sobretudo, a escolha matrimonial, é completamente lógico e normal que se comparem as diversas soluções admitidas pelas sociedades humanas e se esclareça até onde a legislação e o sentimento que regulam ou impedem a actividade sexual incestuosa correspondem a uma exigência absoluta da natureza ou a «preconceitos» de cultura, derivados de um modo singular de interpretar a realidade humana.

Monogamia e poligamia

A hipótese da promiscuidade sexual, aventada pelos evolucionistas, pressupunha a ausência de todas as restrições sobre o número dos parceiros matrimoniais. Tal hipótese surgiu em contraste evidente com a norma matrimonial, a qual é restritiva quando limita a um único companheiro, pelo menos no mesmo período, a escolha matrimonial. Por outras palavras, a norma matrimonial sobre o número é uma constante das instituições matrimoniais.

A norma restritiva estabelece a *monogamia*, sistema de união matrimonial de um só homem com uma só mulher. A fórmula estrutural é diádica $\triangle = \bigcirc$ e apresenta-se com o complemento da prole com fórmula triangular:

Do casamento monogâmico resulta a família monogâmica, que apresenta vários módulos estruturais, como veremos. O valor da norma monogâmica é, para algumas sociedades e segundo ideo-etnemas precisos, absoluto. Por exemplo, na concepção católica, o vínculo entre dois cônjuges dura toda a vida, «até que a morte os separe». Para outras sociedades, tem valor relativo, enquanto permanece o reconhecimento social do vínculo matrimonial. Se o vínculo se quebra, mesmo no sistema monogâmico, é possível haver mais parceiros sucessivos.

A norma permissiva estabelece a poligamia, sistema segundo o qual um dos cônjuges pode ter mais parceiros. Se a escolha plural implica mais mulheres, tem-se a *poliginia*; se implica mais homens, tem-se a *poliandria*, ou seja, a união de uma mulher com *mais homens*. Do matrimónio poligâmico provém a família poligâmica, com formas e estruturas bastante diversas nas duas possíveis variantes.

A poliginia é certamente a forma mais difundida. Estruturalmente, reflecte o módulo monogâmico, no sentido de que se devem realizar tantas cerimónias nupciais quantas as mulheres

ETNEMAS SOCIAIS

com quem o marido se casa. Cada mulher constitui uma unidade matrimonial e familiar distinta; distinção que se reconhece na separação das casas, dos campos, das propriedades e dos núcleos familiares mãe-filhos.

A poliandria é uma forma bastante rara. Entre os povos em que o sistema vigora, conhecem-se os Tibetanos, os Toda, os Iravas da Índia Meridional e os Kandyan do Ceilão. A forma mais habitual é a adélfica, em que vários irmãos se servem de uma única mulher como esposa. Os estudos recentes do princípe Pedro da Dinamarca mostram que, contrariamente ao que defendiam os antigos evolucionistas, a poliandria não está ligada ao sistema «matriarcal», mas encontra-se também em populações de descendência patrilinear. Entre as causas determinantes, as mais acentuadas são económicas, demográficas e ainda políticas e sociais. Se uma família não tem possibilidades de enfrentar as despesas matrimoniais para todos os irmãos, o primogénito desposa-a e os irmãos dele servem-se dela como sua mulher. Outras vezes, é a insuficiência de mulheres desposáveis; outras ainda, é a impossibilidade política e social de relações fora do próprio grupo.

Uma forma singular é a *ngalababola*, isto é, a *mulher da aldeia*, que se encontrava entre os Lele e nalgumas outras etnias do Zaire. Os homens da aldeia, ou de um bairro da aldeia, tinham o direito, embora sendo já regularmente casados, de estabelecer relações com uma mulher que, ou fora raptada de outra aldeia ou, então, seduzida e adquirida através de negociações amigáveis, ou ainda refugiada.

Esta mulher não se tornava a esposa de um só marido, mas era considerada *hohombe* ou *ngalababola*, «mulher de toda a aldeia». A sua posição social era muito respeitada. Os homens da aldeia sentiam-se colectivamente responsáveis perante a lei, e para que a protecção de todos não ficasse no vazio, havia um que assumia algumas das funções sociais de marido, no sentido de que se tornava directamente responsável pelo tratamento e pelo respeito da mulher. A todos, porém, assistia o direito de ter

INTRODUÇÃO AOS ESTUDOS ETNO-ANTROPOLÓGICOS

contactos íntimos com ela, direito ciosamente reservado e proibido a qualquer estranho à aldeia ou ao bairro. Se algum desses estranhos mantivesse relações com esta mulher, era culpado de adultério. Os filhos da mulher eram considerados «filhos da aldeia», *banababola*, objecto de protecção por parte do marido social, a ponto de serem considerados membros do seu grupo de parentesco. O conjunto destas normas diferencia nitidamente o *ngalababola* da prostituição comum e faz dele um exemplo singular de poliandria (cf. Tew, 1951: 1-12; Mair, 1969: 90-91.)

A poliandria é uma forma institucionalizada de matrimónio e difere de alguns costumes particulares, como o empréstimo ou a troca das mulheres, que se encontram, por exemplo, no *pirrauru* dos Dieri da Austrália, em virtude do qual se indica ao hóspede uma das mulheres do chefe de família; ou então, no antigo uso dos Massai e dos Kikuyú que permitia aos companheiros de «classe de idade», por ocasião de visitas, ter uma das mulheres do hospedeiro.

A interpretação antropológica da poliandria revela-se do maior interesse, quer pelas relações interpessoais quer pelos laços estruturais que suscita. Alguns autores sustentam que a forma adélfica não é um verdadeiro matrimónio, mas *policoitia* (um sistema de «muitos coitos»). Nesta linha vai também a definição que Pedro da Dinamarca dá da poliandria, de maneira quase que involuntária: «Uma forma latente homossexual masculina e quase incestuosa da instituição marital, correspondente a uma excessiva pressão económica e social sobre a família, entre os povos que vivem num ambiente natural e social difícil, com a condição de que nenhuma norma cultural especial se lhe oponha; persiste através da tradição histórica ou como resultado de um mecanismo reaccionário de defesa nacional (Princípe Pedro da Dinamarca e da Grécia, 1963: 569.)

Outros autores, como E. R. Leach, com maior objectividade, reconhecem na poliandria uma forma matrimonial com o objectivo de sancionar as relações sexuais com vista à procriação e à enculturação da prole, e de salvaguardar a integridade económica

306

Etnemas Sociais

do grupo familiar, anulando a hostilidade potencial entre irmãos e assegurando aos filhos o direito à propriedade e à herança dos homens com os quais a sua mãe coabita e reside publicamente.

A tendência da legislação moderna é contrária à poliandria, mas, para lá das leis escritas, o uso persiste, como o demonstra, por exemplo, o caso de Ceilão.

A idade e o matrimónio

A norma mais difundida sobre a idade matrimonial determina que se tenha alcançado a maturidade fisiológica, isto é, que se tenha ultrapassado a puberdade. Nas legislações escritas, em geral, precisa-se uma idade mínima. Nas sociedades sem escrita, a determinação é aproximativa, mas em geral é necessário que se tenha alcançado a *maturidade social*. Em muitíssimas sociedades, a iniciação, como instituição específica, tinha por objectivo qualificar os jovens, rapazes e raparigas, como *adultos*, e, portanto, declará-los amadurecidos para o matrimónio. Onde a legislação estabelece uma idade determinada, a atitude social, em geral, torna-se mais exigente do que na norma escrita e exige que a esposa esteja à altura de garantir à família uma certa autonomia económica inicial. Mas mesmo onde a iniciação tem valor qualificativo pode haver ulteriores exigências; entre os Massai, por exemplo, os jovens não podiam casar-se logo a seguir à iniciação, mas deviam primeiro prestar o serviço militar.

Em sociedades semelhantes, pratica-se o chamado *matrimónio infantil*. Na realidade, o termo matrimónio é, neste caso, bastante impróprio. Trata-se, de facto, de uma promessa matrimonial com eficácia diferida, a qual surgirá no momento em que os interessados tenham não só a maturidade biológica mas também os pressupostos normais da maturidade social. Entre os aborígenes australianos, a promessa de casamento na idade infantil é bastante comum e até se faz antes do nascimento. É um caso extremo em que transparece até que ponto esta forma de matri-

INTRODUÇÃO AOS ESTUDOS ETNO-ANTROPOLÓGICOS

mónio contrasta com a liberdade de escolha individual. A legislação moderna opõe-se-lhe resolutamente. Na África, por exemplo, os novos códigos da família proíbem-no explicitamente. No que respeita à Austrália, Berndt e Elkin forneceram uma explicação dos motivos psicológicos que levaram os genitores a fazer tais promessas, ou seja, a preocupação de que a futura união tivesse probabilidades de êxito e não fosse o fruto de um capricho; por esta razão, preferiam prometer a filha a um ancião polígamo, por eles apreciado, que, no caso do seu desaparecimento, asseguraria protecção e segurança à filha. (Berndt, 1964: 17; Elkin, 1956: 128.)

As normas referentes à idade representam, portanto, um condicionamento relativo da escolha matrimonial e constituem só um limite temporário das possibilidades de casamento.

O contrato matrimonial

A escolha matrimonial, qualquer que seja o impulso primeiro que a determina e as normas que a regulam, leva sempre a uma valorização jurídica e económica da troca matrimonial. O matrimónio assume, portanto, o aspecto de um contrato. As suas formas podem ser muitas e cada uma delas caracteriza diversamente o matrimónio: *por troca*, quando dois grupos trocam mulheres – as irmãs ou as filhas – como se fossem bens (como de facto são, embora não materiais); *por serviço*, quando um indivíduo, para obter uma mulher para esposa, se põe ao serviço e trabalha para o pai dela; *por estipulação*, quando se realiza um acordo preciso sobre o contributo ou o pagamento de bens económicos em relação ao casamento, segundo normas consuetudinárias ou leis escritas.

Pertencem a este último tipo o *dote* e a «*riqueza da esposa*», formas de estipulação entre si bastante diversas. O *dote* é um conjunto de bens que o pai da esposa ou o grupo do parentesco entrega na ocasião do casamento e que ela leva consigo para constituir, juntamente com os bens do marido, o fundo económico da nova família. Geralmente, a estipulação do dote dá-se anteriormente à celebração do casamento.

A «riqueza da esposa» (tradução literal do termo inglês *bridewealth*) é o conjunto de bens (em espécie ou moeda, ou ambos) que a família do esposo entrega à família da esposa. Não é destinada à constituição da nova família, mas para benefício da família originária da esposa. A diferença entre dote e «riqueza da esposa» deve estar sempre presente porque, na África francófona, esta instituição continua ainda a ser designada pela palavra francesa *dot*, ocasionando muita confusão. Também nos países anglófonos se usava o termo *dowry*, mas foi rapidamente abandonado. Na realidade, por causa de preconceitos etnocêntricos não se tornou fácil chegar a um acordo entre os antropólogos sobre o significado desta instituição e os termos mais convenientes para a traduzir nas línguas europeias. Na África Austral (República da África do Sul, Rodésia, etc.) prevaleceu o termo bantú *lobola*. *Bridewealth* ou «riqueza da esposa» foi uma escolha que surgiu, após longa discussão, nas revistas especializadas. Abandonaram-se muitos outros termos como «preço da esposa» *(brideprice)*, garantia matrimonial, indemnização matrimonial, etc. O importante era pôr em relevo a variedade das funções de uma instituição do género, que não é só económica, mas social e religiosa. Como observa Evans-Pritchard, «as pessoas pensam que as mulheres em África são compradas e vendidas como se compram as coisas nos mercados europeus. É difícil exagerar o mal feito aos africanos por tal ignorância» (Evans-Pritchard, 1931: 36.)

O pagamento da «riqueza da esposa» é essencial para que se realize o casamento. Tal pagamento pode ter lugar em ocasiões sucessivas e adiar-se até depois de o matrimónio estar consumado, mas, em todo o caso, a estabilidade matrimonial só se obtém quando o pagamento estiver totalmente feito. Isto demonstra que, nas sociedades onde se pratica a «riqueza da esposa», o casamento não se cumpre com um simples acto, mas com uma série de actos, e é mais um processo social do que um contrato.

O montante da «riqueza da esposa» varia com a situacão económica. Nas condições modernas, como consequência dos fenómenos de aculturação, cometeram-se muitos abusos, não tanto por a mulher ser considerada um objecto de compra e venda (que é interpretação manifestamente superficial e errada), quanto pela odiosidade de se fazerem pedidos desproporcionados; de facto, o fenómeno da individualização do matrimónio faz recair todo o seu peso sobre os jovens. Se, depois, obtêm empréstimos, a obrigação da restituição empenha-os em relação aos parentes que os ajudaram por muito tempo, tornando precária a sua posição social e económica. Alguns Estados africanos aboliram radicalmente «o dote» na nova legislação sobre a família.

O uso da riqueza da esposa, geralmente, está relacionado com um novo matrimónio, isto é, para tornar possível o casamento a um jovem da família da noiva. No caso de rompimento do matrimónio por culpa da esposa, os bens entregues por causa dela devem ser restituídos; por esta razão, tem-se visto na riqueza da esposa uma função de garantia; mas trata-se, apenas, de um aspecto particular.

A residência matrimonial

As normas matrimoniais especificam amiúde o lugar de residência dos novos esposos. Pode ser patrilocal ou matrilocal, segundo tenham de residir junto do pai ou da mãe. Mas, em virtude de os dois termos não especificarem se se trata do pai e da mãe do marido ou da mulher e deixam grande margem de incerteza, Firth propôs, e hoje são aceites, os termos *virilocal* e *uxorilocal*. É virilocal o casamento em que os esposos se estabelecem perto do grupo de parentesco do marido (qualquer que seja o grupo, patrilinear ou matrilinear); uxorilocal, se a residência se fixa junto do grupo da mulher.

A residência é um aspecto territorial do matrimónio que acarreta consequências determinantes para a formação dos grupos de descendência, para a propriedade e a actividade económica, para as alianças políticas e para a sucessão.

Há outras normas matrimoniais, como o *levirato* e o *sororato*, que dizem respeito a formas de matrimónio secundário. Representam um método para assegurar a descendência a um defunto ou a uma defunta. No levirato, o irmão do morto tem o direito, que é também um dever, de tomar a viúva por mulher; os filhos que dela tiver serão, para todos os efeitos, filhos do «pai» defunto; o irmão do defunto é só genitor. No sororato, a irmã entra como mulher no lugar da irmã defunta; a instituição vigora nas sociedades onde as irmãs são classificadas em termos de parentesco único, como se se tratasse de pessoas idênticas.

Formas análogas são os casamentos com os espíritos ou com a divindade: o homem tem a função de genitor, mas o espírito ou a divindade é o pai. Outro tanto se pode dizer do matrimónio entre mulheres, no caso em que uma mulher satisfaça todos os requisitos (pagamento da riqueza da esposa, etc.) de um casamento; um homem qualquer será escolhido para genitor mas o pai é a mulher-marido.

Sistemas matrimoniais

As normas matrimoniais especificam-se no âmbito das estruturas de parentesco. E, uma vez que o matrimónio é o propulsor do parentesco, que renova e reforça com a produção de novos membros, os sistemas matrimoniais que surgem da aplicação de normas específicas caracterizam também os grupos de parentesco. Alguns sistemas matrimoniais revelam-se extremamente preparados e a sua complexidade contrasta com a simplicidade de outros etnemas, tais como a tecnologia e a economia; o caso dos aborígenes australianos é o mais famoso sob este aspecto.

Enquanto para a formação dos grupos de parentesco o eixo estrutural é a descendência, na distinção dos sistemas matrimoniais o ponto discriminante é a efectuação da troca das mulheres. A proibição exogâmica de desposar uma mulher do próprio grupo implica, necessariamente, que se procure a esposa entre as mulheres de outro grupo; entre os dois grupos dá-se, portanto, uma troca de mulheres. Semelhante troca pode dar-se de maneira directa, em que o grupo A dá uma mulher ao grupo B; este, por sua vez, dá uma mulher a A: A $\rightarrow$ B $\rightarrow$ A. Pode também dar-se de maneira indirecta se A dá uma mulher a B e não recebe de B, porque B dá a C e este dá a A: A $\rightarrow$ B $\rightarrow$ C $\rightarrow$ A. A natureza da troca serve para classificar os sistemas matrimoniais, que se distinguem, precisamente, em *directos* e *indirectos*. Os sistemas de troca directa dizem-se também *simétricos*, porque entre os dois grupos interessados se estabelece uma condição de paridade ou de simetria por meio da troca: quem dá uma mulher, recebe uma mulher. Os sistemas indirectos dizem-se por sua vez *assimétricos*, porque quem dá uma mulher a um grupo não recebe a restituição imediatamente do mesmo grupo, mas de um terceiro (ou de um quarto, ou quinto, ou outro), pelo que entre os grupos se cria uma relação que não é de paridade imediata, mas de assimetria.

Os sistemas directos ou simétricos chamam-se também *simples* ou *elementares*, porque indicam com precisão o grupo do qual se pode tomar a esposa. Podem também ser mediatos ou diferidos, conforme a troca se dá logo ou é retardada.

Os sistemas indirectos ou assimétricos dizem-se *complexos* porque a escolha da esposa é feita segundo critérios que não são muito precisos, embora sejam mensuráveis pelo método estatístico das probabilidades. Por exemplo, no nosso sistema matrimonial, que é complexo, nunca se estabeleceu qualquer norma para que um operário despose uma operária, ou que um primo despose uma prima, mas as estatísticas indicam-nos a maior ou menor probabilidade de que isso aconteça.

O campo clássico de investigação dos sistemas matrimoniais são os aborígenes australianos. Do nome tribal destas populações derivam também as denominações dos sistemas matrimoniais. Os exemplos mais típicos dos sistemas matrimoniais *directos* são os Kariera e Aranda. Estas denominações foram introduzidas por Radcliffe-Brown, que escreve: «A escolha destas duas tribos não é casual. A descoberta do sistema Kariera, por mim feita em 1911, foi o resultado de uma pesquisa específica com base numa intuição que tive antes de visitar a Austrália, mas após um persistente estudo dos dados australianos, em 1909, de que um sistema do género devia existir e a Austrália Ocidental era o lugar mais lógico para o investigar. Servi-me destes dois sistemas como norma, pela primeira vez, numa breve nota publicada no *Journal of the Anthropological Institute*, em 1913, para definir aquilo que chamei sistemas de parentesco Tipo I (Kariera) e Tipo II (Aranda). Actualmente, já não acho satisfatório continuar com esta classificação numérica e a experiência posterior sobre dados australianos confirmou a escolha destes dois sistemas como norma para comparar os outros.» (Radcliffe--Brown, 1930: 46, n.º 5.)

O sistema *Kariera* baseia-se na regra do casamento entre primos cruzados, com troca de irmãs. Segundo esta regra, ego deve desposar a filha do tio materno: MBD, ou então, a filha da tia paterna: FZD; a irmã de ego deverá desposar o irmão da esposa de ego, isto é, o filho do tio materno: MBS, ou então, o filho da tia paterna: FZS. O esquema do sistema apresenta-se conforme indicado na figura 8.1, onde A e B representam dois grupos de parentesco.

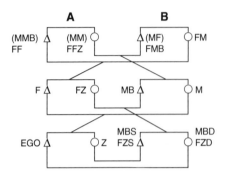

Fig. 8.1 – *O sistema matrimonial Kariera (por Fox, 1973: 200)*

O esquema referido na figura 8.2, restrito só a duas gerações, mostra a identidade dos primos paternos e maternos de ego, que é causada pela troca das irmãs.

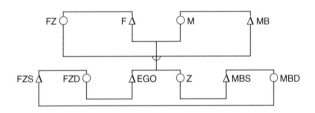

Fig. 8.2 – *O sistema Kariera visto em duas gerações. Note-se que os filhos de FZ e de MB são as mesmas pessoas porque, na realidade, FZ é esposa de MB*

É claro que estes esquemas representam modelos ideais. Na prática, a regra Kariera torna-se muito simples e utilizável porque as «irmãs» elegíveis para o casamento não são só as irmãs germanas, mas também todas as «irmãs» *classificatórias*, isto é, todas as mulheres a quem ego chama «irmãs». «Um homem pode apenas desposar uma mulher, à qual aplica o mesmo termo de parentesco que usa para chamar a filha do irmão de sua mãe. Se lhe é possível desposar a filha de um verdadeiro irmão da sua própria mãe, fá-lo-á, mas isso, evidentemente, só acontece num número limitado de casos.» (Radcliffe-Brown, 1930: 48.)

Um outro aspecto do sistema Kariera surge quando se examina o esquema do diagrama. Ver-se-á que nas gerações alternadas – dos avós e dos netos – todo o grupo de parentesco que, no momento do matrimónio, perde um membro seu com a cedência da irmã, readquire, em certo sentido, a sua unidade. De facto, os avós são ao mesmo tempo: (1) pai do pai e irmão da mãe da mãe; (2) mãe da mãe e irmã do pai do pai; (3) pai da mãe e irmão da mãe do pai; (4) mãe do pai e irmã do pai da mãe. Por sua vez, os netos casados, sendo entre si primos cruzados, têm em comum os avós, mas de maneira alternada: os avós paternos de ego são ao mesmo tempo os avós maternos da sua esposa; e, assim, os avós paternos da irmã de ego são ao mesmo tempo os avós maternos do seu marido; e vice-versa.

Por outras palavras, em níveis alternados de gerações há uma igualdade de parentesco. Esta situação torna-se visível nas *secções* (em tempos chamadas «classes matrimoniais»), que são divisões internas de cada tribo australiana, com funções meramente cerimoniais (Elkin, 1956: 95-106). Entre os Kariera, as secções são quatro: (1) *Burung*, (2) *Banaka*, (3) *Karimera*, (4) *Palyeri*. Dado que um Burung (1) só pode desposar uma mulher Banaka (2), os filhos serão Karimera (3). Assim, um Banaka desposa uma mulher Burung (1) e os filhos serão Palyeri (4); um Karimera (3) desposa uma Palyeri (4) e os filhos serão Burung (1); um Palyeri desposa uma Karimera (3) e os filhos serão Banaka (2). Por outras palavras, os membros de gerações alternadas pertencem às mesmas secções, isto é, os netos são sempre da mesma secção que os avós.

Em correspondência com a distinção entre os avós maternos e os avós paternos, há só duas secções: uma matrilateral e uma patrilateral. Esta distinção divide em duas metades *(moieties)* a sociedade kariera. Na realidade, as duas metades reduzem-se aos dois grupos actuantes na troca matrimonial; no diagrama da página 314 estão indicados com as letras A e B. A é a metade a que pertence ego e B é a metade onde ele vai buscar a esposa; em contrapartida, B recebe de A a irmã de ego.

A complicação do sistema Kariera, com a norma matrimonial entre primos cruzados e a estrutura em secções e metades, é mais aparente do que real, porque tudo se torna simples com a norma elementar da troca matrimonial de irmãs, que se torna efectivamente possível graças à terminologia classificatória pela qual as irmãs desposáveis não são só as «germanas», mas também as «classificatórias».

O sistema *Aranda*, também o mais difundido, é mais complicado. A norma fundamental prescreve que o matrimónio se dê entre primos cruzados em 2.º grau: ego deve desposar a filha da filha do irmão da avó materna de ego – MMBDD, a qual é por outro lado, a filha do filho do irmão da avó paterna – FMBSD. O esquema do sistema apresenta-se conforme o módulo reproduzido na figura 8.3.

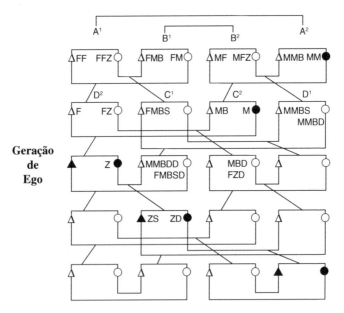

Fig. 8.3 – *O sistema matrimonial Aranda (por Fox, 1973: 210)*

ETNEMAS SOCIAIS

A categoria dos segundos primos cruzados implica uma estrutura de quatro grupos de parentesco: Al, A2, B1, B2. Num sistema patrilinear, como o pressuposto no esquema, as linhas de descendência são as seguintes: (1) do avô paterno – FF; (2) do irmão do avô materno – FMB; (3) do avô materno – MF; (4) do irmão da avó materna – MMB.

O sistema comporta, além disso, do ponto de vista cerimonial, oito subsecções, que entre os Aranda têm os seguintes nomes:

A1 – Pananka = Purula – B1
A2 – Knuraia = Ngala – B2
C1 – Kamara = Paltara – D1
C2 – Mbitjan = Bangata – D2

Nalgumas tribos onde vigora o sistema Aranda, as secções são quatro, mas funcionam de maneira diferente das quatro secções Kariera, pela simples razão de que os primos cruzados, proibidos no casamento, não são primos em 1.º, mas em 2.º grau.

Ao ler os matrimónios contidos no diagrama precedente, segundo a distinção das subsecções, vemos que se ego é Pananka (A1), só pode casar com uma segunda prima cruzada – MMBDD ou FMBSD; na subsecção Purula (B1): os seus filhos serão Bangata (D2). O filho de ego só poderá desposar uma segunda prima cruzada na subsecção Mbitjan (C2): os seus filhos serão Pananka (A1). A filha de ego, Bangata (D2), só poderá desposar um segundo primo cruzado da subsecção Mbitjan (C2): os seus filhos serão da subsecção Ngala (B2). A irmã de ego, Pananka (A1), só poderá desposar um segundo primo cruzado da subsecção Purula (B1): os seus filhos serão Kamara (C1). Acontece portanto que, dentro de cada linha de descendência, os membros de cada geração alternada se encontram na mesma subsecção, de modo análogo ao que acontece no sistema Kariera.

O resultado estrutural que afecta toda a organização social é a divisão da sociedade em duas metades, distintas entre si em duas *semimetades* segundo a seguinte fórmula: (A1 A2 + C1 C2) – (B1 B2 + C1 C2).

O sistema matrimonial diferido é indicado por Fox (1973: 215-17) no matrimónio patrilateral de primos cruzados. A singularidade do sistema reflecte-se na condição social e política dos interessados. O grupo que toma em casamento uma mulher é considerado «devedor» e «inferior», até ter liquidado a dívida, isto é, até que uma mulher desse grupo se torne esposa de um membro do grupo credor: «Se não se restituir a dádiva, não se é aliado, mas pedinte, encontra-se em situação inferior.» Mas, como a dívida acabará por ser liquidada, entre os grupos dá-se uma situação dinâmica alternada, de superioridade e inferioridade, e de equilíbrio.

Os sistemas *assimétricos* giram essencialmente à volta do matrimónio entre primos cruzados matrilaterais. O princípio consiste em que um grupo não pode dar directamente ao grupo do qual recebeu uma mulher como esposa: só o pode fazer indirectamente. Assim, se um grupo B recebe de um grupo A, não pode dar a A, mas a outro grupo C, o qual, não tendo recebido de A, só a este pode dar. Há portanto um ciclo em que, naturalmente, os grupos interessados podem ser vários. Entre os Purum da Índia Oriental, as linhagens dadoras e recebedoras são treze.

Também nestes sistemas a dívida é tida como sinal de inferioridade, mas enquanto que nos sistemas diferidos a restituição é apenas retardada, aqui nunca mais é saldada directamente. Segue-se, portanto, que nenhum grupo, num sistema do género, pode ser inferior em sentido absoluto; cada grupo é devedor de alguns grupos e credor de outros. Uma condição deste género reflete-se nitidamente na situação social e política. Fox cita o exemplo dos Kachin da Birmânia, estudados por Leach. Estão estratificados em três classes: chefes, aristocratas e plebeus. Dentro de cada uma destas classes, as patrilinhagens desposam-se segundo o modelo assimétrico. As linhagens que dão as mulheres chamam-se *mayu*, as que as recebem são *dama*. Embora os matrimónios se realizem no interior das classes, algumas mulheres passam de uma classe para outra. Como é fácil de prever, as linhagens de classe superior são as que dão as mulheres às linhagens de classe inferior. Por exemplo, a linhagem «chefe» A, dominante num certo território, celebra casamentos com outras linhagens de categoria semelhante que dominam outros territórios, mas será *mayu* pelo menos com uma das linhagens aristocráticas (de classe inferior) do seu território. Os aristocratas do território dominado pela linhagem A desposam-se, sobretudo, entre si; mas, pelo menos um deles será *mayu* com uma linhagem plebéia. Deste modo, estabelece-se uma ligação entre as várias classes. As mulheres descem e a riqueza sai, uma vez que os grupos *dama* pagam a «riqueza da esposa» aos seus *mayu*. Mas os chefes devem fazer festas grandiosas para os seus dependentes e, assim, pelo menos parte da riqueza que sai é de novo redistribuída. O modelo ideal do sistema pode representar-se no diagrama referido na figura 8.4.

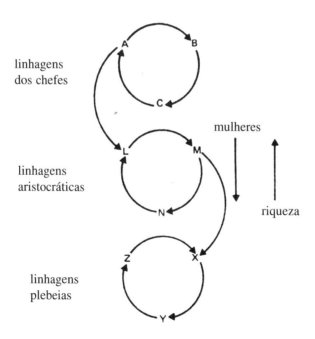

Fig. 8.4 – *O sistema assimétrico do Kachin da Birmânia (por Fox, 1973: 229)*

Segundo este diagrama, no território da linhagem A há três linhagens aristocráticas L, M, N. A é *mayu* de L. Há três linhagens plebeias X, Y, Z. M é *mayu* de X. No interior das classes, o sistema é circular e democrático; na relação entre classes, é hierárquico. Nenhum sistema de troca directa poderia jamais chegar a esta complexidade de organização política (Fox, 1973: 228.)

Os sistemas directos, como já se notou, são chamados *simples* ou *elementares*, porque definem com precisão o grupo de parentesco de que se pode tomar ou a que se pode dar uma mulher em casamento. O conhecimento exacto destes sistemas é de interesse fundamental, porque diferem do nosso sistema ocidental e ao mesmo tempo fornecem a documentação mais interessante para compreender o mecanismo multiforme da escolha matrimonial e as suas consequências sobre a estrutura do parentesco.

Os sistemas complexos não definem o grupo de que se deve tomar ou a que se deve dar a mulher como esposa, para lá da proibição do incesto. A sua complexidade deriva do facto de as relações matrimoniais poderem ser estabelecidas e serem, na realidade, contraídas sem respeito pelos grupos de parentesco que não são tomados em consideração para o casamento. Por exemplo, na nossa tradição, qualquer homem pode desposar qualquer mulher, excepto no círculo dos parentes chegados.

Os sistemas ditos simples (e, como se viu, é uma simplicidade bastante relativa) «são métodos de cruzamento sistemático» (Fox, 1973: 245); os sistemas complexos permitem, pelo contrário, as combinações matrimoniais mais casuais.

Fox apresenta, por fim, algumas considerações sobre a distribuição geográfica e cultural dos sistemas matrimoniais. «É interessante observar», escreve ele, «a distribuição espacial dos sistemas matrimoniais. Os verdadeiramente elementares parecem localizados no Sudoeste da Ásia, incluindo a Austrália e a Nova Guiné e, talvez, também no Sul da América; os sistemas Crow-Omaha (que estão a meio caminho entre os sistemas elementares e os complexos: ver neste mesmo capítulo, secção 4) são característicos da América do Norte; os sistemas complexos encontram-se em África e entre os indo-europeus; todavia, quase todas as regiões apresentam exemplos dos dois tipos. Os sistemas complexos não se limitam, de facto, aos países ou às culturas avançadas, mas encontram-se em toda a gama das organizações sociais. Pelo contrário, os sistemas verdadeiramente elementares não parecem compatíveis com as grandes estruturas sociais industriais.

«O aspecto mais importante e discriminante para a análise são os efeitos dos dois sistemas. Os sistemas elementares de qualquer tipo tendem a tornar perpétuas as alianças através das gerações. O tipo mais puro é o do matrimónio entre verdadeiros primos cruzados bilaterais, no qual os filhos dos irmãos e das irmãs continuam a casar-se de geração em geração, mantendo, em certo sentido, o casamento em família. Os sistemas complexos, por sua vez, não favorecem a renovação constante das ligações, mas difundem as pessoas na sociedade. No limite, embora ego deva casar-se fora da sua família nuclear, é questão de puro acaso a família dentro da qual se casará. Teoricamente, poderia ser uma qualquer. Mas, seja qual for o modelo que daí resulte, não provirá de normas positivas de aliança, mas só poderá ser caracterizado pelos demógrafos.» (Fox, 1973: 242.)

3. GRUPOS DE PARENTESCO

O carácter dinâmico do matrimónio como propulsor do parentesco manifesta-se, sobretudo, na formação dos grupos. Os princípios estruturais destes podem derivar da preocupação de assegurar consistência e continuidade ao grupo e de estabelecer relações de aliança entre os vários grupos. No primeiro caso, o matrimónio é visto como o meio de recrutar novos membros para os grupos de parentesco; no segundo, é o meio de trocar os membros do grupo (em geral, as mulheres) e fazer alianças.

A esta dupla possibilidade correspondem características diversas das sociedades, segundo a escolha dá preferência a uma ou a outra solução. Tal situação tem também o seu reflexo nos estudos antropológicos, nos dois sentidos interpretativos que dão maior relevo a uma ou à outra das soluções. Pode, pois, afirmar-se, mesmo que seja só aproximadamente, que os estudiosos que efectuaram as suas pesquisas entre as sociedades tradicionais africanas deram maior importância à descendência, ao passo que os estudiosos de sociedades asiáticas e oceânicas deram relevo, quase exclusivamente, às alianças.

Os grupos de parentesco que examinaremos são a família, o clã, a linhagem, a parentela, as frátrias e as metades.

As díades e a família

Habitualmente, considera-se a família como o menor grupo do parentesco e da sociedade. Os estudos antropológicos demonstraram, porém, que as formas de família são múltiplas e que a organização social já não é tão rígida que imponha um único tipo de associação familiar. A natureza da família apresenta-se, portanto, complexa em todas as suas formas, quer pelos elementos que a compõem, quer pela multiplicidade de funções que desempenha e das estruturas que apresenta.

A forma ou tipo de família que primeiramente devemos analisar é a *família nuclear* (simples, elementar). Estes termos explicam-se por si, pelo valor do seu próprio significado; é nuclear, porque este tipo de família representaria o núcleo basilar da sociedade e do parentesco; é simples, porque na ordem do parentesco não haveria outro grupo tão essencial; é elementar, porque se trataria do grupo social mínimo e irredutível. Além do mais, este tipo de família é considerado universal, no sentido de que se encontraria em todas as sociedades humanas. Outros chamam-lhe também *conjugal*, por se fundar na união entre homem e mulher casados.

O significado radical da família nuclear torna-se num dado adquirido e quase indiscutível da antropologia, desde que se mostraram inaceitáveis as elucubrações evolucionistas sobre um presumível estádio primordial de agamia ou de promiscuidade sexual. Neste estádio, o pai não teria tido qualquer importância social por ser desconhecido e os grupos eram só formados pela mãe com os seus filhos; consequentemente, não podia existir a família. Também estudos comparativos como o de Murdock (1949), que é ainda paladino de um neo-evolucionismo, demonstram a universalidade da família nuclear.

Hoje, esta certeza é posta de novo em discussão. Há quem não considere a família nuclear como universal e irredutível. Voltou a dar-se significado às díades que a compõem, como já o haviam feito os antigos evolucionistas, afirmando a importância primitiva do grupo mãe-filho, não tanto para formular a hipótese de um estádio evolutivo, mas para pôr em relevo o valor social e estrutural dos grupos d iádicos.

A fórmula recebida da família nuclear é triangular: pai, mãe, filhos (no diagrama seguinte, os filhos são indicados com o símbolo neutro para incluir homem e mulher e o número plural):

Esta fórmula, todavia, pode decompor-se em vários elementos duais que representam as díades familiares. São, pelo menos, quatro:

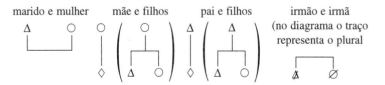

A estas díades poder-se-iam acrescentar outras combinações possíveis:

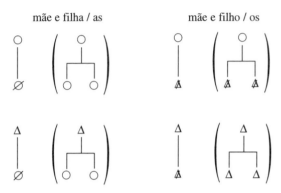

A distinção das díades não é uma simples operação analítica para decompor os elementos essenciais do grupo familiar, mas uma consequência da observação factual. Na realidade, as díades são por certo as partes integrantes das famílias nucleares (embora, quase sempre, sejam apenas isto), mas representam igualmente agrupamentos autónomos mínimos com estrutura associativa e funções que lhes são próprias. Por exemplo, a díade marido e mulher representa um tipo de grupo que, com o casamento, adquiriu autonomia plena; está na base da família nuclear, mas pode ser também permanente no caso de uniões estéreis ou no momento em que readquire tal fisionomia depois da fixação da prole, que se separa para constituir outras famílias. As restantes díades, mãe e filhos, pai e filhos, irmãos e irmãs, podem constituir, e efectivamente constituem, casais particulares, autonomamente estruturados e operantes.

O valor da família nuclear foi também examinado sob o ponto de vista das suas funções. Segundo Murdock, são quatro as funções principais da família nuclear: sexual, económica, reprodutiva, educativa (1949: 10). Parsons, por seu lado, não considera esta lista adequada e propõe, por sua vez, as duas seguintes funções: socialização da prole; desenvolvimento equilibrado das personalidades adultas dos cônjuges. Deve-se, porém, observar que estas funções, seja qual for o modo como se queiram enunciar, não são próprias da família nuclear de maneira absoluta e exclusiva. Outras associações de parentesco ou meramente sociais podem realizar as mesmas funções e entre elas as próprias díades familiares. Por exemplo, a função sexual é plenamente realizada pela díade mulher e marido, considerada quer como relação particular no interior da família, quer como agrupamento autónomo. Assim, também a função económica é desenvolvida completamente pela díade irmão e irmã, na hipótese de uma estrutura autónoma.

A existência das díades como associações duais de parentesco não é uma descoberta nova. Eram, porém, consideradas como formas anormais ou incompletas da família, embora sempre temporárias, e também como simples relações no âmbito da família. A análise actual reconhece, pelo contrário, a sua autonomia estrutural, como unidade mínima do parentesco e da sociedade.

A problemática mais interessante é-nos dada pela díade mãe e filhos. Apresenta-se como unidade social nitidamente distinta no interior de cada família poligínica. Mas há sociedades em que a unidade social mãe-filhos se torna permanente, com a mulher à cabeça de grupo, enquanto o pai-genitor se ausenta, ou por abandono ou por divórcio, ou por migração temporária ou permanente, deixando a mãe só com os filhos. Estudos analíticos sobre algumas populações da América Latina revelaram uma alta percentagem da existência do grupo diádico mãe-filhos.

	n.º de famílias	n.º de díades mãe-filhos
Guatemala	561944	16,8%
Salvador	366199	25,5%
Nicarágua	175462	26 %
Costa Rica	143167	17,2%

Nalguns centros da Guiana inglesa obtiveram-se estes dados:

	n.º de famílias	n.º de díades mãe-filhos
August Town	275	37,1%
Perseverance	103	16,5%
Better Hope	71	29,2%

(Adams, 1971: 23).

A consistência das díades como grupos mínimos é, em muitos aspectos, frágil e delicada. Reforçá-la, fazendo parte de grupos mais vastos, vai no interesse dos indivíduos singulares e da sociedade. É a partir desta exigência comunitária que se forma a família nuclear. Ela é a primeira forma de agrupamento que ultrapassa o limite dual.

A família nuclear corresponde bastante melhor e mais eficazmente do que as simples díades às múltiplas funções que dão aos indivíduos singulares segurança e protecção e permitem garantir a continuidade da espécie humana. Por essa razão, está difundida quase universalmente. Todavia, também a família nuclear é relativamente frágil e tem um carácter temporal. Foi mesmo para superar tal fragilidade que se constituíram os grupos familiares mais vastos e os grupos mais amplos de parentesco. O carácter temporário da família nuclear deriva da sua própria função de enculturação ou socialização da prole. Quando a família termina a tarefa de levar os filhes à plena autonomia, é o momento em que se decompõe e se desagrega, assinalando o seu próprio fim como agrupamento triangular.

Formas plurais de família

As formas plurais da família são múltiplas, sendo as mais típicas a família extensa e a família poligâmica. Só em sentido lato se pode considerar a *família doméstica* como verdadeira família. O fulcro desta unidade social é a cooperação, por vezes também a residência; inclui os adstritos a serviços especiais, que com a respectiva família nuclear, frequentemente na díade marido-mulher, participam na vida activa da família nuclear ou extensa e fazem parte integrante da estrutura familiar.

A *família extensa* é uma unidade social precisa, e é distinta da linhagem mesmo que, às vezes, possa coincidir com alguns dos seus segmentos menores. A família ampliada é formada por mais famílias nucleares, ligadas entre si genealogicamente, com residência comum. Pode ser uma habitação única, uma casa grande, como na Amazónia ou na Polinésia, ou ainda diversas habitações, geralmente num recinto cercado. O recinto – *Kraal* ou *compound* – pode, só por si, formar uma aldeia, ou então fazer parte ou ser uma secção de um conjunto urbano. Além da residência e da descendência, a família extensa tem em comum a actividade económica, os direitos de propriedade e de sucessão, o exercício de actividades religiosas e mágicas.

A descendência é o elemento comum entre a família extensa e a linhagem. Enquanto a linhagem liga os antepassados por várias gerações, e por vezes, como entre os Yoruba, inclui também os nascituros, a família extensa tem uma profundidade mínima; geralmente, não vai além da terceira geração, que é a mesma profundidade do segmento mínimo da linhagem. Uma tal profundidade, relativamente rara, é característica de alguns tipos de família extensa, por exemplo, entre os Zulú. Richards, por este motivo, propõe reservar o termo *grande família*, que é sinónimo de família extensa, para estes tipos.

Família composta é também sinónimo de família extensa, assim designada em oposição à família nuclear ou simples; assim também, *família conjunta*, termo que dá relevo à contenção da fixação genealógica, mediante a qual os novos núcleos familiares, antes de se separarem do núcleo originário, continuam a ele unidos.

Outras conotações da família extensa derivam das qualidades específicas do tipo de residência, uxorilocal ou virilocal, e do tipo de descendência, unilinear ou bilinear. Só em relação com a família patrilinear extensa faz sentido o termo *patriarcal*, porque nela o «pai» representa o vértice genealógico vivo e o depositário da autoridade e do poder. Na família extensa matrilinear, tais prerrogativas pertencem ao irmão da mãe e, conquanto à mãe caiba uma autoridade moral, o respeito e o prestígio não a transformam em matriarca.

A família poligâmica deriva, como se disse, do casamento poligâmico e, como este, pode ser poligínica ou poliândrica.

A estrutura da *família poligínica* articula-se sobre a pluralidade de mulheres. Cada mulher forma uma díade distinta com o marido e uma díade autónoma com os filhos. Mãe e filhos constituem uma unidade distinta, residencial, económica, ritual e social. Cada mulher tem os seus campos e deve tratar de prover à alimentação, para o marido de modo irregular, para os filhos, quotidianamente.

A relação entre as várias díades marido-mulheres é normalmente hierárquica; a primeira mulher tem uma posição de privilégio. Por exemplo, na aldeia massai, a ordem hierárquica das mulheres serve para distribuir as habitações no interior da própria aldeia. Esta é um recinto cercado de estacas nas quais se abrem duas ou quatro entradas «pertença» de um homem com as suas mulheres; no centro, recolhe-se o gado durante a noite. As habitações são postas ao lado de cada entrada; à direita, a cabana da primeira mulher; à esquerda, a da segunda mulher; de novo à direita, em segundo lugar, a da terceira mulher, e assim por diante. Nos outros sistemas poligínicos, o ordenamento hierárquico pode até nem se reflectir exteriormente, mas é quase sempre respeitado. Entre as mulheres de um homem é normal esperar manifestações ocasionais de ciúme feminino, mas é mais normal a cooperação por assim dizer institucionalizada, sobretudo em certas ocasiões e para actividades particulares, como a colheita ou a construção da casa.

A estrutura da família poligínica corresponde a exigências sociais, e sobretudo económicas; o prestígio que o homem obtém com mais mulheres é fonte de autoridade e de poder na sociedade, mas constitui também exibição e forma de riqueza: na divisão do trabalho, cabe à mulher o trabalho dos campos e muitas mulheres produzem maior colheita.

A *família poliândrica* tem uma estrutura totalmente diversa, que se articula sobre a pluralidade dos maridos. No caso dos Nayar da Índia, os maridos são também irmãos (poliandria adélfica), têm residência comum e estão ligados entre si economicamente; todavia, tendem a separar-se logo que as condições económicas da família o permitam, para estabelecer cada um a própria família nuclear. No caso dos Lele do Zaire, a *ngalababola*, ou «mulher da aldeia», constitui, na realidade, uma díade, mãe e filhos, mais semelhante ao tipo da família poligínica; os seus maridos, de facto, têm uma família normal e o seu conjunto com os filhos forma um grupo unitário e autónomo.

Clã e linhagem

A palavra clã é de origem escocesa e significa, literalmente, parentesco. Na gíria antropológica entende-se por clã *um grupo de pessoas descendentes de um mesmo antepassado mítico ou fictício*. A descendência comum é a característica fundamental do clã, mas, frequentemente, trata-se de uma realidade pressuposta e não demonstrável historicamente. O nascimento do antepassado perde-se na noite dos tempos, «no princípio». Assim, nas narrativas mitológicas das origens o seu nascimento dá-se contemporaneamente ao nascimento de um animal, ou então põe-se em estreita ligação com uma árvore ou com outros seres – como o Sol, a Lua ou semelhante. Todo o animal, árvore ou outro ser, miticamente relacionado com o clã, chama-se *totem*, palavra de origem *ojibwa* (língua índia da América do Norte). O totem é quase sempre considerado antepassado do clã, no mesmo pé que o ascendente humano, sendo em todos os casos respeitado segundo normas precisas, entre as quais está muito

INTRODUÇÃO AOS ESTUDOS ETNO-ANTROPOLÓGICOS

difundida a proibição (tabu) de matá-lo, para todos os membros do clã. O totemismo, isto é, a doutrina que compreende todas as concepções conexas com o totem, foi desde há muito considerado característica específica do clã e em relação directa com a exogamia, e atribuía-se-lhe um significado sagrado e religioso preciso. Hoje, estas teses estão completamente abandonadas, mas discute-se bastante sobre o verdadeiro significado do fenómeno, com diversidade de interpretações, por vezes opostas.

A profundidade temporal do clã é máxima; ultrapassa a história, mas, por outro lado, é bastante vaga. Os antropólogos sentiram, portanto, a necessidade de precisar o seu significado, introduzindo o conceito de linhagem como se fosse um segmento histórico e preciso do clã. A definição de linhagem é a seguinte: *um grupo de pessoas descendentes de um mesmo antepassado cujo vínculo de descendência é genealogicamente demonstrável e não pressuposto miticamente.*

A profundidade da linhagem pode variar, mas abrange um número limitado de gerações, tantas quantas são recordadas, do primeiro antepassado. Distinguem-se as linhagens *máximas, menores, mínimas* e *segmentos* de linhagem.

A linhagem e os seus grupos menores desenvolvem funções estruturais assaz precisas a nível territorial, religioso e político – e não só nestes – nas sociedades chamadas *acéfalas*, isto é, sem chefes.

Em muitas sociedades, os clãs e as linhagens fazem parte de agrupamentos maiores do parentesco que se chamam *frátrias*. Quando as frátrias são apenas duas e diferenciam a sociedade em duas partes dizem-se *metades (moieties).*

A problemática antropológica do parentesco centraliza-se na formação, função e finalidade destes grupos de parentesco. Segundo alguns estudiosos, a formação dos grupos baseia-se na descendência; os grupos por isso, são constituídos por consanguíneos e a sua função é «recrutar» os novos membros do grupo por meio de casamentos, assegurando por esse modo a continuidade. Segundo outros, a base do casamento e, por consequência, dos grupos de parentesco é o princípio da troca: os grupos formam-se para estabelecer alianças e garantir a existência e a continuidade dos grupos.

A descendência no interior dos grupos leva à formação de verdadeiros sistemas próprios. A escolha, de um ou outro modo, para estabelecer a descendência do parentesco acarreta consequências precisas, seja pela estrutura dos grupos, seja pelo comportamento dos membros dos grupos. Os sistemas de descendência são *unilineares* se determinam a descendência segundo a linha do pai (patriclã, patrilinhagem), ou então, segundo a linha materna (matriclã, matrilinhagem). Em consequência disso, até a propriedade, a herança e a sucessão são reguladas segundo a linha privilegiada, paterna ou materna.

Nos sistemas patrilineares, o ordenamento interno do grupo gira à volta da figura do pai. Geralmente, a antiguidade e a primogenitura adquirem particular relevo, conquanto não tenham já um valor jurídico absoluto e automático. A posição da mulher é marginal; pode conservar, mesmo depois do matrimónio exogâmico fora do próprio grupo, a pertença ao seu grupo original, mas pode também perdê-la para se tornar membro definitivo do grupo dentro do qual se casa. Por exemplo, no clã chinês patrilinear a mulher perde todas as ligações com o seu grupo de origem: entre os Talensi, por sua vez, a rotura não é total.

Nos sistemas matrilineares é a posição do pai que se torna marginal. A sua função fica limitada ao âmbito estrito da família nuclear, mas, em relação aos grupos mais extensos, não tem qualquer autoridade. Adquire o máximo relevo o irmão da mãe, MB, isto é, o tio materno (avunculado). Todo o pai, no sistema matrilinear, é também tio materno; como pai, a sua autoridade restringe-se à área doméstica; como tio materno, o seu poder e autoridade estendem-se a toda a matrilinhagem, da qual é o chefe. Volta a encontrar-se aqui o valor do princípio 4 (os homens exercem o domínio), porque, de facto, ao tio materno compete o domínio do grupo como unidade económica, ritual e política. «Nos sistemas matrilineares», escreve Robin Fox, «há sempre a dificuldade entre a necessidade de a linhagem manter a própria autonomia e o desejo de um homem ter o domínio da própria mulher e dos seus filhos – de se ver ao lado da mulher e não de viver com ela num plano temporário ou de visita. Certamente que se vê num dilema, porque, por um lado, é marido e pai e quer ter a mulher consigo e, por outro, é também tio materno, com responsabilidades de linhagem para com os sobrinhos maternos, pelo que tem necessidade de conservar sobre eles e a sua mãe – a própria irmã – um certo domínio.» (Fox, 1973: 118.)

O ordenamento interno dos grupos matrilineares apresenta uma grande variedade de formas em relação, sobretudo, com a residência matrimonial, que em geral, mas não sempre, é matrilocal e uxorilocal. «Entre os Ashanti, por exemplo, a residência pode ser *duolocal*, no caso de cada um dos dois esposos continuar junto dos próprios parentes matrilineares: *avuncolocal* e *patrilocal*. Nos primeiros anos de matrimónio, a residência era predominantemente duolocal, mas com o tempo podia tornar-se avuncolocal ou patrilocal. Não parece que a família nuclear – marido, mulher e filho – tivesse uma importância estrutural nos Ashanti tradicionais.» (Basehart, 1961: 288.)

Os sistemas de parentesco *bilinear* têm em conta a descendência tanto na linha paterna como materna. A existência destes sistemas demonstra, antes de tudo, que o sistema patrilinear e o matrilinear não se excluem alternadamente; podem ser valorizados para fins diversos, tal como acontece nos sistemas bilineares. Entre os Yakö da Nigéria diz-se que «um homem come no seu *kepun* (patriclã) e herda no seu *lejima* (matriclã)» (Forde, 1950: 307), isto é, a propriedade de bens móveis é patrilinear, a dos imóveis é matrilinear.

Grupos cognáticos – parentela

Os grupos unilineares e bilineares de descendência têm a vantagem de definir com clareza a pertença de um indivíduo

ETNEMAS SOCIAIS

a um grupo de parentesco: ou é de um ou de outro, ou, se é dos dois, por que razão é do outro. As linhas de descendência, por outras palavras, não se sobrepõem.

Pelo contrário, nos sistemas de descendência cognática as linhas de descendência sobrepõem-se uma à outra, porque cada um pertence a tantas linhagens quantos são os seus antepassados. Teoricamente, segundo a descendência cognática, uma pessoa pode pertencer a todos os grupos de parentesco de uma sociedade.

Os objectivos dos agrupamentos cognáticos são sobretudo cerimoniais e económicos; não são residenciais. De facto, os seus membros, pertencendo ao mesmo tempo a mais grupos, não poderiam residir contemporaneamente em mais lugares, mas podem contemporaneamente pertencer a mais grupos cerimoniais e ter direitos diversos de propriedade.

Os grupos cognáticos distinguem-se em *não restritos*, quando compreendem todos os membros com um mesmo antepassado, e *restritos*, quando compreendem só aqueles membros que satisfazem condições especiais; há, ainda, os *praticamente restritos*, quando, teoricamente, os descendentes de um mesmo antepassado podem ser membros de todos os grupos, mas, na prática, devem limitar-se à escolha de um único grupo, escolha essa, no entanto, não imutável. Entre os Maori da Nova Zelândia «a unidade social é o *hapu*, grupo territorial cognático, e um homem pertence a tantos *hapus* quantos os *hapus* a que pertenceram os seus antepassados. Mas, de facto, deve residir só num de cada vez. Isso não implica a perda de direitos adquiridos junto dos outros grupos, como aconteceria num sistema restrito, porém, na prática, cada um fica ligado ao grupo que escolheu primeiro». (Fox, 1973: 167.) Os ilhéus das Gilbert, no Pacífico, têm um complexo sistema de grupos cognáticos: o *u*, que compreende todos os descendentes de um antepassado, isto é, homens e mulheres, e que por essa razão têm *direito* à terra possuída; o *bwoti*, que pode considerar-se um segmento do *u*, formado por aqueles que possuem verdadeiramente um lote de

INTRODUÇÃO AOS ESTUDOS ETNO-ANTROPOLÓGICOS

terra; finalmente, o *kainga*, constituído pelos membros que residem, de facto, na terra que possuem.

Robin Fox, que pôs estes grupos cognáticos de descendência no mesmo plano dos unilineares, observa: «Os estudiosos do parentesco, seguindo Radcliffe-Brown, foram atraídos pela beleza nítida e incisiva do princípio unilinear, e em grupos como o *hapu* viram apenas uma forma estranha que procuram explicar à base dos sistemas unilineares, ou ignoram-na simplesmente. O extenso texto sobre a 'teoria aos grupos de descendência' refere-se, na realidade, à teoria de descendência *unilinear*. Radcliffe-Brown considerava as vantagens das soluções unilineares tão óbvias que não podia pensar em sociedades que não adoptassem ou uma ou outra. Pelo contrário, há muitas sociedades que, não obstante estes obstáculos, conseguiram desenvolver-se e, agora, até nós estamos em condições de compreender melhor como e porque tiveram êxito.» (Fox, 1973: 176.)

A *parentela* não é um grupo de descendência, isto é, a sua constituição não está relacionada com um antepassado, mas é um grupo pessoal que se forma em volta de uma pessoa individual, de um ego determinado. Uma vez que o centro da parentela é ego, ele cessa com a morte do indivíduo ego. Pode-se dizer, por isso, que há tantas parentelas quantos os indivíduos, uma vez que somente no caso de irmãos germanos a parentela é a mesma.

Fox distingue uma parentela cognática ou bilateral e uma parentela unilinear, ou melhor, unissexual. Entre os Tewa do Novo México não há clãs, mas existe a parentela bilateral, que tem em conta todos os parentes. (Cf. Fox, 1967: 20 e 125.) A parentela unilateral compreende os parentes de ego, através de uma linha única, ou dos homens ou das mulheres, até um determinado grau. Aparentemente, pode parecer uma linhagem, mas não o é, porque a linhagem tem um ponto de partida num antepassado e continua mesmo depois da morte dos seus membros singulares, enquanto a parentela se centraliza em ego e se dissolve depois da morte deste. Além disso, a profundidade da linhagem é mais ampla do que a da parentela, até porque nem todos os membros da linhagem se encontram em posição de parentela com ego. O diagrama proposto na figura 8.5 apresenta um caso de parentela dos mongóis Kalmuk (só os símbolos negros indicam os membros da parentela):

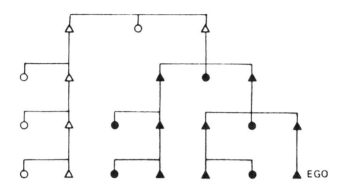

Fig, 8.5 – *A parentela Kalmuk (por Fox, 1973: 183)*

Os fins para que se estrutura a parentela são socioeconómicos: para ajuda recíproca, para o pagamento do preço do sangue, para regular os casamentos. Os Itan do Bornéu, «com base no princípio da parentela, organizam expedições espectaculares de conquista e de comércio. Rodeiam o ego com uma parentela que compreende os segundos primos. Cada Iban tem um grupo de pessoas – todas parentes até ao grau de segundos primos – que se podem solicitar para qualquer serviço. Ele mesmo, por sua vez, pertence a outras parentelas, as dos seus primos em primeiro grau e em segundo grau. Quando um Iban organiza uma expedição para a caça de cabeças, dirige-se aos membros da sua parentela. Estes, por sua vez, podem recorrer aos membros das suas parentelas que não fazem parte das de ego, e também estes podem solicitar a ajuda dos membros da própria parentela... e assim por diante, enquanto se não chegar ao número desejado de participantes» (Fox, 1973: 179.) O mesmo Fox observa que o nosso sistema ocidental poderia ser de parentela, se os grupos centrados no ego fossem formalizados e socialmente reconhecidos.

4. SISTEMAS DE TERMINOLOGIA

Já tivemos ocasião de dizer que o modo de denominar os parentes não é casual, mas corresponde a uma maneira sistemática que se reflecte na estrutura e no comportamento. O estudo destas formas sistemáticas tem muita importância para compreender o significado do parentesco. Os primeiros antropólogos, de resto, reconheceram o valor da terminologia do parentesco e Morgan foi o primeiro a distinguir os sistemas descritivos dos sistemas classificatórios. São classificatórios os sistemas em que nos servimos de um só termo para indicar uma classe de pessoas. Radcliffe-Brown, nos seus estudos australianos, formulou alguns princípios que estariam na base dos sistemas classificatórios.

O primeiro princípio chama-se a *equivalência dos irmãos*: uma pessoa é sempre classificada com o seu irmão, uma mulher com a sua irmã. Por conseguinte, o irmão do meu pai é para mim um pai, e a irmã da minha mãe é para mim uma mãe; os filhos das pessoas a quem chamo «pai» ou «mãe» são para mim «irmãos» e «irmãs»; os filhos de qualquer pessoa a quem chamo irmão são para mim «filho» e «filha» e, para eles, eu sou «pai»; ou, se o ego é uma mulher, chamar-se-lhe-á «mãe».

O segundo princípio pode chamar-se a *equivalência dos afins*, isto é, dos parentes adquiridos pelo casamento com os seus consanguíneos. A mulher de uma pessoa a que chamo «pai» é para mim «mãe»; e, inversamente, ao marido de uma mulher a quem chamo «mãe» chamá-lo-ei «pai».

O terceiro princípio contempla o *limite da classificação*; alguns sistemas podem ser limitados, isto é, a classificação de mais pessoas com um termo único estende-se a um grupo determinado, por exemplo, o clã. Outros sistemas, como o dos Australianos, não tem limites; numa tribo típica australiana, um homem pode definir a sua posição por meio de termos de parentesco com qualquer pessoa com quem se encontre a tratar socialmente, quer pertença à sua própria tribo quer pertença a outra.

A classificação dos termos é um instrumento para definir com exactidão o comportamento. Todavia, tem só um valor relativo no sentido de que não anula a realidade e as distâncias; o pai «pai» é sempre reconhecido como o primeiro, ou melhor, como o termo de comparação para o comportamento em relação aos outros homens que, como ele, são chamados «pai». (Radcliffe-Brown, 1930: 44-45.)

O que importa destacar é que os sistemas de terminologia têm uma racionalidade interna correspondente às normas que regulam as relações de parentesco e ditam as regras matrimoniais. A multiplicidade e as diferenças dos sistemas têm sido objecto de pesquisa e de estudo assíduo, mas nem sempre é fácil encontrar uma fórmula geral que as descreva exactamente. A realidade humana existencial, como já se observou, não é escrava de normas estabelecidas e encontra sempre o modo de formular normas novas, ou de modificar as existentes, para responder a situações particulares; o homem vale mais do que a norma.

A análise antropológica voltou-se, sobretudo, para a problemática da classificação dos primos. Em termos da geração, estão no mesmo plano de ego. No entanto, a terminologia tem uma consistência lógica; diz respeito à diversidade das gerações, se tal diversidade for tomada como critério de classificação, mas não se lhe presta atenção se o critério for de outro género, por exemplo: a unidade dos grupos de parentesco.

Acima de tudo, convém precisar a distinção, à qual já se fez referência, entre primos paralelos e primos cruzados. São primos cruzados os filhos de irmão e de irmã. O diagrama referido na figura 8.6. baseia-se em duas gerações:

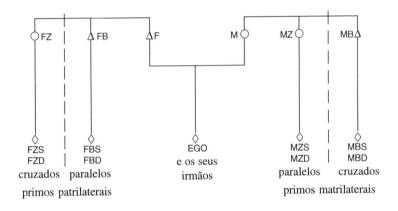

Fig. 8.6 – *Primos paralelos e primos cruzados*

Nas sociedades onde a distinção tem valor estrutural, os primos paralelos consideram-se e chama-se-lhes irmãos germanos e entre eles não é permitido o casamento. Por parte de primos cruzados, os termos de parentesco são diversos e a relação é de respeito. O casamento entre eles é, geralmente, consentido.

A classificação dos sistemas

Na recolha dos dados comparativos de 862 sociedades, Murdock (1967: 158) referiu oito sistemas de terminologia do parentesco, valendo-se das denominações em uso na bibliografia antropológica (geralmente tiradas das populações em que os sistemas simples se apresentam de maneira característica) ou, então, recorrendo a algumas características singulares. Os oito sistemas são os seguintes: sudanês, havaiano, esquimó, iroquês, crow, omaha, descritivo, misto.

Sistema misto – Trata-se de um sistema atípico. Na realidade, nem sequer é um sistema, mas a indicação genérica na estatística de Murdock de oito casos singulares não classificáveis com os outros sistemas. São, entre outros, os Ba-Mbuti do Zaire e os esquimós Caribou.

Sistema descritivo – É caracterizado pelo uso de termos explicativos e compostos para descrever os primos em primeiro, grau. Pelo facto de não tentar qualquer classificação dos parentes, é bastante semelhante ao sistema sudanês.

Sistema sudanês – Na estatística de Murdock encontra-se só em sete sociedades e, na África, apenas entre os Giriama (Quénia) e os Aruse (Etiópia); portanto, a denominação «sudanês» tem um valor assaz vago.

A nível de duas gerações, o sistema é caracterizado pelo uso de termos próprios para cada parente, sem nenhuma tentativa de agrupamento em categorias. A raridade do sistema é um indício de que o seu mecanismo, em confronto com outros sistemas possíveis, não se presta muito às exigências normais de facilitar o reconhecimento dos parentes (ver figura 8.7).

Sistema havaiano – As distinções validas, neste sistema, são as gerações e o sexo. A nível da mesma geração, todos os parentes de um sexo são classificados com o mesmo termo: na primeira geração ascendente, todos os homens são «pai» e todas as mulheres são «mãe»; na geração de ego, todos os homens são «irmãos» e todas as mulheres são «irmãs» (ver figura 8.8).

Um sistema deste género favorece a família extensa em confronto com a família nuclear, os grupos cognáticos e os grupos unilineares. Trata-se de um sistema bastante difundido e, na estatística de Murdock, encontra-se em 251 sociedades.

Sistema esquimó – A família nuclear tem, neste sistema, a máxima evidência. Fora deste grupo elementar, os outros parentes são classificados de maneira genérica e indistinta; ao nível da primeira geração ascendente, e para lá do pai e da mãe, todos os homens tão «tios» e todas as mulheres são «tias», sem distinção particular do lado paterno ou materno. Na geração de ego, para lá das irmãs e irmãos germanos, todos os homens são «primos» e todas as mulheres são «primas»; por vezes, há um só termo para os dois sexos. Poder-se-ia chamar o «sistema da família nuclear» (ver figura 8.9).

INTRODUÇÃO AOS ESTUDOS ETNO-ANTROPOLÓGICOS

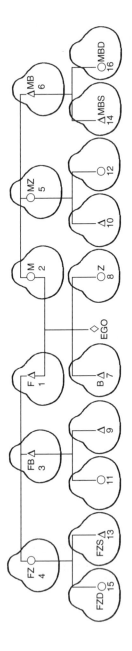

Fig. 8.7 – *O sistema sudanês.* (Os números árabes, neste e nos diagramas seguintes, indicam os termos de parentesco; o mesmo número corresponde ao mesmo termo.)

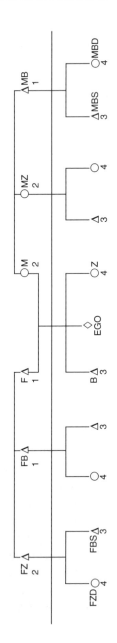

Fig. 8.8 – *O sistema havaiano*

O sistema esquimó, como é fácil observar, corresponde aos sistemas europeus. Não está muito difundido; na recolha de Murdock está representado por 71 sociedades.

Sistema iroquês – A característica deste sistema é a de distinguir não só as gerações e o sexo mas também, e nitidamente, as linhas paralelas das cruzadas. Poderia dizer-se que é «o sistema dos primos paralelos». Na geração de ego, os primos paralelos são classificados com os irmãos; na primeira geração ascendente os irmãos do pai são «pai» e as irmãs da mãe são «mãe». As irmãs do pai, os irmãos da mãe e os primos cruzados têm nomes diversos (ver figura 8.10).

A chave do sistema iroquês encontra-se no matrimónio por troca de irmãs. A troca é directa: o grupo do pai – F –, que recebeu uma mulher, a mãe – M –, dá uma mulher, a irmã do pai – FZ – , mulher essa – FZ – que vai ser esposa do irmão da mãe-MB. De facto, no quadro da terminologia, os filhos da irmã do pai e os filhos do irmão da mãe resultam idênticos, com número igual, 7 e 8, respectivamente.

Na estatística de Murdock, o sistema iroquês existe em 166 sociedades.

Sistema crow – Enquanto nos sistemas precedentes se observa bem a distinção entre as gerações, neste e no sistema omaha não há a preocupação de tal diferença, mas a preocupação máxima é manter intacto e dar relevo ao grupo linear de descendência. É também respeitada a distinção das linhas paralelas, como no sistema iroquês: por esta razão, diz-se que os sistemas crow-omaha estão a cavalo entre o sistema iroquês, de troca directa, e os outros sistemas, de troca indirecta e complexos.

O sistema crow é característico das sociedades matrilineares. Como já se disse, o tio materno – MB – é o chefe da matrilinhagem. Portanto, os filhos dele – MBS e MBD – são identificados com os filhos de ego – S e D –, porque pertencem à mesma matrilinhagem. Analogamente, os primos cruzados patrilineares, ou seja, os filhos masculinos da irmã do pai – FZS –, são identificados com o grupo do pai, isto é, com a matrilinhagem do pai,

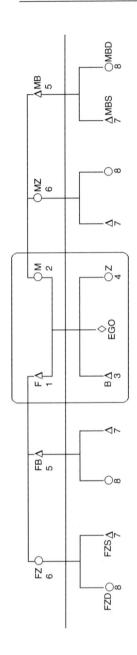

Fig. 8.9 – *O sistema esquimó*

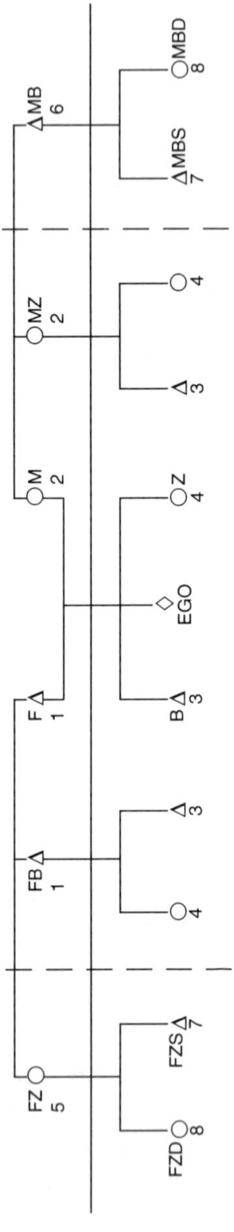

Fig. 8.10 – *O sistema iroquês*

ETNEMAS SOCIAIS

e para ego são todos «pai». No diagrama apresentado na figura 8.11 note-se que o número 1 é atribuído ao tio materno – MB –, tal como ao pai – F –, exactamente para sublinhar a sua importância em relação à matrilinhagem dos filhos de ego. Poder-se-ia chamar «o sistema da matrilinhagem».

No sistema crow temos as seguintes equações de parentesco:
F = FB = FZDS: FZ = FZD = FZDD;
S = MBS : D = MBD.

A equação dos primos paralelos é a característica do sistema iroquês: B = FBS = MZS : Z = FBD = MZD.

Na estatística de Murdock, aparece em 44 sociedades.

Sistema omaha – O sistema omaha é a contrapartida patrilinear do sistema crow. Poder-se-ia, analogamente, chamar «o sistema de patrilinhagem». Os primos cruzados matrilaterais são identificados, respectivamente, com a mãe ou o irmão da mãe: por outras palavras, a identidade dos termos põe em destaque a unidade do grupo patrilinear da mãe. Os primos cruzados patrilaterais são identificados com os filhos da irmã de ego – Z –, a qual, como já a irmã do pai – FZ – , passa a fazer parte, ao casar-se, de outra patrilinhagem (ver figura 8.12).

Além das equações dos primos paralelos, as equações de parentesco características do sistema omaha são as seguintes:
M = MZ = MBD : FZD = ZD;
MB = MBS : FZS = ZS.

Na lista de Murdock, o sistema omaha está representado em 58 sociedades. Se os dois sistemas se considerarem em conjunto, crow-omaha, como acontece frequentemente, atinge-se o número considerável de 102 sociedades.

Tem-se posto repetidamente a pergunta sobre o significado do sistema crow-omaha. Geralmente, considera-se representativo da passagem dos sistemas simples de troca elementar para os sistemas complexos, a partir dos quais tomam configuração e consistência os grupos unilineares de descendência. Seria, por outro lado, errado considerar a terminologia como um ponto absoluto de confronto. Na realidade, nenhum dos sistemas descritos se encontra só entre as sociedades «simples» ou só entre as sociedades «complexas». Não são, por isso, indicativos de simplicidade ou de «primitividade».

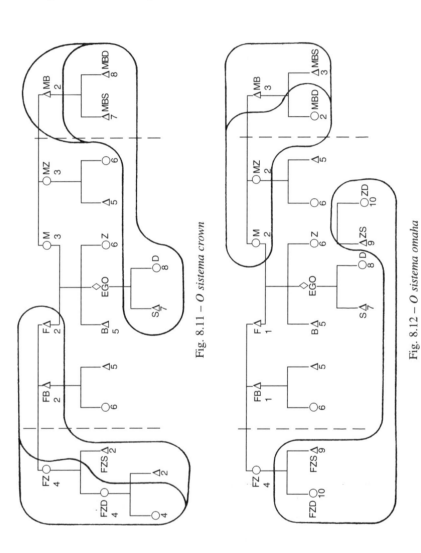

Fig. 8.11 – *O sistema crown*

Fig. 8.12 – *O sistema omaha*

Efectivamente, embora a documentação, embora já conspícua, esteja ainda longe de ser completa, a análise da terminologia e da sua relação com a estrutura social precisa ainda de ser muito aprofundada. Em todo o caso, seria excessivo esperar de tais sistemas a chave de interpretação e de explicação de *toda* a estrutura social (Cf. Goody, 1971: 305.)

IX

A ORDENAÇÃO POLÍTICA

São dois os temas fundamentais que o estudo antropológico da organização política deve enfrentar: a ordem e o direito. O primeiro respeita à ordenação exterior da vida política, às instituições e às estruturas em que ela se desenvolve. O segundo analisa o valor das normas que fundamentam e garantem a ordem. As formas de ordenação política e as expressões de direito são muitas e correspondem à múltipla variedade das culturas.

Estes dois temas constituíram sempre o objecto de estudo das antigas disciplinas académicas, a filosofia e o direito. Ao longo dos tempos, numa série ininterrupta de escolas, houve um aprofundamento constante, sobretudo do conceito de Estado como expressão máxima da ordenação política, e a problemática do direito levou a investigar, à base do espírito da lei, a natureza do delito, o fim e o uso das penas. Não parecia, portanto, que houvesse muito espaço para a pesquisa antropológica, que aparecia tardiamente para se inserir numa tradição de estudo rica em pensamento e de ensinamentos. Todavia, precisamente porque a antropologia se aproximava de culturas «alienígenas», isto é, estranhas às tradições das antigas sociedades clássicas, ficou à altura de registar culturas e sociedades profundamente diversas nas instituições e nas ordenações políticas. O conceito abstracto de Estado, as definições da lei, a descrição das instituições tradicionalmente consideradas essenciais ou constitutivas da ordenação política, não só não correspondem à diversa fenomenologia das culturas e das sociedades estudadas pela antropologia, mas também nem sempre se revelaram úteis para aprendermos o seu significado e o seu funcionamento.

Portanto, o contributo da pesquisa antropológica, sobretudo no que se refere às sociedades «sem Estado», impôs-se à atenção dos estudiosos e imprimiu uma nova orientação à discussão dos temas fundamentais da ciência política. (Cf. Mackenzie, 1967: 203.)

1. OS CLÁSSICOS DA ANTROPOLOGIA

Já na obra de H. L. Morgan, que alguns consideram o verdadeiro iniciador da antropologia social e política, se encontram as intuições fundamentais que serão depois desenvolvidas com mais ampla documentação pela pesquisa posterior. O pensamento de Morgan, como se sabe, está fundamentalmente viciado pelo pressuposto evolucionista determinista. Todavia, pondo de parte os esquemas evolutivos dentro dos quais enquadra a sua pesquisa, é possível, na perspectiva dos conhecimentos actuais, colher o importante significado do facto de ele ter considerado os grupos de parentesco não tanto como unidade doméstica mas como base da estrutura política. Na análise da organização social dos Iroqueses, distingue nitidamente o grupo de parentesco a que deu nome de *tribo*: em termos modernos, *clã* ou *linhagem matrilinear*. A partir da avaliação estrutural deste grupo de parentesco Morgan foi levado a ampliar a sua pesquisa, e é no conceito do valor político dos grupos de parentesco que se concentra a sua principal obra comparativa, *Ancient Society* (veja-se, especialmente, a análise de Fortes, 1969: 36.)

Completamente diversa é a problemática de Durkheim. Na sua obra fundamental, acerca da divisão do trabalho, efectua uma pesquisa – estritamente filosófica – sobre a natureza e a classificação do direito, e sobre o conceito de delito. A divisão do trabalho corresponde à tendência social para a especialização

ETNEMAS SOCIAIS

técnica de todos os indivíduos e é um factor elementar de solidariedade social. É importante interrogarmo-nos, afirma Durkheim, «em que medida a solidariedade que ela pode produzir contribui para a integração geral da sociedade». O meio para avaliar tal contributo é dado pelo direito, símbolo visível da solidariedade social. Todo o preceito do direito pode definir-se como «uma regra de conduta sancionada» (1972: 81). Por outras palavras, a sanção é um elemento constitutivo do direito. Durkheim distingue dois tipos de sanções e, por conseguinte, dois tipos de direito: *sanções repressivas*, e daí o direito penal, e *sanções restitutivas*, e daí o direito civil, comercial, processual, administrativo e constitucional. Enquanto o segundo tipo de direito tende a estabelecer ou a restabelecer a ordem, o direito penal limita-se a reprimir o delito com a pena. O delito é um acto que ofende os sentimentos fortes e definidos da consciência colectiva, mas determina, também, a reacção da mesma consciência colectiva, e gera na sociedade ofendida, por efeito oposto, uma maior coesão. A reacção colectiva da sociedade implica a pena para o transgressor. Neste sentido e por esta eficácia, quase paradoxal, Durkheim afirma que «nas sociedades primitivas o direito é exclusivamente penal» (1972: 89), a cominação da pena é sempre colectiva ou feita por uma assembleia.

A obra de Durkheim teve muita influência em Radcliffe-Brown e Malinowski, mas as suas análises afastam-se dela porque foram largamente inspiradas pelo trabalho de campo directo. O pensamento de Radcliffe-Brown vem exposto, de maneira sintética, no prefácio a *African Political Systems* (Fortes: 1940). «No estudo da organização política», escreve ele, «devemos considerar a manutenção e o estabelecimento da ordem social no âmbito definido de um território, por meio do exercício organizado da autoridade coerciva, através do uso, ou da possibilidade do uso, da força física.» (Radcliffe-Brown, 1940: XIV.) Nesta complexa posição são cinco os elementos que Radcliffe-Brown sublinha: a ordem, o território, a organização, a coerção e a força física. No entanto, recusa o conceito de Estado – enquanto entidade acima dos homens-membros de uma sociedade –, por ser inexistente no mundo fenoménico e fruto apenas de especulação filosófica (1940: XXIII); insiste, sobretudo, no conceito de organização, como sistema complexo de relações individuais, do qual resulta a comunidade. É a comunidade que tem uma consciência colectiva e realiza acções colectivas, servindo-se da força física para a manutenção da ordem: «Nas acções colectivas, mediante as quais se pode dizer que a comunidade julga e a comunidade inflige a punição, podemos reencontrar a forma embrionária do direito criminal.» (1940: XV.) Às vezes, a sanção penal vem cominada com o recurso ritual às forças sobrenaturais, o que põe em relevo o significado das crenças religiosas no ordenamento político.

Radcliffe-Brown aponta também que a guerra é um elemento singular e importante da ordenação política, uma vez que leva ao exercício organizado da força física e oferece «um meio capaz de definir a estrutura política» (1940: XX.)

Malinowski enfrentou o problema do direito e do costume numa monografia de grande sucesso e difusão, na qual, com pungente veia polémica, se refere continuamente à realidade efectiva – vivida por ele entre os Trobriandeses – em contraste com as elucubrações abstractas dos escritores antigos (Malinowski, 1926). Na base da organização social e das obrigações vinculantes, Malinowski põe o princípio da reciprocidade. Explica, deste modo, a organização dual das frátrias ou metades, que são o resultado integral da simetria intrínseca de todas as transacções sociais, da reciprocidade de serviços, sem a qual nenhuma comunidade primitiva poderia existir (Malinowski, 1922: 64). Esforça-se por esclarecer como as ordenações políticas dos «selvagens» não correspondem exactamente a modelos lógicos abstractos, mas resultam do equilíbrio humanamente composto por exigências diversas e, às vezes, opostas. Como em todas as outras coisas da cultura humana, a realidade não é um esquema lógico coerente, mas antes uma mistura em ebulição de princípios em conflito. Na sociedade trobriandesa, por exemplo, observa-se o contraste entre a densidade do clã matrilinear e o direito doméstico do pai, a aderência ao clã totémico e a ligação à família e ao interesse individual, o valor da condição hereditária e a afirmação do valor pessoal, o sucesso económico e a eficácia da arte mágica, o poder político do chefe e o poder pessoal do feiticeiro, o direito de um dado clã e o direito de outro clã (1922: 149). A ordem e o direito surgem dos próprios processos que eles governam e «afirmam-se como o resultado de uma luta contínua, não apenas das paixões humanas contra a lei, mas dos princípios legais entre si» (1972). Como se vê, a relação de reciprocidade não é só dinamismo estrutural, mas também dinamismo de conflito e de luta. Segundo Malinowski, mesmo antes de se sublinhar o significado do delito e do direito penal deve ter-se presente o significado do vínculo social da obrigação legal: «Um estudo do direito puramente penal entre os selvagens não apreende os fenómenos mais importantes da sua vida legal.» (1972: 69.) É justo, por isso, observar que, «contrariamente às concepções mais vulgarizadas, o direito civil – ou o seu equivalente primitivo – está exactamente desenvolvido e regula todos os aspectos da organização social» (1972: 107.)

Deve-se aos dois discípulos de Radcliffe-Brown e de Malinowski, Meyer Fortes e Evans-Pritchard, a primeira tentativa sistemática de uma classificação dos ordenamentos políticos como resultado e síntese das pesquisas antropológicas de campo. A sua obra editorial com o título *African Political Systems* (1940) forneceu a Radcliffe-Brown, como se viu, a ocasião de definir o seu pensamento sobre o assunto, e impulsionou um grupo de pesquisadores a olhar de maneira precisa o material recolhido junto das populações em que tinham realizado as suas indagações, tornando-se uma obra clássica de referência. Na introdução, os dois autores retomam, numa série de parágrafos, os princípios constitutivos do ordenamento político.

Distinguem, acima de tudo, dois grupos de sociedade, um com a autoridade centralizada, o outro sem centralização. Deste modo, introduzem pela primeira vez na teoria da ciência política, com dados concretos e sistemáticos, o problema não só dos «Estados primitivos» mas também das «sociedades sem Estado». Relativamente a esta distinção, põem em relevo, entre outras, a incidência e a função da força organizada; enquanto nas sociedades centralizadas «o rei e os seus delegados e conselheiros se servem da força organizada, com o consenso dos seus súbditos, para fazer andar um sistema político que consideram fora de discussão como base da sua ordem social», nas sociedades «sem Estado» «não existe – segundo a linguagem da filosofia política – qualquer indivíduo ou grupo de que se possa dizer que nele reside a soberania» (1940: 14.)

Com a obra de Fortes e Evans-Pritchard, embora limitada aos sistemas políticos da África tradicional, a problemática do ordenamento político ficava doravante posta em termos determinantes e explícitos. Desde então, os estudos multiplicaram-se, com trabalhos de campo específicos e com análises teóricas mais apuradas, até à imposição da *antropologia política* como ramo especializado da antropologia cultural e social (cf. Balandier, 1967.)

2. TIPOLOGIA

A definição de uma tipologia dos sistemas políticos explorados pela pesquisa antropológica não é uma simples tarefa académica de taxonomia pleonástica, mas corresponde a uma exigência de sistematização comparativa. Permite uma síntese geral do trabalho realizado pela antropologia e torna possível a comparação com a teoria política para chegar a conclusões de valor geral, a partir das quais se leva por diante o trabalho que falta realizar, ainda, na recolha e na análise do material. Dado que a pesquisa antropológica, por razões históricas já indicadas, se desenvolveu predominantemente na África, os tipos de referência derivam em grande parte dos sistemas das sociedades africanas.

Fortes e Evans-Pritchard, além dos dois grupos de sistemas representados nos ensaios da sua publicação, distinguem um terceiro, pelo que propõem *três* tipos de sistemas políticos:

1. «As pequeníssimas sociedades, nas quais também a unidade política mais vasta abrange um grupo de pessoas todas unidas por laços de parentesco, e assim as relações políticas coincidem com as relações de parentesco e a estrutura política funde-se completamente na organização do parentesco.»

2. As sociedades nas quais a estrutura da linhagem é a base do sistema político. O sistema político e a linhagem, embora permanecendo entre si distintos e autónomos, estão estritamente coordenados.

3. As sociedades em que a estrutura política se baseia numa organização administrativa.

O primeiro tipo de sistema político é representado pelos «bandos» dos povos caçadores e recolectores e assim, por exemplo, pelos Pigmeus das florestas equatoriais e pelos Bosquímanes das estepes desérticas do Calaári. Destes não se ocupam Fortes e Evans-Pritchard. Tratam antes do segundo tipo, representado pelos Logoli, Taliensi e Nuer, e do terceiro tipo, representado pelos Zulú, 'Ngwato, Bemba, 'Nkole (Banyankole) e Kede.

Os estudos sucessivos determinaram melhor a tipologia apresentada como hipótese por Fortes e Evans-Pritchard. Entre outras coisas, salientou-se a singularidade do sistema político baseado unicamente na estrutura das classes de idade, da qual nada se diz na tipologia geral dos dois autores citados (Bernardi, 1952: 331-32.) Esta exigência é amplamente confirmada pelas pesquisas de campo, especialmente entre os Massai da África Oriental (Gulliver, 1963; Jacobs, 1965).

Num livro de análise sistemática sobre o governo primitivo, Lucy Mair (1962) distingue, sob dois títulos, a sua síntese geral: 1. *Governo sem Estado*, 2. *Estados africanos*. Por Estado, a autora entende «um governo no qual exista um monarca hereditário como chefe de um povo que lhe reconhece uma autoridade temporal e espiritual» (Mair, 1964: 107.)

INTRODUÇÃO AOS ESTUDOS ETNO-ANTROPOLÓGICOS

Na análise do «governo sem Estado», Mair introduz uma tipologia descritiva e estrutural, mas de interesse notável. Distingue, de facto, três tipos: *governo mínimo*, *governo difuso* e *governo em expansão*.

Há vários modos de *governo mínimo*. A comunidade política pode ser pequeníssima, como é o caso do «bando» de caçadores. Ou, então, ser pequeno o número das posições de *leadership* entre os Nuer, nos quais, além da estrutura basilar da linhagem, há chefes que possuem uma certa autoridade no interior da linhagem ou um poder ritual em certas cerimónias. Por último, a área de poder de quem detém a autoridade pode ser restritíssima: por exemplo, o rei dos Shilluk tem um poder ritual máximo e político mínimo (1964: 69).

O tipo de *governo difuso* é representado pelas classes de idade, porque «toda a população adulta masculina participa de maneira igual, pelo menos em teoria, no dever do serviço público» (1964: 78). O *governo em expansão* tem casos fluidos; há grupos dominantes, ligados às estruturas de parentesco, competindo entre si, aos quais se unem «estrangeiros», clientelas de refugiados, gente que não encontraria já posição nas próprias sociedades e que dependem totalmente da protecção do senhor (1964: 122). Mair descreve quatro exemplos deste tipo, os Gusi do Quénia Ocidental, os Mandari, os Anuak e os Alur do Uganda.

Fortes e Evans Pritchard, permutando o conceito de Durkheim, tinham realçado a natureza segmentária dos grupos de parentesco. Mais recentemente, John Middleton e David Tait (1958, 1970) aprofundaram a mesma temática. Numa série de seis ensaios, com referência directa a situações específicas, analisaram a dinâmica segmentária da linhagem e do sistema político: «Um segmento, que é significativo como unidade autónoma, funde-se com outros noutras situações, através das quais se dá o entrelaçamento de grupos e *status* que estão associados com actividades diversas e direitos e deveres consequentes. Isto implica um grau de coesão e de unidade num sistema singular, onde não há uma autoridade política que dê o sentido da solidariedade comum.» (Middleton, 1970: 11.)

Southall (1965), «numa crítica da tipologia dos Estados e dos sistemas políticos», propõe uma classificação dos sistemas políticos baseando-se na particularidade distintiva da sua natureza segmentária. Parte do pressuposto de que a própria actividade política é segmentária. Divide, portanto, os tipos em dois grandes grupos, um *segmentário-piramidal*, o outro *segmentário-hierárquico*. No sistema piramidal, a autoridade central deriva de uma delegação consensual por parte das unidades componentes, sem que a autoridade se torne mais estável e possa, portanto, ser reclamada ou manter-se pelo constrangimento; no sistema hierárquico, a autoridade provém do centro, *de jure* e *de facto* (Southall, 1965: 126). À distinção dos dois tipos fundamentais de sistemas políticos corresponde, para Southall, a distinção da natureza da delegação em que se fundamenta a autoridade. No sistema hierárquico, dá-se uma *delegação associacional*, que ele descreve como um processo formal no âmbito de um sistema articulado por grupos e associações especializadas sob a égide protectora do Estado. No sistema piramidal, a delegação é *complementar* e diz respeito a papéis, definidos parcialmente, com carácter situacional, se o poder que confere não for além da própria situação (Southall, 1965: 127).

Destas premissas, extremamente sintetizadas, Southall tira a seguinte tipologia:

I *Segmentário-política* (isto é, a actividade política distinta de outras actividades sociais).

II A – *Segmentário-piramidal* (delegação complementar).

1. *Sociedades sem Estado*
   a) Sistemas segmentares de linhagem
   b) Sociedades organizadas com base na idade
   c) Outras comunidades locais articuladas, mas acéfalas

2. *Estados segmentares*
   a) Baseados em sistemas segmentares de linhagem
   b) Baseados em outras formas de articulação

3. *Estados confederados*
   B – *Segmentário-hierárquica* (delegação associacional)
   1. *Estados unitários*
   2. *Estados federais*

A tipologia de Southall tem o mérito de valorizar o contributo antropológico sobre a natureza segmentária da actividade política e de dar à classificação uma base unitária. Todavia, a antinomia estado/não estado refere-se à *querela* pseudo-histórica das origens. «A tarefa urgente actual», observa Balandier, «é a pesquisa dos diversos processos a partir dos quais provém a desigualdade e pelos quais se eliminam as contradições no seio da sociedade, impondo a formação de um organismo diferenciado (o Estado) com a função de o conter.» (Balandier, 1967: 184.)

Nesta perspectiva, propõe-se uma distinção simples:

1. ordenamentos políticos de igualdade;
2. ordenamentos políticos de desigualdade. Todavia, é preciso, antes, definir o conceito de tribo.

3. O CONCEITO DE TRIBO

Nos estudos políticos modernos, sobretudo em consequência das transformações dos países coloniais em estados independentes, impõe-se a necessidade de clarificação do conceito de *tribo*. O termo é posto em contraste com os conceitos de Estado e nação, eles próprios tópicos tradicionais da ciência política.

O uso do termo tribo, como transparece nos escritos antropológicos, é múltiplo. O sentido e a interpretação imediata estão vinculados ao contexto específico e dependem do autor individual. Não existe um sentido constante e unívoco.

Num recente estudo sobre as tradições e as transformações na África Oriental, Philip H. Gulliver fez uma resenha das várias acepções antropológicas para chegar a dar uma definição moderna

ETNEMAS SOCIAIS

do termo. Antes de nos referirmos a este estudo, será melhor relembrar o antigo sentido latino do vocábulo.

No primitivo significado romano, a *tribus* era uma das três estirpes originais dos cidadãos romanos livres: *Ramnes, Tities, Luceres.* No tempo do rei Sérvio Túlio, o termo indicava uma das quatro divisões urbanas de Roma; mais genericamente, foi usado para se referir à multidão e à gente pobre. No entanto, o significado de estirpe, ou seja, de parentesco como um conjunto de pessoas unidas por descendência, acabou por impor-se e mantém-se bastante constante, embora tendo sempre um sentido político implícito. É o significado em que foi usado o termo nos escritos humanísticos no fim do século passado.

Com os estudos antropológicos, o termo teve nova sorte e largo uso. Os exploradores, os missionários, os militares, os administradores coloniais, aplicaram-no de maneira muito genérica a cada grupo que parecesse distinto pela língua ou nome, pela cultura e autonomia política. O uso entrou na concepção evolucionista e atribuiu ao termo uma certa tonalidade negativa, contrapondo, de um ponto de vista político, a organização «tribal» ou «primitiva» à organização «civil» ou «de estado». As acepções negativas de primitividade, de estase cultural, de inferioridade moral, etc., multiplicaram-se e são a razão da emotividade actualmente implícita no termo.

Os antropólogos introduziram, mas não univocamente, significados mais limitados e precisos. Entre os evolucionistas, Morgan e Maine retomaram o antigo significado romano e o termo latino *tribus* foi por eles usado para indicar os grupos de parentesco organizados segundo a descendência. Tal retoma do significado latino não teve muito êxito. Dos antropólogos modernos, Gulliver cita somente um que define a tribo segundo o antigo uso romano: «Um povo que tem em comum a descendência e está socialmente organizado à base de tal descendência e da idade.» (Lloyd, 1967: 27.)

Outras definições e usos antropológicos têm um carácter nitidamente arbitrário, ditado pela necessidade de uma referência

INTRODUÇÃO AOS ESTUDOS ETNO-ANTROPOLÓGICOS

relativa a uma análise definida, pelo que o termo é entendido segundo a definição e a intenção do escritor. Por exemplo, o uso que Evans-Pritchard faz do termo, em relação aos Nuer, é completamente arbitrário e pessoal. Define a tribo como o grupo máximo de população «que, além de se reconhecer como comunidade local distinta, mantém a obrigação de participar na guerra contra os estranhos e reconhece o direito dos próprios membros à recompensa pelas ofensas» (Evans-Pritchard, 1940: 5.)

Gulliver, ao concluir a resenha dos dados respeitantes à África Oriental, dá a seguinte definição: «Um grupo de população distinto, por parte dos seus membros e dos outros, com base em critérios culturais-regionais.» (Gulliver, 1969: 24.)

Outros estudiosos (Cohen e Middleton, 1970), que empreenderam estudos sobre a África análogos aos de Gulliver, discutem o conceito de tribo e salientam que os estudos antropológicos descrevem grupos sociais concretos, efectivamente existentes e, portanto, concentram a atenção numa cultura identificável e no correspondente sistema social. Por outro lado, a natureza efectiva da sociedade africana é naturalmente mais complexa...; vemo-la em termos de ordenações sociais largamente variáveis, nas quais grupos e indivíduos identificados com um ou mais tipos de tradições culturais têm sempre agido entre si e ainda assim actuam reciprocamente, «criando entre eles as bases para novos tipos de reagrupamentos que são ou serão institucionalizados dentro de formas novas ou diversas de estruturas sociais e de novas ou diversas expressões culturais de tais relações» (Cohen, 1970: 5 sg.) Cohen e Middleton sublinham, portanto, que, apesar de todas as aparências, a «tribo» se concebe, não como unidade estática, mas como uma etnia dinâmica, aberta a toda a relação possível. A teoria das relações interétnicas torna-se, pois, o tema de análises dos processos de incorporação de vários grupos étnicos ou tribais nas novas nações (Cohen, 1970: 5 ss.)

A palavra *tribalismo*, derivada de tribo, é de cunho novo e encerra em si a carga emotiva em confronto com as mudanças políticas; de facto, usa-se para indicar uma atitude mental e

Etnemas Sociais

política de conservação e não de progresso, de visão parcial e não de visão unitária da comunidade política, de abuso e concussão para proveito pessoal ou de clientela e, em todos os casos, de atraso e barbárie (cf. Richards, 1969: 33; Guiliver, 1969: 11.)

4. ORDENAMENTOS POLÍTICOS DE IGUALDADE

As sociedades que se colocam sob este título são caracterizadas pelas condições de paridade fundamental dos seus membros. Nos ordenamentos políticos tende-se a minimizar, sem as anular ao codificá-las, as consequências da diversidade da natureza, como as do sexo e da idade. No âmbito dos grupos sociais, de parentesco ou políticos, a autoridade deriva da delegação, no sentido indicado por Southall, ou seja, por um processo de reconhecimento dos papéis impostos pelas situações, mas nunca atinge uma cristalização, como se se tratasse de um direito absoluto. É possível salientar, também nestas sociedades, uma estratificação social que, porém, não é estável nem perpétua. O próprio sistema actua contra a alienação e procura constantemente anular ou vencer as tentativas conscientes e inconscientes, para fazer prevalecer o poder de um – indivíduo ou grupo – em confronto com os outros. São estas tentativas que em tais sociedades representam a entropia interna e só a dinâmica interna da estrutura política restabelece a igualdade basilar dos membros.

Entre os vários tipos de ordenamentos políticos da igualdade, contam-se os bandos de caçadores e recolectores, os sistemas por estrutura de linhagem e por classes de idade.

O bando

As comunidades de caçadores e recolectores mais bem estudadas são, actualmente, os Pigmeus Mbuti (Bambuti, singular

Mombuti) das florestas do Ituri (Zaire) e os Bosquímanes !Kung da Namíbia (Sudoeste africano). Os Mbuti foram estudados por Schebesta (1948), primeiro, e mais recentemente por Turnbull (1961 e 1966). O tipo de vida dos dois grupos é análogo, como análogos são os ordenamentos sociais. O ambiente ecológico e, por conseguinte, também a economia diferem profundamente.

Os Pigmeus habitam na floresta, onde não só há abundância de água (o Ituri é um rio importante) mas abundam, também, os frutos, o mel e a caça. Os !Kung, pelo contrário, levam uma vida dura, numa estepe semidesértica onde não há cursos de água permanentes e os poços de água são escassos e raros (a chuva só cai em três meses do ano, Janeiro, Fevereiro e Março).

O bando tem um território seu, capaz de poder sustentar os membros da comunidade, que raramente, tanto entre os Pigmeus como entre os Bosquímanes, excede as três dezenas (a região Nyae-Nyae, habitada pelos !Kung, tem uma área de mais de 10 000 milhas quadradas, com uma população de mil habitantes, divididos em 36 comunidades.) Cada território dos Pigmeus tem limites naturais, conhecidos por todos, mas não rígidos, que abrangem geralmente uma área suficiente para o sustento de um bando. Neste aspecto, os elementos do território dos Bosquímanes são três: suficiente *veldkos* (vocábulo *afrikaans* para significar os frutos e as raízes selvagens), um poço de água, numa extensão em que seja possível ir e vir sem sucumbir (Marshall, 1960: 330).

A organização social é baseada, essencialmente, na família nuclear e nos bandos. Entre os Pigmeus assumem particular relevo os grupos de idade, embora se não trate de uma organização do tipo das classes de idade. Mas, embora o bando se possa considerar «como uma aliança de grupos de idade» (Turnbull, 1966: 114), ele é constituído por um conjunto de famílias e, às vezes, coincide com uma família extensa.

Todos os membros do bando usufruem de direitos iguais. A própria distinção de sexo tem uma importância mínima, seja a nível económico (divisão do trabalho), seja a nível político.

Só genericamente se pode dizer que a caça pertence aos homens e que a colheita cabe às mulheres. As mulheres e rapazes tomam, de facto, parte activa na caça, se necessário, como batedores ou para estender as redes, e os homens não se recusam a apanhar os frutos e as raízes. Na dança e nos ritos, a distinção dos sexos é mais evidente. Os Bosquímanes têm danças que são próprias só dos homens ou só das mulheres, mas a «dança médica», que é o acontecimento principal e, também, único, em que mais bandas cooperam para curar os doentes, é efectuada pelo conjunto de toda a comunidade (Marshall, 1969: 347). Entre os Mbuti, o canto do *molimo*, cujo significado é meramente religioso, é reservado aos homens.

O bem supremo perseguido pela autoridade e pelo poder é a distribuição igual dos produtos da caça e da colheita: enquanto, em geral, os frutos vegetais são distribuídos só no interior de cada família singular, a distribuicão da carne é feita entre todos os membros da banda. A individualização nunca é aceite com prejuízo da participação. Turnbull escreve que entre os Mbuti é impensável a autoridade individual e não há chefes, nem conselhos de anciãos, nem especialistas rituais do tipo dos profetas ou adivinhos (1966: 180). Marshall, por sua vez, descreve o «chefe» do bando dos !Kung e chama-lhe «proprietário ou guarda do território». Trata-se, no entanto, de uma propriedade que é precisamente «custódia», ou seja, a aberta a todos os membros da banda. Um «chefe» que se aproveitasse dessa distinção em seu proveito seria logo exonerado.

Politicamente é o grupo, como tal, que tem a autoridade entre os Mbuti. Em particular o grupo de idade, ou seja, os coetânios, têm «uma jurisdição informal sobre os membros» do próprio grupo e servem-se do ridículo e do ostracismo para manter a ordem, quer dizer, para atenuar a prosápia ou o predomínio excessivo de um deles. A ascensão individual com prejuízo da comunidade fica assim contida nos limites. Entre os Bosquímanes, quem demonstra inteligência e capacidade é imediatamente reconhecido como guia e seguido, mesmo que não seja o chefe. Todavia, também ele não deve exagerar (Marshall, 1960: 352-53).

Uma figura interessante entre os Mbuti é o *clown*. Turnbull descreve-o como «um bode expiatório profissional». Mete-se entre dois litigantes, não como árbitro, mas para votar ao ridículo o motivo da disputa, fazendo descarregar sobre a sua pessoa a tensão do momento (Turnbull, 1960: 182-83).

As transgressões mais graves, como o incesto, são punidas com o ostracismo. O culpado é banido por todos e abandonado na floresta; a floresta é «a única autoridade superior reconhecida por todos». Estamos perante uma interpretação mística de extremo interesse. Turnbull recorda o caso de um jovem culpado de incesto que, depois de ter vagueado alguns dias pela floresta, voltou à própria banda, reintegrando-se nela silenciosamente: a floresta não o tinha castigado e a comunidade já não o recusava mais.

A pena de morte é mais uma ameaça verbal que real; por exemplo, entre os Mbuti ameaça-se desse modo quem não participa no *molimo* (o rito para obter a protecção da floresta). As mortes, todavia, como consequência de objectivos imediatos e não premeditados de violência, não são esporádicas: em todo o caso deve-se pagar a reparação ou «preço do sangue». Entre os !Kung, Marshall registou a prática do infanticídio – no momento do parto – com o fim de limitar o número do bando («a mulher, para dar à luz, vai só com a mãe, à planície. Se decidiu não ter a criança, provavelmente esta nem sequer chega a respirar», 1960: 327.)

Para lá destes casos extremos e penosos, a vida dos bandos é consagrada à afirmação da personalidade individual no âmbito da comunidade. O sentido e o apreço pela liberdade são características sublinhadas pelos investigadores directos. Turnbull fá-las ressaltar ao analisar as relações sociais dos Mbuti com os Bantú agricultores e sedentários. Os Pigmeus estão dispostos a pôr-se ao serviço dos Bantú, mas em qualquer momento, sobretudo para os encontros sociais da sua comunidade de origem, abandonam o lugar para voltar para a floresta e à independência.

A estrutura da linhagem

Os bandos de caçadores e recolectores apresentam-se, também, com uma estrutura de parentesco mais vasta que a da família nuclear, onde a linhagem representa a base das alianças políticas que são, antes de tudo, alianças de matrimónio. Pertencem a este tipo os bandos dos aborígenes australianos e, ainda, de alguns ameríndios, por exemplo os Shoshone do Novo México e os Cheyenne das pradarias. As alianças realizam-se com a troca de mulheres ou de «irmãs» e os vínculos de parentesco assumem um valor estrutural que obriga os grupos, à vez, a sustentar-se e a defender-se.

O sistema de linhagem como base da estrutura política está bastante difundido. Entre as populações mais bem estudadas estão os Tallensi e os Nuer. É interessante, antes do mais, destacar as diferenças ecológicas e económicas que distinguem estas duas sociedades. Os Nuer são povos pastores, dedicados também, em menor escala, à agricultura e à pesca. Estas últimas actividades são complementares e ligadas à alternância das estações do ano, quando as chuvas e as inundações das águas restringem a actividade de pastorícia. Os Tallensi são agricultores, mas dedicam-se também à criação de gado de todos os tamanhos. Devemos portanto notar – como já se fez para o ordenamento dos bandos – que a estrutura da linhagem não é determinada pela actividade técnica e económica.

O significado político da linhagem (e do clã no seu aspecto mítico) deriva da descendência do primeiro antepassado, que foi também o primeiro ocupante do território. Portanto, a pertença ao parentesco constitui o título jurídico para a participação na actividade política.

A distribuição territorial dos membros de uma linhagem não está rigidamente ligada ao território originário. Existem mecanismos para obter o consentimento para se estabelecer no território de uma linhagem como, por exemplo, a adopção e também o apoio a uma linhagem, a residência matrimonial, a

Introdução aos Estudos Etno-Antropológicos

hospitalidade, etc. O conjunto destes fenómenos é uma das causas pelas quais entre uma e outra linhagem surgem motivos de diferenciação e desigualdade. A linhagem originária, aquela cujo antepassado foi o primeiro ocupante do território, torna-se a linhagem «autêntica», ou «pura» ou «dominante». É claro que o predomínio está ligado ao solo, território da linhagem. Mas o fenómeno pode ter uma repercussão em todo o ordenamento social. Entre os Tallensi, distinguem-se «os verdadeiros Tali», isto é, o núcleo da população em volta das colinas Tonga, onde se fixaram os primeiros ocupantes. Analogamente, entre os Nuer, em cada secção territorial há o «clã dominante», que é o parentesco a que se associam e apoiam, pela adopção, os membros de outros clãs, os estrangeiros prisioneiros ou emigrados Dinka. Evans-Pritchard, que também se esforça por pôr bem em relevo a singularidade da «anarquia ordenada» dos Nuer, para traduzir o conceito de superioridade dos membros do clã dominante, expresso pelo termo *diel*, recorre à palavra «aristocratas».

Para se compreender bem o ordenamento político, é preciso ter presente a natureza segmentária da linhagem. A amplitude de uma linhagem pode ser diversa: maxima, maior, menor, mínima, e corresponde-lhe também uma distribuição territorial diversa. A actividade de cada segmento da linhagem é autónoma na área do seu território. Trata-se, portanto, de uma autonomia que toma valor em relação aos outros segmentos e se funde com cada um deles quando a amplitude da linhagem se alarga para incluir dentro de si os segmentos menores. Evans Pritchard descreveu este fenómeno como a relatividade da linhagem e ilustra-o com o diagrama apresentado na figura 9.1.

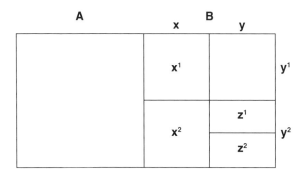

Fig. 9.1 – *O valor segmentário da linhagem Nuer*

Entre os Tallensi, o laço de parentesco é a única base estrutural da actividade política. Entre os Nuer, além do parentesco, tem valor a pertença às classes de idade. Assim, consideramos os dois sistemas de maneira distinta.

A linhagem tem uma relação precisa como um antepassado e leva necessariamente a fazer do culto dos antepassados uma manifestação típica do ordenamento político. O santuário – *bogar* – do primeiro antepassado representa o centro dos «verdadeiros Tali» e o termo da sua identidade social e política. As peregrinações a este santuário por parte de todos os Tallensi, para obter a fertilidade dos campos e a fecundidade das mulheres, são um modo de reconhecer a autenticidade e o poder dos «verdadeiros Tali».

A sociedade tallense é patrilinear: a figura do pai, descendente directo do antepassado, é proeminente. Pertence-lhe a autoridade e o poder. Na família extensa, que compreende a família dos filhos casados, estes ficam sempre sujeitos; política, económica e religiosamente, são filhos menores até à morte do pai. O desaparecimento deste causa a fissão e a segmentação; cada irmão pode separar-se e constituir um segmento autónomo da linhagem.

Tradicionalmente, isto é, antes da interferência colonial, não havia chefes entre os Tallensi, no sentido de uma ou mais

INTRODUÇÃO AOS ESTUDOS ETNO-ANTROPOLÓGICOS

pessoas que tivessem autoridade sobre todos os Tallensi, com direito a tributos ou a serviços particulares. A autoridade e o poder pertenciam aos chefes de família e aos chefes de linhagem, considerados iguais, com uma distinção moral e ritual na respectiva linhagem. O conjunto dos chefes de linhagem formava os conselhos dos anciãos. Os chefes de linhagem dos «*verdadeiros Tali*» eram chamados *tendaana,* isto é, guardas da terra; os chefes das outras linhagens eram chamados *na'am.*

A intervenção colonial, que se serviu deles como cobradores de impostos, com salários fixos, «tornando-os pessoas fabulosamente ricas, em comparação com os seus predecessores», alterou profundamente, e «em sentido secular», as suas funções e a sua natureza. Contudo, uma certa desigualdade havia já surgido no ordenamento político tradicional dos Tallensi, pela autoridade do pai, que impedia todas as possibilidades de predomínio dos filhos até à morte paterna.

No sistema Nuer, a distinção de idade e de geração é codificada nas classes de idade (*age-sets*), as quais, no entanto, impedem a cristalização da desigualdade. Com a iniciação, todos se tornam membros de uma classe de idade e comparticipam na actividade que lhe compete. Os membros de uma classe de idade são iguais, embora sejam diferentes as funções das classes singulares. As classes de idade dos Nuer não funcionam como unidade corporativa – como veremos mais adiante, no que respeita aos Massai –, mas servem para determinar as relações entre os indivíduos: de absoluta igualdade entre os membros de uma classe; de distinção entre classe e classe. As classes antigas e, portanto, todos os seus membros têm mais peso que as classes jovens.

Entre os Tallensi, a administração da justiça efectua-se nos conselhos dos anciãos; entre os Nuer, a individualização é máxima. Cada um faz justiça por si mesmo, imediatamente. É neste sentido que Evans-Pritchard fala de anarquia. O Nuer é susceptível e fácil para a exaltação e duelo, e as lutas entre indivíduos da mesma linhagem são frequentes. Entre as linhagens, as lutas são evitadas mais facilmente com o concurso do conselho de linhagem.

366

Todas, ou parte das linhagens, se unem na guerra (saque) contra os Dinka, população vizinha. As lutas e a guerra não são permanentes, mesmo que a hostilidade se mantenha latente, mas explodem momentaneamente, alternando-se com longos períodos de convivência pacífica e de relações de troca.

Entre os Tallensi, viu-se que os chefes de linhagem assumiram uma função individual extremamente favorecida pela administração colonial; entre os Nuer, o fenómeno não se manifestou nos mesmos termos. Há, porém, personalidades individuais às quais se reconhece uma autoridade ritual ou mesmo reformadora (profetas). Entre outros, distingue-se o *chefe da pele de leopardo*. Evans-Pritchard descreve-o como um intermediário para purificar quem se tornou culpado de homicídio e acordar com os parentes o preço do sangue. A sua autoridade é radicalmente ritual, mas pode facilmente desempenhar funções políticas (cf. Haight, 1972: 1313-18.)

De mero valor ritual são algumas figuras de sacerdotes, como, por exemplo, o *gwan buthni*, que é «mestre de cerimónias» nos sacrifícios colectivos e representa a linhagem, tendo, por isso, nos sacrifícios, o privilégio de cortar os escrotos do boi morto, acto simbólico da solidariedade da linhagem unida pela geração de um mesmo antepassado. Figuras singulares são, também, os profetas, pessoas, segundo os Nuer, possuídas pelo espírito. O seu comportamento inicial é anormal mas, superado o período de demência, são seguidos pela população, particularmente nos momentos de crise: guerra e saques. Tais personalidades, embora não se inserindo, senão marginalmente, na estrutura política normal, podem ter a capacidade de utilizar a situação política a seu favor, com sucessos nem sempre positivos. Em todo o caso, nenhuma destas personagens é considerada ou aceite pelos Nuer como chefe político para alem das funções rituais; as relações com eles regem-se pelo mesmo princípio de igualdade que regula as relações de todos os outros membros de uma linhagem ou de uma classe de idade.

As classes de idade

É necessário, em primeiro lugar, distinguir e esclarecer o conceito de *classes de idade* em relação aos *graus ou grupos etários*. A infância, a adolescência, a juventude, etc., até à velhice, são «graus» que se encontram, mais ou menos com termos equivalentes, em todas as sociedades. O seu significado é genérico e indicativo. Varia relativamente aos fins da indicação, como, por exemplo, num quadro estatístico ou de recenseamento, ou com referência a situações particulares, como a indicada pelo termo *teenagers*. Os grupos etários apresentam por sua vez uma conotação precisa, institucionalizada. O seu significado é nitidamente estrutural, para o ordenamento social e político. Não se encontram em todas as sociedades, mas constituem um tipo singular e distinto de estrutura social e política.

O sistema das classes de idade pode variar pela diversa eficácia estrutural e também pelo mecanismo interno através do qual se formam as mesmas classes. Por exemplo, entre os Nuer, as classes de idade são só parte complementar da estrutura política, juntamente com o sistema de linhagem; por sua vez, entre os Massai, são a única base estrutural do ordenamento político, enquanto o clã e a linhagem têm um valor quase exclusivamente social.

Do ponto de vista da sucessão cronológica, costuma-se distinguir dois tipos de classes de idade: um linear, outro cíclico.

No *tipo linear*, todos os jovens da mesma idade são iniciados durante um período único e formam uma só classe. As classes constituem, por isso, um índice exacto para estabelecer a idade «social» institucionalizada ou, se se quiser, a antiguidade de cada membro da sociedade, com autoridade e poder correspondentes. As classes são sempre novas, com membros diferentes e denominações diversas. Sucedem-se uma à outra, de maneira linear, isto é, alinhando os membros próprios numa ordem sucessiva e precisa. Dessa forma, a lista das classes de idade, se estiver certa, serve como referência cronológica de valor histórico.

No *tipo cíclico*, a participação numa classe está aberta somente aos filhos dos membros da classe que, no momento da iniciação, se encontra numa determinada posição de autoridade e poder; os nomes das classes são poucos e repetem-se ritmicamente. O tempo da iniciação dos candidatos, mais do que em relação à idade (a qual também se tem em certa conta), é determinado pela condição *pro tempore* da classe do pai; por conseguinte, nem todos os coetâneos são iniciados em conjunto e pode acontecer que no mesmo período sejam iniciados alguns muito jovens, pessoas adultas e também anciãos.

A clareza e a simplicidade do tipo linear são bastante úteis para facilitar a relação política e unitária de todos os membros de uma sociedade; presta-se melhor para respeitar a igualdade social e política, com uma referência mínima à desigualdade de idades. No que respeita ao significado de fundo das classes de idade, é necessário pôr em relevo a ambivalência dos dois princípios, de igualdade e de desigualdade, que o sistema tenta conciliar. A antiga afirmação de Aristóteles segundo a qual os homens nascem desiguais por natureza (*A Política* – Laterza, 1966: 17), se se refere ao tempo diferente do nascimento, é um dado real. Também os coetâneos não são completamente iguais; os próprios gémeos nascem uns primeiro que os outros. Em contraste com esta desigualdade natural, a condição humana torna todos os homens iguais. Não é fácil encontrar um sistema para harmonizar estes dois princípios; por um lado, trata-se de reconhecer uma realidade «desigual» que provém da natureza, pela ordem como os homens vêem a luz do dia, na dependência genética dos filhos em relação aos pais; por outro lado, a igualdade de condição, fundada na realidade, não pode ser iludida. As classes de idade – como instituição política – representam uma tentativa, certamente válida, para harmonizar e superar os princípios contraditórios do ser humano, pelos quais se reconhece a diversidade relativa da idade, mas também o direito de todos a participar activamente e de modo igual no governo político.

INTRODUÇÃO AOS ESTUDOS ETNO-ANTROPOLÓGICOS

Os sistemas mais conhecidos e mais bem estudados são os de algumas populações da África Oriental. Entre os Nilo-Camitas, os Massai apresentam um modelo linear típico. Entre as populações cuxitas da Etiópia Meridional, os Konso e os Gala, encontra-se o modelo mais complexo do tipo cíclico (para a África Ocidental, ver Paulme, 1971.)

Descreveremos, em especial, o sistema dos Massai, hoje dos mais bem conhecidos graças sobretudo às pesquisas de Jacobs (1965) entre os Massai pastores e de Gulliver (1963) entre os Massai agricultores. Os Massai pastores consideram-se «puros» Massai e olham com desdém os que se entregam à agricultura, como os Arusha, ou que chegaram tardiamente à pastorícia, assimilando-se aos Massai genuínos, como os Samburu. Neste comportamento vamos encontrar de outra maneira e com moti-vação ditada pela situação particular Massai o conceito já posto em destaque a propósito entre os Nuer, do «clã dominante, aris-tocrático», e entre os Tallensi dos «verdadeiros Tali»; todavia, não obstante este etnocentrismo patente, a engrenagem das classes de idade tende, decisivamente, para a preservação dos direitos e da condição dos membros de cada classe como pares. Vale a pena, ainda, elucidar uma característica das classes de idade Massai, pela qual se diferenciam nitidamente do conceito de casta. A classe de idade não é um agrupamento pré-estabelecido em que se entra pelo nascimento e através do qual cada um é inserido numa estratificação social cristalizada. A classe de idade forma-se pelo «nascimento social», isto é, através da iniciação: nela entram todos os coetâneos sem distinção de parentesco ou de filiação. A estratificação das classes de idade não é fixa, mas move-se num ritmo determinado pela formação de novas classes. No sistema das classes de idade, a mobilidade interna permite a todos os membros da sociedade, com o decorrer do tempo, atin-gir todos os graus de autoridade e de poder.

Examinando o caso dos Massai, é conveniente distinguir quatro elementos: (a) a relação entre a distribuição territorial e a formação das classes de idade; (b) a organização das aldeias dos

ETNEMAS SOCIAIS

«guerreiros» ou jovens iniciados; (c) a relação *ol piron*; (d) a figura e a função dos *laibon* e dos oficiais.

Distribuição territorial – Já se dise que a força motriz das classes de idade é a iniciação dos jovens. Não se deve pensar, porém, que a celebração da iniciação tenha lugar numa cerimónia única para todos os Massai; realiza-se em cada aldeia onde haja um ou mais candidatos. Na organização territorial, a aldeia representa a unidade residencial mínima, tal como a iniciação de um ou mais candidatos representa o elemento dinâmico mínimo para a formação das classes de idade.

A iniciação dos jovens protela-se no tempo e nas várias aldeias, até que seja declarado que o período de iniciação está encerrado. Os jovens iniciados, durante um certo período, constituem uma unidade que recebe um nome próprio. Estes nomes não são idênticos em todo o território Massai, mas em geral diferenciam-se de distrito para distrito. Em cada distrito, os jovens iniciados vivem numa aldeia única, distinta das aldeias comuns onde residem os homens casados com as suas famílias. À unidade distrital do território corresponde a unidade ou escalão dos guerreiros. Estes escalões poderão chamar-se «regimentos», mas a organização Massai não é militarmente tão rígida como era, por exemplo, entre os Zulú da África do Sul no tempo de Chaka.

O grupo dos guerreiros é formado por dois escalões, o *direito*, que agrupa o primeiro escalão de iniciados, e o *esquerdo*, formado pelo último escalão. A relação entre distrito e agrupamento de guerreiros é determinante para a própria configuração dos distritos, que não são divisões políticas, mas sociais e cerimoniais (Jacobs, 1965: 302.)

Decorridos quinze anos após o começo do processo iniciático, os dois escalões de guerreiros, direito e esquerdo, se bem que sob a pressão dos candidatos da iniciação seguinte, impacientes por sua vez, fundem-se e formam uma única classe de idade. Nesta altura, escolhe-se um nome para toda a classe., que é divulgado por todo o território e substitui, definitivamente, os nomes dos simples escalões e das unidades distritais. A abolição dos nomes particulares dá pleno destaque à eficácia de coesão da classe e sobrepõe-se a qualquer outra divisão, seja de território seja de parentesco. Com a constituição final da classe e a marca de uma denominação única, os guerreiros deixam de o ser oficialmente e, como classe, a sua actividade será meramente social; podem todos casar-se e tratar exclusivamente da criação do gado.

A aldeia dos «guerreiros» – A construção de uma aldeia para os jovens iniciados é matéria de discussão e de decisão dos anciãos; os jovens pedem para viver juntos, mas o consentimento deve provir dos seus anciãos *piron,* de que se falará mais adiante.

A aldeia é reservada aos jovens guerreiros; cada um poderá levar a mãe para a construção material da própria casa, poderá servir-se também da ajuda de uma irmã, solteira, para mungir o leite, e do irmão mais novo, ainda não circunciso, para tratar do gado recebido do pai, a fim de viver na aldeia. «Mas ao seu pai, ou aos irmãos mais velhos de outra classe ou de outra unidade, é estritamente proibido viver na aldeia.» (Jacobs, 1971: 7.) Só alguns poucos anciãos *piron* lá residem, com o encargo de verificar que tudo decorre segundo a tradição.

A organização interna da aldeia reflecte a organização social do parentesco, no sentido de os jovens distribuírem as suas habitações segundo o clã a que pertencem. Numa aldeia de guerreiros estudada e descrita por Alan Jacobs em 1958 havia 41 habitações com 29 jovens guerreiros, 45 mães, 27 rapazes não circuncisos e 4 anciãos *piron.* Não há vedação porque os próprios guerreiros, por turnos, montam guarda durante a noite contra as feras ou outros predadores (ver figura 9.2.)

«O sistema 'manyata'», ou seja, das aldeias guerreiras, continuou inalterado no território Massai, não obstante os sessenta anos do domínio colonial, sobretudo porque a sua função principal é a de prover à educação tribal e à integração social dos jovens (Jacobs, 1965: 303.) Nesta afirmação de Jacobs revela-se também a função política que estamos a descrever e ainda a força de integração do sistema das classes de idade, pelo qual os Massai superam as divisões e as distinções de parentesco e se unem na colaboração plena e na participação na vida política, com base no estreitamento das classes, ritmadas pela iniciação.

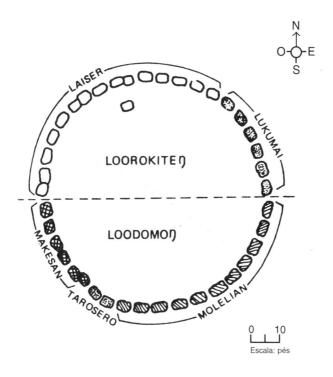

Fig. 9.2 – *A aldeia* – emanyata – *dos guerreiros Massai (por Jacobs, 1971: 7)*

A relação ol piron – As classes de idade contemporaneamente presentes na sociedade Massai podem atingir no máximo o número de seis. Mas os representantes das últimas três classes são, na prática, muito poucos e a sua presença tem um valor simbólico e sagrado. Para todos os efeitos, podemos calcular em quatro as classes de idade plenamente representadas num mesmo período: A, B, C, D. Entre as classes alternadas, isto é, entre A e C e entre B e D, existe uma relação chamada *ol piron*. As palavras *ol piron* significam literalmente um bastão usado em várias circunstâncias cerimoniais, mas são aplicadas aos anciãos da classe alternada superior. São estes os «padrinhos», isto é, os anciãos que apresentam, oficialmente, os candidatos à iniciação e assumem a responsabilidade da sua educação tribal e social. Inicialmente, a relação é pessoal entre candidato e padrinho, mas perdura e reafirma-se de classe para classe. Trata-se de uma relação que os Massai respeitam profundamente e à qual atribuem uma raiz mitológica (cf. Jacobs, 1965: 139.) Jacobs descreve também o fogo aceso pelo padrinho, no fim da circuncisão, para purificar o lugar, cerimónia que se conclui geralmente com estas palavras:

Aomom Enkai enkop = Bendito Enkai (deus) do país
Naomon ol Piron = E bendito ol piron

A relação *ol piron* não é só cerimonial e social, mas também política. A classe C é, de facto, a que detém o poder político, enquanto A amadurece a sua formação de classe. Isto significa que os guerreiros (que formarão, por fim, uma classe de idade unitária – a A, no nosso caso) são mantidos na obediência aos membros da classe C, e este seu dever está radicado na relação singular de fundo sacro, *ol piron*. Por outras palavras, os *ol piron* são os pais políticos dos jovens guerreiros. Pode-se assim ver como era falsa a impressão dos primeiros observadores dos Massai, que os descreveram como uma «república de jovens guerreiros». Na realidade, estes eram orientados e dominados, como radicalmente ainda hoje se verifica, pelos anciãos; e, quando se diz «anciãos», deve-se usar o determinativo *«anciãos ol piron»*.

Os laibon e outros dignitários – Na história dos Massai teve uma certa importância a acção de alguns «magos profissionais» ou «especialistas rituais», chamados *laibon*. Trata-se de profissionais com clientela que, conforme a fama do profissional, vinha de regiões mais ou menos restritas ou de todo o território Massai. Um *laibon* que saiba servir-se da sua fama de mago-médico pode influir sobre a opinião dos anciãos, que, na realidade, nunca tomam uma decisão importante sem primeiro os terem consultado. Por exemplo, o *laibon* Mbatyan, no momento em que chegaram os Ingleses, tinha seguidores que se estendiam por todo o território Massai, e deram-lhe o título oficial de *Paramount Chief*. O mesmo título foi concedido, quase por herança, ao seu filho Lenana. Mas quando Segi sucedeu a seu pai Lenana, o governo colonial apercebeu-se de que a autoridade do *laibon* não era, de facto, a de um rei ou chefe hereditário, porque os anciãos não davam qualquer valor a um homem que, embora ostentando um título, não demonstrava a mesma capacidade de guia que tinha distinguido os seus pais.

Em conclusão, a figura do *laibon* não tem importância política senão ocasional e ligada às qualidades pessoais dos profissionais individuais.

Estritamente ligadas à organização das classes de idade estão, por sua vez, as figuras dos guias rituais de cada classe, *ol aunoni*, ou do porta-voz da classe *ol aigwenani*. A tarefa de *ol aunoni* é quase sagrada, restrita à unidade distrital e a todos os escalões – direito ou esquerdo –, e a sua função cessa quando as várias unidades distritais formam uma só classe. A sua escolha é feita pelos anciãos *piron*, ouvida também a opinião dos membros das várias unidades. O candidato terá de possuir qualidades de perfeição física, cultural e étnica; não deverá ter defeitos corporais, devendo conhecer bem as tradições e costumes e, portanto, pertencer a uma linhagem de puros pastores. A sua escolha garante a todos que a classe, seguindo os seus conselhos, responderá à autêntica tradição Massai. O seu poder, em todo o caso, não é o de um chefe, mas o de um conselheiro que indica a todos o caminho, mercê do exemplo e da palavra.

Ol aigwenani é o porta-voz do grupo. Para ser escolhido, basta que seja bom orador e um hábil guia, mas não é necessário que seja um «aristocrata», isto é, um Massai puro, como acontece

INTRODUÇÃO AOS ESTUDOS ETNO-ANTROPOLÓGICOS

com *ol aunoni*. Um porta-voz que seja distinto nas suas funções será honrado na sua velhice com o título de *ol aigwenani kitok*, o porta-voz venerando. A sua presença acentua a dignidade e o valor que a presença de cada ancião proporciona a qualquer reunião. Os anciãos garantem a autenticidade e a correspondência das decisões com a tradição. A santidade especial destes personagens, como observa Jacobs, torna evidente o papel religioso, quase sacerdotal, que compete aos sobreviventes de cada classe na sua última idade.

Neste ponto, é útil resumir em síntese o quadro da distribuição da autoridade e do poder: à primeira classe dos últimos iniciados – distintos nos escalões de direita e esquerda e nas unidades distritais – pertence o poder (privilégio e dever) das armas; à segunda classe compete o direito de tratar da família e do gado – um poder eminentemente social; à terceira classe cabe a autoridade e o poder político, que se exprime no direito de exigir obediência de todos, de verificar a actividade militar dos guerreiros e de actuar como força coerciva; por último, aos sobreviventes das classes mais velhas (poucos já em número) pertence a dignidade e o poder religioso.

Neste esquema, a autoridade e o poder estão distribuídos entre todos os membros da sociedade, em diversidade de tempos e de modos, mas com direito pleno de igualdade e sem que seja apenas apanágio de alguns. O poder exerce-se no interior de cada classe por meio dos «conselhos» dos membros, organismos de discussão e de decisão. Qualquer membro pode fazer convocar o conselho por qualquer razão.

O respeito que compete aos anciãos nos sistemas de classes etárias levou diversos autores a descrevê-los como modelos típicos de *gerontocracia* (Spencer, 1965; Hamer, 1970). O termo surgiu na definição dada por Max Weber (1961, I: 226) na tipologia dos sitemas políticos. Mas esta definição, no entanto, não corresponde à situação, representada pelo sistema das classes de idade e, em geral, das sociedades «acéfalas» com tendência igualitária. Parece-me, antes, que os sistemas das classes de idade podem mais justamente descrever-se como *modelos de distribui-ção e de participação na autoridade e no poder de todos os membros adultos da sociedade*, no sentido análogo ao conceito de «governo difuso» indicado por Mair.

5. OS CONSELHOS

A alusão aos conselhos de membros das classes de idade, amiúde e vagamente chamados «conselhos dos anciãos», obriga a precisar o significado e o valor destas instituições. Tanto os sistemas de linhagens como os de classes de idade, funcionam por meio destas instituições; nos conselhos, os membros da linhagem e os membros das classes de idade sentam-se, com paridade de direito, segundo as competências do grupo de parentesco ou da classe a que pertencem. A instituição dos «conselhos» encontra-se em todas as sociedades centralizadas, quer na realeza simbólica quer na monarquia dinástica e administrativa, assim como se encontra em todas as sociedades complexas.

Segundo Richards, por «conselho» pode-se entender uma reunião de pessoas escolhidas na base de critérios determinados da sociedade, limitando a participação a uma categoria particular – homens ou mulheres, anciãos ou jovens, etc. –, que se reúne numa sede comum para a discussão dos assuntos e das respectivas decisões, segundo convenções preestabelecidas. (Richards, 1971: 1-2.)

Os conselhos têm um objectivo de decisão e são o lugar normal para a dialéctica das opiniões. Nas discussões manifestam-se conflitos e tensões que vão até exasperação e à rotura, mas que também se conseguem superar. A superação dos conflitos facilita a decisão, e deste modo se determina uma norma de comportamento; a exasperação, se persiste para lá da passagem a uma segunda discussão, leva à rotura e à cisão. O conselho pode assumir, também, uma função e uma capacidade judiciária e transforma-se em *tribunal*, o qual pode chamar-se «um conselho em termos legais» (Kuper, 1971: 23.)

INTRODUÇÃO AOS ESTUDOS ETNO-ANTROPOLÓGICOS

A exigência de uma sede comum – qualquer que seja, como a sombra acolhedora de uma árvore grande ou o edifício monumental de um parlamento – implica que todos os que têm esse direito estejam ou possam estar presentes e participar na discussão. Os regulamentos – ou seja, as convenções estabelecidas – têm importância fundamental, embora as normas possam sempre ser revistas e modificadas.

Em cada sociedade encontram-se vários tipos de conselhos, frequentemente coordenados entre si em sentido hierárquico. A multiplicidade dos conselhos corresponde às várias instituições que formam a estrutura da sociedade e à distinção institucionalizada dos seus membros. Por exemplo, no sistema de classes de idade dos Massai, cada classe tem o seu conselho; cada escalão de guerreiros tem o seu conselho; todavia, só o conselho da terceira classe «dos pais», isto é, da classe que detém o poder político, tem uma força de decisão que obriga todos os membros da sociedade; esta capacidade constitui precisamente o poder político.

Entre os Igbo centrais da Nigéria as «cidades», com uma média de 5000 habitantes, eram formadas por aldeias e as aldeias por uma patrilinhagem máxima, à qual pertence a terra. Cada aldeia tinha um conselho e os representantes das aldeias formavam o conselho da cidade. «Um conselho de cidade era, na realidade, uma assembleia federal na qual cada aldeia representava uma unidade separada. As decisões tomavam-se por consenso e nenhuma aldeia se considerava obrigada a segui-las se não estivesse presente ao conselho e não tivesse aceite a decisão. Os delegados de cada aldeia ocupavam um sector reservado e deviam exprimir a opinião da aldeia por unanimidade: 'Falar com uma só boca.' Antes de cada conselho de cidade devia haver um conselho de aldeia, no qual todos os segmentos da aldeia estavam representados pare decidir sobre a conduta a assumir no conselho central.» (Jones, 1971: 69-70.) A discordância e a exasperação das diferentes opiniões podiam levar à separação. «Este era um dos principais motivos pelos quais as aldeias ou as

378

secções das aldeias que tinham crescido muito acabavam por formar novas cidades ou aldeias. Podia também ser a causa da sua desintegração e desaparecimento, se não estavam à altura de manter a sua própria posição; os seus membros dispersavam-se, integrando-se na comunidade vizinha com as linhagens dos cognatos e afins.» (Jones, 1971: 72.)

Nos conselhos, os contrastes tornam-se manifestos, mas têm raízes e causas exteriores. Muitas vezes, estão ligados a causas individuais (antropemas) e a posições colectivas (etnemas). Na discussão no seio do conselho, as opiniões encontram-se e firmam-se ou desencontram-se e levam à separação. O fenómeno da articulação das várias situações individuais – isto é, dos antropemas – e a sua consequente aceitação como elementos normativos da cultura por parte da colectividade reflecte-se com surpreendente rapidez na actividade e no funcionamento do conselho.

6. ORDENAMENTOS POLÍTICOS DA DESIGUALDADE

Nas sociedades acéfalas, o aparecimento de indivíduos com poder pessoal ou do clã, «dominantes» ou «aristocráticos», é um fenómeno sistematicamente repelido ou, pelo menos, contido dentro de limites de paridade com os outros membros, seja individual seja colectivo. Nas sociedades centralizadas, o processo de desigualdade é favorecido e dá lugar à estratificação social. O clã dominante torna-se dinastia e concentra no seu próprio âmbito a carga do poder supremo, político ou religioso. Os grupos aristocráticos passam a classe ou casta, com nítida tendência a fechar-se em si mesmos, para se diferenciarem das classes e das castas inferiores. A hierarquia social afecta as relações individuais ou de grupo. As capacidades individuais, mesmo postas ao serviço da colectividade, servem sobretudo para afirmar o prestígio do indivíduo e para conquistar posições de poder. O indivíduo, em consequência do êxito, torna-se um grande:

INTRODUÇÃO AOS ESTUDOS ETNO-ANTROPOLÓGICOS

a big man. O conjunto destes fenómenos caracteriza as sociedades centralizadas e explica a dinâmica que as leva, necessariamente, a acentuar e radicalizar as diferenças inerentes à natureza humana e a favorecer a alienação.

As dinastias

Quando o parentesco concentra de forma constante o poder no grupo dominante, transforma-se em dinastia.

É característica comum dos grupos de parentesco consolidarem a própria continuidade e a solidaridade dos membros em torno do exercício do poder, sobretudo político. O título fundamental da participação do poder é a descendência do antepassado fundador, isto é, o mesmo título que estabelece o direito de parentesco. No clã, este título é místico e vago; na linhagem, é preciso. Por definição, a linhagem possui a lista exacta, ou suposta como tal, da descendência linear de todos os seus membros. A autenticidade da descendência provoca a sua força de coesão. Esta contrapõe-se às consequências centrífugas da segmentação.

Nas sociedades igualitárias, a segmentação da linhagem é um facto normal e bastante positivo; é o meio de equilibrar e alargar a participação no poder quando cresce o número de membros. Nas sociedades centralizadas, as consequências da segmentação são dispersivas e o fenómeno é contido. Acentuar o valor da descendência directa e a posição proeminente do grupo dominante serve para este fim e é um meio de assegurar o poder no confronto com os outros segmentos.

A *dinastia* pode dizer-se que é uma linhagem que possui a autenticidade, presumida ou real, da descendência do primeiro antepassado, em termos de poder político em relação aos descendentes do mesmo antepassado e nos territórios por ele ocupados.

A autenticidade da descendência assume a máxima expressão na pessoa do chefe da dinastia. Este é o representante vivo do antepassado, a ponto de, por vezes, ser identificado com ele em olhar ao tempo. Esta posição singular e única é desfrutada politicamente para concentrar nas mãos do chefe o poder absoluto, fazendo dele a fonte de toda a autoridade no âmbito de todo o parentesco e de todo o território.

O fenómeno de segmentação articula-se sobre o território e ocasiona a formação de secções ou distritos territoriais. Nas sociedades centralizadas, mesmo para estas secções, o poder pertence radicalmente ao chefe de dinastia. As maneiras de o tornar executivo podem ser muitas, como se verá.

O problema complica-se quando no território ocupado pelo primeiro antepassado, ou pelos primeiros antepassados, já existiam populações autóctones tornadas objecto de conquista e submissão. Em casos deste género dar-se-á uma estratificação étnica, mais ainda do que política, na qual todos os descendentes dos conquistadores se tornam «aristocratas». Para manter a própria autenticidade e afirmar o próprio domínio, os descendentes dos conquistadores tendem a fechar-se em si mesmos e a formar, quase, uma casta. A dinastia surge não só como dominante no seio da própria etnia, mas assume um prestígio de grandeza perante todos e, por contraste, uma função de protecção condescendente para com os autóctones. Esta situação corresponde exactamente ao caso das monarquias interlacustres da África.

A verificação da descendência no âmbito da dinastia, para afirmar o direito à sucessão no cargo de chefe, nem sempre é um acontecimento pacífico e até pode ser traumático. Põe a nu os conflitos latentes, as rivalidades entre membros da própria família, e pode redundar em luta de rebelião e em profundas separações. Segundo uma interpretação sugestiva de Gluckman, há ritos com o fim de superar tais conflitos; mas não é uma interpretação geralmente válida. Schapera, referindo-se à história dos Tswana, comenta que para eles não valem nada os ritos; os conflitos levam invariavelmente à separação.

Chefes e rei. O «rei divino»

Nos escritos etnográficos há muita confusão no uso dos termos «chefe» e «rei». Na realidade, não é fácil indicar uma linha nítida de separação entre os dois conceitos. Pode-se começar por dizer que «chefe» é noção genérica e refere-se a quem quer que seja que exerça uma autoridade sob que título for. Num sistema patrilinear, o pai é «chefe» da sua família. No bando de caçadores, o «chefe» é um primeiro entre iguais.

Onde o chefe o é porque está no vértice de um grupo de parentesco, a sua autoridade tem um carácter místico que deriva da descendência do primeiro antepassado e o seu peso é maior se a relação for levada até à identificação pessoal com o antepassado. Esta prática, como veremos já, é típica também do chamado «rei divino», que acumula a figura de chefe e de rei e é uma das causas da confusão etnográfica.

Pode-se traçar uma linha de distinção no limite da autoridade do chefe e que termina na sua pessoa e na capacidade pessoal com que domina o próprio território. No âmbito territorial de uma linhagem, como há tantas secções quantos os segmentos autónomos da linhagem, também há outros tantos chefes. A relação entre eles é, em geral, de autonomia, porque o vínculo de parentesco os leva a colaborar em todos os planos, sobretudo ritual e político.

A autoridade do rei ultrapassa a sua pessoa física e o raio de acção das suas possibilidades de domínio pessoal. Não só é considerado o representante vivo do antepassado, como chefe do parentesco-dinastia, mas reúne na sua pessoa a totalidade do poder e coloca-se como fonte única de autoridade. Por esta razão, a autoridade do rei estende-se a todos os distritos do seu território e a todo o território, que se torna seu reino. Quem tem qualquer autoridade no interior do reino, extrai-a do rei; ou detém o seu poder por mandato directo do rei ou, pelo menos, deve dirigir-se ao rei para dar conta da sua actuação ou para aceitar o domínio dele.

ETNEMAS SOCIAIS

Os aspectos místicos da figura do rei, que, como se disse, são comuns também ao chefe de parentesco, foram postos em destaque por Frazer, que introduziu na gíria antropológica o termo «rei divino». Segundo um costume da antiga Roma, o «rei nemorense» colocado à guarda do santuário de Diana, perto do lago Nemi, nas colinas albanas, ficava rei enquanto não sucumbia em duelo com um dos pretendentes ao mesmo cargo; por outras palavras, o rei devia ser sempre o mais forte, na força da vida. Frazer viu no *reth* dos Shilluk uma correspondência de tal costume. Entre os Shilluk, quando o rei dava sinais de debilidade e de envelhecimento, era sepultado vivo, para ser substituído por um rei mais vigoroso que garantisse, desse modo, o bem-estar do povo.

Este costume lendário foi objecto de pesquisa local, feita por Evans-Pritchard, do qual transcrevemos o seguinte testemunho desmitificador: «A salvação da monarquia e, com ela, de todo o povo parece estar na base das declarações dos Shilluk de que o rei pode ser estrangulado, sufocado ou emparedado vivo numa cabana, para o fazer morrer, se já não consegue satisfazer as mulheres ou dá sinais de doença ou senilidade. Sir James Frazer e outros atribuíram grande importância a estas declarações, mas devo confessar que as considero interessantes mais como índice da natureza mística da realeza do que como prova de que o rei fosse, de facto, morto da maneira e pelas razões indicadas. É verdade que o professor Seligman e a sua mulher afirmam categoricamente 'que não há a mínima dúvida de que os reis dos Shilluk eram mortos com as devidas cerimónias, quando começavam a mostrar sinais de envelhecimento ou de doença', mas eu nunca consegui encontrar uma prova evidente de que um rei Shilluk tenha sido morto em circunstâncias semelhantes, não obstante alguns reis terem chegado a um estado tal que se encontravam nas condições de deverem ser mortos muito tempo antes da sua morte. Estou convencido de que a história dos reis emparedados vivos é um equívoco que deriva do costume de murar os restos do rei morto para que os ossos sejam

INTRODUÇÃO AOS ESTUDOS ETNO-ANTROPOLÓGICOS

recolhidos depois da decomposição da carne.» (Evans-Pritchard, 1964: 202.)

Entre as razões do equívoco sobre o fim dos reis Shilluk, Evans-Pritchard cita também a identificação que, no modo de falar e de se comportar, se realiza entre a pessoa do rei vivo e o primeiro fundador da dinastia, Nyikang. Este fenómeno de identificação é bastante frequente e característico do rei-divino; assegura-lhe a frescura e a plenitude da energia primigénia; o tempo mítico das origens torna-se actual e, desse modo, garante-se a todos a continuidade e a fecundidade, da vida. Por este conjunto de características, o rei instala-se acima do vulgo. Ninguém é seu par. No limite, a própria escolha matrimonial para o rei não deixa opção senão pela irmã, porque nenhuma mulher está à sua altura. Assim se explica o chamado «incesto real».

Em todo o caso, o bem-estar do rei, condição do bem-estar geral, deve ser protegido e assegurado. O mal, a doença, a morte, não o devem aflorar. A comida que lhe é servida deve ser escolhida e provada. O anúncio da morte é feito juntamente com a proclamação do sucessor: o rei não morre, *mort le roi, vive le roi.*

O modelo ideal desta descrição corresponde efectivamente a situações históricas, porém com acentuação diferenciada dos simples elementos.

A «realeza circulante»

A rivalidade que opõe as linhagens entre si encontra uma solução empírica em algumas instituições que podem genericamente descrever-se como «realeza circulante». De acordo com esta solução, o cargo de rei, como chefe supremo e unitário de uma população, não é apanágio de um clã dominante ou de uma única linhagem, mas segue um sistema de rotação de uma linhagem para outra, de um território para outro. O método de rotação é variado. Dois exemplos característicos são-nos fornecidos

ETNEMAS SOCIAIS

pelos Anuak e pelos Shilluk, ambas populações do Sudão Meridional, nos confins com a Etiópia.

Os Anuak, no fim do século passado, estavam organizados por aldeias com cerca de 200/300 pessoas. Cada aldeia tinha o seu chefe, pertencente à linhagem do fundador da aldeia. Sobre a estrutura tradicional tinha-se sobreposto um «clã dominante», provavelmente de conquistadores imigrados que tinham acabado por ser considerados os «nobres». Podia, assim, acontecer que os habitantes de uma aldeia, de forma a seguirem as normas tradicionais, escolhessem para chefe um nobre, por prestígio e por razões conflituais. O chefe tradicional da linhagem fundadora continuava sempre a ser «o pai da terra» e cumpria-lhe realizar os ritos religiosos. Era uma maneira de separar os dois poderes, o político e o religioso.

Embora as aldeias fossem entre si autónomas, faziam parte de um único território e de uma única etnia. Esta unidade tinha o seu símbolo em algumas insígnias, que passavam de mão em mão a cada chefe de aldeia. Quem detinha as insígnias era considerado rei, acima de todos, pela autoridade e prestígio. A passagem das insígnias reais não era pacífica; tinham de ser conquistadas. Os nobres litigavam entre si para obter as insígnias, e as aldeias combatiam-se para apoiar o seu próprio candidato; quem era posto de parte, perdia o título de nobreza. O vencedor detinha as insígnias reais e, durante um certo tempo, garantia a estabilidade e a paz, impondo o próprio prestígio aos outros chefes, desde que a sua autoridade fosse efectiva e plena na sua própria aldeia onde, anteriormente, parece que era bastante relativa. A introdução das armas de fogo, no início deste século, deu mais poder ao rei, mas não modificou, essencialmente, o sistema, que permaneceu intacto até à ocupação inglesa do Sudão, em 1921. Gluckman recorda que durante a última guerra mundial houve um «nobre» que se passou da parte dos Italianos para a dos Ingleses, com a esperança de se sobrepor aos outros e obter para si as insígnias reais.

INTRODUÇÃO AOS ESTUDOS ETNO-ANTROPOLÓGICOS

A instituição do *reth* representa a unidade dos Shilluk acima de qualquer divisão. A figura central da monarquia shilluk e o centro ideal da sua história é Nyikang. Foi ele o fundador da estirpe, considerado como divindade e mediador entre Deus e os homens. O seu túmulo é o ponto central de referência de todo o território. Os Shilluk dedicam-se à pastorícia e a sua dispersão territorial é vasta. Houve tempos em que, para uma população de cerca de 100 000 habitantes, se contavam mais de cem distritos, representados por outros tantos segmentos de linhagem.

A subida ao cargo de *reth* era exclusivamente reservada aos descendentes directos de Nyikang, isto é, aos filhos do *reth*. Estes, porém, eram muitos em todos os distritos, porque eram muitas, também, as mulheres que o *reth* tomava de, todos os distritos. A sucessão nunca era pacífica e os muitos pretendentes estavam sempre prontos para fazer prevalecer os próprios direitos e substituir o rei dominante. A investidura do vencedor constituía uma ocasião importantíssima, à qual deviam comparecer os representantes de todos os distritos. O ponto culminante da cerimónia era a tomada de posse do novo *reth* por parte de Nyikang, que tornava a pessoa do rei sagrada.

Para superar de certo modo a rivalidade, era norma que o novo *reth* pertencesse sempre a uma região geograficamente oposta à do predecessor; o túmulo de Nyikang prestava-se a ser o ponto de referência. Havia, assim, uma alternância no cargo de *reth*. Antigamente, o novo *reth* fixava-se no seu distrito de origem; nos tempos mais recentes, devia residir perto do túmulo de Nyikang, que desta maneira se tornou, igualmente, o centro político dos Shilluk.

Os exemplos dos Anuak e dos Shilluk ilustram um processo típico de centralização do poder e de unificação política. Para indicar o fenómeno unitário, quer político quer étnico, não existe um termo antropológico adequado. O uso de algumas palavras, como nação e nacionalismo, está demasiado ligado a um processo histórico europeu, que não permite estendê-lo com exactidão à problemática antropológica senão em casos muito específicos e talvez só do período pós-colonial. O valor e o significado de outros termos, como tribo e Estado, a que na gíria antropológica se recorre com frequência mas nem sempre com precisão, requerem uma análise específica.

O Estado

Se a organização acéfala se tem de considerar como estranha ao conceito de Estado, outras formas de organização, descobertas e estudadas pela antropologia, apresentam-se com características tidas tradicionalmente como típicas do Estado. Trata-se de sociedades que, pela complexidade do seu sistema político, se apresentam como um «agregado de indivíduos humanos ligados por um sistema complexo de relações» (Radcliffe-Brown, 1940: XXIII.) Radclife-Brown contrapõe este tipo de organização existencial à noção de Estado dos filósofos, que ele considera fictícia. Evidentemente que a sua indicação é demasiado genérica para ser válida e útil.

Dos estudos antropológicos, podem indicar-se quatro elementos essenciais para o conceito de Estado: (1) uma organização política articulada; (2) pluralidade de elementos componentes, sociais e territoriais, com organização particular própria; (3) poder político centralizado; (4) unificação das várias componentes numa única entidade política.

O poder unitário do Estado é simbolizado pelo poder supremo, traduzido em instituições individualistas, colegiais ou comiciais. A monarquia, e também a república presidencial, é uma instituição estatal individualista; as diarquias, triunviratos, etc., são colegiais; as assembleias constituintes ou parlamentares pertencem ao terceiro tipo. A realeza «circulante» do tipo dos Anuak e dos Shilluk representa uma forma intermédia entre as sociedades igualitárias com estrutura de parentesco – essencialmente acéfalas – e as sociedades estratificadas e centralizadas em que a desigualdade se torna institucionalizada.

INTRODUÇÃO AOS ESTUDOS ETNO-ANTROPOLÓGICOS

Distinguem-se vários tipos de Estado.

Antes de mais, o estado *administrativo* ou burocrático.

Na antropologia africanista, o modelo típico é representado pelo antigo reino do Uganda (que hoje corresponde à província do Buganda na nova república). O reino do Uganda baseava-se numa estrutura hierárquica de cargos e funções acima da qual estava, com poder absoluto, *o kabaka* ou rei. Segundo Westermann, os *kabaka* que se sucederam no trono do Uganda, antes do governo colonial inglês, foram 34.

O território do Uganda estava dividido em distritos, chamados *saza*, com um chefe nomeado pelo rei. O *kabaka* residia na capital, centro administrativo do reino, assistido por um conselho restrito e por um conselho ampliado (Speke, o primeiro europeu a visitar o *kabaka*, deixou-nos uma impressão do palácio real: «Era uma visão magnífica. Uma colina inteira coberta de gigantescas cabanas, como antes ainda não tinha visto em África.» (1863: 283.)

O conselho ampliado do *kabaka*, chamado *Lukikiro*, era formado por alguns funcionários da corte e pelos chefes distritais. Presidia o *katikiro*, o mais alto funcionário da corte e uma espécie de primeiro-ministro, que devia interpretar a vontade do rei e examinar as solicitações de quantos se dirigiam ao soberano para audiências ou outros assuntos. O *katikiro*, juntamente com o *kimbugwe*, alto funcionário com funções sacras, e mais alguns formavam o conselho restrito da corte.

É importante notar que o cargo de *katikiro* e dos outros chefes não era hereditário, mas de nomeação real. Os irmãos e outros parentes do rei que proclamassem qualquer direito à sucessão eram colocados à margem do poder directo. Isso, no entanto, não só não evitava as consequências de conflitos de direito, mas exasperava-os; mesmo a história mais recente pré-colonial do Uganda está cheia de rebeliões e de guerras. O valor e a eficiência administrativa deste Estado foram, no entanto, unanimemente reconhecidos pelos administradores coloniais.

A tendência para a centralização dos Estados administrativos exige um controlo contínuo e o soberano deve fazer sentir a sua autoridade, não só para vigiar a acção dos seus funcionários, mas para a estender a novas regiões. É bastante significativo o seguinte testemunho pessoal de Lucy Mair: «O *kabaka* mandava, sem dúvida, os seus emissários para exigirem os tributos dos países confinantes, e é também certo que punia aqueles que se recusavam a pagar, atacando-os com armas. Há cerca de vinte anos, um velho chefe Ganda, o famoso Ham Mukasa, disse-me que, na juventude, tinha atravessado o lago Vitória em canoa, a fim de receber os tributos dos Zinza, habitantes da margem meridional, e que encontrara, com espanto, um oficial alemão no mando.» (Mair, 1964: 133.)

O *Estado estratificado* é de natureza social e política diferente. Por esta denominação pretendem-se indicar os Estados resultantes de conquista, por meio de luta armada ou com predomínio cultural ou demográfico, mas, de qualquer modo, com a imposição do domínio político às etnias autóctones ou já ali fixadas e mantidas, portanto, numa condição de subordinação e de inferioridade. Este tipo de Estado é eminentemente conservador e tende para a cristalização da desigualdade. A etnia dominante, em especial, mantém-se bastante unida, fechada a qualquer penetração de ordem social, de parentesco ou casamento com as outras etnias. As únicas relações são de superior/inferior. Por esta razão, a estrutura social é justamente comparável à estrutura das castas hindus. Um exemplo característico deste estado encontra-se em quase todas as monarquias interlacustres da África, se se exceptuar o reino dos Ganda, de que já se falou, e os Soga.

Os Nyoro, os Toro, os Nkole, os Ruanda e os Zinza são as monarquias mais conhecidas. Têm em comum a história mitológica que faz remontar a primeira conquista a uma dinastia de reis lendários, Chwezi, que submeteram os primeiros aborígenes caçadores-recolectores, introduzindo uma forma mais avançada de cultura e a arte do governo. A lenda fá-los desaparecer miraculosamente dentro do lago. Actualmente, são considerados semideuses ou, mais especificamente, «heróis culturais». Aos Chwezi sucederam os *Bito*, que, as interpretações históricas modernas descrevem como pastores nilotas, emigrados do Norte. Esta sucessão étnica reflecte-se ainda na composição das populações das monarquias interlacustres de forma exactamente estratificada.

Estratificação étnica

Países	*Populações*	*Pastores*	*Agricultores*	*Caçadores*
Ruanda	Ruanda	Tutsi	Hutu	Twa
Burundi	Rundi	Tutsi	Hutu	Twa
Tanzânia	Ha	Tutsi	Ha	—
Uganda	Nyoro	Hima	Iru	—
Uganda	Nkole	Hima	Iru	—
Uganda	Toro	Hima	Iru	—
Tanzânia	Haya	Hima	Iru	—
Tanzânia	Zinza	Hima	Iru	—

A estratificação étnica, como se indicou, implica a diversificação social e política. Os membros do Estado não têm todos os mesmos direitos. A etnia dominante detém por si e através dos seus o poder político e, naturalmente, o poder económico. A dureza da desigualdade pesa grandemente sobre as etnias inferiores. As monarquias interlacustres africanas têm perdurado apesar dos governos coloniais, até à independência. No Ruanda, e especialmente no Burundi, é uma das causas que, depois da independência, conduziram à guerra civil, com revoluções, rebeliões e genocídios sanguinários.

Um outro tipo de Estado que pode delinear-se em relação com a problemática antropológica é o que poderemos denominar *Estado matrilinear*. O termo é suficientemente transparente para indicar que se trata de um ordenamento particular baseado num sistema de descendência matrilinear. A posição da mulher – em particular, da rainha-mãe – é de sumo respeito e de distinção,

ETNEMAS SOCIAIS

mas o poder, normalmente, é detido pelo chefe do parentesco ou da dinastia matrilinear. Há alguns exemplos deste tipo, mas os casos mais conhecidos e talvez mais típicos são, certamente, o antigo reino dos Bemba na Zâmbia e o mais famoso reino dos Ashanti no Gana.

Os Bemba, segundo a tradição, separaram-se dos Luba do Congo no século XVII. O ordenamento político era baseado no parentesco e os grupos de parentesco tinham maior ou menor prestígio segundo a antiguidade da sua chegada ao território. Sobre todo o reino, em cada distrito territorial e em cada aldeia, respectivamente, pontificavam chefes que o eram por direito de sucessão no respectivo grupo de parentesco. O grupo de parentesco mais importante era o clã do crocodilo, cujo território, *Lubemba* (que deriva do étimo tribal: *bemba*), era o distrito principal; o seu chefe chamava-se *Citumukulu* (o grande chefe), que os Ingleses traduziram por *Paramount Chief*. A base de toda a organização social e política dos Bemba reside no princípio do parentesco, que Richards define como «o dogma da descendência», e ainda: «a continuidade física da linha dos antepassados da mãe é a base de identificação legal com o grupo de descendência» (1940: 96-97). O direito de cada Bemba residir numa determinada aldeia ou distrito, de participar nas cerimónias rituais, de desenvolver uma actividade económica, de participar na vida política, baseava-se na sua posição no âmbito do parentesco, por conseguinte nas suas relações pessoais com o chefe. A autoridade do chefe – a qualquer nível – era suprema, porque derivava dos antepassados. Por outras palavras, o chefe de uma aldeia era autónomo e não recebia o seu poder por delegação do chefe supremo. Administrava a justiça, sentenciando nas disputas e punindo os culpados. Entre os chefes, havia uma hierarquia fixada pela sua posição no parentesco, e os conflitos latentes explodiam, sobretudo, por ocasião da sucessão no cargo de Citumukulu. Foi em relação com estes conflitos latentes que Gluckman sublinhou a eficácia dos ritos do culto dos antepassados para os superar e para a sua resolução.

INTRODUÇÃO AOS ESTUDOS ETNO-ANTROPOLÓGICOS

A dignidade, e os privilégios da mãe do Citumukulu eram profundamente respeitados. Ela ostentava o título de *Ciandamukulu* (mãe grande). Análogos privilégios e dignidades eram reconhecidos às mães de todos os outros chefes.

Os Ashanti pertencem à cepa dos Akan, que compreende um vasto grupo de etnias do Gana Meridional. A organização política é a de grandes aglomerados urbanos, de cidades confederadas. Também estes, como os Bemba, respeitam a autonomia das unidades constituintes, que se baseiam, em primeiro lugar, nos grupos de parentesco matrilinear, e também em relação a eles se pode falar do «dogma da descendência» na linha materna. O grupo dominante – o clã Oyoko – é o parentesco mais antigo da cidade de Kumasi, capital fundada em 1665. O chefe dos Oyoko é reconhecido como *Asantehene*, ou seja, chefe supremo da confederação.

Na cerimónia da posse, o Asantehene senta-se num cadeirão todo revestido de ouro, que representa a continuidade e a unidade dos Ashanti. Nesse momento, é possuído pelos espíritos dos antepassados, que tornam a sua pessoa sagrada. Cada linhagem tem um só escabelo simbólico, sobre o qual se senta o chefe, de modo análogo ao Asantehene.

A posição da mãe dos Asantehene é de suma dignidade, com privilégios também políticos. Por exemplo, na eleição do novo Asantehene, cabe aos membros do clã Okoyo a escolha, mas a nomeação é privilégio da «rainha-mãe»; só depois o nome do eleito será comunicado ao conselho dos anciãos de Kumasi, a capital, para que a eleição seja ratificada.

A posição da mulher nestes Estados é, por certo, notável e contraria o preconceito, muito difundido, de que nas sociedades «primitivas» a sua condição era inferior ou humilhante. Os ordenamentos dos Bemba e dos Ashanti demonstram que a descendência matrilinear pode ser respeitada mesmo que o poder fique nas mãos dos homens. Fox vê no domínio político por parte dos homens um dos princípios, ou melhor, uma das constantes fundamentais da organização social humana (1973: 39).

A descendência matrilinear não é, portanto, uma simples singularidade arbitrária, mas uma escolha precisa de um mecanismo social e político, que tem por centro a mulher. O porquê desta escolha é um problema que se não põe no sentido de origens históricas evolutivas, mas de dinâmica cultural, ligada à confluência de vários etnemas, ecológicos, económicos e demográficos. Em todo o caso, a solução matrilinear revelou-se apta a conservar intacta a unidade e a garantir a continuidade dos grupos de parentesco – que são também grupos políticos – , quer como entidade simples, quer como entidade articulada do Estado.

A indicação e a distinção destes tipos de Estado não pretendem ser uma descrição exaustiva do assunto; são no entanto suficientes para sublinhar a importância dos dados antropológicos para o estudo comparativo da organização política.

Os Estados administrativos e tradicionais da África são descritos, bastante amiúde, como Estados «feudais». Goody chamou a atenção dos estudiosos para a aplicação inadequada e inexacta de termos deste género. «Parece que pouco se ganha em olhar as sociedades africanas em termos e segundo o conceito de feudalismo.» (Goody, 1971: 21.) Analogias deste género implicam correspondências de ordem social, política e histórica que, efectivamente, não existem. Neste caso particular, Goody observa que «com a ignorância da roda, do arado e de todos os aspectos concomitantes da 'tecnologia intermédia', a África não esteve em posição de enfrentar o desenvolvimento da produtividade e da capacidade, da estratificação e da especialização, que caracterizaram a antiga sociedade agrária da Europa medieval. Os chamados sistemas feudais da África não tiveram uma tecnologia feudal e tal ausência é de crítica importância» (Goody, 1971: 76.)

A observação de Goody tem um valor metodológico importante e fundamental. Serve para inculcar a autonomia e a singularidade das formas de organização política «alienígena», as quais, como todo o etnema cultural, são estudadas e analisadas pelo significado específico que apresentam no seu preciso contexto cultural.

7. O ORDENAMENTO POLÍTICO DO INDIVÍDUO

Na análise precedente, os bandos, a linhagem e o Estado emergem como entidades distintas e, num certo sentido, supremas. De facto, o fim principal dos ordenamentos políticos é o de garantir a continuidade das simples comunidades, ao seu nível diverso.

Na problemática tradicional, tanto de filosofia política como de história, o Estado foi sempre objecto constante de especulação e a doutrina do Estado, como conjunto de instituições e de relações, continua ainda no fulcro da ciência política. Na mesma esteira se moveu a investigação antropológica com o intento de descobrir, onde o Estado parecia assente, que outros ordenamentos sustentavam a estrutura política. No fundo, a nova problemática não se distingue, essencialmente, da tradicional, mesmo se o objecto de estudo aparece um tanto diverso. De facto, o bando e a linhagem são vistos na mesma perspectiva com que a ciência da política vê o Estado, isto é, como entidades distintas, acima e para lá dos membros singulares.

A antropologia, por outro lado, não se detém na colectividade e no grupo. Embora reconheça que a sua continuidade vai além da existência efémera do simples indivíduo, coloca este – enquanto homem – no primeiro plano. Afirma, portanto, que o objectivo dos ordenamentos políticos não pode ser nem é, somente, a continuidade do grupo – qualquer que seja o seu nível –, mas também o bem-estar do indivíduo. Falar do bem-estar do indivíduo, em termos antropológicos, significa condicionar a situação ambiental, dispor as relações humanas e ordenar as instituições sociais de tal maneira que cada membro da sociedade encontre de forma satisfatória o modo de sobreviver, agir e desenvolver-se. O homem – como tal – continua no centro da atenção antropológica, precisamente porque a sua acção constitui a raiz capilar de toda a actividade cultural, inclusive a política.

Por isso, deve-se inquirir qual a posição do simples indivíduo no âmbito dos vários tipos de ordenamentos políticos.

ETNEMAS SOCIAIS

A pergunta implica um problema de análise, muito raramente considerado nos trabalhos de campo, em que a atenção principal é sempre orientada para descobrir as estruturas dos ordenamentos políticos.

Uma observação deste género representa, por isso, um convite a um interesse mais preciso e atento pelo estudo das possibilidades de realização que o indivíduo encontra nos vários ordenamentos políticos.

Tentaremos fazer aqui algumas deduções de carácter meramente genérico e indicativo.

É um paradoxo evidente que todos os tipos de ordenamentos políticos, porque são restritivos da liberdade dos indivíduos, na medida em que limitam o exercício da própria liberdade segundo uma ordem mais ou menos elástica mas precisa, deixam pouco espaço para a plena expressão individual. Não foi de ânimo leve que os anarquistas recusaram sempre todos os «ordenamentos políticos», porque sacrificam o indivíduo. No entanto, há uma diversidade entre os tipos de ordenamentos políticos que se reflecte também na acção dos indivíduos.

Os grupos acéfalos pareceriam deixar a máxima abertura às possibilidades individuais. O amor à liberdade, dos Pigmeus, descrito por Schebesta e Turnbull, é notável e, embora encontrando-se noutro ambiente ecológico, também se não diferencia muito da «anarquia ordenada» dos Nuer, descrita por Evans-Pritchard.

Para determinar algumas linhas de investigação, que merecem maior aprofundamento em sentido microssociológico, consideremos o assunto em alguns dos seus aspectos e contextos específicos.

Antes de mais, se nos situarmos no contexto tecnológico há que reconhecer que a posição do indivíduo nas sociedades estudadas pela antropologia é quase sempre condicionada e limitada por uma situação de atraso, se é que não de estase técnica. É preciso uma força vital – entendida em todo o seu sentido pleno de inteligência e de acção – para vencer uma situação paralisante. Talvez o termo «heróis culturais», que descreve, os indivíduos que superaram tal situação, adquira neste contexto um significado real bem mais profundo e afastado do seu sentido romântico e místico.

Também o contexto social, entendido como participação na vida activa do grupo, através do matrimónio e do parentesco, consente um desenvolvimento das actividades individuais não diferenciadoras. As possibilidades máximas encontram-se, por vezes, no contexto político e no económico. Mas torna-se logo necessário ter presente a diferença dos tipos de ordenamentos políticos.

Nas sociedades acéfalas, o indivíduo singular desfruta de todas as ocasiões, para mostrar a sua habilidade, e as probabilidades de que isso lhe seja reconhecido de modo a dar-lhe uma posição de prestígio e de poder são muito elevadas. A habilidade política, como já se mencionou, tem o seu confronto e reconhecimento no âmbito dos conselhos. Também nas sociedades centralizadas os conselhos são os lugares clássicos das manifestações individuais. Mas, embora qualquer um possa conseguir prestígio, é difícil que lhe seja permitido ultrapassar o limite imposto pela inveja do chefe, cujo direito ao poder é por descendência e sucessão. E não é só isso, porque mesmo o âmbito dos conselhos – nas sociedades centralizadas – é bastante limitado, quer pelo próprio nível dos conselhos, quer pela competência e as funções que lhe estão adstritas.

Se, à demonstração da capacidade política, o indivíduo acrescentar o êxito económico, o seu prestígio e, por reflexo, a sua influência política aumentam extraordinariamente. É da soma destes dois elementos que surgem «os grandes homens» postos em destaque pela documentação etnográfica recente. Nas sociedades polinésias, estes *«big-men»* são amplamente reconhecidos, a ponto de representarem uma instituição especial. Por exemplo, em Monte Hagen, na Nova Guiné, o ideal do *big man* representa «um estatuto social, objecto de mira por parte dos homens ambiciosos e sublinhado de muitas maneiras pelos

ETNEMAS SOCIAIS

costumes. Em cada clã há um consenso genérico sobre aqueles que podem e os que não podem aspirar a este estatuto». O termo local é *wue nyim*, que não pode ser traduzido nem por «homem rico» nem por «chefe», «porque não é o facto da riqueza, mas a sua exibição, que é importante; um «grande homem», de facto, não tem um cargo definido de chefe em nenhum grupo específico de súbditos» (Strathern, 1971: 187.) Torna-se «grande homem» fazendo dádivas importantes a pessoas e grupos estranhos ao seu próprio mundo.

Nas sociedades acéfalas, baseadas em classes de idade, um homem pode obter o máximo prestígio se, juntamente com o sucesso económico (prosperidade do seu gado), demonstrar uma capacidade real de guia político; trata-se, porém, apenas, de guias entre iguais. A este tipo pertenciam os chamados «chefes» que os primeiros europeus – exploradores, missionários, administradores – reconheceram entre os Massai e os Kykuyú do Quénia.

Os aspectos até aqui descritos, para serem considerados objectivamente significativos, devem ser estimados pelas indicações, mesmo sumárias, dos aspectos negativos da posição do indivíduo na organização política. Em especial, deve dizer-se que nas sociedades centralizadas a posição do indivíduo é, em geral, subestimada. A subordinação dos indivíduos singulares aos chefes intermédios, e a destes ao chefe supremo, representa uma forma de estrutura e de superstrutura em que ao indivíduo não é permitido e, frequentemente, nem sequer lícito exprimir as suas capacidades para o próprio bem-estar: as actividades dele são absorvidas e aproveitadas como um serviço devido ou como uma contribuição para o prestígio e o poder do chefe. A forma extrema desta situação encontra-se na escravatura e também na monarquia absoluta. Neste sistema, ilustrado tipicamente pelo antigo reino do Daomé, os servos do rei estavam de tal modo vinculados ao monarca que sentiam o dever, ou de sofrer passivamenve a obrigação ou de sacrificar a vida para acompanhar o soberano defunto na viagem e na vida do Além. A morte e a sepultura do rei do Daomé eram ocasiões de hecatombes

INTRODUÇÃO AOS ESTUDOS ETNO-ANTROPOLÓGICOS

humanas, durante as quais era frequente que aqueles que iam morrer aceitassem o seu destino com fria espontaneidade.

Se as formas extremas da escravatura estão hoje legalmente desaparecidas, se o período colonial está em grande parte ultrapassado, mantêm-se ainda condições de opressão e de exploração do indivíduo. O quadro das sociedades novas actuais surge muito preocupante, na medida em que a opressão e o aproveitamento se tornaram objecto de concepções políticas e actos legislativos públicos. O antropólogo não pode iludir a responsabilidade que lhe incumbe de condenar abertamente sistema políticos nos quais a condição do indivíduo é humilhante e oprimida.

8. O RECURSO À VIOLÊNCIA: LUTAS E GUERRAS

O equilíbrio interno dos ordenamentos políticos depende da relação dialéctica dos etnemas (bandos, linhagens, Estado, etc.) que o constituem. Os princípios conflituais que animam a dialéctica etnémica dão lugar, bastante amiúde, a manifestações de luta e de violência que revelam como é bastante precário o equilíbrio político.

Algumas razões de conflito já foram indicadas aqui e ali pela diversidade de interesses e valores que cada etnema representa no processo dinâmico da cultura e da sociedade. Mais especificamente, as causas do conflito devem buscar-se nas *tensões pessoais* que derivam da ambição individual de exibição das próprias capacidades, do sucesso e da busca de prestígio. A nível de *grupo*, há pressões causadas, normalmente, por uma crescente densidade demográfica e pela consequente insuficiência de energia.

Normalmente, em todas as sociedades há meios e instituições para limitar as consequências de rotura destas situações e também para permitir desviar para o exterior as tensões internas contraditórias. Dentre os meios libertadores destas tensões, são

ETNEMAS SOCIAIS

de salientar os ritos, no sentido indicado por Gluckman. Entre os exemplos citados para ilustrar a sua interpretação, Gluckman descreve o momento da tomada de posse do *reth* Shilluk, quando o eleito combate contra a efígie de Nyikang, o fundador da dinastia, e fica possuído por ele e com ele identificado. Desta forma supera toda a incerteza por falta de autenticidade em ser descendente do próprio Nyikang. Um outro exemplo é a *incwala,* a festa anual das colheitas, durante a qual o rei dos Swazi aparece nu diante dos seus súbditos; nessa ocasião, podem insultá-lo, como válvula de escape de quaisquer ressentimentos ou aversões. A inversão dos papéis é um meio de iludir as forças adversas que poderiam diminuir a capacidade fecundadora do rei e, por conseguinte, dos campos, dos gados e das mulheres. Função análoga tinha a inversão da ordem ética entre os Zulu, quando as mulheres, em certas ocasiões, não só se comportavam de maneira lasciva, mas assumiam atitudes masculinas. Vale a pena transcrever a conclusão de Gluckman: «Se esta opinião é exacta, deve dizer-se que nas nossas cerimónias não se recorre abertamente à proclamação dos conflitos, porque nem todos estão dispostos a pôr em dúvida que o nosso sistema social não só seja bom mas também sacrossanto. As cerimónias nacionais brilham pela adulação. Os ódios e os rancores internos não encontram nelas qualquer expressão. Os inimigos do regime nazi e estalinista estavam em campos de concentração.» (Gluckman, 1967: 258.)

Um outro meio para iludir as tensões é, como já se disse, o recurso à segmentação dos grupos de parentesco. O fenómeno não é apenas parte da dinâmica de formação dos grupos de parentesco, mas serve para aliviar as pressões políticas.

Entre as instituições em que há uma certa dimensão para a violência contam-se as lutas e os saques. As lutas, no sentido que aqui se lhe dá, são os duelos individuais que, mais do que explosões ocasionais de violência, representam exercícios de competição entre indivíduos singulares. Na África, por exemplo, e em particular mas não exclusivamente nas sociedades com classes de idade, os jovens candidatos à iniciação devem travar

INTRODUÇÃO AOS ESTUDOS ETNO-ANTROPOLÓGICOS

duelos com bastões, a fim de se prepararem para a actividade militar. Os duelos têm uma forma singular entre as populações amazónicas. Os Yanomamö, por exemplo, praticam o duelo com os punhos, vivamente descrito por Chagmon (1968: 113-17). Há dois grupos que, por ocasião de uma visita recíproca, organizam uma festa e se enfrentam entre si, hospedeiros e visitantes; o duelo efectua-se sucessivamente entre dois indivíduos de cada vez, durante várias horas, com socos tremendos no peito do adversário, mas tendo o cuidado de não serem fatais. Além do duelo com os punhos, há o duelo de mãos abertas sobre os flancos. Este duelo provoca frequentes lesões, pelo que os ânimos aquecem mais facilmente, com perigo grave de degenerar. Na excitação tomam parte as mulheres e as crianças, mas à sua volta colocam-se os homens, como que para as defender do ataque do grupo oposto. Em breve surge uma calma agressiva, momentânea. Depois, uma vez acabada a festa, a aversão e a violência recomeçam, se entre os grupos ainda há energia. «Mesmo os melhores aliados acordam entre si, antecipadamente, acabar a festa com um duelo a soco, para demonstrarem uns aos outros que, embora amigos, também são capazes de manter a própria soberania e de combater para a defender, se necessário for. Cada festa yanomamö pode acabar, potencialmente, em violência, devido ao comportamento e à obrigação de os participantes se mostrarem duros. Todavia, a festa e o intercâmbio que implica servem para reduzir as possibilidades de vizinhos se combaterem numa acção de nível mais sério de violência, e contribuem para reforçar a solidariedade entre as aldeias e a interdependência.» (Chagnon, 1968: 117.)

Enquanto que os duelos representam exibições de força individual, os ataques constituem expedições de violência colectiva organizada. Muitas vezes, são simples demonstrações juvenis, revoltas sobretudo contra os animais predadores para mostrarem o prestígio da classe de idade no seio da sociedade; mas, mais amiúde, são correrias com fins de represália contra um inimigo estrangeiro ou um grupo adversário do mesmo povo, e também

400

ETNEMAS SOCIAIS

para se apoderarem de uma presa, mulheres ou gado. O saque não é, em geral, para conquista territorial. É uma ida e volta de violência.

Uma condição quase institucionalizada de violência é a vingança. Trata-se de uma inimizade que opõe dois grupos, geralmente de parentesco, caracterizada por uma série de delitos e de reparações. A persistência da inimizade abrange todos os membros de um parentesco e a obrigação de obter uma reparação da ofensa sofrida passa de geração para geração. A existência de uma vingança é causa certa de prevaricação dos encontros em duelo, com explosões homicidas de violência. O homicídio, em geral, é um delito que exige sempre reparação, embora não necessariamente punição, pelo menos não em paridade de danos. Seria, de facto, um preço excessivo, para grupos demograficamente pobres, sofrer a perda de um homem e pagá-la com a perda de outro homem. A forma mais comum de reparação por homicídio é a compensação do dano traduzida num determinado quantitativo de bens (cabeças de gado ou equivalentes), chamados «preço ou riqueza do sangue» – *bloodwealth*.

Deve-se observar que a noção de delito é relativa a cada forma específica de cultura e de sociedade. Não é fácil dar uma definição compreensível do delito. Schapera, mediante o exame das várias opiniões expressas pelos antropólogos, tentou uma definição aplicável às mais diversas situações: «O delito é um acto ou uma omissão de acto, considerado punível por quem tem o direito legítimo de o fazer.» É «legítimo» tudo o que respeita as normas da própria sociedade. A punibilidade, observa Schapera, não implica que o acto seja efectivamente punido, tanto mais que o conceito de delito e, consequentemente, da sua punição «depende, talvez, apenas da opinião de quem detém o poder supremo num determinado momento. Demonstram-se os vários exemplos dos Tswana e, naturalmente, a legislação criminal da Inglaterra» (Schapera, 1972: 390-91.)

A pena de morte, entre os caçadores e recolectores, está praticamente ausente. O ostracismo, pelo menos temporário, e o

Introdução aos Estudos Etno-Antropológicos

abandono são as punições mais comuns e temidas. A pena de morte, sobretudo nas sociedades agrestes, aplicava-se mais decisivamente nos casos de violação grave de um juramento; no consenso comum da opinião, a falta ao vínculo de um juramento ou a traição põem em perigo as relações com as forças místicas, sobre as quais se apoia o valor do juramento, e o perigo ameaça toda a sociedade, que não tem outra defesa.

No âmbito mais especificamente político, a rebelião e a revolução são duas formas frequentes de recurso à violência. Segundo a distinção de Gluckman, a rebelião propõe-se a mudança das pessoas que ocupam um cargo político sem atacar o sistema; por sua vez, a revolução muda o sistema. As crises de sucessão nas sociedades centralizadas são causas frequentes de rebelião.

A forma mais grave de violência, porque afecta toda a sociedade, mesmo só indirectamente, é a guerra, cujas causas, ocasionais, aparecem como que ditadas pela ambição dos chefes ou pela mira expansionista de conquista; são radicais e profundas, provocando a rotura do equilíbrio ecológico e económico, que deixa de permitir a convivência pacífica entre os grupos; ou, também, pela pressão demográfica, que força populações inteiras a moverem-se à procura de novas sistematizações. Ainda no século passado, em África, estavam em curso movimentos migratórios grandiosos como os dos 'Nguni (Zulu, Swazi, 'Ndebele, Ngoni), na África do Sul, e o dos Fula, dos Haúça, na Nigéria Setentrional, acompanhados por uma actividade endémica de guerras e de saques.

A guerra moderna assumiu proporções cósmicas, a ponto de pôr em perigo a existência do género humano, e não diminuiu em nada, pelo contrário, levou ao máximo de angústia as consequências dilacerantes da violência.

A guerra foi sempre uma calamidade gravíssima, sendo-o ainda mais na perspectiva nuclear. É ilusão ver nela o impulso determinante do progresso científico. Se dos acontecimentos bélicos podem resultar soluções positivas é porque se superam as causas latentes da própria guerra, que uma visão social e política mais sensível e atenta deveria ser capaz de discernir e avaliar para preparar a tempo os meios pacíficos de desenvolvimento. Hoje, como ontem, é inútil gritar «paz, paz» se não se remedeiam claramente as causas do mal-estar social entre os povos e se não se enfrentam com inteligência e determinação oportuna os numerosos problemas que ameaçam a vida e a liberdade.

A superação dos desníveis de desenvolvimento entre os povos, a contenção racional da expansão demográfica, a limitação dos armamentos, o enriquecimento e a valorização equilibrada das fontes de energia, a constância na colaboração internacional, são condições fundamentais para que os ordenamentos sociais e políticos, na variedade das formas e das soluções, assegurem ao homem a possibilidade de vida tranquila.

X

O ETNEMA ECONÓMICO

1. PREMISSA

É uma característica da antropologia inserir a análise das actividades económicas na visão total dos fenómenos culturais. Dos quatro factores fundamentais da cultura, aquele com que a actividade económica se relaciona mais directamente é o *oikos*, o ambiente. A pesquisa antropológica propõe-se examinar de que modos e com que consequências a actividade económica se reflecte sobre o comportamento do indivíduo como membro da sociedade e é condicionada pela situação ecológica e pelas circunstâncias de tempo.

A actividade económica desenvolve-se em torno de dois objectos fundamentais: as *coisas materiais* de que o homem tem necessidade e de que se serve para a própria vida e o *valor* que o homem lhes atribui quando as utiliza. O *valor* pode estender-se, também, a aspectos não materiais da vida e das coisas. Os dois objectos, embora nitidamente distintos, fundem-se num *unicum* económico na avaliação do homem. Já se fez notar que a aparente contradição da expressão «cultura material» corresponde à transformação «cultural» que o homem realiza através da sua actividade, para a qual, nas coisas materiais, já não é a materialidade da coisa em si que tem importância, mas a consideração que o homem lhes atribui em qualquer momento da sua história. As coisas materiais tornam-se, deste modo, partes integrantes da

INTRODUÇÃO AOS ESTUDOS ETNO-ANTROPOLÓGICOS

vida cultural do homem e inserem-se totalmente na sua vida social, seja como indivíduo seja como grupo.

Desta premissa, que é consequência do conceito antropológico de cultura, tem sentido e relevância a afirmação de que qualquer transacção económica, mesmo que tenha por objecto uma coisa material, é um episódio momentâneo de um *continuum* de relações sociais (Sahlins, 1965: 139).

Na actividade económica, é de importância fundamental o conceito de raridade. O homem tem muitas necessidades. Mesmo que estas não sejam infinitas, mesmo que a sua satisfação possa ser contida entre alguns limites de peso e de número, há algumas que não só são imprescindíveis como, também, nunca acabam. São contínuas no sentido de que reaparecem incessante e inelutavelmente. Tal é a necessidade de alimentação; respeita ao grupo e respeita ao simples indivíduo. A satisfação da alimentação é uma *conditio sine qua non* para a sobrevivência do indivíduo e a continuidade do grupo. A comida, todavia, é um bem económico flutuante. Sofre a alternância do ritmo das estações e ainda o condicionamento do ambiente económico e as consequências dos cataclismos naturais. Há tempos de abundância e tempos de escassez.

O que se passa com a comida, também se passa com outros bens económicos cuja raridade é um dado relativo. Em relação ao diverso grau de raridade, determina-se o comportamento efectivo do homem, quer como indivíduo quer como grupo, em sentido económico. A raridade impõe a escolha. Cada opção representa uma alternativa. As alternativas dos modos de escolha e de comportamento, quer em relação com as estruturas políticas e sociais, quer em relação aos valores simbólicos, quer no seu funcionamento prático, representam o objecto específico de pesquisa da antropologia económica. O aspecto antropológico considera os actos económicos não só como meramente económicos mas também como realidade humana e cultural, manifestação típica da interacção do indivíduo (*anthropos*) e do grupo (*ethnos*).

2. DAS ESCOLAS HISTÓRICAS, EVOLUCIONISTAS E CULTURAIS AOS FUNCIONALISTAS

A perspectiva evolucionista considerava os «primitivos» em níveis culturais, incluindo a tecnologia e a economia, extremamente baixos e simples, pouco superiores aos dos primatas. O problema central que interessava aos estudiosos deste período era a origem, a «*Ur*». A divisão do trabalho por sexos, a propriedade, a tecnologia e todos os outros fenómenos eram estudados como aspectos do problema mais geral das origens da cultura e da sociedade. É típica a atitude de Morgan (ver capítulo V). O fascínio da sua posição e da documentação etnográfica domina tanto Marx como Engels; mas as suas intuições mais profundas não estão decerto ligadas à problemática etnográfica tirada de Morgan, mas às análises mais documentadas e válidas dos sistemas económicos ocidentais.

Entre os historiadores culturais, recordamos Wilhelm Koppers, que tentou fazer uma avaliação social e económica dos ciclos culturais, ficando, no entanto, dominado pela problemática das origens, como toda a escola de Viena. A obra mais significativa de classificação «histórico-cultural» é *Völker und Kulturen*, que tem por autores Schmidt e Koppers (1922), este último, para a parte social e económica. De Wilhelm Schmidt é significativa a obra sobre os Pigmeus em que argumenta acerca do valor «primordial» da sua cultura (*Urkultur*), também à base do tipo da sua economia.

Em todo este período – evolucionista e histórico-cultural –, o tema central é a existência de uma *economia natural*, isto é, dependente mais da natureza que da técnica humana.

Com os trabalhos de campo e, em especial, com a obra de Malinowski demonstrou-se que a economia dos povos «primitivos» era bem mais complexa do que a pressuposta «economia natural» e ia além da tecnologia simples. Em 1922, Malinowski publicou a sua obra clássica *Argonauts of the Western Pacific*. Não se trata, como é sabido, de uma obra económica, mas o

INTRODUÇÃO AOS ESTUDOS ETNO-ANTROPOLÓGICOS

sistema *Kula* que nela é descrito tem uma base meramente económica e a introspecção com que Malinowski consegue esclarecer toda a complexidade do sistema, nos seus aspectos mágicos, sociais e políticos, constitui uma documentação fundamental para o conhecimento e a análise dos sistemas económicos.

Quase contemporaneamente, o alemão R. Thurnwald publicava a sua pesquisa entre as populações das ilhas Salomão com uma perspectiva funcionalista, muito próxima da malinowskiana. Destas documentações, juntamente com um vasto amontoado de outras informações etnográficas, serve-se Marcel Mauss para uma análise comparativa dos fenómenos da dádiva como forma basilar da troca. O ensaio de Mauss, com o título *Essai sur le don. Forme et raison de l'échange dans les sociétés archaïques*, foi publicado na *Année Sociologique* (segunda série, 1923-24). Mauss, embora permanecendo no âmbito da problemática das origens (tal como Durkheim), evita resolver o problema «da origem religiosa da noção do valor económico» (Mauss, 1950: 266), sublinhando marcadamente quanto os «primitivos estavam longe, em matéria de direito e de economia, do estado natural». (Mauss, 1950: 150.) Mas a validade da sua interpretação, que tornou clássico o seu ensaio, está em ter considerado a actividade económica um «sistema de prestação total» que implica toda a actividade social, seja ritual seja de parentesco, e se insere no todo como parte integrante (Mauss, 1950: 150-153).

Nos anos imediatamente antes da Segunda Guerra Mundial, Raymond Firth (1939) e Melville J. Herskovits (1940-52) tentam uma abordagem meramente económica da análise antropológica. Tal abordagem pode resumir-se na tentativa de considerar as sociedades «primitivas» e «campesinas» no mesmo pé com as sociedades complexas, aplicando também a essas a problemática e os conceitos próprios da ciência económica. Herskovits sustenta que «as distinções a fazer entre economias letradas e não letradas são mais de grau do que de qualidade» (Herskovits, 1952: 488)[1].

---

[1] A mudança do título da obra de Herskovits, que na primeira edição era *The Economic Life of Primitive Peoples* e, na segunda, *Economic Anthropology*.

ETNEMAS SOCIAIS

A partir desta conclusão inicia-se uma das correntes de estudo que se implantou no âmbito da antropologia económica, conhecida como a corrente *formalista*. A posição teórica desta corrente foi claramente indicada por Raymond Firth: «Faz parte da tarefa do antropólogo procurar traduzir as proposições gerais da teoria económica em termos que se possam aplicar aos tipos particulares de sociedades pelas quais se interessa e que, normalmente, escapam à observação do economista.» (Firth, 1966: 129.)

Este propósito foi levado por diante por outros estudiosos, quer economistas (Le Clair, 1962) quer antropólogos (Salisbury, 1962). O intento é chegar, através da comparação de sociedades com diversas formas de economia, «primitiva» e «industrial», «à formulação de uma teoria geral do processo e estrutura económicos, dos quais a teoria económica contemporânea é apenas um caso especial» (Le Clair, 1962: 1188.)

Uma outra corrente de economia antropológica é denominada *substantivista*. Está ligada à interpretação «total» de Mauss e sustenta que a realidade económica das sociedades «primitivas» é radicalmente diversa e não se presta a ser analisada de maneira objectiva com os critérios da ciência económica.

Entre os antropólogos mais representativos desta corrente estão Paul Bohannan e George Dalton (1965), Marshall Shalins (1962) e Maurice Godelier (1965 e 1970).

Estabeleceu-se uma polémica entre as duas correntes (Danton, 1961; Burgling, 1962; Le Clair, 1962, e Cook, 1966), na qual era basilar uma concepção diferente da ciência económica. Uns, os formalistas, mantinham a definição clássica segundo a qual a *economia é a ciência que estuda o comportamento*

A Study in Comparative Economics, é sintomática de quanto afirma Firth: «A adopção relativamente tardia do termo 'antropologia económica', em vez de 'economia primitiva', é sintomática do atraso no conhecimento do valor da análise económica para os estudos antropológicos.» Além disso, o juízo de Firth sobre o livro de Herskovits não é muito favorável, pois que o considera notável «pelo grande amontoado de factos e aspecto de sólido bom senso, mais do que pela perfilhação da teoria económica» (Firth, 1967: 2.)

INTRODUÇÃO AOS ESTUDOS ETNO-ANTROPOLÓGICOS

humano como uma relação entre os fins e os meios raros que têm usos alternativos. Outros, os substantivistas, consideram a ciência económica *o estudo dos sistemas de produção, distribuição e consumo, no quadro integrante de todas as relações sociais.*

No âmbito da corrente substantivista pode-se destacar dois sentidos particulares, o «ecológico» e o «dialéctico». A orientação ecológica é seguida por autores americanos e representa um aspecto do neo-evolucionismo de White, Stewart e Murdock e do materialismo nomotético de M. Harris. Este acentua a incidência do factor ecológico sobre a estrutura e os sistemas sociais e económicos. Em paridade de tecnologia, a variedade do ambiente modifica o *output* do trabalho, com consequências sobre os etnemas organizativos dos grupos. A pesquisa local é levada, assim, a examinar a relação específica entre tempo-trabalho e a produção de alimentos.

Numa descrição comparativa, M. Harris examina quatro sociedades diferentes, os Bosquímanes do Calaári, os cultivadores da Gâmbia, os Tsembaga Maring da Nova Guiné, que praticam uma agricultura com utensílios, e os Chineses, peritos no sistema de irrigação.

«Estes quatro sistemas trazem à luz um paradoxo notável da evolução cultural. Enquanto o factor da eficiência tecno--ambiental vai aumentando, assim aumentam, igualmente, a média da força de trabalho para a produção de alimentos e o número de horas gastas na produção dos alimentos. Desta maneira, a vantagem tecno-ambiental dos agricultores chineses, cinco vezes maior do que a dos caçadores Bosquímanes, deveria ocasionar, logicamente, uma redução da força de trabalho ou das horas de trabalho para um quinto do total dos Bosquímanes. Em vez disso, a quantidade da força de trabalho agrícola aumentou astronomicamente, sendo de mais de 25 por cento as horas dedicadas à produção. Esta tendência prosseguiu até à era dos sistemas industriais modernos.» (Harris, 1971: 216-17.)

A orientação dialéctica está correlacionada com a doutrina económica marxista e tende a analisar as relações entre produção,

ETNEMAS SOCIAIS

distribuição e consumo e o seu efeito sobre a formação de classes e sobre a problemática conflitual que a existência ou não existência das classes implica.

3. «PRIMITIVOS» E «CAMPONESES»

Da gíria antropológico-económica consagrada nos últimos anos ocorre precisar, na sua notação específica, os termos «primitivos» e «camponeses».

No que respeita à palavra «primitivos», já foi referido aqui que se firmou no período evolucionista. Todavia, embora o significado evolucionista esteja hoje definitivamente ultrapassado, recorre-se ainda ao termo, quer por conveniência de referência quer sobretudo em relação com os aspectos tecnológicos e económicos. Stanley Diamond, numa análise das «dimensões da sociedade primitiva», alinha dez atributos principais e acima de todos indica como mais significativo o *comunalismo económico*, isto é, a «ausência da exploração económica do homem pelo homem tal como a conhecemos nas civilizações moderna e arcaica» (Diamond, 1967: 23.) Entre as outras características, nota que há também «um altíssimo grau de integração por parte das várias e principais modalidades da cultura: entre a religião e a estrutura social, entre a estrutura social e a organização económica, entre a organização económica e a tecnologia, etc.». (Diamond, 1967: 25.)

A estas observações deve-se acrescentar, com Godelier, que nas sociedades «primitivas» não há classes sociais e o domínio dos meios de produção, incluindo o trabalho humano, é directo e pessoal, satisfaz às próprias necessidades e não procura o lucro, e a troca é essencialmente de equivalência (Godelier, 1973: 186-87).

O termo «camponeses» (que traduz o inglês *peasants*) foi introduzido na antropologia económica de Raymond Firth com um significado vasto e compreensível. Por si só, o termo, tanto em inglês como em português, refere-se aos cultivadores da terra. Firth não o usa apenas neste sentido, mas liga-o também aos pescadores, isto é, aos marinheiros que tiram da pesca a sua alimentação; por outras palavras, atribui-lhe um significado puramente «antropológico-económico» (Firth, 1946). Godelier (1973: 186-87) e outros (Wolf, 1966) consideram os camponeses como cultivadores social e politicamente subordinados e explorados, e distinguem-nos nitidamente dos primitivos, porque estão estruturados no âmbito de um sistema de classes em que representam a classe dominada. Firth tende, por sua vez, a pôr em relevo as características comuns dos «primitivos» e dos «camponeses» de um ponto de vista meramente económico e a contrapô-las, na mesma perspectiva, às sociedades ocidentais.

Segundo Firth, as características da economia «primitiva e camponesa» são as seguintes: não é baseada na moeda, salvo em poucos casos; a economia «natural» e a economia de mercado encontram-se uma ao lado da outra; simplicidade da tecnologia; as unidades de produção são pequenas; não há expansão de mercado por meio do capital; o sistema de controlo dos bens-capital segue convenções diversas (da economia ocidental); quem fornece o maior capital é, normalmente, o próprio lavrador manual; os incentivos de participação nos lucros são vários – os laços de parentesco ou de lealdade a um chefe; o indivíduo não é anónimo, antes a sua pessoa é respeitada; a posição económica está ligada à posição social – afectar uma significa afectar a outra; as escolhas são sociais, enquanto na sociedade ocidental são meramente económicas (Firth, 1963: 133-38.)

4. ECOLOGIA – TECNOLOGIA – ECONOMIA

A relação essencial da economia com o *oikos* realiza-se numa multiplicidade complexa de fenómenos, que é possível restringir numa tríplice distinção de ecologia, tecnologia, economia.

ETNEMAS SOCIAIS

A problemática antropológica tem meandros que dão ao estudo da ecologia um interesse predominantemente humano: nas relações entre a natureza ambiental e os seres vivos indaga e analisa os aspectos que se reflectem directamente no homem. Fundamentalmente, a relação ecológica do homem leva a considerar a terra como lugar de residência e como solo de exploração. O homem insere-se numa relação de continuidade e de intimidade que pode ser, justamente, considerada como de simbiose: a vida do homem é biologicamente autónoma e, ao mesmo tempo, condicionada pela terra e pela vida extra-humana que nela se desenvolve, por não poder ser – mesmo biologicamente – diferente daquela que é. A terra assume, portanto, um valor quase absoluto que se acentua e se avalia pelo significado social que cada homem e cada grupo humano lhe atribuem. Lugar de residência e solo de exploração, a terra torna-se um bem apreciável, um valor económico que se possui e se transmite a outros – quer com herança quer como venda e compra –, frequentemente ratificada por um simbolismo religioso que lhe acrescenta ainda um valor sagrado.

Estas considerações de carácter genérico especificam-se e diversificam-se segundo a variedade e a diversidade das situações ambientais. O conjunto dos elementos que formam o ambiente natural onde o homem tem de viver não só se configura externamente na paisagem e no clima mas encontra correspondência nos modos de residência – para protecção e abrigo do homem – e nos modos de procurar e produzir o alimento. Em correspondência com as variedades do ambiente natural, assume particular significado o conceito de raridade; a madeira é preciosa num ambiente árctico em que o gelo e a neve cobrem o solo durante grande parte do ano. Na floresta, onde a madeira abunda, adquire valor «raro» qualquer seixo ou qualquer pedra. A água e as fontes do oásis são bens à volta dos quais se acentua a expressão de propriedade e a estrutura da vida social.

A tecnologia está certamente condicionada pelo ambiente, mas não é exclusivamente determinada por ele. A técnica

INTRODUÇÃO AOS ESTUDOS ETNO-ANTROPOLÓGICOS

serve-se de objectos materiais, que explora e valoriza como instrumentos, mas é fruto da intuição e da experiência do homem. Na caça, o arco e a flecha constituem uma arma única, de grande eficácia e de uma certa complexidade articulada que, além do mais, não deixa de alcançar nada, em confronto com o bumerangue, também de madeira e de intuição e utilização muito complexas. Na técnica do cultivo, a utilização da água corrente com sistemas de irrigação representa uma solução que se deve, de forma quase exclusiva, à intuição e à reflexão da mente humana.

A relação sistemática entre a ecologia e a tecnologia representa a primeira expressão específica da economia. Trata-se de avaliar bem as possibilidades facultadas pelo ambiente à vida do homem, com os meios instrumentais que este consegue encontrar e inventar para extrair a alimentação e a protecção residencial de que precisa.

Destas relações essenciais é que resultaram, de maneira específica, os fenómenos económicos propriamente ditos e, daí, a produção, a distribuição e o consumo.

5. A PRODUÇÃO

A análise da produção implica o discurso sobre o trabalho, seja como actividade humana, seja como utilização de instrumentos para facilitar e multiplicar o produto do trabalho.

A condição humana do trabalho é tal que leva a uma distinção por sexos. Mesmo se, teoricamente, não há trabalhos que não possam ser feitos pela mulher ou pelo homem, na prática, quer pelas condições particulares da mulher – que nos períodos de gestação e de aleitamento tem de desenvolver funções biológicas que lhe absorvem todas as forças – quer por escolhas culturais e históricas, dá-se uma nítida distinção entre o género de trabalho próprio do homem e o destinado às mulheres. Nas sociedades de povos caçadores e recolectores, a caça é em geral

414

reservada aos homens e a colheita às mulheres. A divisão não tem um valor absoluto; na caça à rede ou com batida participam, igualmente, as mulheres e as crianças, podendo a colheita ser também tarefa dos homens. Nas sociedades pastoris a distinção entre os trabalhos – embora sempre aplicados a cuidar do gado – deriva de uma escolha nitidamente «cultural» e por isso específica de cada sociedade. Evans-Pritchard pôs em relevo que nos Nuer a diferença entre os sexos, nos assuntos do gado, começa desde a infância e vai-se afirmando mais com o decorrer dos anos. «O trabalho das raparigas e das mulheres fica limitado aos estábulos e aos *kraals* e diz respeito, sobretudo, às vacas, enquanto os rapazes apascentam os vitelos e ajudam nos trabalhos dos *kraals* e, depois da iniciação, pastoreiam o gado adulto e nos *kraals* tratam sobretudo dos bois. As mulheres são leiteiras, os homens, pastores. Além disso, para uma rapariga, as vacas são, sobretudo, fornecedoras de leite e de queijo, e continuam assim depois de crescerem e de se casarem, e farão os lacticínios para a gente do marido; pelo contrário, para um rapaz, as vacas fazem parte dos bens de família, sobre os quais também eles se arrogam direitos de propriedade. Enriquecerão o seu património, com o casamento das mulheres da família, e também para eles servirão, um dia, para se casar. O casamento separa as raparigas das manadas; por sua vez, o rapaz fica-lhe ligado como proprietário. Quando o rapaz entra na juventude e é iniciado, o gado passa a ser para ele qualquer coisa mais do que simples alimentação e trabalho; torna-se um meio de se pôr em evidência e casar-se. Só quando um homem se casa e tem filhos, com uma casa e uma manada, é que se torna ancião com uma posição e poderá servir-se do gado para sacrifícios, dando aos animais um significado ritual e usando-o nos ritos.» (Evans-Pritchard; 1940: 39-40.)

Na distinção do trabalho emerge a distinção social, que se valoriza em termos de prestígio e em termos económicos. O trabalho assume um valor económico próprio, torna-se serviço, mede-se em termos económicos de troca, de procura e de oferta, de emprego, de despedimento, de salários, e assim por diante.

A organização dos grupos sociais e políticos, o bando, a linhagem e as sociedades centralizadas respondem a fins meramente económicos. De facto, constituem a base para o ordenamento e a valorização do trabalho dos membros individuais do grupo, mas também estabelecem o título jurídico de propriedade e de crédito em confronto com os estrangeiros. Assim, cada transacção social tem uma expressão económica. Por exemplo, a «riqueza da esposa» constitui a forma económica que ratifica a relação social que se estabelece ou se renova entre os grupos de parentesco por ocasião do matrimónio. O chamado «casamento de serviço» representava uma forma particular requerida para permitir a nova posição de «pretendente» junto do pai da rapariga. Tratava-se de uma valorização peculiar de mero cunho económico do trabalho como expressão social. Formas peculiares encontram-se frequentemente no funcionamento da «riqueza da esposa», que é valorizada por estabelecer relações sociais por meios puramente económicos.

A actividade ergológica pode ser individual, colectiva ou associada. A distinção não tem só sentido pela realidade efectiva e pela própria mecânica do trabalho, mas destaca-se na relação que se estabelece entre o produto do trabalho e quem o produz. Na problemática das «origens» tinha muita importância a análise da formação histórica da propriedade e, em particular, da propriedade privada em contraste com a propriedade colectiva e social. Hoje, mais do que a origem histórica, cuja pesquisa se tem revelado sempre estéril, estuda-se sobretudo a complexa relação funcional entre trabalho como fonte de produção, os meios de trabalho e o ordenamento social, que interessa tanto ao indivíduo como ao grupo social. O problema diz respeito, da forma mais radical, à posse da terra.

Na realidade, as formas que a propriedade assume, tanto em relação ao indivíduo como em relação à sociedade, estão intimamente ligadas ao tipo de ordenamentos sociais e políticos. Esta relação íntima leva a considerar o problema do trabalho, dos meios de produção e da propriedade, e na perspectiva dos ordenamentos sociais e políticos é possível distinguir os ordenamentos dos bandos e das linhagens acéfalas, os ordenamentos centralizados e «tributários» em que, por isso, os membros do grupo social pagam o «tributo» ao chefe ou rei, e, por fim, as sociedades industrializadas, nas quais há que distinguir uma variedade de formas e de sistemas legais nas vivências históricas da mesma sociedade. Entre estas, basta indicar o sistema capitalista e o sistema socialista como duas formas genéricas de significado fundamental, económico e social.

Se, por exemplo, o problema da terra for visto no âmbito da organização dos bandos, deve-se, antes de tudo, afirmar que a propriedade é distinta de bando para bando, na medida suficiente para o sustento do próprio bando por meio da caça e da colheita. A distinção dos territórios não é posta em discussão. A relação entre o território e as necessidades do bando constitui um equilíbrio ecológico que implica não só o respeito por parte dos outros bandos mas também no interior de cada bando impõe uma limitação demográfica que incide sobre o cerceamento dos nascimentos, mesmo com práticas cruéis e desumanas (Marshall, 1960: 327.) No âmbito do bando, a propriedade da terra é do grupo, mas o trabalho individual tem um reconhecimento explícito, seja na propriedade das armas que cada um constrói para si, seja na precedência dada a quem, efectivamente, colheu os frutos ou o mel ou atingiu o animal na caça. O ponto importante é que a propriedade «privada» ou a preferência devem ser mantidas entre termos de paridade e de equilíbrio, porque não é consentido, como já se viu, que a personalidade individual se saliente, em confronto com os outros, como chefe centralizador ou como *big man*.

Um outro problema posto em relevo nas análises mais recentes da antropologia económica é a quantificação das horas de trabalho e a sua relação com a produção. Através do cálculo estatístico é possível indicar, como já foi feito, que numa sociedade de caçadores e de recolectores são suficientes quatro horas diárias de trabalho para satisfazer todas as necessidades de

INTRODUÇÃO AOS ESTUDOS ETNO-ANTROPOLÓGICOS

sustento. Contudo, ocorre logo destacar que, na medida em que o cálculo for exacto, não se pode considerar totalmente objectivo e indicativo das verdadeiras condições de vida. A situação ecológica dos territórios onde vivem os bandos de caçadores e recolectores conhece alternâncias de períodos «gordos» e de períodos «magros» e, além disso, o sistema de caça ligado à perseguição do animal impõe esforços prolongados durante dias, pelo que o índice «médio» tem um grau de abstracção que não permite tomá-lo como índice absoluto.

Perante a escassez, que se dá por causas ambientais, recorre-se à *acumulação*. Um dos aspectos da tecnologia «primitiva» é a limitação dos meios de armazenamento e de conservação. Entre os pastores como os Massai, a multiplicação dos animais no gado é garantia de produção imediata de alimentos – o leite e o sangue –, mas é bem diversa a condição dos caçadores, dos recolectores e dos cultivadores. Os Bosquímanes, que vivem num ambiente desértico e bastante diferente das florestas dos Pigmeus, têm um mínimo de possibilidades de acumulação e de conservação. Ocasionalmente, escondem as melancias na areia, para as preservar dos macacos e ir buscá-las, na ocasião oportuna, a fim de se dessedentarem.

O gado dos pastores assume um valor económico e social. Nas sociedades pastoris, os dois aspectos, social e económico, completam-se intimamente. Em primeiro lugar, não há dúvida de que os bovinos são considerados pelos Massai como um bem económico. Todos os Massai tiram dos bovinos o seu alimento quotidiano, feito de leite e de sangue. Os bovinos acumulam-se, não se matam. A morte propositada para alimentação é um acontecimento *relativamente* raro e ligado a exigências religiosas (sacrifícios) ou políticas (a preparação dos guerreiros para um saque). Mas a propriedade do gado e a sua criação, que permite multiplicá-los, é um direito que se obtém não só depois da iniciação – isto é, na idade adulta – mas também após terem completado o período em que pertencem à primeira classe de idade – a dos guerreiros. A segunda classe de idade dos Massai é a dos

418

homens que, realizado o matrimónio, tratam só da expansão do seu gado. A acumulação de animais permitir-lhes-á tomar outras mulheres e desenvolver ao máximo a própria família. A actividade de criação da segunda classe de idade faz parte do «poder difuso» que caracteriza o ordenamento social e político dos Massai e que é um poder tipicamente social (relativo à família) e económico (relativo ao gado).

A acumulação temporária, como a dos cereais ou a dos frutos, ou duradoura, como a dos pastores quanto ao gado, está na ordem directa da alimentação, mas também (em medida evidente) em relação com o estatuto social. A acumulação, portanto, é um facto económico, com reflexos imediatos sobre a posição social.

A relação entre acumulação económica e estatuto social torna-se mais plausível e operante quando a acumulação não é praticada só com fins de alimentação do bando ou do grupo familiar, mas se torna expressão de direitos e de privilégios. Tal é a condição do chefe e do rei, que acumulam por meio da recolha dos tributos e das homenagens dos súbditos. No caso do chefe e do rei, trata-se de um privilégio, a que corresponde, directamente, o dever de redistribuir – em formas rituais de festividade, e de hospitalidade – os bens acumulados aos próprios súbditos.

Em cada caso, a acumulação é possível pela quantidade de produtos necessários para uso imediato. O uso faz parte da problemática do consumo. Observamos, neste ponto, que a relação quantitativa entre o produto do trabalho e a necessidade de consumo tem várias latitudes. Às vezes, nos períodos de crise ambiental, como as secas, a produção pode faltar por completo; o espectro da fome aparece. Algumas vezes, pode ser insuficiente para cobrir o que de imediato se torna necessário. Naturalmente, nos anos «bons», vai além das necessidades de consumo. Há, assim, um *surplus*, ou seja, aquilo que excede a quantidade necessária para o sustento daqueles que, trabalhando, produzem. O *surplus*, na medida em que é um aumento que ultrapassa as necessidades imediatas, é sempre limitado, ou seja, implica uma decisão de escolha para o seu uso «económico». A problemática do *surplus*, estendida não só aos produtos mas também ao trabalho e ao tempo, pertence à economia tradicional, «marginalista». O excedente – *surplus* – em relação ao consumo imediato ou estacional utiliza-se em proveito na dinâmica circulatória da troca e do mercado. A aplicação do *surplus* é uma escolha que determina de modo eficaz os meios de distribuição.

A disponibilidade de bens em medida não restrita, isto é, a disponibilidade mais o *surplus*, é riqueza. A insuficiência de bens é pobreza.

A acumulação e a exploração do *surplus* para uma produção mais ampla estão na base do conceito de capital e do sistema capitalista. Ao servirmo-nos do termo «capital» ocorre ter presente os significados particulares que assumiu na história da economia ocidental. Como observa Bohannan, «o capital é a base do capitalismo, não da economia» (Bohannan, 1968: 118.)

A acumulação-capitalização nem sempre serve para produzir outros bens, isto é, para reinvestir, nem sempre corresponde às exigências do consumo. Há outros usos que dissociam os bens da esfera económica de produção e consumo, para servir fins de outra ordem, social (por exemplo, o casamento) ou de prestígio. Este tipo de troca é chamado «conversão» (Bohannan, 119 e 234). A acumulação-capital e a «conversão» são escolhas determinadas não só pelas motivações económicas mas também sociais, morais ou religiosas. O cálculo meramente económico guia a escolha daquelas, das quais, em todo o caso, se espera uma renda.

A produção, neste ponto, não é somente o resultado de uma relação tecnológica entre trabalho e ambiente, mas o fruto de uma avaliação e ainda de uma escolha precisa na fruição dos bens produzidos.

6. A CIRCULAÇÃO

O primeiro problema que desperta a atenção na análise da circulação dos bens é a *distribuição*. O fenómeno observa-se com particular relevância nos bandos de caçadores. Entre os Bosquímanes !Kung, a caça efectua-se em grupos de dois a quatro ou cinco homens. «Depois da morte, os caçadores têm o privilégio de comer o fígado no local, e também mais, se estiverem esfomeados. Se se encontram longe, podem comer as partes mais facilmente deterioráveis ou de mais difícil transporte, como a cabeça... O proprietário do animal é o dono da primeira flecha que o atingiu penetrando o suficiente de modo a tornar o veneno eficaz. Ele é responsável pela distribuição. O chefe do bando não tem competência para proceder à distribuição, a menos que seja o proprietário da flecha, e até pode não ter tomado parte na caçada...

«A primeira distribuição é feita com pedaços grandes, a cinco ou seis pessoas: o dono da flecha, o fabricante da flecha (se não foi o próprio proprietário) e os caçadores. A segunda distribuição é feita por aqueles que receberam primeiro, os quais dividem a carne com os outros. A quantidade depende do número de indivíduos, mas em nítida proporção à quantidade recebida na primeira distribuição. As pessoas contempladas são os parentes próximos e em primeiro lugar os sogros.

«Cada um que recebe distribui ainda em pequena quantidade, numa terceira rodada, aos pais, aos afins, aos filhos, aos irmãos e a outros. Enquanto a primeira distribuição tem carácter de obrigatoriedade, as últimas cabem ao critério dos donos.

«Os visitantes, mesmo que não sejam parentes próximos ou afins, recebem um pouco de carne dos seus hospedeiros. Trata-se de uma regra social muito observada.

«Por fim, todos – os do bando – recebem uma pequena porção.» (Marshall, 1961: 236.)

Neste sistema de distribuição nota-se, sobretudo, o valor social e socializante que abrange todos os membros do bando.

Como observa Marshall: «Os !Kung têm bem a consciência do valor da divisão da carne e falam disso entre si, especialmente da utilidade das obrigações mútuas que implica. A ideia de participação é profunda e muito eficaz ao impor o sentido de solidariedade. Ter a carne e não a distribuir é uma coisa que, simplesmente, não se faz.» (Marshall, 1961: 241.)

Um outro ponto que merece relevo é o reconhecimento do direito individual de propriedade. Possuir uma flecha, embora sendo de todos, implica um direito de precedência. A própria distribuição dá a cada um uma porção que se torna sua; «o sentido de possuir o seu próprio bocado pessoalmente é, segundo creio, muito importante para os !Kung. Dá a cada um a responsabilidade de escolher o momento de comer a carne e de enfrentar a fome como melhor puder, sem motivo ou desculpa para acusar os outros de terem comido mais do que a respectiva parte» (Marshall, 1961: 240-41.)

A troca – Finalmente, na distribuição insere-se o valor de troca. Já por si, a carne distribuída é o fruto da caçada de um pequeno grupo (de dois a quatro ou cinco). Do mesmo modo, o produto de um outro grupo de caçadores será repartido entre todos. Mas, cumpridas as obrigações sociais para com os consanguíneos e os afins, a distribuição pelos outros, e em particular pelos visitantes, tem verdadeiro carácter de oferta. Quase tudo pode ser dado como prenda e entre os !Kung a troca de coisas é bastante fácil e contínua. Mas há bens que se não dão, porque são essenciais para a sobrevivência do grupo social: «A propriedade real (isto é, a terra) e as fontes de alimentação e de água são possuídas desde os começos pelo bando e não se podem dar.» (Marshall, 1961, 243.)

As formas de troca, como Mauss já tinha analisado, são muitas e variadas. Na realidade, o princípio da troca é de importância basilar e vai à raiz dos ordenamentos sociais na sua organização e estrutura. O aspecto económico encontra expressão na materialidade do objecto trocado, mas faz parte, segundo a expressão de Mauss, de uma prestação total. Neste tipo de prestação devem destacar-se três espécies de deveres: o dever de dar, o dever de receber, o dever de restituir. Esta tríplice obrigação não corresponde, apenas, a razões económicas, mas também a motivações morais e sociais (cf. Mauss, 1968: 160-61.)

Exemplos clássicos de troca são o sistema *kula* e o *potlatch*, que Mauss reúne na denominação de «prestações totais de tipo agonístico» (Mauss, 1968: 153.) O agonismo – que está sempre presente de maneira mais ou menos patente – consiste na porfia de superar a liberalidade e a magnificência do doador.

O sistema *kula* foi estudado e descrito de maneira sistemática por Malinowski em relação aos habitantes das Trobriand, pescadores de pérolas e valorosos viajantes dos mares. (Malinowski, 1922 e 1923.) Os objectos de troca eram os artefactos de conchinhas, chamados genericamente *vaygnia*, e que se dividiam em duas espécies: braceletes, *mwali*, e colares, *soulava*. Estas conchinhas eram levadas como dádiva, através de longuíssimas viagens por mar, para outros ilhéus, seguindo uma norma cerimonial segundo a qual os colares, *soulava*, viajavam sempre de este para oeste e os braceletes, *mwali*, de oeste para este. A troca destes objectos, embora meramente cerimonial, dava no entanto um prestígio especial tanto a quem os oferecia quanto a quem os recebia. É por esta razão, e não pelo valor intrínseco dos objectos, que a troca *kula* era reservada aos chefes, os quais o faziam em nome da sua comunidade. Os *vaygnia* tornavam-se propriedade temporária de quem os detinha, havendo a obrigação de não os conservar por tempo excessivo, mas antes entregá-los a outros, como dádiva, do mesmo modo como haviam sido recebidos. Através deste sistema criava-se um comércio cerimonial vastíssimo no qual os doadores porfiavam em suplantar-se em magnificência. Os objectos, por fim, voltavam ao ponto de partida, fechando «o círculo *kula*», como o definiu Malinowski. A ocasião das viagens para a troca *kula* não só servia para estabelecer e reforçar as relações e as alianças entre todos os ilhéus, como constituía também motivo para um comércio paralelo, não cerimonial mas de puro lucro, chamado *gimwali*. Diferenciava-se

INTRODUÇÃO AOS ESTUDOS ETNO-ANTROPOLÓGICOS

radicalmente da troca *kula*, em que não havia contratos, enquanto nas transacções *gimwali* se regateava com afinco para tirar da troca das coisas mais vulgares a máxima vantagem. O *potlatch* das populações da costa ocidental da América Setentrional, desde o Canadá ao Alasca (Flingit, Haida, Tsimshian, Kwakiutl), é um outro exemplo de «prestação total do tipo agonístico». Trata-se de uma prestação de hospitalidade com que o chefe de um clã, durante uma visita de homenagem que lhe fazia um outro chefe e os membros do respectivo clã, punha à disposição destes toda a riqueza de bens alimentares e ornamentais que ele e o seu clã tinham amontoado durante a estação favorável. O tempo das visitas e do *potlatch* é, de facto, a estação invernal, quando estão livres dos trabalhos de pesca e de caça e ainda das colheitas. A hospitalidade recebida era retribuída, sendo a largueza das dádivas, então, superada. Na porfia, a prodigalidade atingia pontos quase irracionais de liberalidade e de exibição.

Mauss sublinha a «totalidade» deste costume. «É religioso, mitológico e místico, porque os chefes implicam, representam e encarnam os antepassados e as divindades de que usam o nome, dos quais bailam as danças e cujos espíritos os possuem. É económico e necessita de medir o valor, a importância, as razões e os efeitos destas enormes transacções, mesmo actualmente, quando se calculam segundo os valores europeus. O *potlatch* é, também, um fenómeno de morfologia social; as reuniões de tribos, de clãs e de famílias, até de nações, produzem um nervosismo, uma excitação notabilíssima; confraterniza-se, embora continuando estrangeiros; comunica-se e defrontam-se num gigantesco comércio e torneio constantes. Passemos por cima dos fenómenos estéticos, que são muitos. Por último, mesmo de um ponto de vista jurídico, além daquilo que já se pôs em destaque sobre a forma destes contratos, além do estatuto jurídico dos contraentes (clã, famílias, categorias e esponsais), é preciso acrescentar ainda o seguinte: os objectos materiais dos contratos, as coisas que são trocadas, têm também uma virtude

424

especial, que faz com que um as dê e, sobretudo, as restitua.» (Mauss, 1968: 204-5.)

«A essência do *potlatch*», acrescenta logo depois Mauss, «é a obrigação de dar.» (Mauss, 1968: 205.) Trata-se de um dever que em todas as relações humanas é fundamental. Uma das formas de dádiva – e de troca – é o matrimónio. Lévi-Strauss pôs em grande destaque o valor essencial de troca do matrimónio. Trocam-se as mulheres para estabelecer alianças e assegurar a cooperação e a protecção dos parentes afins. A forma «elementar» (no significado específico que o termo assume na problemática do parentesco) é a troca das irmãs. Com esta troca entre grupos, mantém-se a equidade. Mas, como se viu, os sistemas matrimoniais são vários e múltiplos. Em todo o caso, mais do que um acto isolado sancionado pelo consentimento dos contraentes, o matrimónio é uma sucessão de actos, um processo social, jurídico, religioso, económico. Por outras palavras, possui as características de uma «prestação total». Ao grupo que dá uma mulher por esposa restitui-se uma outra mulher. Nesta perspectiva, adquire o seu verdadeiro significado a chamada «riqueza da esposa». À família da esposa, além de uma mulher, restituem-se os bens materiais, cujo valor não é só económico – se bem que sempre avaliável em termos económicos – mas, social, jurídico, religioso e moral.

A definição da troca em termos de «prestação total» e a acentuação social da análise de Mauss podem fazer divergir as atenções sobre a parte que o indivíduo detém em transacções do género *kula* e *potlatch*. Ora, mesmo na Melanésia foi posta em destaque a posição social e económica singular dos simples indivíduos que atingem a distinção de «homens grandes» ou *big men*. Tomemos, por exemplo, a troca cerimonial *moka* que, de forma análoga ao sistema *kula* e *potlatch*, se exerce nas populações do Monte Hagen, nos planaltos da Nova Guiné. A troca pode ser efectuada por grupos inteiros e por *big men*. Enquanto o aspecto colectivo não difere, essencialmente, dos outros sistemas de troca cerimonial, é a figura dos *big men* que importa pôr em destaque. *Big men*, *wuanyim*, não tem como sinónimos «homem rico» ou «chefe»; o primeiro, porque não é o facto da riqueza, mas o do seu emprego, que é importante, e o segundo, porque um *big man* não ocupa um cargo determinado com poder sobre um grupo específico de súbditos» (Strathern, 1971: 187.) Os *big men* distinguem-se pelo físico forte e robusto e a capacidade de acumular riqueza, distinção que é atribuída por um certo consenso de todos os membros do clã a que o *big man* pertence. Deve possuir, além do mais, uma capacidade oratória persuasiva e saber conduzir habilmente a troca *moka*; esta consiste no pagamento de um débito, com porcos e conchinhas, em medida superior ao que é estritamente devido pelo débito; «é exactamente este incremento excedente do débito o que constitui o elemento *moka* da transacção e que implica prestígio para o doador» (Strathern, 1971: 93.) Há vários tipos de débito que entram no sistema *moka*; tradicionalmente, os mais importantes eram os de compensação bélica e a «riqueza da esposa». Estes pagamentos devem ser recíprocos, e o sistema *moka* (Strathern chama-lhe «a corda *moka*») consiste, essencialmente, na ânsia de prestígio, que se realiza desse modo. A habilidade em conduzir a troca é a qualidade essencial que faz destacar o *big man*. Entre os vários *big men*, seja no interior do mesmo grupo, seja em relação a estrangeiros, existe uma espécie de competição que serve para modelar as ambições dos indivíduos. Não só porque enfrentar as pretensões de prestígio do sistema *moka* induz o *big man* a gastar com os préstimos dos membros do seu clã ou grupo mas ainda porque ele deve evitar ser demasiado exigente nas solicitações e demasiado dominante e déspota nas suas relações com os outros.

Não vamos analisar mais esta figura de «agente económico» típica do sistema de troca ou de «prestação total». É suficiente, do ponto de vista antropológico, ter destacado a importância do indivíduo mesmo em transacções colectivas como são os *potlatch* (ver, também, Shalins, 1963: 285-303; e Salisbury, 1964: 225).

Estas formas de «prestação total» estabelecem uma relação imediata que não se serve de valores intermédios.

Do mesmo tipo de troca ou permuta são as prestações, que podemos definir como «pequenas» ou «parciais». Trata-se de uma forma de permuta temporária, ou mesmo permanente, que tem por objecto os instrumentos de trabalho ou outros artefactos menores. Sobre os Bosquímanes !Kung, Marshall observa: «Os artefactos são propriedade privada dos indivíduos, homem, mulher ou crianças, quer sejam recebidos como oferta, quer tenham sido feitos pelo proprietário. Tomam-se e dão-se por empréstimo com muita liberdade. É um dos modos como mantêm a vida e ajudam a manter a solidariedade social. Mas isso não afecta a clareza da propriedade. Cada objecto tem uma marca qualquer de fabrico ou de uso. É fácil para um !Kung, com o seu altíssimo poder de observação e de memória visual, reconhecer os objectos mais comuns e recordar a história dos donos.» (Marshall, 1961: 243.)

Destas formas de troca directa e imediata são distintas as que se fazem com moeda, isto é, com um bem não fruível só por si, senão de maneira limitada, mas de valor geral para a troca. A moeda é feita de um material mais ou menos raro (conchas, sal, ferro, bronze, prata, ouro, papel, etc.), que assume um valor diverso do seu material específico. O valor assumido é, de qualquer modo, simbólico. Pode ser, também, atribuído a animais ou a produtos da terra. Os Tiv, por exemplo, distinguem uma «moeda húmida» – *inyaregh ki ndorough* («moeda húmida» pode ser uma cabra paga com «moeda seca» de cunho) –, uma «moeda de sementes» (*sam nyar*), isto é, de coisas que se consomem, e uma «base de moeda» (*ityo nyar*), que pode ser qualquer mercadoria que sirva para pagar (Bohannan, 1968: 238-39.)

O valor de raridade da moeda é relativo. A matéria-prima pode faltar completamente e ter de ser importada; pode ser escassa ou abundar, mas requerer para a sua confecção habilidade técnica e mística que nem todos têm. O que mais importa é o valor atribuído para a troca, a compra e o pagamento. A moeda,

Introdução aos Estudos Etno-Antropológicos

em geral, é de material que dá uma certa garantia de conservação e alguma facilidade de transmissão. As barras de sal dos Baruya da Nova Guiné, as enxadas de ferro das culturas africanas, as conchinhas (*cowries*) do oceano Índico, correspondem bem a estes requisitos. É claro que as moedas cunhadas e de papel são, sob este, aspecto, as mais eficientes para a circulação.

É essencial pôr em relevo que a moeda não deve ser só um material mais ou menos precioso ou raro que circula; tem também a utilidade de servir para a troca de *mais* mercadorias de tipos diversos; por tudo isso deverá possuir um poder geral de aquisição (Godelier, 1970: 60.)

Entre a moeda e o objecto ou mercadoria de troca, estabelece-se um ágio de equivalência. Pergunta-se se a equivalência é dada pela raridade do material-moeda ou pela raridade do trabalho requerido para produzir a mercadoria moeda. Godelier, na análise da moeda de sal dos Baruya, dá esta resposta: «A troca estabelece-se a um nível que exprime, ao mesmo tempo, a necessidade e o trabalho (ou então, o esforço para se procurar uma solução), mas o trabalho parece desempenhar um papel secundário; de facto (para os Baruya), este constitui um elemento mínimo, abaixo do qual o ágio de troca não deve descer, enquanto a necessidade, a raridade do produto, poderiam definir o limite máximo que pode atingir.» (Godelier, 1970: 45.)

Um dos temas principais da antropologia económica é o conceito de mercado. É difícil encontrar uma correspondência exacta entre os sentidos em que o termo é usado na nossa linguagem corrente, e na da ciência económica e os sentidos dos termos correspondentes das culturas extra-europeias. À guisa de exemplo, transcrevemos uma tábua comparativa que o casal Bohannan estabeleceu entre o termo tiv *kasua* e o correspondente inglês *market:*

ETNEMAS SOCIAIS

Kasua

1. Reunião de gente num lugar onde se compra e vende (*U za Kasua?* – «vai ao mercado?» – é um modo de cumprimentar nos dias de mercado).
2. Lugar aberto onde se expõe a mercadoria para vender – lugar do mercado (*Nyian m zende Kasua tsegher* – «hoje vou ao mercado» – em vez de vender).
3. Direito – que se pode possuir ou herdar – para estabelecer um lugar ou uma reunião de mercado. (*Ka Kasua u Kyagba* – «é este o mercado de Kiagba?»).

4. Acto de troca (*Ka Kasua ga* – «não o vendo» – trata-se de um dono).
5. Habilidade ou sorte na venda e no negócio (*Kasua wam doo* – «tive um mercado – sorte – bom»).
6. Um artigo de venda (*M ngu a Kasua* – «tenho qualquer coisa para vender»).
7. Um dia do ciclo «semanal» de cinco dias, e também o mesmo ciclo (*Nyam ka Kausa nana?* – «vim há dois mercados».)
8. Preço ou valor de troca (*Kasua na nana?* – «qual é o preço do mercado?».)
9. (Sem correspondência).

10. (Sem correspondência).

Mercado

1. Reunião de gente (talvez, mais especificamente, reunião de gente que compra e vende).

2. Lugar aberto ou estrutura coberta no qual se expõem as mercadorias e gado para vender.

3. «O privilégio concedido ao dono do local, a um município ou a outra entidade a fim de organizar uma reunião de pessoas para comprar e vender» (*Shorter Oxford English Dictionary*) SOED).
4. Acção de comprar e vender; compra ou venda (SOED).
5. Um negócio. Obsoleto, excepto em frases feitas (SOED).

6. (Sem correspondência).

7. (Sem correspondência).

8. Preço de mercado, valor de mercado (SOED).
9. Venda segundo a oferta e a procura; a única procura (SOED).
10. Ocasião de comprar e vender.

Os Bohannan comentam, com referência específica à polémica entre formalistas e substantivistas: «Na economia oriental, o termo 'mercado' recebeu significados especiais indicados pelas definições 9 e 10. Ou, mais precisamente, a economia formalista descobriu características de mercado que os outros povos não reconhecem. Por outro lado, os Tiv ampliaram o sentido da sua palavra *kasua* a ponto de assumir uma parte importante nas suas concepções cosmológicas (definição 7) e crenças religiosas.» (Bohannan, 1968: 10-11.)

Firth reduz a três os significados de *mercado*: 1) lugar de mercado; 2) o campo total de interesses de uma mercadoria ou de um serviço; 3) utilização dos recursos segundo critérios impessoais sem respeito pelas ligações pessoais e fins sociais a favor de um princípio de imediata maximização do lucro. «Foi este último conceito – observa Firth – o escolhido de forma particular como critério de separação entre os tipos de sistemas económicos estudados pelos economistas e os estudados pelos antropólogos.» (Firth, 1967: 5.)

O ponto essencial a destacar é a diferença entre o «local do mercado» e o «sistema de mercado». Há sociedades que não só possuem «lugares de mercado» mas todo o seu sistema económico se baseia prevalentemente no «sistema de mercado» regido pela lei da oferta e da procura. Noutras sociedades, como os Tiv, embora atribuindo muito espaço «cultural» aos «lugares de mercado», pratica-se um sistema económico que não se baseia predominantemente no «sistema de mercado». Muitas formas de troca e de transacção – sejam as «prestações totais agonísticas» de Mauss, sejam as «prestações totais» de valor social como a «riqueza da esposa» – regem-se por princípios sociais, éticos, religiosos e jurídicos.

Para indicar o valor limitado dos locais de mercado, Bohannan adoptou a expressão «mercado periférico» – *peripheral market*, «termo que implica que o local é reconhecível por todas as características de um mercado, mas não é central para a prosperidade e integridade, quer económica quer social» (Bohannan, 1968: 10; cf. também Bohannan e Dalton, 1962.)

ETNEMAS SOCIAIS

O tipo de economia de «mercado periférico» não é generalizado ou identificado com uma presumível «economia primitiva» ou com um estádio específico de desenvolvimento determinista. Há sociedades chamadas «primitivas» baseadas no sistema de mercado e de moeda. Mary Douglas transcreve a documentação que vários escritores e antropólogos do século passado e presente nos deixaram sobre algumas sociedades oceânicas. Cita, em particular, as afirmações de Pospisil sobre os Kapauku: «Vender é a forma mais importante de troca... Excepto as pessoas humanas, tudo pode ser comprado nesta sociedade por meio de conchinhas-moedas... Os Kapauku juntam à importância pela riqueza, a moeda e o comércio, uma forte versão de individualismo que, por assim dizer, dificilmente poderia ser superado na nossa sociedade capitalista.» (Douglas, 1967: 124.)

A mesma autora propõe considerar outros sistemas que não se baseiam na moeda e no mercado, mas se servem de qualquer outra forma de verificação para racionar a distribuição dos bens. Considera o uso de certos materiais não como moeda (que só o é se circula livremente, como a água e chega a todos), mas como «cupões» ou cadernetas, como instrumentos de comprovação e de racionamento. Entre outros, cita o caso dos Yuron da Califórnia Setentrional: «Importam a chamada moeda-conchinha e utilizam períodos-padrão para a sistematização dos direitos (*claims*) recíprocos; reparações por adultério e ofensas, dádivas matrimoniais, pagamento da iniciação e assistência médica. Considero inexacto considerar o meio destes pagamentos como moeda, porque não corresponde às funções de meio de troca. Trata-se mais de um cupão ou de um cartão para adquirir ou ajustar um estatuto. Mas o cupão que consiste numa colecção-padrão de conchinhas tinha um valor fixo em relação aos outros bens; por exemplo, a plumagem de pássaros raros, peles raras, lâminas de obsidiana. Estes valores fixos implicam a mesma flexibilidade no sistema de pagamento que as cadernetas de racionamento no tempo da guerra. E o que parece preço não é valor de troca, pois não julgo que houvesse um verdadeiro mercado

Introdução aos Estudos Etno-Antropológicos

interno para a compra e venda de peles ou de facas por meio de conchinhas. Estas eram simples ágios constitutivos, pelo que um cupão de um tipo equivalia a outro no interior de um sistema de racionamento. Em vez de um conjunto de bens de consumo, havia um conjunto de bens usados como cupões.» (Douglas, 1967: 130.)

Os vários factores da circulação, distribuição-mercado--racionamento, actuam diversamente segundo o sistema económico em que são utilizados. Tal sistema económico é parte integrante dos outros sistemas – social, político, etc. – de uma forma única de cultura. Aí, portanto, a igualdade dos membros da sociedade é a tendência característica, e mesmo no sistema económico os factores da circulação não servem de diferenciação, mas para a participação igualitária de todos nos bens da sociedade. Onde a tendência é centralizadora e burocrática, os factores económicos prestam-se à exploração, que se processa sempre com formas cada vez mais graves de alienação, não só dos bens mas também do trabalho e do próprio homem, para fins egoístas de supremacia e de poder económico e político. Do predomínio dos privilegiados, reais, chefes ou *big men*, não só emergem simples indivíduos como igualmente se fixam as classes sociais que cristalizam o privilégio e o poder na dialéctica de conflito que a revolução e a época industrial tornou insuportável e explosiva.

7. O CONSUMO

A produção e a circulação dos bens exercem-se, essencialmente, com vista ao consumo. E a motivação fundamental do consumo dos bens está na ordem da sobrevivência e da continuidade dos indivíduos e dos grupos sociais.

Perante estes pressupostos, as culturas e a sociedade humana apresentam diversos modos e diversas estruturas.

Nas sociedades de tendência igualitária encontra-se a disponibilidade das matérias-primas para todos os membros da sociedade, enquanto cada um tira completo proveito do seu próprio trabalho, mesmo quando é feito – como acontece frequentemente – em cooperação com outros. Isto apresenta-se, de forma evidente, na distribuição dos bens entre os membros de um bando de caçadores. Mas destaca-se com a mesma evidência, por exemplo, nas sociedades pastoris, entre os Massai e os Turú da África Oriental. Quando o jovem atinge a maturidade com a iniciação e cumpriu o período de actividade militar na primeira classe de idade, pode tratar da criação com plenitude de direitos e prosseguir, assim, no desenvolvimento do seu gado, que lhe proporcionará prestígio e lhe permitirá «investir», pagando novas «riquezas da esposa», em outras mulheres (para os Turú, cf. Scheider, 1970).

Uma singularidade das sociedades de linhagem patrilinear, como os Tallensi, é o direito do pai, que se conserva em pleno até à morte; os seus filhos continuam religiosa, política e economicamente menores, enquanto o pai é vivo, mesmo que já tenham casado e possuam família (Fortes, 1965: 35.) Na realidade, a sua participação nos bens paternos é definitiva e no momento da herança salta o mecanismo da autonomia.

Observações análogas devem repetir-se, de forma genérica, para as sociedades agrícolas. A produção tem uma relação directa com as necessidades; e a distribuição, embora reconhecendo plenamente o direito ao fruto do próprio trabalho, ultrapassa esse reconhecimento e tem em conta as ligações de parentesco e os vínculos sociais.

A acumulação, quer de meios de trabalho, quer de bens (colheita dos campos ou gado), está em relação directa com as necessidades de todos os membros da sociedade. Mesmo se se dão transacções nos locais de mercado, as trocas são entre excedentes, utensílios de trabalho, cabeças de gado, relacionados com a produção e as necessidades imediatas de subsistência; produzem aquilo que é necessário para viver no decurso de uma estação (colheitas) ou na sucessão normal dos dias (caça ou leite).

INTRODUÇÃO AOS ESTUDOS ETNO-ANTROPOLÓGICOS

O sistema de subsistência fica praticamente inalterado, mesmo em muitas sociedades centralizadas. A posição do rei ou do chefe é reconhecida com o pagamento de tributos, expressos pelo trabalho ou por ofertas de produtos dos campos. Mesmo que, aparentemente, o rei ou o chefe estejam em posição de acumular, na realidade são levados a redistribuir o que recebem por meio de festas – tipo *potlatch* –, e a amplitude de tais celebrações é inteiramente condicionada pela espécie de colheitas.

Estes dois tipos de sistemas económicos, de subsistência simples e de subsistência tributária, representam, na realidade, duas formas análogas de consumo que correspondem ao fim imediato de sobrevivência e de continuidade.

Dos sistemas de subsistência difere nitidamente o sistema capitalista, que permite a acumulação como capitalização e de tal modo domina e ordena os consumos que permite o investimento do próprio capital para dele extrair o máximo lucro. Do sistema capitalista resulta a chamada «sociedade de consumo», na qual o consumo é incentivado e favorecido, não por uma verdadeira necessidade de sobrevivência, mas por um cálculo de lucro. O sistema socialista propõe-se o reordenamento das estruturas do capitalismo; no entanto, na medida em que cede ao cálculo do lucro na promoção e consumo, altera o seu modelo económico.

8. OS FACTORES ECONÓMICOS E AS MUDANÇAS CULTURAIS

O conjunto dos fenómenos económicos insere-se na problemática mais vasta da dinâmica cultural. A economia, através da troca, seja simples ou mercantil, persegue as vias clássicas da aculturação. Hoje, como já se fez notar, esta constitui o problema central da antropologia e não apenas da antropologia económica. Na realidade, já quase não há cultura e sociedade que se considere completamente hermética e autónoma na sua economia.

O período colonial foi determinante para a introdução, em todos os países dependentes, do sistema monetário ocidental. Mais lentamente, mas com progressividade crescente, chegou-se à penetração tecnológica. Então, na primeira metade do século XX, eram relativamente numerosas as populações que se serviam somente de instrumentos de pedra e de madeira. A substituição por instrumentos de ferro e aço foi bastante rápida, enquanto o uso da máquina requereu o amadurecimento de uma situação cultural favorável. Da imposição da moeda por motivos administrativos de impostos resultou a passagem ao sistema de mercado quase por força linear. Hoje, o sistema de mercado afectou quase todos os sistemas económicos «primitivos e camponeses». A obtenção da independência política significou o desenvolvimento local do sistema bancário e a participação nas organizações monetárias e económicas internacionais. Nesta situação, que em muitos países está ainda na fase de implantação no seio de culturas plurívocas e diversificadas, introduziu-se – como consequência do impacto colonial – a pressão do consumo.

O impulso ao consumo só pelo consumo solicita as ambições do homem, na medida em que representa um modelo de vida mais tranquilo. Na realidade, a pressão de consumo penetrou de maneira incisiva e unilateral. Movimentou e impôs um desenvolvimento tecnológico, mas em sentido receptivo e quase passivo. Em consequência deste facto, surgiu um sentido de aviltamento social cada vez que os indivíduos e os povos se tornam conscientes de serem objecto de exploração e, inopinadamente, sentem-se vítimas desprovidas de autonomia e de dignidade.

Desta situação nasce a revolta contra o neocolonialismo e as tensões sociais e políticas que impediram e ainda tornam difícil o desenvolvimento interno dos países chegados à independência, depois da experiência colonial.

Os termos da situação económica do mundo inteiro tendem a superar as limitações locais e colocam-se na perspectiva do desenvolvimento. As relações entre países «desenvolvidos» e países «subdesenvolvidos» impôs-se como o verdadeiro problema da nossa época. Não tem apenas uma notação puramente económica, mas também de ordem política e social. Isso relacionasse em certa medida com o carácter de «prestação total» que Mauss tinha posto em relevo na troca «primitiva». O que nos confirma o significado humano ou antropológico que a economia – mesmo a nível mundial – deve manter para ser verdadeiramente o que quer ser, isto é, o ordenamento (*nomia*) do ambiente (*oikos*) ao serviço do homem.

XI

O ETNEMA RELIGIOSO-MÁGICO

Se na pesquisa antropológica se deve sempre evitar a inclinação etnocêntrica que tende a fazer da própria cultura a medida e a pedra de toque, tal norma torna-se ainda mais premente quando se trata de investigar a religião e a magia como etnema. Não há dúvida de que as discussões sobre monoteísmo e politeísmo que inspiraram os primeiros estudiosos das religiões «primitivas» se revelaram bastante estéreis para a compreensão das próprias culturas «primitivas», e não porque não fosse legítimo formular uma catalogação das religiões com base na crença em uma ou mais divindades supremas, mas porque se baseava numa problemática intimamente conexa com a história cristã e humanista do Ocidente, alheia a essas culturas. Não foi sem razão, por exemplo, que aos estudiosos ocidentais se censurou o terem feito da análise das religiões africanas um assunto de polémica e de interesses internos da sua cultura, assim como o avaliá-la na perspectiva peculiar das culturas africanas (cf. P. Bitek, s/d – 1970?)

Observações deste género devem pôr-nos em guarda quanto ao uso não adequado de termos e vocábulos, como sobrenatural, religião, deus, etc., cujo valor na nossa cultura ocidental, devido ao peso histórico que encerram, se tornou bastante complexo e equívoco (no sentido de não unívoco) para os tornar dificilmente aplicáveis, sem qualificação e explicação, à realidade etnémica das culturas não ocidentais.

INTRODUÇÃO AOS ESTUDOS ETNO-ANTROPOLÓGICOS

O estudo antropológico aborda a religião e a magia sem preconceitos. Para o antropólogo, todas as religiões são verdadeiras e todas as formas de magia são dignas de atenção, porque exprimem uma necessidade humana e constituem parte essencial da cultura.

1. O MISTÉRIO DO COSMOS

O etnema religioso-mágico representa o conjunto das interpretações encontradas pelo homem nas suas relações, quer individuais quer colectivas, com o *mistério do cosmos*. A palavra «cosmos» tem aqui um sentido integralista. Implica a totalidade dos seres e das coisas e, por conseguinte, o conjunto das interpretações e das relações que confrontam o homem.

Na realidade cósmica há aspectos e forças que escapam ao conhecimento do homem, mas com as quais se sente em relação permanente. Não é só a totalidade grandiosa do cosmos que escapa ao conhecimento do homem, mas a própria natureza íntima do mesmo ser. Tanto o macrocosmos como o microcosmos apresentam continuamente uma problemática que os domina e angustia ao mesmo tempo. É próprio da condição humana manter e relacionar o homem numa referência inelutável com os aspectos e as forças misteriosas do universo.

A procura de uma explicação da presença do homem sobre a Terra, do significado da vida, do bem e do mal, do sofrimento e da dor, da morte e do pós-morte, não dá tréguas, e o esforço de interpretação nunca atinge o fim. Mas a partir desta procura definem-se os valores conceptuais de base e determinam-se as normas racionais do comportamento, numa visão e numa prática de vida que relaciona o homem com toda a natureza.

Trata-se de uma actividade tipicamente racional. Toda a forma de religião e de magia propõe um sistema de pensamento (ou doutrina). Esta actividade racional caracteriza todos os homens. A observação participante levou bem depressa os antropólogos a refutar os preconceitos e as escalas evolutivas construídas pelos seus próprios mestres e a descobrir o filósofo, mesmo no homem «primitivo» (cf. Radin, 1927.) A diversidade não é essencial entre o pigmeu, que assume a totalidade soberana da floresta como símbolo e índice das forças misteriosas que o rodeiam, o adivinho da Nigéria, que lança as nozes de Ifa para descobrir ou prever as ligações com os acontecimentos, e o pesquisador moderno que, depois da conquista do espaço e da fissão do átomo, fica interdito pelos limites sem limite do cosmos e procura neles uma dimensão humana.

O etnema religioso-mágico não se limita apenas ao nível intuitivo e interpretativo. Estrutura-se num conjunto de actos e de manifestações culturais, religiosas e mágicas que têm por fim colocar o homem numa relação precisa com o universo, corrigir todos os desvios e manter eficiente a ordem estabelecida. E, visto que o homem se encontra imerso totalmente na realidade cósmica, não há manifestação cultural que não reflicta, de maneira específica, a preocupação de estabelecer o homem numa relação cósmica precisa. Por outras palavras: não há aspecto da cultura, não há etnema, que não seja, também, de qualquer modo, religioso. É artificioso separar os etnemas, como importa fazer por necessidade analítica; mas é preciso ter em conta a necessidade de restabelecer, de modo existencial, a unidade e a inter-relatividade dos etnemas e da cultura. Em especial, é sumamente arbitrário distinguir e separar o sagrado do profano, a religião da magia, a vida religiosa da vida laica; a relação do homem com a realidade misteriosa do cosmos é contínua e inelutável. Nas culturas «simples», privadas de cristalização escrita, a espontaneidade existencial não distingue, nem separa – vive.

Todavia, os aspectos misteriosos do cosmos, exactamente porque são misteriosos e incognoscíveis, suscitam reacções contrastantes nos homens individuais. Há pessoas que se sentem estimuladas à procura e à contemplação; outras que, embora sensíveis ao mistério, não ficam, senão esporadicamente, a pensar

INTRODUÇÃO AOS ESTUDOS ETNO-ANTROPOLÓGICOS

nele; outras, por fim, que permanecem indiferentes e quase cépticas perante a sua realidade e, em particular, perante as explicações ensaiadas pelos outros homens. Esta diversidade de atitudes condiciona profundamente a personalidade individual e é uma diversidade que se encontra constantemente em todas as culturas. Quando, por exemplo, se diz que os «primitivos» são profundamente religiosos, se se quer dizer que a religião, como interpretação e norma de relação com o mistério do cosmos, forma uma unidade com toda a cultura «primitiva», exprime-se quase uma tautologia; se em vez disso se quer dizer que todos os «primitivos» são religiosos, afirma-se uma inexactidão. Também entre os «primitivos», como entre todos os homens, há indiferentes e cépticos.

Na pesquisa é necessário ter presente estas diferenciações, seja para a escolha dos interlocutores seja para a avaliação do seu testemunho. Assim, deve acrescentar-se que a diferenciação pode distinguir todo o conjunto de culturas particulares, como se salienta a partir da diversidade das especulações e das expressões mitológicas e rituais.

2. A LINGUAGEM RELIGIOSA

O etnema religioso-mágico, por causa da insuficiência de conhecimentos que limita o homem perante o mistério, serve-se de uma linguagem peculiar. Se o fenómeno da abstracção e da simbolização caracteriza toda a cultura, isso distingue, de maneira particular, o etnema religioso-mágico.

O *símbolo* exprime, por analogia, uma relação que não é directamente determinável, mas que também é real, ou sentida como tal. O significado originário de um termo adquire um valor diverso: o céu já não indica apenas o envolvimento da atmosfera que nos encerra, serve para exprimir o conceito de Deus. Embora diverso, o significado simbólico não é arbitrário; corresponde coerentemente à estrutura dinâmica de uma cultura e ao sistema

440

de pensamento que a distingue; para o pigmeu, a floresta tem um valor simbólico de plenitude, de vida e de ordem; para um italiano, exprime o sentido de desordem, de perigo, de extravio. A linguagem simbólica tem coerência e lógica; forja vocábulos, inventa narrações, manifesta-se com gestos e ritmos.

Os *mitos* representam expressões típicas da linguagem simbólica e são um elemento constante da linguagem religioso mágica. Com o mito, a realidade cósmica adquire uma dimensão humana e todas as forças e aspectos intuídos pelo homem assumem semelhanças de seres, animais ou pessoas, numa vida imaginária e fantástica, modelada pela vivência humana.

Muito tempo se perdeu a discutir se era verdade ou não que o mito fosse uma expressão de factos históricos. Em especial nas narrações mitológicas, procuravam-se documentos históricos das origens do homem e da cultura.

A análise moderna pôs os mitos sob outra perspectiva, como parte integrante de uma cultura particular, pertence à sua linguagem, e neste sentido o seu valor é completo e verdadeiro. Malinowski (1926: 23) definiu o mito como a «carta constitucional da sociedade»: *The founding charter of society*. Lévi-Strauss, numa síntese famosa, enfrentou a análise do mito para pôr a claro o valor simbólico dos opostos (o cozido e o cru, o mel e a cinza, etc.).

Em geral, os mitos pertencem à tradição: exprimem uma realidade histórica do passado ou apontam para as origens. Todavia, a capacidade mitopoética é um aspecto da actividade simbolizante do homem de todos os tempos. A formação dos mitos dá-se em todo o presente etnográfico. Basta percorrer a nossa experiência pessoal, quer individual quer social, para reconhecer a passagem de uma realidade efectual para uma ideal simbólica e mitológica. Trata-se de um aspecto cultural onde a investigação antropológica se pode exercitar com muito proveito.

Na linguagem típica do etnema religioso-mágico a noção de *força vital* encontra-se em quase todas as culturas. Trata-se de um conceito fundamental, bastante compreensível, mas que não se presta a uma determinação e delimitação nítidas. Por força vital, em geral, entende-se o impulso determinante da existência e da vida. Todos os seres participam da força vital de maneira diversa e proporcional. A participação na força vital dá sentido unitário a todo o cosmos. Aumenta e enfraquece, como que por diástole e sístole. Quem tem a plenitude da força vital, possui a plenitude da vida. Quem a perde, adoece e morre. A força vital é o bem; a sua perda é o mal.

O exemplo mais típico de força vital é o *mana* dos Melanésios. O termo fez fortuna com a obra de Codrington (1891). Segundo os Melanésios, o *mana* traz êxito e sorte; o chefe tem um *mana* mais poderoso que os seus dependentes; uma planta prospera porque tem um *mana* fecundo; um seixo continua quente depois do pôr-do-sol porque tem dentro um *mana* forte. Entre os Melanésios existe, também, o conceito oposto ao *mana*, de fraqueza, de debilidade, insucesso e desgraça, expresso pelo termo *mara*. «O conceito de *mara* refere-se, essencialmente, à esterilidade. Um chefe é *mara* quando o seu ritual é improdutivo; se a árvore do pão não dá fruto, se falta o peixe, as suas invocações têm falta de poder. A esterilidade peculiar de uma união incestuosa consiste, não na ausência de filhos, mas na sua doença ou morte, ou em qualquer outro mal, como os acessos lunáticos periódicos que se consideram derivados do incesto da mãe com o filho. A ideia de que os filhos de um casamento entre parentes próximos sejam débeis e atreitos à morte precoce está firmemente radicada entre estes nativos e para a provar apresentam exemplos significativos. Quando se espalhou a notícia da morte do filho de Pa Fennafara, meu vizinho, Nau Raroakau, uma senhora idosa, cortês, mas firme nas suas ideias, comentou rapidamente: *'Rau mara'* – *a sua esterilidade*. E, depois, explicou que os genitores eram filhos de duas irmãs.» (Firth, 1936: 288.)

Uma forma peculiar de linguagem religioso-mágica, em parte ligada ao conceito de força vital, é o *totemismo*. Este é, certamente, uma expressão do fenómeno de simbolização, pelo qual se atribui a um ser qualquer, a uma planta ou a um animal, um valor simbólico de relação especial com o homem e que serve, em todo o caso, para precisar determinadas normas de comportamento. A relação de parentesco vê no totem o antepassado, único ou associado ao antepassado humano, e a fonte primordial da força vital; no momento da morte, a força vital de um indivíduo retorna ao animal totem.

A palavra «totem» pertence à língua dos Algonquinos da América do Norte. Refere-se a um animal, mas também, mais raramente, a uma planta ou a um ser ou objecto inanimado. Há totens de grupo e totens individuais.

A problemática ocasionada à volta do totemismo é assaz confusa. Durkheim vira nos totens australianos a confirmação da sua teoria sociológica sobre a religião, pela qual deus é a sociedade e o sagrado se diferencia do profano. O totem é o símbolo da sociedade, isto é, da divindade, e, ao mesmo tempo, é motivo e objecto de restrições que o tornam sagrado. Freud, no sacrifício dos animais totens e no consumo da sua carne, encontrava a expressão dramática do complexo edípico, porque o tótem representava o pai, sacrificado para lhe extrair a força viril.

Frazer procurara a explicação na relação entre totem e exogamia, ou seja, nas normas segundo as quais os pertencentes a um grupo totémico deviam casar-se fora do grupo.

Perante a vacuidade comparativa das muitas interpretações, era necessário tentar novas vias. A novidade de posição foi possível por se ter superado a problemática das origens «históricas» e da perspectiva estruturalista da análise do fenómeno. Radcliffe-Brown foi o primeiro a perguntar-se qual era o significado da associação teórica entre as espécies da natureza e os agrupamentos humanos em relação à estrutura da sociedade. Lévi-Strauss, levando por diante a mesma problemática de forma pessoal, tenta uma explicação do totemismo como expressão típica semiótica, isto é, como uma forma característica da linguagem humana, que se serve de símbolos tirados do reino natural para exprimir as alianças e os comportamentos sociais. Para lá do seu

INTRODUÇÃO AOS ESTUDOS ETNO-ANTROPOLÓGICOS

valor simbólico e linguístico, o totemismo, para Lévi-Strauss, não é uma realidade cultural.

Aquilo que resulta da longa discussão é que o totemismo não é um fenómeno religioso; não no sentido de que tenha dado origem à religião, nem no sentido de que o culto totémico seja uma forma complexa e psicanalítica de lançar sobre os animais e as coisas as angústias e as culpas do homem. Que seja uma forma singular de expressão, está fora de dúvida. Muitas sociedades servem-se da referência simbólica aos animais para exprimir e definir as relações entre os próprios membros. Mas não é uma forma universal da cultura e muito menos da religião. Poderá, portanto, dizer-se que o totemismo é um etnema que distingue algumas culturas que se servem da simbologia tirada do mundo animal e natural para definir, com uma linguagem característica, as relações sociais, especialmente do parentesco, e o comportamento dos seus membros.

3. RELIGIÃO E MAGIA

O aspecto misterioso do cosmos é o objecto em volta do qual se desenvolve a actividade religiosa e mágica do homem. A unicidade do objecto explica como é difícil traçar uma linha nítida de diferença entre uma e outra actividade. A própria compreensividade unitária do conceito de força vital, para o qual convergem as interpretações do mistério do cosmos, oferece um outro motivo de explicação da íntima ligação entre religião e magia.

A dificuldade de distinguir com exactidão os dois conceitos foi complicada pelas perspectivas inexactas com que se colocou o problema, sobretudo em relação às religiões primitivas. Desde o fim do século XIX até cerca de metade do século XX, também este problema foi dominado pela busca das origens históricas. A disputa entre os evolucionistas clássicos e os histórico-culturais dizia respeito à anterioridade histórica da magia;

por um lado, fazia-se corresponder a religião a um estádio racional mais perfeito e, portanto, posterior ao estádio mágico; por outro, via-se a magia como uma forma de decadência e, daí, posterior à religião. Também esta disputa, como todas as pesquisas sobre as origens «históricas» da cultura, se revelou completamente estéril «historicamente».

As outras teorias «originárias» mostraram-se, igualmente, subjectivas. Por exemplo, segundo Frazer, a magia e a religião seriam estádios anteriores à ciência, e assinalam a passagem evolutiva do conhecimento humano da irracionalidade para a racionalidade. Durkheim, por sua vez, distingue a religião e a magia em termos de sagrado e profano, social e pessoal. A religião tenderia a constituir-se em igreja, desenvolve uma estrutura associativa e persegue objectivos sociais. A força coerciva da sociedade-igreja estabelece a norma, isto é, põe limites que o homem não pode ultrapassar: a coerção, a proibição, isto é, o tabu, assinalam o limite do sagrado. A magia, pelo contrário, serviria somente para fins individuais, de interesse particular; não impõe limites, antes procura ultrapassá-los, quando existem, por meio de fórmulas e encantamentos; é o terreno do profano. Nas estruturas totémicas dos Australianos, Durkheim vê a demonstração etnográfica das suas teorias e indicou que o totem é o símbolo mais exacto da sua ideia de sociedade.

A distinção de Durkheim parece muito arbitrária e o seu conceito de totem não corresponde à realidade etnográfica australiana. De facto, o totem dos australianos é multiforme; há totens colectivos, próprios de grupos de parentesco, mas também há totens individuais, ligados às simples pessoas.

A cultura humanística e cristã contribui para radicar e difundir o estereótipo da distinção entre religião e magia, oposição entre racional e irracional, relação com agentes pessoais e com forças impessoais. O próprio De Martino se conforma com esta concepção e contrapõe constantemente a magia à civilização, como a irracionalidade à racionalidade, a não história à história.

INTRODUÇÃO AOS ESTUDOS ETNO-ANTROPOLÓGICOS

Nas pesquisas sobre o Sul da Itália interpreta a magia como «sobrevivência» de antigos estádios irracionais (De Martino, 1966: 8 e 137.)

Uma tal distinção não pode considerar-se universalmente válida, se se tiverem presentes as concepções sobre a religião e a magia, que a antropologia tem o dever de analisar. O etnema religioso-mágico exprime a interpretação humana do cosmos, na sua totalidade misteriosa e inatingível, composto por um conjunto de forças vitais e de morte, contra o qual o homem deve defender constantemente a sua existência e determinar as próprias relações. O mistério do cosmos continua oculto, quer perante os esforços «racionais» da religião, quer perante as ligações «irracionais» da magia. A este nível fundamental de interpretação e de pesquisa deve admitir-se que não existe qualquer diferença entre religião e magia; ambas constituem um etnema único. Estas conclusões são confirmadas pelos estudos comparativos mais recentes.

«A distinção entre magia e religião», escreve D. Hammond, «expressa como dicotomia e polaridade, não é defensável. A magia não é uma entidade distinta da religião, mas uma forma de comportamento ritual e, portanto, um elemento da religião.» (Hammond, 1970: 1355.) E um outro estudioso, H. Philsooph, conclui deste modo uma pesquisa sua: «... nem podemos dizer, como se tendeu a afirmar especialmente nos últimos decénios, que as crenças primitivas mágico-religiosas têm dois pólos, pessoal e impessoal. Em primeiro lugar, o poder sobrenatural não entra em oposição com os actuantes, mas pertence-lhes, emana deles e, assim, é-lhes essencial. Os agentes podem existir ou, pelo menos, crê-se que existem, só que são fenómenos físicos, sociais, psicológicos, e assim por diante, que podem interpretar-se como manifestações do seu poder. Em segundo lugar, uma vez que o poder sobrenatural pertence aos agentes pessoais, não é exacto chamá-lo impessoal. Assim, a concepção, seja da religião primitiva seja daquilo que, bem ou mal, é considerado magia primitiva, é uma concepção só e verdadeiramente personalista.» (Philsooph, 1971: 201.)

446

ETNEMAS SOCIAIS

É lógico observar que o termo «personalista» e a palavra «pessoa» correspondem a conceitos culturais tipicamente ocidentais e clássicos. São, portanto, entendidos, não em sentido etnocêntrico, mas como termos de referência para compreender e analisar os sistemas de pensamento das culturas «alienígenas», estranhas à tradição clássica-ocidental. Em todas as culturas, simples ou complexas, o enigma da vida e da morte permanece como documento persistente da condição humana perante o mistério. Por esta razão, a religião e a magia não cessam de adequar os termos das suas interpretações e das suas estruturas aos novos conhecimentos adquiridos pela mente humana. Isto acontece tanto no âmbito das religiões estabelecidas como nos movimentos espontâneos de reforma; tanto nas práticas tradicionais da magia como nas novas expressões mágicas da actualidade. A intenção é sempre idêntica: atenuar a angústia do homem perante o oculto, que é precisamente o mistério da vida e da morte. Assim se explicam o renovado interesse religioso dos nossos tempos e a proliferação de novas magias, não obstante o extraordinário e estupendo progresso das ciências que levou à conquista do espaço e dos planetas.

4. O ETNEMA RELIGIOSO-MÁGICO E O AMBIENTE

A acção eficaz do *oikos* na formação da cultura manifesta-se nitidamente também em relação à actividade religiosa e mágica. Antes de mais, presta-se à simbolização, sugerindo os termos de confronto e as analogias que entram na linguagem religioso-mágica. Não é possível penetrar a fundo o significado dos conceitos e dos termos religiosos e mágicos de uma cultura sem ter em conta o ambiente natural dentro do qual determinada cultura se desenvolve. Não só as expressões conceptuais e teóricas estão estritamente ligadas ao *oikos*, mas também as manifestações rituais. E é simplesmente lógico que assim aconteça. De facto, o objectivo primário e imediato da religião e da magia é

INTRODUÇÃO AOS ESTUDOS ETNO-ANTROPOLÓGICOS

aliviar o peso existencial da condição humana, o que seria completamente ilusório e ineficaz se a actividade religiosa e mágica se não movessem de acordo com a situação ambiental dentro da qual toma consistência a condição humana.

Existe, portanto, uma relação estreitíssima entre religião, magia e *oikos*. A análise antropológica moderna começou a encarar as manifestações religiosas e mágicas também nesta perspectiva. Viu-se, assim, que contribuem para manter o equilíbrio interno de um ecossistema no mesmo momento em que são condicionadas por este. A busca da direcção de caça ou de pesca, ligada à linha do rio adivinhatório – tanto entre os Pigmeus como entre os Esquimós –, serve para estabelecer uma espécie de rotação entre os lugares de caça e de pesca e permitir um recrudescimento da vida animal, de outro modo ameaçada na sua própria existência. Rappaport, analisando a relação entre o ciclo ritual dos Tsembaga da Nova Guiné e as suas condições ecológicas, chega à conclusão de que «não seria impróprio considerar os Tsembaga e as outras entidades com as quais compartilham o seu território como um 'ecossistema ritualmente regulado', e considerar os próprios Tsembaga e os seus vizinhos como uma 'população ritualmente regulada'. No desenvolvimento do ciclo, o conjunto dos ritos ajuda a manter intacto um ambiente, limita o recurso à violência da guerra de maneira a não pôr em perigo a existência regional da população, reproporciona a relação entre homem e território, serve para equilibrar entre os vários distritos o excessivo número de doentes e, com os sacrifícios de suínos, assegura às gentes uma alta qualidade de proteínas no momento em que têm delas maior necessidade.» (Rappaport, 1967: 28-29.)

O caso mais típico de relações entre o etnema religioso--mágico e o ambiente tem-se talvez no respeito dos Hindus pela vaca. Este animal nutre-se de alimentos em que o homem não toca, e por isso deixam-no vaguear; com as suas fezes proporciona argamassa e combustível que na situação ambiental da Índia seria difícil obter industrialmente; serve para os trabalhos agrícolas

448

de uma maneira essencial; uma vez que a agricultura continua na base da actividade económica e cultural da Índia, o carácter sagrado do animal transmitir-se-á de geração em geração.

Muito semelhante é o comportamento dos povos pastores africanos, os Massai, por exemplo, e os Nuer, que também, sem chegarem ao extremo da atitude hindu, rarissimamente permitem a morte de um bovino.

Também as manifestações de culto, a oração, o sacrifício e a adivinhação estão estreitamente condicionadas pela situação ecológica.

A relação íntima entre os ecossistemas e o etnema religioso-mágico deve, portanto, considerar-se importante e fundamental. Entre outras coisas, como oferece motivo de simbolização interpretativa e de estrutura prática, presta-se, pela tipologia, à distinção das várias formas de actividade religiosa e mágica. Vamo-nos ater a esta relação para indicar uma tipologia do etnema religioso-mágico que respeite a validade cultural de toda a sua expressão. Assim, conformando-nos às antigas denominações, distinguiremos três tipos: teísmo silvestre, agrícola e pastoril. Nesta denominação põe-se em relevo o tema central da busca de deus, mas não a ideia de deus como tal, e a diferença de que tal busca se reveste em relação com os correspondentes ecossistemas.

Contudo, primeiro é necessário fazer algumas observações sobre o conceito antropológico de deus. Antes de mais, deve-se recordar que o vocábulo e o conceito derivam da raiz indo--europeia *div*, que significa «luzente». O brilho descreve uma qualidade do Sol e serve como símbolo para indicar o ser supremo que possui a plenitude da força vital. Desta raiz e deste conceito derivam os vários apelativos indo-europeus para «deus Pai»: do sânscrito *dyauspiter*, do grego *zeuspater*, do latim *jupiter*, etc. Há aqui um traço cultural comum que ficou essencialmente intacto através das múltiplas fases da tradição histórica, mas que igualmente respeita aos conceitos fundamentais de um deus do céu, simbolizado pelo Sol luzente, e que, pela característica eminente de pai, trata da analogia da estrutura da família patrilinear. Referindo-se a este significado etimológico, o grande sanscritista Max Müller chamou-lhe a maior descoberta do século XIX. Assim, é possível dar-se conta da relatividade etnémica do termo deus e dispor-se a compreender, com a maior amplitude, o esforço religioso e mágico das culturas estranhas à tradição indo-europeia. Na realidade, o simbolismo do mistério cósmico com referência a uma força suprema, que no caso indo-europeu é o Sol, da qual emana a vida e que por isso é comparável à figura do pai, encontra-se em quase todas as religiões de maneira mais ou menos acentuada. Por este motivo, parece-nos ser objectivo dar ao termo «teísmo» um significado lato de busca religioso-mágica e de especificar o carácter do aspecto ecológico.

5. O TEÍSMO SILVESTRE

A selva, entendida como estepe ou floresta, caracteriza compreensivelmente a cultura dos povos recolectores e caçadores. O seu trabalho não tende a modificar as condições ambientais para as tornar mais fecundas, mas simplesmente a explorá-la para extrair a alimentação e o sustento. A selva condiciona toda a vida destas gentes, mesmo nas expressões simbólicas.

Pertencem a estas culturas todos os grupos de Pigmeus africanos (Gabão, Camarões e Zaire) e asiáticos (Malásia, Filipinas, Nova Guiné). Os Pigmeus do Zaire que habitam as florestas do Ituri são os mais bem conhecidos, chamados igualmente pelo nome tribal bantú Bantuti e também, simplesmente, por Mbutis. As pesquisas de Schebesta e de Turnbull confirmaram a autonomia da cultura dos Pigmeus e o extremo interesse dos seus etnemas.

A floresta está no centro das concepções e das práticas religiosas e mágicas dos Pigmeus do Ituri. Eis o que escreve Turnbull, reproduzindo as palavras de um interlocutor seu, de nome Moke, por ocasião do *molimo*, um rito da floresta:

«'A floresta é para nós pai e mãe', disse ele, 'e, como um pai ou uma mãe, dá-nos todas as coisas de que temos necessidade – comida, vestuário, protecção, calor e afecto. Normalmente tudo corre bem porque a floresta é boa para os seus filhos, mas, quando as coisas correm mal, deve haver uma razão.' Estava curioso por ouvir aquilo que ele teria dito sobre este assunto, porque sabia que as gentes das aldeias, nos momentos de crise, crêem ter incorrido na maldição de qualquer espírito ruim ou de um feiticeiro ou de um bruxo. Mas os Pigmeus, não; a sua lógica é simples e a sua fé mais forte, porque o seu mundo é mais bondoso.

«Moke demonstrou-mo quando disse que, normalmente, tudo corre bem no nosso mundo. Mas, de noite, enquanto dormimos, pode acontecer que qualquer coisa vá mal, porque não estamos acordados para impedir o mal. As formigas guerreiras invadem o campo, vêm os leopardos e levam um cão ou uma criança. Se estivéssemos acordados, estas coisas não seriam admissíveis. Assim, quando qualquer coisa corre mal, há doença, falta a caça ou vem a morte, deve ser porque a floresta dorme e não cuida dos seus filhos. Sendo assim, que fazer? Despertá-la. Despertamo-la cantando para ela, e fazemo-lo porque queremos que se torne calma. Então, de novo, tudo correrá bem. Assim, quando o nosso mundo vai bem, também então cantamos para a floresta, porque queremos que ela participe da nossa felicidade.

«Tudo isto já o havia ouvido antes, mas nunca me dera tão claramente conta de que o *molimo* tivesse tais objectivos. Era como se o coro da noite fosse uma comunicação entre as pessoas e o seu deus, a floresta. Também Moke me falou disso, mas, ao fazê-lo, parou de trabalhar no seu arco e apontou-me a sua velha flecha rugosa para me fixar com os seus olhos profundos, castanhos e sorridentes. Disse-me que todos os Pigmeus têm nomes diferentes para o seu deus, mas todos sabem que se trata, realmente, do mesmo deus. Mas possivelmente não o sabem, e é por isso que, na verdade, o nome não importa muito. 'Como poderemos

INTRODUÇÃO AOS ESTUDOS ETNO-ANTROPOLÓGICOS

sabê-lo?' – perguntava ele. 'Não o podemos ver; talvez só depois de mortos o saibamos, mas então não o poderemos dizer a ninguém. Como poderemos dizer como é ou qual é o seu nome? Mas deve ser bom, para nos dar tantas coisas. Deve ser da floresta. Assim, quando cantamos, cantamos à floresta'.»

Turnbull comenta que a expressão máxima das crenças dos Pigmeus na bondade da floresta é dada pelo grande *molimo*, cantado por ocasião da morte de um deles. Nos cantos não exprimem qualquer pedido; basta despertar a floresta, e tudo se torna normal. Mas se a floresta não acorda, se a morte intervém, que se faz?

«Então, os homens sentam-se em volta do fogo da noite, como eu também fiz na sua companhia, nos meses passados, e cantam cânticos de devoção, cânticos de louvor, para despertar a floresta e acalmá-la, para a tornar, de novo, feliz. Quanto à desgraça acontecida, aludem a ela assim: à nossa volta, tudo é obscuridade; mas se a obscuridade é da floresta, então também deve ser boa.» (Turnbull, 1961: 92-93; cf. também 158-159.)

Os Mbuti sustentam que no homem também há um poder espiritual (espiritual no sentido de que se não conhece a natureza). Têm grande interesse sobre a sua natureza e indicam-no, indiferentemente, com cinco termos: *pepo*, *keti*, *boru*, *roho*, *satani*. Estas palavras derivam todas da língua bantú (Lesé, Bira, Ndaka, Ngwana).

«Para os Mbuti, estes termos não indicam elementos claramente determinados, que constituam o ser físico e espiritual do homem, mas indicam principalmente a crença fundamental de que o próprio homem é em parte espiritual e que a sua vida resulta, não da carne, mas de qualquer outra origem. Todos os cinco termos são usados igualmente para designar este poder pessoal. Mas nenhum exprime aspectos particulares... o poder resulta de uma só fonte, cuja manifestação física é a floresta no seu todo, incluindo os próprios Mbuti. Há, igualmente, uma multiplicidade de nomes para representar esta única fonte de poder, e é traduzida mais facilmente por 'a floresta' (*ndura*),

452

porque este é o modo como a denominam os próprios Mbuti.» (Turnbull, 1966: 247-48.)

No que respeita à divindade, Turnbull escreve que, para os Mbuti, não tem sentido querer descrever o que se nunca viu. «Todavia, olhando para os vários aspectos da vida mbuti, podemos discernir uma crença num ser espiritual cuja natureza é, genericamente, a da floresta... A floresta é a divindade (*ndura nde Kalisia*, ou *ndura nde mungu*), não a sua habitação; daí a santidade da floresta e a profundidade de tudo o que é floresta» (p. 252).

As denominações «pai» e «mãe» usadas para a floresta estão tão espalhadas e são tão frequentes que se torna difícil dizer qual é a que predomina. Os próprios Mbuti dizem que o uso do termo depende completamente do sentimento *roho* individual; as mulheres preferem «mãe», os homens, «pai» (p. 253).

A floresta é considerada boa, consequentemente «afectuosa» com os seus filhos (p. 254). O som é o melhor modo para a manter «acordada» e «tranquila». Mas o som é nitidamente distinto do ruído. O som é bom, o ruído é mau. Assim, o som é mais conforme com a quietude, *ekimi*, que é «fresca» como o som, e ambos agradam à floresta (pp. 254-255).

O som torna-se comunhão com a floresta, especialmente nas celebrações nocturnas do *pequeno molimo*, por ocasião de preocupações menores quanto à saúde e à caça, e do *grande molimo*, em ocasiões graves, sobretudo de morte.

Uma outra população africana que apresenta um interesse cultural excepcional é a dos Bosquímanes da África do Sul. Há diversos grupos, todos de proporções reduzidas, e vivem mesmo na selva. Referimo-nos aos !Kung do Kalahari, recentemente estudados por Laura Marshall (1962).

«Os !Kung não acreditam que os animais tenham espíritos ou almas e que os objectos da Terra (como as árvores ou a água, por exemplo) sejam penetrados por espíritos ou animados de espíritos próprios que já possuem» (p. 222).

Contrariamente a quanto tinha sido escrito sobre os Bosquímanes do Cabo, os !Kung não consideram seres divinos o Sol, a Lua e as estrelas. Não personificam a chuva nem lhe prestam culto.

Por outro lado, o conceito de deus dos !Kung é bastante complexo. Sustentam que há «dois deuses, um maior, outro menor, que têm mulher e filhos, e que os espíritos dos mortos ficam adstritos ao seu serviço».

Todos estes seres vivem no céu. O deus grande vive no Oriente, no lugar onde surge o Sol; o deus menor, no Ocidente, onde o Sol se põe.

O deus maior é criador; criou-se a si mesmo e, depois, ao deus menor. Criou, também, duas mulheres, uma para si e outra para o deus menor. A mulher mais idosa vive habitualmente com o deus maior, no Oriente; a mais jovem, no Ocidente, com o deus menor; mas, em qualquer momento, o deus maior pode levar as duas mulheres consigo para o Oriente. As mulheres geraram seis filhos aos deuses, três machos e três fêmeas. Por fim, criou a Terra, os homens, as mulheres e todas as coisas.

O deus maior deu também um nome a si mesmo, ao deus menor, às suas mulheres e aos filhos. O seu nome deu-o em louvor próprio. Disse: «Eu sou *Hishe*. Não sou conhecido; sou estranho. Ninguém pode mandar em mim.» Louvou-se também a si mesmo, com o nome *!Gara*, quando fez algo contra os homens; e as gentes disseram: «Causa a morte entre o povo e faz trovejar a chuva.» «Eu sou ≠ *Gaishi* ≠ *gai*», disse o deus grande. «Eu sou *chidole*. Sou uma coisa má. Sigo o meu caminho. Ninguém me pode aconselhar.» Dar a si mesmo um nome ruim era como reconhecer-se a causa da doença e da morte.

São sete os nomes divinos do deus grande e só um é um nome terrestre. Este último é ≠ *Gao!na*, velho ≠ *Gao*, mas, embora não seja tão frequente como os outros, encontra-se amiúde. Os nomes «divinos» pertencem só aos deuses; não podem ser usados pelos homens e devem pronunciar-se com respeito. São:

Hishe	*!Gaza*	*//Gauwa*
Huwe	*Gani ga*	
Kxo	*≠ Gaishi ≠ gai*	

(p. 223).

A relação entre o deus grande e o deus menor não é a de pai-filho, e Marshal põe-na em relevo para fazer notar a diferença da ideia bosquímane em relação à cristã de Deus-Pai e Deus-Filho. Trata-se de uma relação padrinho-afilhado, *!gu!na-!guina*, que no sistema de parentesco bosquímane exprime uma relação divertida, respeitosa, pela diversidade de idade, mas não consentida entre pai e filho.

Os nomes dos deuses são objecto de profundo respeito; não devem ser pronunciados em vão, especialmente pelas crianças (p. 225). Marshall registou também as transformações recentes do conceito de deus. *≠ Gao!na,* o nome terrestre de deus, é também usado para um herói cultural. Os contos mitológicos das gestas dos heróis confundem-se com a descrição da actividade divina. Hoje, segundo Marshall, as duas figuras fundiram-se numa imagem bastante antropomórfica do antigo criador.

≠ Gao!na, segundo a crença actual, criou o homem e todas as coisas e deu ao homem as armas para a caça. Habita no Oriente, numa casa perto da qual há uma grande árvore – uma única árvore. A casa é comprida, de pedra, com um tecto resplandecente de lâminas zincadas. Há portas grandes nas duas extremidades e portas pequenas nos dois lados. Os *// gawasi,* os espíritos dos mortos, vivem no rés-do-chão, enquanto *≠ Gao!na*, a mulher e os filhos vivem no plano superior.

Ninguém, porém, jamais viu a casa do deus grande, nem mesmo os maiores magos-curandeiros, aos quais excepcionalmente, *≠ Gao!na* permite fazer-se ver.

≠ Gao!na é selvático, como um animal, o que significa que se mantém longe, e, se se deixa ver, nunca se aproxima muito. Mas, quem quer que o tenha visto, mesmo que possa ser um grande homem (mago-curandeiro), ficará sempre aterrado (pp. 236-237).

455

INTRODUÇÃO AOS ESTUDOS ETNO-ANTROPOLÓGICOS

O deus menor // *Gauwa* tem a tarefa de andar pela terra, ver o que acontece aos homens e referi-lo ao deus grande. É considerado um «homem pequeno», isto é, um «pobre homem», que comete muitos erros. É ele quem causa as doenças; o mago-curandeiro, que o vê, agride-o e persegue-o; a seguir ao castigo, ele volta com os remédios apropriados para o tratamento e a cura.

A sua presença é associada com o moinho de vento, que causa a morte a quem o toca e sobre quem passa. Por esta razão, os Bosquímanes chamam-lhe // *Gauwa* ≠ *a*, que significa // *Gauwa puzza*. Não se trata de um cheiro normal que se sinta, assim como o moinho de vento não é um vento normal; é uma coisa morta, «um combate» que acarreta a morte.

A casa de // *Gauwa* era primeiramente uma caverna com duas aberturas; depois construiu uma casa, junto da qual estão duas árvores (que, porém, têm nomes sem significado). Todos os magos-curandeiros podem vê-lo (p. 239).

A concepção dualista que distingue as crenças dos Bosquímanes, embora sendo fundamental, não é tão precisa como se poderia concluir, acentuando a polaridade do deus grande e do deus pequeno. Na realidade, a sua relação com os homens é alternadamente boa e má, e exprime-se nos tons da vida, mas também nas calamidades e na morte. Tanto um como o outro dão o bem e dão o mal, e algumas vezes o mal deriva do seu desacordo (pp. 244-245).

Também os aborígenes Australianos pertencem ao teísmo silvestre. De facto, são recolectores, não praticam qualquer forma de agricultura e de criação e vivem, como os Bosquímanes, numa selva, que é a estepe.

Os etnemas religiosos tradicionais são assaz complexos. Elkin (1956) atribui três características à sua «filosofia»: espiritual, totémica e histórica (p. 139). A concepção espiritual exprime-se pela crença em seres espirituais que enchem o imundo e que encarnam de vez em quando, tomando forma de vida humana. Porém, na base de toda esta complexa visão cosmológica está a figura do ser supremo e da sua actividade.

Cada grupo dá um nome a este ser; os Kamilaroi chamam-lhe Baiame, os Kurnai chamam-lhe Bunjil e os Yuin dão-lhe o nome de Daramulun.

A característica comum destes múltiplos seres é a actividade criativa e a indicação de todos os ordenamentos sociais e religiosos dos homens. Por este motivo são chamados «heróis culturais»; mas porque, depois de terem realizado a sua obra, voltaram para o céu, de onde tinham vindo, são também chamados «heróis celestes». A tendência para identificar o criador com qualquer herói cultural, já assinalada entre os Bosquímanes, encontra-se bastante difundida; existe em numerosas culturas de maneira mais ou menos evidente.

«O herói celeste», escreve Elkin, «era frequentemente concebido como o herói que conduziu a tribo ao seu local presente e fez a Terra com as suas características actuais. Além disso, deu aos homens os vários elementos da cultura material, ditou-lhes as leis sociais e, sobretudo, instituiu os ritos de iniciação» (p. 218). A figura do ser supremo apresenta-se, assim, intimamente associada, entre os aborígenes Australianos, não apenas às formas propriamente silvestres, mas também às instituições e às estruturas sociais. As iniciações reconstituem dramaticamente a era do sonho, isto é, os tempos dos primórdios, para recobrar a plenitude primigénia do impulso vital dado pelos heróis culturais. De igual modo, a concepção totémica, nas referências linguísticas e nos simbolismos estruturais, relembra constantemente a presença dos antigos heróis aos homens de hoje.

6. O TEISMO AGRÁRIO

A característica distintiva das concepções religiosas e mágicas dos agricultores é a vida como fecundidade. O conceito de fecundidade deve compreender-se, em sentido lato, como fertilidade dos campos e das famílias e sempre como continuidade da vida e da sociedade no vínculo permanente com os antepassados.

INTRODUÇÃO AOS ESTUDOS ETNO-ANTROPOLÓGICOS

A fé no ser supremo cede perante o predomínio dos antepassados ou de outros seres primordiais. «Junto dos agricultores-plantadores da Melanésia e da Nova Guiné, a ideia de um ser supremo modelador do cosmos, acima de todos os seres, aparece representada poucas vezes e em muitos casos não existe de todo. No estado actual dos nossos conhecimentos, nada autoriza a concluir que a ausência de fé num ser supremo, por parte destas populações, seja devida ao desaparecimento da mesma em consequência de fenómenos internos ou externos às suas culturas. O ser supremo dos Melanésios é colocado exclusivamente no centro do cosmos, como autor do território, e não no centro da condição humana. Em geral, os Melanésios e os Neoguineenses atribuem a criação dos homens e a fundação da sociedade com as suas estruturas e as suas leis a um ou dois seres primordiais, sobrenaturais, que não são considerados em relação com o criador.» (Maconi, 1972: 50.) Na mitologia dos Wogeo, habitantes da ilha de Schouten, ao Norte da Nova Guiné, os heróis culturais – *manarang* – criaram a ordem a partir do caos primordial; modelaram o ambiente físico, descobriram a utilidade das árvores e das plantas, inventaram os instrumentos e as armas, deram origem aos costumes locais e, directa ou indirectamente, introduziram os sistemas de magia. Cada um deles tinha semelhanças humanas e agia como um ser humano, homem ou mulher, idoso ou jovem, amante ou odioso; nascido, casado, com família, sujeito à morte; mas não eram feitos de carne e sangue. Num dado momento, desapareceram em grande parte e, de repente, apareceram os homens mortais, gente real como nós. Ninguém procura saber de onde vieram estes antepassados das origens nem como terá sido possível adquirir, depois do desaparecimento de tais mestres, as técnicas específicas e deduzir as normas de comportamento estabelecidas. As gentes de hoje dizem simplesmente que os heróis, ao irem-se embora, levaram somente a sombra (*vanunu*) das coisas e deixaram os objectos (*ramata*, literalmente, "pessoas").» (Hogbin, 1970: 27.)

Entre o ser supremo e os antepassados pode dar-se um fenómeno de sobreposição pelo qual o ser supremo é considerado o antepassado por excelência, o velho – no sentido mais sublime do termo, ou seja, como o pai dos pais, o genitor que deu a vida a todos os homens e seres. O fenómeno transparece, por exemplo, no nome de deus do grupo Nguni da África Austral, a que pertencem os Zulú (África do Sul), os Swazi (Ngwane), os Ndebele (Rodésia) e os Ngoni (Tanzânia). O nome de deus é *'Nkhulunkhulu*. Na linguagem zulú (África do Sul) há ainda uma referência genérica a um deus do céu: *inkosi pezulu*, literalmente, «chefe do céu». Mas a designação corrente do ser supremo é dada pelo nome de *'Nkhulunkhulu*, que significa o grande-grande, o ancião-ancião. Na língua bantu, o étimo *Kuru o Koru* (a consoante líquida *r* ou *l* é indiferente) exprime a ideia de crescimento, de força vital, que faz da criança um adulto e do adulto um ancião, com plenitude de vida, capaz exactamente de a transmitir. «Todas as coisas, mesmo *Unkhulunkhulu*, surgiram de um monte de canas, todas as coisas, animais e ervas, todas as coisas apareceram com *Unkhulunkhulu*.» (Callaway, 1884: 41.)

Krige (1936: 280) descreve-o como o criador de todos os seres, incluindo as montanhas, o Sol e a Lua. Às vezes, 'Nkulunklulu é simplesmente mencionado como o primeiro antepassado dos Zulú.

O predomínio dos antepassados no teísmo agrário destaca-se também nas manifestações do culto, que, especialmente nas ocasiões mais especiosas e mais frequentes, são dirigidas directamente para os antepassados. Por conseguinte, a relação dos homens com o ser supremo debilita-se; sente-se como um ser longínquo e a sua invocação é rara. Desta posição derivou, na linguagem da história das religiões, a expressão *deus otiosus*, que descreve um ser supremo isolado, não invocado, afastado da vida humana. Todavia, seria errado dar um valor excessivo a esta designação. Na visão conceptual de muitas culturas agrárias não é possível separar o poder do ser supremo do dos antepassados. Por exemplo, entre os Kikuyú, em circunstâncias de extrema gravidade, quando é evidente que só a intervenção do ser supremo pode ser eficaz, o pai de família dirige-se aos seus antepassados para que se reúnam aos seus filhos na oração para demonstrar que a situação é verdadeiramente extrema. (Kenyatta, 1938: 240.)

O conceito da fecundidade é amiúde ligado ao valor do pensamento e da palavra. Temos um exemplo significativo na actividade criadora de Gauteovan, o ser supremo dos Kogi da serra de Santa Marta, na Colômbia. Gauteovan é a grande mãe que criou todas as coisas do mar, por meio da *aluna*. *Aluna* é o pensamento, a imagem, a vontade, a memória, tudo o que é actividade da mente. Não se trata de um conceito bem preciso, mas refere-se àquela visão profunda do espírito da qual emergem as coisas que se traduzem em realidade (Reichel-Dolmatoff, 1951: 9-14.) Na África Ocidental, os Dogon, conhecidos pela sua mitologia rica, dão muito relevo à força do pensamento e da palavra do deus criador Amma. «Na origem, antes de todas as coisas, havia Amma, que repousava sobre o nada. Quando Amma começou as coisas, tinha o pensamento no seu cérebro. O pensamento tinha-o escrito no seu cérebro. O seu pensamento era a primeira figura.» (Griaule, 1965: 61 e 87.) A mitologia dogon procede com uma vastíssima descrição, como que para dar a medida do incomensurável mistério de deus antes de chegar ao homem. A relação entre o homem e o cosmos, entre o bem e o mal, entre a vida e a morte, emerge do mais profundo intimo do espírito criativo. A correspondência dos conceitos fundamentais, a proporção entre as coisas, a recomposição contínua do equilíbrio, representam os elementos típicos da narrativa mitológica: – Amma; Nada; Pensamento; Signo; Palavra; Acção; Ovo cósmico; Estrutura essencial; Vibração; ser; Unidade: Gemeidade (cf. Griaule, l965.)

A força da palavra como meio criativo encontra-se frequentemente nas culturas da Melanésia. E também nas culturas peruanas e andinas.

Um outro aspecto típico do teísmo agrário é a valorização simbólica da terra. Também ela está intimamente ligada ao conceito de fecundidade. Antes de tudo, a terra proporciona o solo para cultivar; nele se depositam as sementes que germinarão. A lavoura dos campos, a obtenção empolgante dos frutos, a angústia do desaire, a alegria do êxito das colheitas, exprimem-se numa atitude de afecto e apego inteiramente normal e coerente nas culturas agrárias. A terra, além disso, é a morada dos antepassados. Eles foram os primeiros a ocupá-la, viveram sobre ela e foram nela sepultados. Às vezes, fazem-se descrições da vida dos antepassados no interior da terra que reproduzem a imagem da estrutura social à superfície. Deste modo, a terra adquiriu um valor sagrado e um significado simbólico próprio e é universal. Por exemplo, entre os Tallensi do Gana a terra é considerada «viva», num sentido místico, como unidade total; tem o seu limite no horizonte e a sua vida manifesta-se na relação com as criaturas que a habitam (cf. Fortes, 1945: 142-43.)

Deste conjunto de conceitos tiraram o seu grande desenvolvimento o culto religioso e as práticas mágicas. A magia, em especial, parece prosperar com maior amplitude nas culturas agrárias.

7. O TEÍSMO PASTORIL

A visão constante do céu e a ligação sólida do homem ao gado que cria são as características fundamentais do teísmo pastoril. Para o pastor, o céu apresenta-se como o símbolo mais evidente da totalidade do cosmos e os animais dos seus rebanhos oferecem-lhe o meio de pagar constantemente, com sacrifícios, as relações com o céu.

Normalmente, portanto, o ser supremo tem um carácter urânico que lhe advém por meio das relações com os seres celestes e as manifestações atmosféricas. É frequentíssima a denominação «céu» para exprimir o nome de deus. Os Samoiedas da

Ásia Setentrional chamam-lhe *Num*, céu. *Tängri*, céu, é o ser supremo dos povos altaicos. *Wak*, céu, é o deus dos Galla da Etiópia e do Quénia e dos Rendille do Quénia.

Asis é o deus dos Kipsigis do Quénia. Peristiany nota que as explicações que as gentes dão deste nome são várias: «Alguns dizem que é o Sol, outros, que vive no Sol, outros, que vive no Sol e o dirige; mas a maior parte exprime a ideia de que o Sol é a forma pela qual os seres humanos se apercebem da divindade.» (Peristiany, 1939: 214-215.)

Entre os Massai do Quénia é a chuva, *Eng-ai*, que tem o nome de deus. Gramaticalmente, o género do nome é feminino, mas isso não tem qualquer reflexo na concepção da divindade. Pelo contrário, a contemplação dos fenómenos atmosféricos presta-se a uma descrição singular da natureza étnica de deus, boa e má ao mesmo tempo. Os Massai, de facto, distinguem um *Eng-ai* negro, representado pelas nuvens chuvosas, que é bom, porque irriga a terra e faz fecundar as pastagens, e um *Eng-ai* branco, as nuvens áridas, má, porque não dá chuva aos homens; há ainda um *Eng-ai* vermelho, irado, porque descarrega as tempestades (cf. Merker, 1905: 264.)

Evans-Pritchard fez uma análise bastante particularizada do conceito do deus dos pastores Nuer, resultando daí uma figura bastante específica em todos os seus atributos.

«A palavra nuer, que traduzimos com o termo deus, é *Kwoth*, espírito. Os Nuer falam dele de maneira mais definida como *Kwuoth nhial* ou *Kwoth a nhial*, espírito do céu ou espírito que está no céu.» (Evans-Pritchard, 1956: 1.) Para dar a importância justa ao aspecto espiritual, Evans-Pritchard recorre à comparação de termos e conceitos clássicos: «O nuer *kwoth*, como o latino *spiritus*, o grego *pneuma* e as derivações inglesas das duas palavras sugerem, por um lado, a qualidade intangível do ar e, por outro, o sopro ou emissão de ar. Como o hebraico *ruah* é onomatopaico, traduz a emissão violenta do sopro em contraste com a respiração normal.» (Evans-Pritchard, 1956: 1.)

Nhial é o céu e pode significar tanto os fenómenos atmosféricos como, simplesmente, «no alto» ou «por cima». «Podemos por certo dizer que os Nuer não consideram o céu ou qualquer fenómeno celeste como deus, e isso aparece claramente na distinção feita entre deus e o céu nas expressões 'espírito do céu' e 'espírito que está no céu'. Além disso, seria também um erro interpretar 'do céu' e 'no céu' muito literalmente. Seria igualmente erro considerar a associação do deus com o céu como pura metáfora, porque, se bem que o céu não seja deus e se bem que o deus lá esteja, pensa-se individualizadamente no céu, e os Nuer, geralmente, concebem-no num sentido espacial e alto. Daqui se conclui que todas as coisas conexas com o firmamento têm qualquer associação com ele.» (Evans-Pritchard, 1956: 1-2.)

Deus, espírito do céu, que é como o vento e o ar, é o criador, o impulsionador de todas as coisas. Porque fez o Mundo, é invocado nas orações como *Kwoth ghana*, espírito do universo, no sentido de criador do universo (cf. Evans-Pritchard, 1956: 4.) Evans-Pritchard analisa o verbo *cak*, que «significa criação, *ex nihilo*, e quando se fala das coisas pode-se usar só em relação a deus». «A palavra significa não só criação do nada mas também criação com o pensamento ou a imaginação; assim, 'deus criou o universo' tem o mesmo sentido de 'deus pensou no universo' ou 'deus imaginou o universo'.» (Evans-Pritchard, 1956: 5.)

«Na concepção Nuer, deus é espírito criativo. É também *ran*, uma pessoa viva, cujo *yiegh*, espírito da vida, sustém o homem. Nunca ouvi os Nuer dizer que ele tem forma humana, mas, por ser omnipresente e invisível, vê e ouve tudo o que acontece, pode ficar inquieto e pode amar.» (1956: 7.)

«Um modo comum de se dirigir à divindade é *gwandong*, uma palavra que significa 'homem' ou 'antepassado', literalmente 'pai idoso', mas no contexto religioso, 'pai' ou 'pai nosso' reproduz melhor o sentido nuer.» (1956: 57.)

Nos atributos do ser supremo nuer encontram-se de maneira bastante definida os caracteres das figuras análogas do teísmo pastoril. Propositadamente, transcreveu-se o texto de Evans--Pritchard, quer pelo seu valor documental, quer porque serviu, mais do que outros textos, para a discussão geral do problema.

Uma observação concludente é oportuna depois desta breve exposição dos vários teísmos. Diz respeito à impropriedade dos termos monoteísmo e politeísmo, aplicados a estas concepções religioso-mágicas. Os dois termos, como já se disse, são alheios à visão existencial das culturas, fora da área mediterrânica e cristã. Querer insistir no seu uso em relação a estas culturas cria apenas motivos de confusão e constitui um impedimento à compreensão etnémica e autónoma do seu valor. Não se trata de definir o mono ou o poli, mas de compreender que a multiplicidade, talvez contraditória, das forças misteriosas do cosmos se apresenta à mente humana como parte integrante da única realidade do universo.

8. A ESTRATIFICAÇÃO HIERÁRQUICA DOS ESPÍRITOS

A concepção teísta, como se viu de maneira particular entre os Nuer, é espiritualista. Não seria exacto, em vez disso, chamar-lhe animista. O termo animismo, como a palavra primitivos, é uma sobrevivência das teorias evolucionistas. Hoje continua-se ainda a fazer uso deles para indicar, de modo compreensível, as «religiões pagãs» (cf. Froelich, 1964.) Mas o termo «pagão» está ligado à história cristã e tem um significado negativo – sem religião – que o torna inutilizável para a classificação geral. Em todo o caso, o animismo entendido neste sentido é muito diferente do animismo descrito por Tylor como «crença em seres espirituais», elemento mínimo da religião.

O fenómeno animista, compreendido no sentido novo de expressão de um modo singular de ver os seres e as coisas, encontra-se, sobretudo, correlacionado com os fenómenos da natureza, seja física (espíritos da natureza) seja humana (espíritos dos mortos e dos antepassados).

A animação do universo por meio dos espíritos é concebida de maneiras variadas e caracterizantes. Os aborígenes Australianos sustentam que os heróis celestes deixaram em todo o território um enormíssimo número de espíritos, alguns dos quais, entre outros, entram no ventre das mulheres para encarnarem como homens.

As montanhas, os rios, as águas, as árvores, os astros, não há coisa alguma ou ser que não possa ser considerado como morada e manifestação de qualquer espírito.

Geralmente, os espíritos da natureza não são considerados divinos nem têm um reconhecimento de culto. As vezes, pelo contrário, atribui-se-lhes um conjunto de capacidades superiores, de forma subordinada entre si, e em torno dos lugares das suas manifestações estabelecem-se centros e formas de culto.

Há também casos em que são considerados divindades e postos em relação directa e subordinada com o ser supremo. Chega-se assim à formação de um verdadeiro panteão com uma estratificação hierárquica de todos os espíritos do cosmos. É a este tipo de concepção que, em geral, se aplica a designação de politeísmo, com os consequentes equívocos que já se mencionaram.

Segundo as crenças polinésias, as divindades, *otua*, contavam-se por milhares. Cada ser, cada coisa, cada actividade, era colocada em correspondência directa, ou sob o domínio de um espírito divino. Distribuíam-se os deuses do céu por graus, segundo o ordenamento celeste. No Havai, distinguiam-se três céus; sete no Taiti; oito em Samoa; doze entre os Maori da Nova Zelândia. Estes deuses dos céus parecem as mais antigas divindades da Polinésia, porque se encontra o seu nome em todas as ilhas. A criação dos homens é atribuída ao deus supremo, *Tane* ou *Kane*. As outras divindades mais espalhadas são *Tu* ou *Ku*, deus da guerra; *Lono*, deus da agricultura; *Tangaroa*, deus das águas. A sua posição na hierarquia dos espíritos varia de zona para zona. A mitologia cosmogónica é rica em figurações antropomórficas, com uniões de divindades que dão origem às ilhas, às coisas e aos seres (cf. Williamson, 1933.)

Na África Ocidental, os Yoruba da Nigéria possuem um panteão dos mais complexos e típicos. No vértice pontifica o deus supremo *Olodumaré*. Também o chamam com outros nomes: *Olofún* – o soberano, *Olorun* – o senhor, etc. As divindades inferiores, chamadas *orixá*, são inumeráveis: «... as quatrocentas divindades da direita; ... as quatrocentas divindades da esquerda; as quatrocentas e sessenta divindades que indicam o caminho para o céu.» Os *orixás* personificam as qualidades e funções do ser supremo, orientam as actividades humanas, o ordenamento das cidades e das aldeias, os fenómenos naturais. Entre os principais *orixás* mais comummente invocados, há *Orixanla*, pai das outras divindades e criador da componente física do homem; *Orunmilá*, deus omnisciente; *Ogun*, deus da guerra, do ferro, dos guerreiros, das caçadas, dos juramentos, dos caminhos; *Sangó*, deus da ira; *Sopona*, deus da varíola, senhor da terra; *Elá*, deus da verdade, da ordem; *Esu*, o mensageiro da divindade, mas também o burlão, o adversário; as suas maquinações são contrabalançadas por Elá. A figura de *Esu* é análoga à de Hércules e Mercúrio das religiões clássicas grega e romana (cf. Idowu, 1962).

A variedade das divindades yoruba é ainda aumentada pela multiplicidade de nomes, que podem variar de cidade para cidade e pelo facto de a cada fiel corresponder uma divindade que, embora secundária, é considerada «omnipotente, omnisciente, omnipresente e acessível» (Field, 1969: 8.)

9. O CULTO EM GERAL

As manifestações exteriores da religião e da magia exprimem-se no culto. Também na exteriorização dos meios cultuais nem sempre é possível traçar uma distinção nítida entre o que é religioso e o que é mágico. A acção ritual desenvolve-se como um facto único. Segundo a experiência recolhida pelo autor entre os Meru do Quénia e junto de outras populações africanas e americanas, em todos os actos do culto é possível, mesmo na unidade do rito, reconhecer diversos níveis: o nível empírico, mediante o qual se actua à base dos conhecimentos tradicionais sobre o valor das coisas (ervas medicinais, partes do corpo da vítima sacrificada, etc.); o nível mágico, cuja acção se desenvolve, segundo um certo automatismo, com palavras e gestos, a exactidão dos quais condiciona a eficácia do rito; o nível religioso, mediante o qual se entrega à imponderável potência e vontade da divindade.

O culto individual é, em geral, íntimo e espontâneo e esgota-se na intimidade da mente e do pensamento. O culto colectivo é sempre social e faz-se acompanhar, frequentemente, de solenidades exteriores. A espontaneidade pode acompanhar também o culto social, especialmente nas sociedades privadas de normas escritas. Igualmente, quando há uma tradição a respeitar e a acção se desenvolve sob a orientação de um mestre de cerimónias, a medida da correspondência individual que dá frescura à repetição tradicional é ampla.

As formas mais comuns do culto são a oração e o sacrifício. A oração exprime a intenção do culto por forma verbal. Numa obra sistemática, que foi considerada clássica durante muitos anos, Heiler (1921) classificava a oração dos «primitivos» como *ingénua* ou *naïve*. Também esta avaliação etnocêntrica acabou por se revelar incompleta. Entre os «primitivos» há expressões simples e ingénuas de oração, e há complexas formulações que acompanham as cerimónias. Uma destas é o chamado mito Bagre dos Lo Dagaa do Gana. Trata-se de uma longa narração elaborada sobre a relação entre deus, *Naangmin*, os seres da selva e o homem, recitada em parte antes e em parte durante as cerimónias da associação Bagre. O texto publicado por Goody compreende mais de 11000 versos (Cf. Goody, 1972.)

A oração exprime-se através do silêncio, da palavra e de gestos. O valor do silêncio como oração está bastante espalhado. Neste sentido se interpreta a breve paragem dos Andamanenses antes da partilha da peça de caça. É sobretudo como meditação que o silêncio é oração. Na serra de Santa Marta (Colômbia), aos jovens noviços Kogi são prescritas a meditação e a segregação por longos períodos, como participação na *aluna*, o pensamento criador de Gauteovan, a grande mãe. No silêncio e no isolamento dá-se a procura do espírito protector por parte dos jovens índios da América do Norte. A forma litânica, na qual o corifeu exprime a intenção e o coro confirma com uma invocação rítmica e estereotipada, é frequentíssima entre os pastores. A dança é uma oração de gestos: por meio da música, do ritmo dos movimentos e das máscaras procura estabelecer o contacto com o mundo místico.

O sacrifício tem um valor simbólico preciso: a oferenda, da qual o homem se priva, exprime a dependência da divindade. É evidente que a expressão total, neste aspecto, se tem no sacrifício humano. Algumas culturas, sobretudo do tipo agrário, deram uma importância aberrante a esta forma de sacrifício. Entre os Aztecas, e em geral nas culturas pré-colombianas da América, como na África no reino do Daomé, havia ocasiões de horripilantes hecatombes humanas.

Em geral, porém, o sacrifício humano é raro. Encontra-se sempre uma vítima animal para substituir o homem. A importância máxima do sacrifício de animais encontra-se, como já foi indicado, no teísmo pastoril. Mas também aqui a preciosidade do gado leva a encontrar um substituto nos pequenos animais do rebanho ou da corte e, em vez destes, recorre-se espontaneamente a frutos vegetais.

A natureza do sacrifício corresponde ao aspecto ecológico da cultura. Assim como os pastores oferecem os animais que criam, bovinos, cavalos, renas, etc., os agricultores oferecem as suas colheitas. As celebrações das festas das colheitas ou das sementeiras assinalam as estações do calendário (cf. Lanternari,

1959.) No teísmo silvestre, o sacrifício consiste na oferta de uma porção mínima da caça (parte do coração ou do fígado) ou da colheita (um pedaço do favo de mel) e que por esta razão é chamada, embora também impropriamente, primícia.

O objectivo genérico do culto é estabelecer uma relação com a divindade ou com os espíritos, quer para atingir um contacto directo e pessoal (visões, êxtases, estado de possessão), quer para obter protecção e ajuda, quer para reparar uma culpa cometida. Neste sentido, há uma correspondência entre a finalidade do culto e o ordenamento das divindades e dos espíritos. Em geral, recorre-se ao ser supremo em circunstâncias graves e solenes, proporcionadas ao seu poder e à sua grandeza; os espíritos da natureza são invocados segundo as suas características; os antepassados têm uma relação directa com os seus parentes e, mais genericamente, com todo o seu povo.

O culto dos antepassados, como já se fez notar, tem um desenvolvimento particular no teísmo agrário, mas requer uma explicação ulterior. Antes de mais, não corresponde literalmente ao culto dos mortos; nem todos os mortos são considerados «antepassados». Aproximadamente, pode dizer-se que o culto dos defuntos respeita ao conjunto das cerimónias para a sepultura. Por vezes, estas são reduzidas ao mínimo (por exemplo, antigamente, entre os Kikuyú do Quénia), enquanto o culto dos antepassados é muito complexo. O defunto só se torna antepassado depois do cumprimento de uma série de cerimónias, nas quais se incluiu a sepultura; e antepassados são somente as pessoas que em vida tiveram uma importância social, quer no âmbito do parentesco quer na actividade social. Mbiti propõe substituir o termo *ancestors* pela expressão *the living-dead* – *os mortos-vivos*, para sublinhar o conceito de continuidade.

A expressão inglesa *ancestors worship*, que literalmente se traduz por «adoração dos antepassados», ocasionou a definição de alguns escritores africanos (Kenyatta, Mbiti). Não se trata, de facto, de uma adoração; os antepassados não são considerados divindades, senão no caso da sobreposição do primeiro antepassado pelo ser supremo, mas apenas espíritos de mortos que foram vivos. A motivação do seu culto é a coordenação com os parentes vivos e, logicamente, pode-se considerar como uma «comunhão», ou seja, uma correspondência de relações, como sugere Kenyatta: *communion with ancestral spirits*, comunhão com os espíritos antepassados (Kenyatta, 1938: 26).

Os lugares de culto podem encontrar-se onde quer que seja e cada lugar, no próprio momento em que se realiza o acto cultual, pode ser sagrado. Isto mostra mais uma vez o carácter existencial das religiões etnológicas e a artificialidade da distinção entre sagrado e profano.

Por outro lado, há locais, como bosques, cascatas, fontes, etc., mais precisamente ligados a manifestações de espíritos especiais. Os termos «santuário», *shrine*, e «altar», *autel*, têm acepções mais vastas na linguagem antropológica do que na linguagem comum, ligada à cultura e tradição cristã, e não estão necessariamente restritos a formas arquitectónicas precisas. «Santuário» ou *shrine* pode indicar um centro de culto de qualquer espírito, seja no interior de uma casa, seja nas suas proximidades, e encontra-se nas formas mais variadas, que podem ser construções análogas às casas habitadas, ou também simples objectos, escabelos, ramos de árvore, montes de pedra ou de terra, etc. O altar, de igual modo, não é só a ara romana ou a mesa cristã, é um objecto qualquer ou um local, feito de pedra ou a própria pedra, sobre o qual se oferece um sacrifício ou uma libação. A sua forma não é manifesta e escapa quase sempre à observação superficial.

10. MEDIAÇÃO E CULTO: OS SACERDOTES

O exercício do culto não exige necessariamente um mediador. Há cultos e sociedades em que se não aceita sequer a ideia de mediação e onde não existe sacerdócio. Entre as grandes religiões, o Islão ortodoxo, por exemplo, não tem sacerdotes e os encarregados às mesquitas são meros servidores (Maomé não é um mediador, mas apenas profeta). Todavia, a necessidade de chegar mais facilmente ao contacto com a divindade e com os espíritos por meio de um intermediário está muito espalhada. O sacerdote é o homem da mediação cultual. O elemento fundamental do sacerdócio consiste no direito de representação sagrada. Trata-se de uma representação ambivalente que permite ao sacerdote representar o seu grupo perante a divindade e a divindade perante o seu grupo.

Devem distinguir-se duas formas sacerdotais: o *sacerdócio ocasional* e o *sacerdócio profissional*. No sacerdócio ocasional, a actividade sacerdotal é exercida somente segundo a necessidade do momento. O tipo mais autêntico de sacerdócio ocasional e, talvez, do próprio sacerdócio é a actividade sacral do pai de família. Pela sua função no grupo familiar, o pai possui um direito de representação que afecta mesmo as relações com a divindade e os espíritos. A figura do pai sacerdote revela-se principalmente onde o parentesco tem um valor estrutural proeminente e em relação ao culto dos antepassados. Mas a sua representação sacral estende-se também aos actos referentes ao ser supremo nos momentos de particular urgência ou gravidade para a família. Fortes escreve, acerca dos Tallensi do Gana, que «a autoridade jurídica e ritual reside nos homens que se encontram na condição de pais. Ninguém, enquanto não morre o seu pai, possui independência jurídica ou pode oferecer directamente um sacrifício a um antepassado da linhagem» (Fortes, 1959: 27-30.) O mesmo direito observara Lindblom a respeito dos Kamba do Quénia: «Um filho não pode oferecer sacrifícios enquanto o pai vive, nem o pode fazer uma mulher, excepto em casos especiais e só quando o ordena o adivinho ou o mágico-curandeiro.» (Lindblom, 1916: 217-18.)

Análogo ao sacerdócio ocasional do pai de família é o do chefe de parentesco (clã ou linhagem), dos chefes em geral e do rei-divino. Normalmente, a função e a condição social de quem, ocasionalmente, exerce uma actividade sacerdotal são de outra

Introdução aos Estudos Etno-Antropológicos

ordem (pai, chefe, rei), mas podem tornar-se «sacerdotais» graças à polivalência do direito de representação, que inclui, também, o aspecto sacral.

O *sacerdócio profissional* é representado pelo reconhecimento de funções sacras, como qualificação social permanente, a ponto de constituir a condição e actividade normais de quem nelas está investido. As formas mais típicas encontram-se sobretudo, mas não exclusivamente, nas religiões chamadas «politeístas». Correspondendo às variedades e fluidez renovadas das «divindades» encontram-se outras tantas formas de cultos específicos com sacerdotes, por vezes associados também em «colégios».

As antigas descrições do Taiti apresentam-nos um quadro bastante articulado da vida religiosa daquelas ilhas. Cada actividade e cada mester eram postos sob a égide de um deus protector, com edifícios sagrados separados e sacerdotes especializados. Os templos, *marae*, podiam ser públicos e particulares; locais, territoriais, intraterritoriais, visitados estes últimos pelas gentes de toda a Polinésia Oriental. Para se tornar sacerdote, *tahré a-pure*, era necessária a escola de outros especialistas, com o fim de «aprender as invocações» e adquirir a capacidade de se pôr em contacto com os espíritos-divindades. O exame que o candidato fazia perante a assembleia dos sacerdotes, se era positivo, admitia-o à festa pública – no templo territorial –, que lhe conferia a consagração, ou seja, o direito de representação sacral (Henry, 1962: 162-163.)

Parrinder (1949: 97-107) descreveu-nos o tirocínio dos «sacerdotes» no sistema religioso da África Ocidental, especialmente entre os Fon do Daomé. Os candidatos são escolhidos pelo espírito que deles se apossa no paroxismo da dança. Há uma distinção entre «sacerdotes» e «oblatos»; os sacerdotes, *olorixás*, são proprietários da divindade; o seu ofício é hereditário na família; os oblatos são chamados «mulheres do deus»: *iyawo, aya-orixá, vodem-si* – porque no período da formação não devem ter relações sexuais, mesmo se forem casados.

472

ETNEMAS SOCIAIS

No fim do período de formação a sua nova condição perante a divindade é ratificada através de um sacrifício durante o qual o novo sacerdote diz à divindade: «Hoje contraíste matrimónio comigo.» Amadurecido assim o seu direito de representação sacral, fica livre para voltar à vida ordinária, para se casar ou para retomar as relações sexuais.

O período de segregação dos candidatos Fon dura cerca de três anos para uma rapariga e nove meses para um jovem. Durante este período, a vida é comunitária, sob a vigilância dos sacerdotes antigos, com cerimónias iniciáticas elaboradas. A disciplina é bastante severa; nos casos de transgressões graves constitui-se um tribunal especial de iniciados. Contra as culpas sexuais a pena máxima, no passado, podia ser a morte, actualmente é a expulsão. Uma formação tão severa dá ao candidato uma personalidade nova, não só no sentido psicológico e moral, mas também pelo conjunto de conhecimentos específicos que adquire, entre os quais a língua críptica do culto; quando o novo sacerdote volta para a família, comporta-se durante alguns dias como se não compreendesse já a língua materna.

Os sacerdotes possuidores do culto, passado o período iniciático, não vivem separados, mas integram-se completamente nas actividades sociais. Nestas actividades, entre as quais a política, podem assumir tarefas e funções predominantes; muito depende da personalidade e da sorte do indivíduo. É um facto que nas sociedades «políticas» a posição dos sacerdotes é sempre de máximo poder, acima do qual impende só o poder absoluto do monarca.

Das figuras autênticas de sacerdotes, que desenvolvem uma actividade de pura meditação, devem distinguir-se os «para-sacerdotes». Estes diferenciam-se porque a sua profissão é de carácter técnico, ao serviço de clientes. Tais são, por exemplo, o adivinho, o mago-curandeiro, o profeta, etc. Pode acontecer que também esses exerçam a actividade ocasional de mediação sacral, mas a sua função religioso-mágica normal não é sacerdotal.

INTRODUÇÃO AOS ESTUDOS ETNO-ANTROPOLÓGICOS

11. A ADIVINHAÇÃO: O ADIVINHO

Na história religiosa da humanidade a arte da adivinhação ou mântica está espalhadíssima e apresenta aspectos bastante complexos. Pode-se dizer que representa uma manifestação constante da cultura humana, própria do etnema mágico-religioso. À conspícua bibliografia sobre mântica dos antigos povos do Médio Oriente e mediterrânicos – Mesopotâmia, Etrúria, Grécia, Roma, etc. – (cf. Bouché-Leclercq, 1879-82; Caquot, 1968) juntou-se nos últimos decénios uma documentação etnográfica sempre mais vasta.

O problema situa-se na necessidade humana de descobrir, para o bem-estar da vida, o que está escondido no mistério do cosmos. Se se tiver presente este dado fundamental, não teremos dificuldade em admitir o carácter simultaneamente religioso e mágico da arte divinatória. A actividade mântica pode, de facto, basear-se no contacto com uma divindade ou, então, no recurso a meios empíricos de observação, mas tenta sempre «descobrir o que é desconhecido e que, frequentemente, não pode ser revelado mediante experiências e a lógica» (Evans-Pritchard, 1937: 11.)

Essencialmente, a adivinhação é uma *técnica* de leitura de certos sinais, naturais ou artificiais, para obter informações e conhecimentos úteis. Os sinais naturais, os astros, a atmosfera, o movimento dos animais e das aves, as linhas da mão, as rugas do corpo, os sonhos, têm um valor casual que se torna significativo através da leitura interpretativa do adivinho. Os sinais artificiais são procurados directamente pela leitura divinatória. A interpretação dos sinais leva o adivinho a exprimir prognósticos augurais (os *omina* dos latinos) e respostas ou oráculos (*oracula*).

A astrologia era a técnica mais difundida na antiguidade clássica; ainda o é na Índia e voltou a espalhar-se no mundo ocidental, especialmente com o horóscopo. Nas culturas estranhas à tradição clássica ocidental e asiática, a astrologia não é predominante, mas é uma das muitas técnicas utilizadas. Entre estas existe uma diferenciação causada, amiúde, pela diversidade ecológica das próprias culturas; há, contudo, práticas que não têm uma relação directa com o ambiente senão nos fins interpretativos, por exemplo, a aplicação dos sonhos.

As fórmulas de oráculo diversificam-se, com bastante frequência, em relação aos objectivos. Entre os Lugbara do Uganda, os oráculos servem para descobrir as causas das doenças: «Nós consultamos o oráculo como os europeus vão ao médico.» (Midleton, 1960: 80.) São cinco os principais oráculos dos Lugbara: por meio de um pau (*acife*), da medicina (*onda*), do frango (*buro*), do rato (*gbagba* ou *kumuno*), da fava venenosa (*e'a*). O oráculo do pau consiste numa vara de sorgo, sobre a qual se fazem fricções, e é o mais praticado para diagnosticar as doenças normais causadas pelos antepassados. Os outros oráculos são usados para confirmar a resposta do primeiro e, especialmente nos casos mais complicados, as confirmações devem ser múltiplas. O primeiro oráculo já não é suficiente; pode mentir. O erro do oráculo é da responsabilidade do próprio oráculo e não do adivinho, embora ele também se possa enganar e seja tido como responsável do sucesso ou insucesso da consulta, pela qual recebe um pagamento (Midleton, 1960: 79-85.)

Entre os Zande do Sudão e Zaire os oráculos mais praticados eram três: o *yawa*, pelas tabuinhas justapostas; o *dakpa*, das térmitas; o *benge*, do veneno. As tabuinhas são cobertas de uma substância e esfregadas uma na outra; se o atrito é pouco, a resposta não é boa. Mas, uma vez que a acção do adivinho é evidente, os Zande não têm muita confiança neste oráculo; preferem os outros em que a intervenção do homem é secundária (Evans-Pritchard, 1937: 360-61.) No *dakpa* oferecem-se dois raminhos às térmitas. A resposta é boa ou má conforme aquele que for devorado mais depressa. O *benge*, recorrendo ao veneno, faz parte, na realidade, dos ordálios.

Os ordálios consistem em provas dolorosas; o comportamento da pessoa que as sofre determina a sentença do deus ou dos espíritos. Entre os Zande, o *benge* era ministrado ao

INTRODUÇÃO AOS ESTUDOS ETNO-ANTROPOLÓGICOS

agressor recidivo; raramente sobrevivia à prova e, se isso acontecia, os seus parentes estavam prontos a dar-lhe um antídoto para o veneno. Aos ladrões, deitava-se água a ferver no antebraço; se a pele empolava, era sinal de culpabilidade. Os ordálios, pela sua crueldade, são práticas abandonadas quase completamente. Já no passado, por exemplo, o rei dos Nyoro pusera sob o seu poder directo o ordálio do veneno sobre o homem e os chefes subalternos só a podiam praticar em frangos (Beattie, 1967.)

Ainda agora bastante difundida é, pelo contrário, a divinhação dos sinais. Talvez a mais complexa e a mais praticada seja a divinhação Ifa da Nigéria. Ifa é uma divindade yoruba, chamada, também, Orunmilá – deus omnisciente que tem a incumbência de dirigir o destino de todos os homens. A divinhação tem por fim descobrir e influenciar o comportamento da divindade, dos antepassados ou de qualquer outro espírito para obter socorro. Mais precisamente, trata-se de determinar o tipo de sacrifício conveniente para assegurar a solução do caso submetido (cf. Morton-Williams, 1966: 406; Bascom, 1969: 60.)

A técnica serve-se do lançamento de 16 nozes de palma, escolhidas, ou, então, de uma cadeia de 8 grãos de materiais vários, cada grão com duas faces. A queda dos objectos é dirigida por Ifa e por isso tem um significado preciso. As figuras desenhadas pelas nozes na queda são avaliadas com um cálculo preciso; ao todo, 256, e com interpretações ditadas por «versos» ou expressões tradicionais. A habilidade do adivinho está em saber aplicar a cada figura um «verso» apropriado que dê a chave do caso. Os versos são muitíssimos. Ninguém sabe o seu número exacto; diz-se que são dezassete por cada figura, com um total de cerca de 4096. Cada adivinho, ao terminar o tirocínio, deve saber pelo menos quatro por cada figura (cf. Bascom, 1969.)

Exactamente porque a arte da divinhação é uma técnica que se adquire, requer uma aprendizagem. O conhecimento da técnica divinhatória pode ser pertença de uma família ou de um parentesco. Todavia, mesmo quando se transmite por herança, não se está muito inclinado a suportar a fadiga do longo tirocínio, sobretudo como no caso Ifa, por os sinais serem muitos para decorar e a técnica complicada, e ainda porque a prática da arte implica a observância de tabus sexuais e cerimoniais bastante penosos. A vocação para a arte divinhatória dá-se, portanto, como resultado de um sinal particular – uma doença ou um apelo directo da divindade. Num encontro com o autor deste livro, Mto Lunyiru, um adivinho dos Meru do Quénia, foi-me dizendo que, embora sendo a divinhação hereditária na sua família, ele não foi escolhido pelo pai para a profissão, nem lhe sucedeu automaticamente depois da sua morte, mas foi chamado pelo deus em sonhos, chamamento que se manifestou exteriormente por uma breve doença de demência mental. Tinha um tal conceito da sua arte que afirmava que o seu trabalho era o trabalho do deus (Bernardi, 1959: 34, 132.)

Muito exactamente observa Froelich que o adivinho não é um vulgar charlatão. Crê na eficácia da sua arte e valoriza as suas capacidades psicológicas para compreender e pressentir as intenções do cliente. «Um bom adivinho é um mestre do raciocínio dedutivo e indutivo, um fino psicólogo e um bom conselheiro.» (Froelich, 1964: 187.) Por outras palavras, o adivinho é o técnico do diagnóstico; descobre a causa do mal ou a chave do problema, mas não é a ele que cabe fazer a cura ou o sacrifício prescrito; quando muito, dirige o desenvolvimento exacto da acção.

Entre os vários conhecimentos do adivinho, há também as virtudes medicinais das ervas e de outras substâncias. Neste sentido, é herbanário e mago-curandeiro. Em geral, contudo, nas sociedades e culturas em que a medicina não é uma ciência sistemática, não existe um profissional específico para a cura das doenças. Há tradições e conhecimentos empíricos que todos conhecem e que aplicam segundo as necessidades. Assim, algumas vezes a cura do doente é um momento típico de intercâmbio social. Isso acontece, sobretudo, nas sociedades de pequeno âmbito, como, por exemplo, entre os Bosquímanes, onde a cura do

INTRODUÇÃO AOS ESTUDOS ETNO-ANTROPOLÓGICOS

doente leva todos os membros do grupo a unirem-se para realizar a dança mediúnica a fim de com ela obter a cura. Em algumas situações modernas, por exemplo na República da África do
Sul, foi instituída uma licença de herbanário para reconhecer
legalmente a actividade médica tradicional do curandeiro-adivinho.

12. O ÊXTASE E A POSSESSÃO DOS ESPÍRITOS: O XAMÃ

O contacto com a divindade e os espíritos, que o homem
procura no culto, atinge a sua máxima expressão com a visão, a
possessão e a união mística. O fenómeno é muito complexo,
quer porque apresenta aspectos parapsicológicos e psiquiátricos,
quer pelas muitíssimas manifestações e denominações por que é
conhecido: êxtase, visão, transe, possessão pelos espíritos,
fenómenos mediúnicos, pitonismo, possessão demoníaca, dança
do diabo, xamanismo e, mais recentemente, espiritismo, espiri-
tualismo, etc. A difusão do fenómeno é quase universal. Não há
época, não há cultura que não ofereça exemplos característicos
(cf. Lewis, 1971; Beattie, 1969; Eliade, 1951.)

A palavra êxtase, na sua derivação etimológica do grego
ex-stasis, sugere a ideia do ser fora de si. No possesso dá-se
como que uma dissociação da personalidade. O fenómeno é
acompanhado de muitas outras manifestações, mais ou menos
marginais – tremores, suores, baba, grunhidos, glossolalia,
injunções, predições, mudança de identidade pessoal, força
hercúlea, debilidade, etc.

Os objectivos do êxtase são, em geral, os do culto, isto é, o
contacto com a divindade e os espíritos. As motivações são
determinadas por preocupações sociais. As aspirações individuais ficam à margem, como secundárias. Entre os aspectos sociais
prevalece a cura de doenças; o êxtase e a possessão são os meios
para transmitir o remédio curativo. Procuram-se também desejos
de libertação e de alívio; libertação da angústia do viver quotidiano, recreação e satisfação psicológica. No momento culminante

478

ETNEMAS SOCIAIS

do êxtase e da possessão dar-se-á uma fortíssima tensão da pessoa, que não dura muito (desde poucos minutos a algumas horas). Segue-se o colapso, a distensão e o despertar, que sendo também momentos de possessão e cansaço provocam serenidade e paz, não só no sujeito mas também nos assistentes que participam na sessão.

Uma das conclusões da análise antropológica destes fenómenos é que o êxtase e a possessão se obtêm e se atingem com meios artificiosos. Isto não significa que o sujeito esteja sempre consciente dos efeitos que nele se operam. Se há consciência, a artificialidade transforma-se em técnica. Nem significa que a antropologia conheça com exactidão a relação entre os meios usados e os efeitos produzidos.

O técnico do êxtase é o médium ou o xamã. A palavra «xamã» deriva do tunguso. As culturas e as sociedades da Sibéria e da Ásia Central – tungusi, yakuti, samoyedi, chukci são o lugar clássico onde o xamanismo foi posto em relevo como fenómeno singular e desconcertante do culto religioso-mágico. Mas, depois, a documentação etnográfica mostrou a difusão quase universal destes factos.

Ocasionalmente, todas as pessoas podem ser sujeito de êxtase e de possessão. O xamã e o médium não exercem uma profissão permanente. O chamamento para esta actividade dá-se através de uma primeira possessão com convulsões ou em resultado de possessões continuadas que indicam que o indivíduo é um predestinado. Não há exclusão de sexo, mas a preferência pelo homem ou pela mulher é determinada pelas qualidades pessoais e pelas tradições culturais. Pode acontecer que um adolescente venha já marcado pelos pais para a profissão xamânica. Seja como for, uma primeira experiência extática é o sinal da vocação. Por esta razão, Eliade define o xamã como um doente curado. Um novo candidato, porém, coloca-se sempre na escola de um xamã perito, para conhecer todos os aspectos técnicos, quer para chegar ao êxtase, quer para aprender os conhecimentos mago-curandeiros para a cura das doenças.

A técnica normal da actividade xamanística é a dança. Acompanha-se ao ritmo do tamborim, considerado o instrumento clássico da actividade xamânica da Ásia e da América Setentrional. Na Índia usa-se a joeira do arroz; na América Meridional, o tambor e o pandeiro; nos outros continentes recorre-se aos tambores normais com acompanhamento coral-musical prolongado. Normalmente faz-se uso, também, de drogas e narcóticos, ingeridos ou aspirados com fumigações.

A natureza do espírito que o xamã procura depende da sua experiência e das circunstâncias do caso. Se a possessão e o êxtase se dão inconscientemente, tem de se determinar qual será o espírito. Todos os espíritos podem estar em causa: os da natureza, dos mortos, dos antepassados. Raramente, dá-se também o contacto com o espírito do ser supremo.

Importa muito salientar a função social do xamã e do médium. A sua actividade não só é aceite como é considerada de primeira necessidade para a cura das doenças. Ocasionalmente, pode exercer também actividade sacerdotal, mas a sua função normal é mais exactamente indicada como a de curandeiro-mágico. A pessoa do xamã, mesmo se se apresenta com aspectos alienantes de travestismo e de permanente contacto com o mistério, é fortemente respeitada, temida e procurada.

Uma instituição singular do culto extático é a visão, no modo conseguido pelas culturas dos índios da América do Norte. Já falámos a seu respeito, ao tratar das iniciações. Todo o jovem, antes de ser reconhecido como adulto, deve ter experimentado o encontro com um espírito que se tornará seu protector durante a vida. Para isso, o jovem retira-se para o interior da floresta e vagueia jejuando enquanto não conseguir a visão. O jejum é o meio técnico. Mas a procura das visões não se limita só ao período de iniciação; é uma forma normal de culto, e é procurada para obter conselhos nas circunstâncias difíceis.

13. A FEITIÇARIA: O FEITICEIRO

Aquilo que se disse já sobre a aceitação social do xamã é verídico e aplica-se a todos os agentes do culto, sacerdotes, adivinhos, mágicos-médicos. Mas não é verdadeiro nem se aplica ao feiticeiro ou a quem pratique actividades de feitiçaria. O feiticeiro e as bruxas surgem como figuras anti-sociais. Quando descobertos e detidos como culpados, são condenados, mesmo à pena de morte. Esta primeira observação, independentemente de quaisquer outras considerações sobre a crença na feitiçaria, serve para distinguir nitidamente a figura e a função do feiticeiro, da figura e das funções dos agentes do culto. Muitas vezes, ainda se confundem todos estes tipos e com o nome de feiticeiro define-se quem quer que, nas culturas e nas sociedades não ocidentais, exerça uma actividade de culto.

Na noção tradicional da magia costuma-se distinguir a magia branca e a magia negra; a feitiçaria pertence à magia negra. Enquanto a magia branca opera às claras e tem fins benéficos, a magia negra usa as trevas e a obscuridade para fins maléficos. O conceito de feitiçaria, todavia, não coincide exacta e completamente com o de magia negra. Evans-Pritchard, no campo da antropologia, foi o primeiro a pôr em relevo a distinção, encontrada entre os Zande, entre magia negra (*sorcery*) e feitiçaria (*witchcraft*). Para os Zande, o conceito genérico de magia é neutro (*ngwa*), mas distinguem-se dois tipos: *wene ngwa*, a magia boa, e *gbigbita ngwa*, a magia má. Da magia em geral e da magia má distingue-se ainda uma força ruim, chamada *mangu*. Evans-Pritchard traduziu o conceito zande de magia má pela palavra *sorcery* e o termo *mangu* por *witchcraft*. A diferença entre os dois conceitos consiste nisto: *mangu* é uma força maligna inerente ao agente e emana naturalmente dele. Quem a possui não executa qualquer rito, não exprime fórmula alguma, não se serve de remédios. «Um acto de *withchcraft* (*mangu*) é um acto psíquico.» Às vezes, quem se serve da magia ruim – *sorcery* = *gbigbita ngwa* – recorre a práticas rituais e remédios prejudiciais. (Evans-Pritchard, 1937: 21.)

O automatismo natural e «psíquico» da feitiçaria (*mangu, witchcraft*) encontra uma analogia singular no conceito napolitano de *jettatura* (mau-olhado). Segundo De Martino, a ideologia napolitana da *jettatura* está ligada ao iluminismo e é um «elemento de relação e de compromisso entre o fascínio feiticeiro da baixa magia cerimonial e as exigências racionais do século das luzes». O compromisso racionalista leva a considerar a *jettatura* como um «poder psíquico oculto» (De Martino, 1966/72: 133 e 135.) Como se vê, a correspondência analógica entre o conceito zande de *mangu,* interpretado por Evans- -Pritchard (um acto psíquico), e o conceito napolitano de *jettatura,* descrito por De Martino (um poder psíquico), é notabilíssima. Isto põe em relevo que o aspecto racionalista da concepção mágica não é somente uma característica da cultura iluminista.

Se se quisesse encontrar uma relação entre a tradução italiana da dicotomia zande e a tradução inglesa de Evans- -Pritchard, seria necessário reservar o termo *stregoneria* (feitiçaria) para *gbigbita ngwa = sorcery,* ou seja, para descrever a «baixa magia cerimonial» feita de fascinação e de actos «deliberadamente urdidos com um cerimonial definido» (De Martino, 1966/72: 13), enquanto o termo napolitano *jettatura* (mau-olhado) serviria bem para *mangu = witchcraft,* para indicar um poder ou um acto oculto, psíquico.

Tanto a *jettatura* como a *mangu/witchcraft* são concepções típicas, mas não universais. Na realidade, a concepção mágica de feitiçaria é muito mais variada e complexa. Nalgumas culturas não está muito desenvolvida e crê-se que a malignidade atinge a sua culminância com o uso do veneno, isto é, com uma acção voluntária do homem; o feiticeiro é um envenenador. Mas há outras culturas em que a feitiçaria é identificada com atitudes externas, com palavras de maldição. Em todo o caso, a feitiçaria é o mal, o ódio; por isso é universalmente condenada.

Uma pergunta pertinente diz respeito à identidade do feiticeiro. Uma vez que a feitiçaria é anti-social, ninguém pode, impunemente, confessar-se feiticeiro; seria o máximo da injúria. Segue-se que ninguém é feiticeiro e todos são feiticeiros, no sentido de que a suspeita pode tocar qualquer um. Na prática, faz-se uma selecção. Por exemplo, entre os Nyakyusa da Tanzânia pensa-se logo nos vizinhos da casa, nos companheiros de trabalho nas minas, nas mulheres; raramente se suspeita dos consanguíneos (Wilson, 1970: 255). Mas, tanto para os Nyakyusa como para os Zande, a certeza absoluta não se consegue senão depois da morte do suspeito, quando a autópsia revela qualquer irregularidade (como a existência de uma pedra num determinado órgão, etc.) no corpo do defunto.

O mal moral, a desgraça física, a morte, as calamidades naturais, na medida em que atacam a sorte de uma pessoa ou de uma família, consideram-se consequência do malefício. A casuística é, assim, vasta. Mas uma vez que cada caso tem raízes no etnema religioso-mágico e no conjunto cultural de cada sociedade particular, é em relação a este conjunto peculiar que o entendemos e analisamos (cf. Marwick, 1967 e 1910.)

14. CONSERVAÇÃO E REFORMA: O PROFETA

A actividade religiosa e mágica serve-se de noções e de normas rituais devidamente conservadas e transmitidas como parte da herança cultural comum de uma sociedade. Visto que a eficácia dos ritos se mantém quase sempre subordinada à observância da tradição, é importante que ela seja transmitida com autenticidade.

Perante esta exigência, é diferente a situação das sociedades que confiam a tradição à escrita das que se servem da simples transmissão oral. Como já se observou, nestas últimas sociedades a iniciativa individual dos agentes do culto encontra âmbito mais amplo e mais fácil para a iniciativa individual, embora continuando firme o respeito pela tradição. Na sociedade com tradição escrita, a letra tende a sobrepor-se à espontaneidade e à

INTRODUÇÃO AOS ESTUDOS ETNO-ANTROPOLÓGICOS

rapidez, e a própria escrita assume um valor autónomo de sacralidade.

Também a estrutura institucional apresenta aspectos diversos. A tendência associativa – para se constituir em igreja – não é apanágio apenas da religião, como afirmava Durkheim, mas também da actividade mágica. Em todo o caso, são muitas as sociedades, e não só «simples» ou «primitivas», nas quais a actividade religiosa e mágica não dá lugar a estruturas autónomas, mas se insere nas componentes normais da estrutura social. Nas sociedades deste género não se encontram igrejas, nem corpos colegiais de agentes do culto, mas a actividade religiosa e mágica desenvolve-se segundo uma exigência existencial, no âmbito das estruturas do parentesco ou políticas, e os agentes do culto, sacerdotes ocasionais, adivinhos ou xamãs, são considerados na mesma medida que todos os outros membros da sociedade. Entretanto, são numerosas as sociedades nas quais o etnema religioso-mágico se reveste de formas associativas eclesiásticas, com corporações sacerdotais ou de profissionais do culto. Na África Ocidental, por exemplo, entre os Yoruba, os Fon e as populações afins, a divindade ou o espírito, o santuário que lhe é dedicado, o conhecimento e a efectuação específica do culto pertencem, no sentido preciso de posse, a grupos de parentesco ou a corporações sacerdotais. De igual modo, a posse, o conhecimento e a interpretação da «escritura sagrada» tornam-se prerrogativa dos sacerdotes profissionais. Este conjunto de distinções e prerrogativas implica uma estratificação no âmbito das estruturas eclesiásticas. A distinção essencial é entre fiéis e sacerdotes ou adidos ao culto, mas no seio das corporações sacerdotais dão-se outras formas de distinção hierárquica, com um chefe, um sumo sacerdote ou um profissional universalmente consultado.

Em todo o caso, exista ou não escritura, existam ou não estruturas eclesiásticas, deve-se reconhecer uma forte tendência conservadora como típica do etnema religioso-mágico. Esta tendência genérica é reforçada pelos interesses da classe sacerdotal e causa um desfasamento entre a conservação tradicional e a

Etnemas Sociais

exigência renovadora do momento existencial bastante profundo, criando motivo dc desentendimento e de conflito. A superação de situações deste género consegue-se por meio da reforma.

O profeta, em sentido antropológico, é o homem da reforma. Assume a tarefa de denunciar o desfasamento entre o respeito da tradição e da letra e a realidade existencial, e faz-se promotor de novas normas e de novas estruturas.

A palavra profeta deriva do antigo verbo grego *pro-phémi*, que significa «dizer antes, com antecipação», explicando aos outros aquilo que já conhece por revelação de um oráculo. Platão, no *Timeu*, 72 b, chama profetas «àqueles que falam em êxtase». Na tradição bíblica, profeta corresponde ao hebraico *nabi*; pode-se distinguir três categorias: os «profetas fanáticos», reunidos em grupos ou escolas, com manifestações frenéticas e atitudes estranhas e violentas; os «videntes», hábeis em predizer e em resolver situações difíceis, sendo, portanto, consultados por pessoas, como Saul consultou Samuel devido à perda das jumentas do pai (Sam. 9,6); os «grandes profetas» investidos de uma missão divina, expressa mediante mensagens ao povo, para a reforma religiosa, social e política.

Todas estas acepções se encontram nas culturas não bíblicas e extra-ocidentais, mas, no significado antropológico, a actividade reformista constitui o elemento discriminante.

Na missão do profeta podem distinguir-se os momentos inicial, reformista e conclusivo. O momento inicial respeita à vocação ou à investidura do profeta. Apresenta notáveis analogias com a chamada do xamã: o espírito toma posse do futuro profeta. O seu comportamento torna-se estranho, isola-se, jejua ou alimenta-se de comidas repugnantes. É um período de demência e as gentes consideram-no louco. Por fim, acaba-se por reconhecer nesta loucura o sinal da missão. Entre os Nuer, o profeta em geral (há os maiores e os menores) é «possuído permanentemente por um espírito, sem estar ou depois de estar doente. Quem é profeta distingue-se pelo seu comportamento fortemente anormal ou por estados ocasionais de loucura. Nestas situações, que nas primeiras fases da possessão se verificam mais frequentemente, o espírito vem, põe-se-lhe por cima, move o profeta, o qual se comporta como louco (*yong*), e os Nuer nem sempre podem distinguir um profeta, um doido ou um epiléptico. Só o comportamento subsequente esclarece a dúvida, porque o profeta deixa de profetizar durante a possessão ou, em sentido estrito, quando está sem o seu juízo, e oferece a sua orientação espiritual a quem lha pede quando se encontra em condições normais» (Evans-Pritchard, 1956: 44.)

Se em certos aspectos o profeta apresenta analogias com o xamã, diferencia-se deste porque não efectua uma actividade técnica de cura, mas uma actividade moral de conselho, de guia e de reforma. É neste momento reformista que se salienta a personalidade carismática do profeta. A sua mensagem ressoa, as gentes consultam-no, rodeiam-no, seguem-no com confiança e exaltação até ao fanatismo. A actividade reformista deve ser entendida em sentido geral; pode limitar-se a um simples conselho indicativo e pode chegar a uma acção peremptória de mudança. Depende muito da natureza da mensagem e da personalidade do profeta.

O sucesso ou insucesso assinalam o momento conclusivo do profeta. Se a sua acção reformadora é acolhida, ele coloca-se à frente de uma situação nova que tende a institucionalizar-se e a estabilizar-se. O insucesso marca o seu fim, por vezes mesmo violento. A situação complica-se se, como acontece frequentemente, o profeta junta à reforma moral a promoção de movimentos políticos. Enquanto a reforma moral o coloca em contraste com a autoridade estabelecida, a acção política expõe-no ao confronto e torna-o chefe de uma facção.

É significativo, como se verá no parágrafo seguinte, que nas sociedades oprimidas pelos regimes coloniais tenham sido numerosíssimos os profetas e que muitos hajam sofrido perseguições e até a morte. Por exemplo, em 1923, o profeta – *orkoiyot* – dos Nandi do Quénia, de nome Parserion, chefiou uma revolta governativa e acabou por ser deportado, perdendo

mesmo o crédito dos seus (Huntingford, 1953: 35). Evans-
-Pritchard recorda a morte do profeta nuer Gwek, por uma pa-
trulha militar, e recorda também que nos anos da sua pesquisa
entre os Nuer, de 1930 a 1936, todos os profetas nueres estavam
na prisão (Evans-Pritchard, 1956: 226 e 305, n.º 1).

15. OS MOVIMENTOS DE REFORMA RELIGIOSA

A proliferação dos movimentos de reforma religiosa é um
dos fenómenos mais significativos da dinâmica cultural, desen-
cadeado pela situação colonial. O significado do fenómeno não
está só ligado à situação colonial como tem também um valor
essencial. As condições de angústia, de sofrimento, de opressão,
específicas da situação colonial, manifestam-se com trágica
fatalidade nas vivências humanas por muitas causas e noutras
situações. Fatalidades individuais, calamidades colectivas, cataclismos naturais, põem a nu as insuficiências da condição humana, mas também das instituições sociais, e constituem, amiúde,
o momento determinado para mudanças e renovações culturais e
sociais. Pela impotência perante os acontecimentos o homem
aprende a avaliar-se a si mesmo e a provar a validade ou não dos
conhecimentos culturais, a eficiência ou ineficiência dos
ordenamentos sociais. Assim, é levado a tentar novos caminhos
e refugia-se, de modo místico, na esperança de nova salvação.
Nesta expectativa do que há-de vir encontra resposta imediata a
profunda necessidade de cada homem, de dignidade, autonomia,
independência e vida.

Os movimentos de reforma religiosa são conhecidos sob
muitas denominações, cada uma relativa às circunstâncias históricas em que se deram, ao seu conteúdo e também ao nome do
profeta que foi o seu promotor. La Barre, num ensaio comparativo, chamou-lhes, sinteticamente, *crisis cults* – cultos derivados
da crise. A crise, segundo La Barre, «é uma frustração profundamente sentida ou um problema basilar que não pode ser resolvido

INTRODUÇÃO AOS ESTUDOS ETNO-ANTROPOLÓGICOS

por métodos ordinários (de rotina), seculares ou sacros» (La Barre, 1971: 11). No conceito de crise encontra-se o elemento comum que está na origem destes movimentos. A referência ao culto destaca um dos muitos aspectos do fenómeno, postos em relevo por várias denominações e catalogados sob títulos genéricos (neopagãos, islâmicos, hebraicos, cristãos); *movimentos* de adaptação, de espera de salvação, antifeiticistas, cultuais, quiliarísticos, escatológicos, de guerra santa, de liberdade e salvação, messiânicos, milenaristas, de massa, nativistas, populares, proféticos, revitalistas, revivalistas, de rebelião, de revolta, sincretistas, visionários, etc., etc.

O valor essencial e universal dos movimentos de reforma religiosa como manifestação da dinâmica cultural pode já observar-se na mitologia. As narrações mitológicas e as gestas dos heróis culturais desenvolvem-se frequentemente em volta de temas de superação do caos, do domínio das forças naturais, da introdução de novos sistemas de agricultura ou criação, de rebelião contra tiranos, de libertação ou de chegada a uma terra prometida. Se é verdade que estes mitos pertencem a um género literário que dá corpo e explicação à história primigénia dos povos, também é verdade que há muitos particulares tecidos em volta da figura histórica de homens excepcionais, exaltados, depois da morte, a um papel heróico mítico. A este tipo pertencem os mitos sobre os fundadores das dinastias ou sobre antepassados de parentescos que, segundo se julga, possuem um poder místico. O exemplo do Mugwe dos Meru pode servir como ilustrativo. Mugwe é um nome honorífico que significa «o detentor do *ugwe*», isto é, do poder religioso-mágico com o qual o primeiro Mugwe libertou o seu povo da opressão, guiando-o para a terra actual. O primeiro Mugwe é, certamente, uma figura mítica, mas não é mítico um importante Mugwe antigo, de nome Mutuampea, do qual todos os outros Mugwe sustentam descender e com o qual se identificam (cf. Bernardi, 1959: 69-71.)

Na história moderna os movimentos da história religiosa têm-se multiplicado em toda a parte. Na Oceania, o tipo mais

Etnemas Sociais

espalhado é o dos *cargo cults* = cultos do cargueiro. Trata-se de um módulo ao qual se conformam diversos movimentos das ilhas oceânicas com alusão aos vapores mercantis europeus que chegam de regiões longínquas e desconhecidas com uma carga de mercadorias riquíssimas; de maneira análoga, vindos de regiões míticas, chegaram os antepassados num barco branco (pelo que os cultos se dizem também do «navio»), não só trazendo a prosperidade, mas sobretudo a independência política.

Na América do Norte, os movimentos são conhecidos como *ghost dances* = danças dos espíritos. O termo refere-se ao valor tradicional da dança como expressão do culto; os espíritos são os antepassados que voltarão para tornar a dar a independência aos índios, privados da sua cultura pela invasão europeia. Análogo é o culto do *peyote*, mais especificamente sincretista, iniciado por John Willson, que pregava a fraternidade entre todas as gentes por meio da comunhão do *peyote,* uma espécie de cacto que, comido, tem efeitos ligeiramente alucinantes.

Na América Central o movimento mais espalhado é o *vudu* (*voudou* ou, também, *vodou*), no qual prevalecem os elementos tradicionais das religiões africanas com técnicas de possessão. Bastante afins ao vudu são o *umbanda* e o *espiritismo*, praticados numa multiplicidade de cultos, sobretudo no Brasil.

Na Ásia, particularmente na Índia e no Japão, os movimentos de reforma têm relação com o budismo.

Na África o fenómeno apresenta-se com proporções vistosas. Barrett (1968) analisou em sentido comparativo *seis mil* movimentos contemporâneos. Entre os numerosos profetas de reforma aparecidos na África no período colonial, alguns suscitaram um séquito vastíssimo, originando, enquanto eram ainda vivos, processo de transformação mitopoiética, que os exaltou, depois, à categoria de divindades. A figura mais típica neste género é Simon Kimbangu, do antigo Congo Belga, hoje Zaire. Muitíssimas afirmações lendárias sobre a sua invulnerabilidade apareceram em torno da sua pessoa, antes que fosse condenado à morte e depois condenado a prisão perpétua. Hoje, o movimento kimbanguista é oficialmente reconhecido como «Igreja de Jesus Cristo segundo Simon Kimbangu», e este Kimbangu é reconhecido como o Messias dos africanos, como Cristo o foi dos brancos.

No desenvolvimento de cada movimento pode-se reconhecer fases típicas do processo cultural. Antes de tudo, há uma fase profética, que se acentua em torno da pessoa do profeta, o qual desenvolve a sua actividade de reforma em tom muito polémico contra o *establishment*, ou seja, contra as instituições religiosas da Igreja estabelecida e também contra a situação política, ou ainda, contra as crenças populares tradicionais. A fase seguinte é mais calma, de consolidação do sucesso ou de paciente incubação depois do insucesso: o movimento kimbanguista atravessou um período deste género, durante a longa prisão de Simon Kimbangu. Por fim, dá-se uma terceira fase, institucionalizante, na qual se corrobora a coesão interna do movimento: ele próprio torna-se instituição, estrutura ou «igreja», com doutrina e culto oficial. Na medida em que os movimentos continuam a corresponder à realidade existencial mantêm a sua vitalidade; se não, aparece depressa a necessidade de renovação e de reforma das suas estruturas e da sua própria doutrina.

Não há culturas nem «religiões» que não sofram o fenómeno de cristalização das suas estruturas e que, portanto, não necessitem de reforma e de renovação. Este processo de diástole e de sístole deve considerar-se elemento essencial da cultura e, em particular, do etnema mágico-religioso. Na realidade, muitos episódios e muitas vivências do período pós-conciliar nas Igrejas cristãs e, especialmente, na Igreja católica, explicam-se e colocam-se nesta perspectiva.

BIBLIOGRAFIA

AAVV 1958 L. Bonacini Seppilli, R. Calisi, O. Cantalamessa Carboni, T. Sepilli, A. Signorelli, T. Tentori, 1958. «L'Antropologia culturale nel quadro delle scienze dell'uomo. Appunto per un memorandum». *L'Interpretazione delle Scienze Sociali. Atti del Primo Congresso Nazionale di Scienze Sociali*, vol. 1, p. 235-253. Bolonha.

AAVV *Notes and Queries on Anthropology*. Sixth Edition. Revised and rewritten by a Committee of the R.A.I.

ADAMS, R. N. 1971. «The Nature of the Family» in: Goody, J. (org.), *Kinship*, Harmondworth.

ALBISETTI, C. and A. J. Venturelli. 1962. *Enciclopedia Bororo*, vol. 1. Brasil, Campo Grande, Mato Grosso.

ANGIONI, G. «L'Antropologia evoluzionistica di E. B. Tylor». *Humana 2. Quaderni degli Istituti di Etnologia e Geografia dell'Università di Palermo*.

ARDENER, E. 1971. «The New Anthropology and its Critics». *Man*, N. S. 6, 3. pp. 449-467.

BALANDIER, G. 1967. *Anthropologie Politique*. Paris.

— 1970. *Sociologie des mutations*. Paris.

BARRETT, D. B. 1968. *Schism and Renewal in Africa. An Analysis of Six Thousand Contemporary Religious Movements*. Oxford, XX-363.

BARTH, F. 1972. «Analytical Dimensions in the Comparison of Social Organisations». *American Anthropologist*, 74, 1-2: 207-20.

BASCOM, W. R. 1969. *Ifa Divination. Comunication Between God and Man in West Africa*. Londres.

BASEHART, H. W. 1961. «Ashanti» in: Schneider, D. M. and K. Gough, *Matrilineal Kinship*, Berkeley, pp. 270-297.

BASTIDE, R. 1959. *Religions Africaines au Brésil*. Paris.

BATESON, O. 1958. *Naven*. Stanford.

— 1965. tr. it. (parcial) in Leslie, C. *Uomo e mito nelle società primitive*, pp. 285-322. Florença.

BEATTIE, S. H. M. 1967. «Divination in Bunyoro, Uganda», in: J. Middleton, (org.), *Magic, Witchcraft and Curing*. pp. 211-32. Nova Iorque.

— & Middleton. 1969. *Spirit Mediumship in Africa*. Londres.

BEATTIE, J. 1971. *The Nyoro State*. Oxford.

BELSHAW, C. S. 1967. «Theoretical Problems in Economic Anthropology» in *Freedman, Social Organisation – Essays presented to R. Firth*, pp. 25-42. Londres.

BENEDICT, R. 1934. *Patterns of Culture*. Nova Iorque.

— 1935. *Zuni Mytohlogy*. Nova Iorque.

— 1946. *Chrysanthemum and the Sword. Patterns of Japanese Culture*. Boston.

BERNARDI, B. 1950. *The Social Structure of the Kraal among the Zezuru in Musami, Southern Rhodesia*. University of Cape Town. Communication from the School of African Studies 23, 2: 1-60.

— 1952. «The Age-System of the Nilo-Hamitic Peoples». *Africa*, Londres, XXII, 4: 316-32.

— 1955. «The Age-System of the Masai». *Annali Lateranensi*. Roma, vol. 18. pp. 257-318.

— 1959. *The Mugwe. A Failing Prophet*. Oxford.

— 1971. «From Symbolic to Exchange Value of the Land in Africa». *La ricerca sociale*. Primavera '71. pp. 56-71.

— 1971 «Il Mugwe dei Meru: da istituzione sociale a valore culturale». *Africa* XXIV, 4: 472-42.

— 1971. «Nota sul censimento 1969 del Kenya», *Bollettino dell'Associazione degli Africanisti Italiani*, IV, 3-4: 34-37.

BERNDT. R. M. e C. M. 1964. *The World of the First Australians*. Sydney.

BERTULLI, C. 1972. «Venticinque anni di presenza in Mozambico», *Africa* n. 5-6: 3.

BIANCHI, U. 1965. *Storia dell'Etnologia*. Roma.

BIASUTTI, R. 1940 (1), 1967 (2). *Razze e popoli della Terra*. 4 voll. Vol. I: Razze Popoli e Culture. Vol. 2: Europa-Asia. Vol. 3: Africa. Vol. 4: Oceania-América-Indici. Turim.

BLEIBTREU-EHRENBERG G. 1970. «Homosexualität und Tranvestition im Schamanismus», *Anthropos* 65: 189-228.

BOAS, F. 1897. *The Social Organisation and Secret Societies of the Kwakiutl Indians*. Report of U. S. National Museums for 1895. pp. 311-738.

— 1940(1), 1966(2), 1968(rdp). *Race, Language and Culture*. Nova Iorque.

BOHANNAN, L. 1952. «A Genealogical Character», *Africa*, XXII, 4. 301-15.

BOHANNAN, P. 1966 «Land, 'Tenure' and Land-tenure», Biebuyck, D. (org.) *African Agrarian Systems*, Oxford, pp. 105-15.

BOHANNAN, P. and L. 1968. *Tiv Economy*. Evanston.

BOHANNAN, P. and Dalton, G. 1962. *Markets in Africa*. Evanston.

BOUCHE-LECLERCQ, A. 1869-1882. *Histoire de la divination dans l'antiquité*, vol. 4. Paris.

BOUTILLIER, J. L. 1968. «L'Enquète d'Ethnologie Economique», in Poirier J., *Ethnologie Générale*. Paris.

BROOM, L. & P. Selznick. 1968 (4). *Sociology*. Nova Iorque.

BUIJTENHUIJS, R. 1971. *Le mouvement «Mau-Mau». Une révolte paysanne et anticoloniale*. S'Gravenhage.

BURLING, R. 1962. «Maximisation Theory and the Study of Economic Anthropology». *American Anthropologist*, 64: 802-21.

CALAME-GRIAULE, O. 1965. *Ethnologie et Langage. La parole chez les Dogon*. Paris.

CALLAWAY, H. 1870. *The Religious System of the Amazulu*. Londres.

CAQUOT, A. & M. Leibovici. 1968. *La Divination*. vol. 2. Paris.

CASAGRANDE, J. B. 1960. *In the Company of Man. Twenty Portraits by Anthropologists*. Nova Iorque.

CERULLI, Enrico. 1932. *Etiopia Occidentale*. Roma.

— 1957. *Somalia*. Roma.

— 1964. *Somalia*. Roma.

CERULLI, Ernesta. 1972. *Inculturazione Deculturazione Acculturazione. Etno- e Genocidio*, Génova.

CERULLI, Ernesta. 1963. «La setta dei Water-Carriers» in: *Studi e materiali di Storia delle Religioni*, XXXIV, 1, pp. 27-59.

— 1973. «Elementi tradizionali ed esterni della setta dei Water Carriers tra gli Nzima» (Ghana) in: Bernardi 1973: 139-154.

— 1973 [2]. «I Water Carriers nove anni dopo» in: Religioni e Civiltà. I: 69-124.

CHAGNON, N. A. 1968. *Yanomamö. The Fierce People*. Nova Iorque.

CHAPPOULIE, H. 1943. *Rome et les missions d'Indochine au XVII siècle*. Paris.

CHOMBART DE LAUWE, P. H. 1970. (org). *Aspirations et Transformations sociales*. Paris.

— 1970. «Aspirations, revendications et conflits», in: G. Balandier, *Sociologie des mutations*. Paris.

CIRESE, A. 1966. «L'Antropologia Culturale e lo studio delle tradizioni popolari intese come dislivelli interni di cultura delle società inferiori». *De Homine*, 17/18: 239-47.

— 1967. «Situation universitaire de l'histoire des traditions populaires en Italie», *Ethnologia Europea*, I, 4, 288-289.

— 1972. com textos de G. Angioni, C. Bermani, G. L. Bravo, P. G. Solinas. *Folklore e Antropologia tra Storicismo e Marxismo*. Palermo.

— 1973(2). *Cultura egemonica e culture subalterne*. Palermo.

CLIGNET, R. 1970. *Many Wifes, Many Power. Authority and Power in Polyginous Families. Aburé and Bete, Ivory Coast*. Evanston.

CONTI ROSSINI, C. 1928. *Storia d'Etiopia*. Bergamo.

— 1937. *Etiopia e Genti d'Etiopia*. Florença.

COOK, S. 1966. «The Obsolete 'Antimarket' mentality. A Critique of The Substantive Approach to Economic Anthropology». *American Anthropologist*, 68: 323-45.

DALTON, O. 1961. «Economic Theory and Primitive Society». *American Anthropologist*, 65: 1-25.

DARWIN, C. 1859/1947. *The Origin of Species by Means of Natural Selection.* (a reprint of a second edition). Oxford.

DE HEUSCH, L. 1958. *Essais sur le symbolisme de l'inceste royal en Afrique.* Bruxelas.

DE MARTINO, E. 1940. *Naturalismo e Storicismo.* Bari.

— 1948. *Il mondo magico.* Milão.

— 1958. *Morte e pianto nel mondo antico.* Turim.

— 1959. *Sud e magia.* Milão.

— 1961. *La terra del rimorso.* Milão.

— 1953. «Etnologia e Cultura nazionale negli ultimi dieci anni», *Società* XII, 4: 313-42.

DE ROHAN-CSERMAK. 1967. «La première appartition du terme 'Ethnologie'. A la memoire d'Andrê-Marie Ampère», *Ethnologia Europaea*, I, 3: 170-84.

DE SAUSSURE, F. 1968. *Corso di linguistica generale.* Tr. it. di T. De Mauro, Bari.

DIAMOND, S. 1967. *Primitive Society in its Many Dimensions,* in Wolf, K. and Moore Jr., B. (org.) *The Critical Spirit. Essays in Honour of Herbert Marcuse.* Boston, pp. 21-30.

DIETERLEN, G. 1971. «Les cerimonies soixantenaires du Sigui chez les Dogon», *Africa* XLI, 1: 1-11.

DIETERLEN, O. e Cissé, Y. 1972. *Les Fondaments de la société d'mitiation du Komo.* Cahiers de l'Homme. Paris.

DI NOLA, A. 1972. «Missioni e missionologia. 3 – Il problema del rapporto fra autonomia delle culture e azione missionaria», in: *Enciclopedia delle Religioni,* vol. 4, p. 437-53.

DOUGLAS, M. 1966. *Purity and Danger.* Londres. Tr. portuguesa. *Pureza e Perigo.* Edições 70. Lisboa.

— 1967. «Primitive Rationing. A Study in Controlled Exchange», in Firth, R. (org.) *Themes in Economic Anthropology.* Londres, pp. 119-147.

DUMONT, L. 1971. *Introduction à deux theories d'antropologie sociale.* Paris.

DUPRONT, A. 1966(1) 1967(2). *L'Acculturazione.* Turim.

DURKHEIM, E. 1893. *De la division du travail social.* Paris.

ELIADE, M. 1966. *Il mito dell'eterno ritorno.* Turim. Tr. portuguesa. *O Mito do Eterno Retorno.* Edições 70. Lisboa.

— 1951. *Le Chamanisme et les techniques archaiques de l'extase.* Paris.

ELKIN, A. P. 1956. *Gli Aborigeni Australiani.* (Tr. it. di V. L. Grottanelli). Turim.

ELLIO-SMITH, G. E. 1915. *The Migrations of Early Culture.* Manchester.

494

BIBLIOGRAFIA

EPSTEIN, A. L. 1967. *The Craft of Social Anthropology*. Londres.

EVANS-PRITCHARD, E. E. 1931. «An Alternative Term for Bride-Price». *Man:* XXXI: 36-38.

— 1937. *Witchcraft, Oracles and Magic among the Azande*. Oxford.

— 1940. *The Nuer. A Description of the Modes of Livelihood and Political Institutions of a Nilotic People*. Oxford.

— 1949. *The Nuer Religion*. Oxford:

— 1951. *Kinship and Marriage among the Nuer*. Oxford.

— 1964. *Social Anthropology and Other Essays*. Nova Iorque. Tr. portuguesa *Antropologia Social*. Edições 70. Lisboa.

— 1973. «Some Reminiscences and Reflections on Fieldwork», *Journal of the Anthropological Society of Oxford. IV, 1:* 1-12.

FADIMAN, J. A. 1973. «Early History of the Meru of Mount Kenya», *Journal of African History*. XIV, 1: 9-27.

FIELD, M. J. 1969. «Spirit Possession in Ghana», in: S. H. M. Beattie, & J. Middleton: *Spirit Mediumship and Society in Africa*. Londres.

FIRTH, R. 1936(1), 1963. *We, the Tkopia. Kinship in Primitive Polynesia*. Boston.

— J. Hubert, A. Forge. 1969. *Families and their Relatives. Kinship in a Middle-Class Sector of London. An Anthropological Study*. Londres.

— 1946. *Malay Fishermen: Their Peasant Economy*. Londres.

— 1966. *Elements of Social Organisation*. Boston.

— (org.) 1967. *Themes in Economic Anthropology*. Londres.

FORDE, D. C. 1934. *Habitat, Economy & Society. A Geographical Introduction to Ethnology*. Londres.

— (org.) 1954(1), 1970(2). *African Worlds. Studies in the Cosmological Ideals and Social Values of African Peoples*. Oxford.

FORTES, M. e E. E. Evans-Pritchard (orgs.) 1940(1), 1970(2). *African Political Sytems*. Oxford.

FORTES, M. 1945. *The Dynamics of Clanship among the Tallensi*. Oxford.

— 1949. *The Web of Kinship among the Tallensi*. Londres.

— 1950 «Kinship and Marriage among the Ashanti», in: A. R. Radcliffe-Brown. & D. Forde (eds), *African Systems of Kinship and Marriage*. Oxford.

— 1959. *«Oedipus and Job in a West African Religion»*. Cambridge.

— 1962(1), 1972(2). *Marriage in Tribal Societies*. Cambridge.

— & Dieterlen, G. (eds), 1965. *African Systems of Thought*. Oxford.

— 1966. Introduction, in: Goody, J. (org.) *Development Cycle in Domestic Groups*. Cambridge.

— 1969 (USA), 1970 (B. B.) *Kinship and the Social Order. The Legacy of L. H. Morgan*. Londres.

FORTUNE, R. S. *1932. Sorcerers of Dobu*. Londres.

INTRODUÇÃO AOS ESTUDOS ETNO-ANTROPOLÓGICOS

Fox, R. 1967. *The Keresan Bridge*. Londres.

— 1970. *Kinship and Marriage*, Harmondsworth.

— tr. it. 1973. *La parentela e il matrimonio*. Roma.

Fox, L. K. (org.) 1967. *East African Childhood. Three Versions*. Oxford.

FRAKE, C. O. 1961. «The Diagnosis of Disease among the Subanum of Mindanao», *American Anthropologist*. 63 (1): 113-32.

— 1962. «The Ethnographic Study of Cognitive Sistem», in: Gladwin, T. & Sturtevant (orgs.), *Anthropology and Human Behaviour*. Washington.

FROELICH, J. C. 1964. *Animismos. Les Religions payennes de l'Afrique de l'Ouest*. Paris.

GARBETT, G. K. 1960. *Growth and Change in a Shona Ward*. University College of Rhodesia and Nyasaland. Occasional Paper n. 1. Department of African Studies. Salisbury.

GASSEL, H. 1970. «Fonction de la tradition dans la mutation radicale», in: G. Balandier, *Sociologie des mutations*. Paris.

GLICKMAN, M. 1971. «Kinship and Credit among the Nuer». *Africa*. XLI, 4: 306-319.

GLUCKMAN, M. 1940. «The Kingdom of the Zulu of South Africa» in: M. Fortes & E. E. Evans-Pritchard (orgs.). *African Political Systems* pp. 25-55. Oxford.

— 1954. *Rituals of Rebellion in South East Africa*, Manchester.

— 1965. *Political Systems and the Distribution of Power*. Londres.

— 1965(1), 1967(2). *Politics Law and Ritual in Tribal Society*. Oxford.

— 1962. *Essays on the Ritual of Social Relation*. Manchester.

GODELIER, M. 1965. «Objet et methodes de l'anthropologie économique». *L'Homme*. Avril-Juin, pp. 32-91.

— 1970. *Antropologia, Storia, Marxismo*, Parma.

— 1970. *La moneta di sale*. Milano.

— 1973. *Antropologia economica*, in Copans, J., Tornay, S., Godelier, M., Backés-Clément, C. *Antropologia Cultural*. Firenze.

GOLDSCHMIDT, W. *1967. Sebei Law*. Berkeley.

— 1972. «An Ethnography of Encounters: a Methodology for the Enquiry into the Relation between the Individual and the Society», *Current Anthropology*, vol. 13, 1: 59-98.

GOODENOUGH, W. H. 1949. «Premarital freedom on truk: theory and practice», *American Anthropologist*, 51: 615-20.

— (org.) 1964. *Exploration in Cultural Anthropology*. Nova Iorque.

GOODY, J. 1962. *Death Property and the Ancestors. A Study of the Mortuary Customs of the Lo Dagaa of West Africa*. Stanford.

— (org.) 1966. *Succession to High Office*. Cambridge.

— 1971. *Technology. Tradition and the State in Africa*. Oxford.

— (org.) 1971. *Kinship*. Harmonsworth.

496

BIBLIOGRAFIA

— 1973. «L'Antropologia Sociale in Gran Bretagna» in: Bernardi, *Etnologia e Antropologia culturale*, Milano.

— 1972. *The myth of the Bagre*. Oxford.

GORDON BROWN & A. B. HUTT. 1933. *Anthropology in action*. Londres.

GRENDI, E. 1972. (org.), *L'Antropologia economica*. Torino.

GRIAULE, M. 1938. *Masques Dogon*. Paris.

— 1938. *Jeux Dogon*. Paris.

— 1948. *Dieu d'Eau. Entretiens avec Ogotemmeli*. Paris.

— 1956. *La Méthode Etnographique*. Paris.

— e G. Dieterlen. 1965. *Le Renard Pâle*. Paris.

GROTTANELLI, V. L. *1948*. «I Pre-Niloti: un'arcaica provincia culturale in Africa». *Annali Lateranensi*, XII: 281-326.

— 1955. *Pescatori dell'Oceano Indiano*. Roma.

— e N. Puccioni. 1959. «Gil Etiopici Meridionali» in: R. Biasutti, *Razze e Popoli della Terra*. Torino.

— 1966. *Ethnologica*, vol. 4. Milano.

— 1968. *Anthropological traditions in Italy*. Nova Iorque.

GUIART, J. 1968. «L'enquête d'ethnologie de la parenté», in J. Poirier (direcção de), *Etnologie Générale*. Paris.

GUILLAUMIN, J. 1968. «Les modèles statistiques pour l'ethnologie», in: J. Poirier, (direcção de) *Ethnologie Générale*. Paris.

GULLIVER, P. H. 1963. *Social Control in an African Society. A Study of the Arusha: Agricultural Masai of Northern Tanganyika*. Londres.

— 1969. *Tradition and Transition in East Africa. Studies of the Tribal Element in the Modern Era*. Londres.

HACKEL. J. 1956. «Zum heutigen Forschungsstandt der historischen Ethnologie», *Die Wiener Schule der Völkerkunde*. Festschrift.

HAIGHT, B. 1972. «A Note on the Leopard-skin Chief». *American Anthropologist*, 74, 5: 1313-18.

HAMER, J. H. 1970. «Sidamo Generational Class Cycles. A Political Gerontocracy». *Africa*, XL, 1: 50-70.

HARRIS, M. 1968. *The Rise of Anthropological Theory. A History of Theories of Culture*. Nova Iorque.

HASTING, A. 1967. *Church and Mission in Modern Africa*. Londres.

HEILER, F. 1919(1), 1921(4). *Das Gebet. Eine religionsgeschichtliche und religionspsychologische Untersuchung*. München.

HERSKOVITS, M. J. 1938. *Dahomey, an Ancient West African Kingdom*. Nova Iorque. 2 voll.

— 1948. *Man and his Work*. Nova Iorque.

— 1955. *Cultural Anthropology*. Nova Iorque.

— 1940. *The Economic Life of Primitive Peoples*. Nova Iorque.

— 1952. *Economic Anthropology: A Studi in Comparative Economics*. Nova Iorque.

INTRODUÇÃO AOS ESTUDOS ETNO-ANTROPOLÓGICOS

HOGBIN, H. 1934. *Law and Order in Polynesia.* Nova Iorque.
— 1939. *Experiments in Civilisation. The Effects of European Culture on a Native Community of the Solomon Islands.* Londres.
— 1951. *Transformation Scene. The Changing Culture of a New Guinea Village.* Londres.
HOGBIN, J. 1970. *The island of Menstruating Men. Religion in Wogeo.* New Guinea.
HORVARTH, R. J. 1972. «Definition of Colonialism». *Current Anthropology,* vol. 13, 1: 45-57.
HSU, F. L. K. (org.) 1961. *Psychological Anthropology. Approaches to Culture and Personality.* Homewood.
HULTKRANZ, A. 1967. «Historical Approaches in American Ethnology». *Ethnologia Europaea.* 1, 2: 110.
HUNTER (Wilson), M. 1936(1), 1961(2). *Reaction to Conquest.* Londres.
HUNTINGSFORD, G. W. B. 1953. *The Southern Nilo – Hamites.* Oxford.
IDOWN, E. B. 1962. *Olldumarè. God in Yoruba Belief.* Londres.
IZARD, F. e M. 1968. «L'enquète ethno-demographique». in: J. Poirier, (direcção de), *Ethnologie Générale.* Paris.
JACOBS, A. H. 1965. *The traditional Political Organisation of the Pastoral Masai.* Oxford University.
— 1968. «Traditional Housing among the Pastoral Masai». *Plan East Africa percentual of the Architectural Association of Kenya.* vol. 2, n. 1.
JARVIE, I. C. 1969. «The Problem of Ethical Integrity in Participant Observation». *Current Anthropology.* 10, 5: 505-508.
JAULIN, R. 1970. *La Paix Blanche. Introduction à l'ethnocide.* Paris.
JONES, G. I. 1971. «Councils among the Central Ibo», in Richards and Kuper, *Councils in Action.* p. 63-79. Cambridge.
JUNOD, H. A. 1927. *The Life of a South African Tribe.* 2 voll. Londres.
KANG-JEY, Ho and others. 1971. «The Masai of East Africa: some Unique Biological Characteristics». *Archives of Pathology.* May, vol. 91. pp. 387-410.
KARDINER, A. 1945. «The Concept of Basic Personality Structure as an Operational Tool in the Social Sciences», in: R. Linton, *The Science of Man in the World Crisis.* Nova Iorque.
KENYATTA, J. 1938. *Facing Mount Kenya.* Londres.
KLUCKHOHN, C. 1949. *Mirror for Man.* Nova Iorque.
— e Kroeber. 1952(1), 1963(2). *Culture: a Critical Review of Concepts and Definitions.* Nova Iorque (2).
— e D. Leighton. 1962. *The Navaho (revised edition).* Nova Iorque.
KROEBER, A. L. 1917. «The Superorganic». *American Anthropologist.* 19, April-June: 163-213.
— 1952. *The Nature of Culture.* Chicago. Tr. portuguesa. *A Natureza da Cultura.* Edições 70. Lisboa.

498

BIBLIOGRAFIA

KUPER, A. *1971.* «Council Structure and Decision-making», in: A. I. Richards e A. Kuper, *Councils in action.* Cambridge.
— 1973. *Anthropologists and Anthropology. The British School 1922-1972.* Londres.

LA BARRE, W. 1971. «Materials for History of Studies of Crisis Cults: a Bibliographic Essay». *Current Anthropology.* 12, 1: 3-44. Lanternari, V. 1959. *La Grande Festa. Storia dei Capodanno nelle civiltà primitive.* Milano.
— 1960. *Movimenti reiigiosi di libertà e di salvezza dei popoli oppressi.* Milano.
— 1966. «Giochi e divettimenti», in: V. L. Grottanelli, *Ethnologia.* vol. III, p. 551-619. Milano.
— 1973. «Le scienze umane oggi in Italia, net contesto europeo-americano», in: B. Bernardi (org.), *Etnologia e Antropologia Culturale.* Milano, p. 41-92.

LAPIERRE, J. W. 1970. «L'asynchronisme dans les processus de mutation», in: G. Balandier, *Sociologie des mutations.* Paris, n. 39-49.

LEACH, E. R. 1954(1), 1964(2), *Political Systems of Highland Burma.* Londres.
— 1966. *Rethinking Anthropology.* Londres.
— (org.) 1967. *The structural study of Myth and Totemism.* Londres.

LEBEUF, J. P. 1968 «L'enquète orale en ethnographie», in: J. Poirier (direcção de), *Ethnographie, Générale:* Paris 180-99.

LE CLAIR, E. E. Jr. 1962. «Economic Theory and Economic Anthropology» *American Anthropologist.* 64, 6: 1179-1203.

LÉVI-STRAUSS, C. 1949. *Les structures élémentaires de la parenté.* Paris.
— 1955. *Tristes Tropiques.* Paris. Tr. portuguesa. *Tristes Trópicos.* Edições 70. Lisboa.
— 1958. *Anthropologie structurale.* Paris.
— 1966. tr. it. *Antropologia strutturale.* Milano.
— 1962a. *Le totémisme aujourd'hui.* Paris. Tr. portuguesa. *O Totemismo Hoje.* Edições 70. Lisboa.
— 1962b. *La pensée sauvage.* Paris.
— 1964. *La cru et le cuit.* Paris.
— 1967. *Du miel aux cendres.* Paris
— 1967b. *Razza e storia e altri studi di Antropologia,* a cura di P. Caruso. Torino.
— 1968. *Les origines del manières de table.* Paris.

LÉVY-BRUHL, L. 1962. *Les fonctions mentales dons les sociétés inférieures.* Paris.
— 1922. *La mentalité primitive.* Paris.
— 1927. *L'Ame primitive.* Paris.
— 1949. *Les carnets de Lucien Lévy-Bruhl.* Paris.

LEWIS, I. M. 1961. *A Pastoral Democracy. A Study of Pastoralism and Politics among the Northern Somali of the Horn of Africa.* Oxford.

— (org.) 1968. *History and Social Anthropology.* Londres.

— 1971. *Ecstatic Religions. An Anthropological Study of Spirit Possession and Shamanism.* Harmondsworth.

LEWIS, O. 1970. «Controls and Experiments in Field Work» in: *Anthropological Essays.* Nova Iorque, pp. 1-34.

— 1974. *La cultura della povertà.* Bologna.

LINDBLOM, G. 1916. *The Akamba.* Uppsala.

LINTON, R. 1936. *The study of Man.* Nova Iorque.

— (org.) 1945. *The Science of Man in the World Crisis.* Nova Iorque.

— 1961. *The Tree of Culture.* Nova Iorque.

LOMBARD, J. 1972. *L'Anthropologie Britannique contemporaine.* Paris.

LOUNSBURY, F. G. 1955. *The Varieties of Meaning. Institute of Languages and Linguistics.* Washington.

— 1956. «A semantic analysis of the Pawnee Kinship usages. *Language.* 32 (1): 158-94.

LUGARD, F. D. *1928.* «The International Institute of African Languages and Cultures». *Africa* I, 1: 3.

MACKENZIE. W. J. M. 1967. *Politics Social Science.* Londres.

MACONI, V. 1965. «Adolescenza e Etnologia. L'iniziazione». *Enciclopedia dell'Adolescenza.* Brescia.

— 1972. *Lineamenti di Etnologia Religiosa.* Genova.

— 1973. *L'Iniciacione tribale. Un valore tradizionale nel processo di aggressione dell'occidente.* Genova.

MAGUBANE, B. 1971. «A Critical Look at Indices Used in the Study of Social Change in Colonial Africa». *Current Anthropology,* 12, 4-5: 419-45.

MAINE, H. S. 1861 (1). *Ancient Law.* Londres.

MAIR, L. 1948. «Modern Development in African Land Tenure: an Aspect of Culture Changes. *Africa,* 18,3. Londres.

— 1921 (1), 1964 (2). *Primitive Government.* Harmonsworth.

— 1970. *Introduzione all'Antropologia Sociale.* Milano.

MAKARIUS, L. 1970. «Du 'roi magique' au 'roi divin'». *Annales,* 3: 668-698.

MALINOWSKI, B. 1922. *Argonauts of the Western Pacific.* Londres.

— 1926. *Myth in Primitive Psychology.*

— 1926. *Crime and Custom in Savage Society.* Londres.

— 1927. *Sex and Repression in a Savage society.* Londres.

— 1929. *The Sexual Life of Savages in North-Western Melanesia. An Ethnographic Account of Courtship, Marriage and Family Life among the Natives of the Trobriand islands.* Londres.

— 1935. *Coral Gardens and Their Magic: A Study of the Methods of tilling the Soil and of Agricoltural Sites in the Trobriand Islands.* Londres.

BIBLIOGRAFIA

— 1944. *A Scientific Theory of Culture*. Chapel Hill. Tr. portuguesa. *Uma Teoria Científica da Cultura*. Edições 70. Lisboa.

— 1945. *The Dynamics of Culture Change*. Londres.

MARSHALL, L. 1960. «!Kung Bushman bands. *Africa*, XXX, 4: 325-55.

— 1961. «Sharing, Taking, Giving: Relief of Social Tensions among !Kung Bushmen. *Africa*, XXXI, 3: 231-49.

— 1962. «!Kung Bushman Religious Beliefs. *Africa*. XXXII, 3: 221-52.

— 1962. «The Medicine Dance of the !Kung Bushmen. *Africa*, IXL, 4: 34781.

MARWICK, M. G. 1967. «The Study of Witchcraft., in: A. L. Epstein, (org.). *Witchcraft and Sorcery*. Harmonsworth. p. 231-224.

MAUSS, M. 1947. «The Significance of Quasi-Groups in Study of Complex Societies, in: M. Dalton, (org.), *The Social Anthropology of Complex Societies*. Londres, p. 97-122.

MBITI, J. 1969. *African Religions and Philosophy*. Londres.

MC KINLEY, R. 1971. «Why do Crow and Omaha Kinship Terminologies Exist? A Sociology of Knowledge Interpretation. *Man*, N. S., 6, 3; 408-26.

MEAD, M. 1930. *Coming of Age in Samoa*. Nova Iorque.

— 1935. *Sex and Tem prament in Three Primitive Societies*. Nova Iorque.

— 1953. *Cultural Pattern and Technical Change*. Paris.

— 1956. *New dives for Old. Cultural Transformation. Manus* 1928-1935. Nova Iorque.

— 1959. *An Anthropologist at Work. Writings by Ruth Benedict*. Nova Iorque.

— 1970. *Antropologia. Una scienza umana*. Roma.

MEEK, C. K. 1937. *Law and Authority in a Nigerian Tribe*. Londres.

MIDDLETON, J. & D. Tait (orgs.). 1958 (1), 1970 (2). *Tribes without rulers. Studies in African segmentary system*. Londres.

— 1960. *Lubara Religion*. Oxford.

MOORE, H.-Khayyam. 1969. «Environment and Cultural Behaviour», in: A. Vayda. *Divination, a new perspective*. Chicago.

MORTON-WILLIAMS, P. 1966. «Odu Ifa: the Names of the Signs». *Africa* (Londres), XXXVI, 4: 406-21.

MURDOCK, U. P. 1949. *Social Structure*. Nova Iorque.

— 1959. *Africa. Its Peoples and their Culture History*. Nova Iorque.

— 1967. «Ethnographic Atlas: a summary». *Ethnology*, VI, 2: 109-236.

MVENGE, E. 1970. *Les sources Greques de l'histoire Négro-Africaine*. Thèse de Doctorat. Faculté des Lettres et Sciences Humaines, Sorbonne. Paris.

NADEI, S. F. 1942. *A Black Byzantium*. Oxford.

— 1949. *The Nuba*. Londres.

— 1951: *The Foundations of Social Anthropology*. Londres.

— 1957. *The Theory of Social Structure*. Londres.

NEEDHAM, R. 1962. *Structure and Sentiment.* Chicago.
— 1973. *Left and Right.* Chicago.
NTABONA, A. 1968. *Aspirations humaines et responses de Dieu. Pistes de réflexion pour une préevangelisation de l'homme des proverbes Rundi.* Pont. Univ. Urbaniana, Roma.
OLE SANKAN S. S. *Sid The Maasai.* Nairobi.
O'SHAUGHNESSY, H. 1973. *What future for the Amerindians of South America?* Minority Rights Group, No. 15. Londres.
PARRINDER, G. 1949. *West African Religion. Illustrated from the Beliefs and Pratices of the Yoruba, Ewe, Akan Kindred Peoples.* Londres.
PAULME, D. (org.). 1971. *Classes et Associations d'âge en Afrique de l'Ouest.* Paris.
P' BITEX, O. (org.) (1970). *African Religions in Western Scholarship.* Nairobi.
PERRY, W. J. 1923. *The Children of the Sun.* Londres.
PEDRO DA GRÉCIA E DA DINAMARCA. 1963. *A Study of Polyandry.* S'gravenhage.
PHILSOOPH, H. 1971. «Primitive Magic and Mana». *Man,* 6, 2; 182-203.
POIRIER, J. 1968. (direcção de). *Ethnologic Générale.* Paris.
POLUNIN, I. 1970. «Visual and Sound recording Apparatus in Etnographic Fieldwork». *Current Anthropology,* 11, 1: 3-22.
RADCLIFFE-BROW, A. R. 1930. «The Social Organisation of Australian Tribes». *Oceania,* I, 1; 34-63.
— 1940. «On Social Structure». *Journal of the Royal Anthropological Institute.* 71.
— 1952 (1), 1969 (2). *Structure and Function in primitive society.* Londres. Tr. portuguesa. *Estrutura e Função nas Sociedades Primitivas.* Edições 70. Lisboa.
— 1973. *Il metodo nell'antropologia sociale.* Roma.
RADIN, P. 1927 (1), 1957 (2), *Primitive Man as a Philosopher.* Nova Iorque.
RAPPAPORT, R. A. 1967. «Ritual Regulation of Environmental Relations among a New Guinea people». *Ethnology.* VI, 1: 17-30.
REDFIELD, R. 1953. *The Primitive World and its Transformations.* Cornell.
REICHEL DOLMATOFF, O. 1951. *Los Kogi.* vol. 2. Bogotá.
REMOTTI, F. 1973. *I sistemi di parentela.* Turim.
RICHARDS, A. I. 1969. *The Multi-Cultural States of East Africa,* Montreal.
— & A. Kuper (orgs.) 1971. *Councils in Actions.* Cambridge.
RIVERS, W. H. R. 1968. «The Genealogical Method of Anthropological Inquiry» in *Kinship and Social Organisation.* Londres.
— 1914. *The history of Melanesian Society.* 2 vols. Cambridge.
ROMNEY, K. e D'Andrade R. G. 1964. (orgs.). «Transcultural Studies in Cognition». *American Anthropologist,* 64, 3. Part 2.
ROSSI, P. 1970. (org.), *Il conceto di cultura. I fondamenti teorici della scienza antropologica.* Turim.
ROUCH, J. 1968. «Le film etnographique», in: J. Poirier, (direcção de) *Ethnologie Générale.* Paris, p. 430-71.

BIBLIOGRAFIA

ROUGET, G. 1968. «L'enquète d'etnomusicologie», in J. Poirier, (direcção de). *Ethnologie Générale*. Paris, p. 333-48.

SAHLINS, M. 1963. «Poor Man, Rich Man, Big Man, chief: Political Types in Melanesia and Polynesia» *Comparative Studies in Society and History*. 5: 285-303.

SALISBURY, R. F. 1962. *From Stone to Steel*. Londres.

— 1964. «Despotism and Australian Administration in the New Guinea Highlands». *American Anthropologist*. Special Publication, Vol. 66, 4, 2: 225-239.

SALMON 1731. *Lo stato presente di tutti i Paesi e popoli dei Mondo naturle, politico e morale con nuove osservazioni e correzioni degli antichi e moderni viaggiatori, scritto in lingua inglese dal signor Salmon, tradotto in Olandese e Francese e ora in Italiano*. Veneza.

— 1740. *Lo Stato presente dei popoli dei mondo*. Veneza.

SAPIR, E. 1924. «Culture: Genuine and Spurious». *American Anthropologist*, X: 441-447.

SCHAPERA, I. 1956. *Government and Politics in Tribal Societies*. Londres.

— 1963. «Kinship and Politics in Tswana History». Presidential Address. *The Journal of the Royal Anthropological Institute of Great Britain and Ireland*. Vol. 93, 2: 159-173.

— 1972. *Some Anthropological Concepts of Crime*. The House Memorial Lecture.

SCHEBESTA, P. 1938. *Die Bambuti. Pygmäen vom Ituri*. I, 1938. II, 1, 1941. 2, 1948, 111, 1950. Bruxelas.

SCHMIDT, W. 1906. «Die moderne Ethnologie». *Anthropos, I.*

— 1912-1955. *Der Ursprung der Gottesidee*. Münser i. W.

— 1937. *Handbuch der Methode del kulturhistorischen Etnologie*. Münster i. W.

— 1951. «In den Wissenachaft nur Wissenschaft». *Anthropos*. 46: 611-14.

SCHNEIDER, D. M. and K. Gough. 1961. *Matrilineal Kinship*. Berkeley.

SCHNEIDER, D. M. 1965. «Some Muddles in the Models, or, How the System Really Works». in; M. Banton (org.), *The Relevance of Models for Social Anthropology*. Londres.

SCHNEIDER, H. K. 1970. *The Wahi Wanyaturu. Economics in an African Society*. Nova Iorque.

SCHWARTZ, G. 1972. *Youth Culture: an anthropological approach*. Nova Iorque.

SCHWARTZ, M. J., Turner, V. W., Tuden, A. 1966. *Political Anthropology*. Chicago.

SERTORIO, G. 1967. *Struttura Sociale Politica e Ordinamento Fondiario Yoruba*. Como.

— 1970. *Culture Politiche. Proposizioni teoriche e niferimento alla società Ashanti*. Turim.

503

INTRODUÇÃO AOS ESTUDOS ETNO-ANTROPOLÓGICOS

SHIMAHARA, N. 1970. «Enculturation. A Reconsideration». *Current Anthropology*, 11, 2: 143-54.

SOLINAS, P. 1972. «Il dibattito sull'Antropologia Culturale», in: A. M. Cirese, *Folklore e Antropologia*. Palermo, pp. 197-234.

— 1972. «Lévi-Strauss, le strutture della parentela e le posizioni marxiste», in: A. M. Cirese, *Folklore e Antropologia*. Palermo, p. 81-111.

SORET, M. 1968. «La cartographie et la présentation graphique en ethnologie»;

SOUTHALL, A. 1965. «A Critique of the Typology of States and Political Systems», in: M. Banton (org.), *Political Systems and the Distribution of Power*. Londres, p. 113-40.

SPENCER, H. 1967. tr. it. *Principi di Sociologia*, vol. I. Turim

SPENCER, P. 1965. *The Samburu: a Study of Gerontocray in a Nomadic Tribe*. Londres.

STAYT, H. A. 1931 (1), 1968 (2). *The Bavenda*. Londres.

STOCKING, G. W. 1971. «What's in a Name? The Origins of the Royal Anthropological Institute (1837-1871)». *Man*, N. S. 6,3: 369-90.

STRATHERN, A. 1971. *The Rope of Moka. Big-Men and Ceremonial Exchange in Mount Hagen, New Guinea*. Cambridge.

SUMNER, W. G. 1940. *Folkways*. Nova Iorque.

STURTEVANT, W. C. 1964. «Studies in Ethnoscience». *American Anthropologist*, 66, 3-2: 99-131.

TEMPELS, P. P. 1945. *Die Bantoe Philosophie*. Elisabethville.

TENTORI, T. *et al.* 1962. *Il pregiudizio sociale*. Roma.

TENTORI, T. 1966. *Antropologia Culturale*. Roma.

— 1970. *Scritti antropologici 1*. Roma.

TEW, M. 1951. «A Form of Polyandry among the Lele of the Kasai». *Africa*, XXI, 1: 1-12.

TULLIO-ALTAN, C. 1968. *Antropologia funzionale*. Milão.

— 1971. *Manuale di Antropologia Culturale. Storia e metodo*. Milão.

TURNBULL, C. M. 1966. *Wayward Servants. The Two Worlds of the African Pigmies*. Londres.

TURNER, V. W. 1968. *The Drums of Affliction. A Study of Religious Processes among the Ndembu of Zambia*. Oxford.

— 1969. *The Ritual Process*. Londres.

TYLOR, E. B. 1871. *Primitive Culture*. Londres.

— 1886. On a Method of Investigating the Development of Institutions Applied to Laws of Marriage and Descent». *Journal of the Royal Anthropological Institute*, XVIII: 245-269.

VAN GENNEP, A. 1909. *Les rites de passages*. Paris.

VANSINA, J. *et. al.* 1964. *The Historian in tropical Africa*. Londres, 1965.

VANSINA, J. 1965. *Oral Tradition: a Study in Historial Methodology*. Londres.

WEBER, M. 1922. (Ed. crítica de Winckelmann, 1956). *Wirtschaft und Gesellshaft*.

BIBLIOGRAFIA

WELL, P. M. 1971. «The Mensked Figure and Social Control: the Mandinka Case». *Africa*. XLI: 279-93.

WEINGÄRTNER, L. 1969. *Umbanda. Synkretistiche Kulle in Brasilien*. Erlangen.

WHITE, L. A. 1949. *The Science of Culture*. Nova Iorque.

— 1959. «The Concept of Culture». *American Anthropologist*, 51, 5: 227-51.

WILLIAMSON, R. W. 1933. *Religions and Cosmic Beliefs of Central Polynesia*. Cambridge.

WILSON, G. e M. HUNTER. 1945. *The Analysis of Social Change*. Londres.

WILSON, M. 1970. «Witch-Belliefs and Social Struture» in: M. Marwick, *Witchcraft and Sorcery*. Londres pp. 252-263.

WOODBURN, J. C. 1964. *The Social Organisation of the Hadza of North-Tanganyika*. Doctorial dissertation. University of Cambridge.

WOLF, E. R. 1966. *Peasants*. Englewood Cliffs, N. J.

YENGOYAN, A. A. 1973. «Kindreds and Test Groups in Mandaya Social Organisation». *Ethnology*, XII, 2:163-77.

ÍNDICE

Prefácio 7

PRIMEIRA PARTE – CONCEITOS E MÉTODO

I. *Natureza e cultura* 19
  1. A natureza, fundamento da cultura 20
  2. O significado antropológico da cultura 23
  3. Abstracção e simbolização 26
  4. Cultura e civilização 31
  5. Cultura e sociedade 35
  6. Os valores culturais 38
  7. Os sistemas e os padrões culturais 40
  8. Os usos e costumes 42
  9. Instituições e estruturas sociais 45
  10. As culturas alienígenas 46
  11. Subcultura, hegemonia cultural 49

II. *Os factores da cultura* 53
  1. O *anthropos* 54
    Pessoa e cultura 57
    O contributo individual 60
    O indivíduo e o método antropológico 65
  2. O *ethnos* 65
    Tipos de associação comunitária 66
    Património, padrões, *ethos* 69
    O *ethnos*, sujeito de relações culturais 72
  3. O *oikos* 73
    A tecnologia 74
    Valor material e simbólico do ambiente 78

INTRODUÇÃO AOS ESTUDOS ETNO-ANTROPOLÓGICOS

4. O *chronos*	81
Dimensões do tempo	81
Tempo ecológico e tempo estrutural	84
5. A interacção dos factores	88
6. Antropemas e etnemas	90

III. *A dinâmica cultural* 95

1. Função e energia	95
2. A enculturação	102
3. A iniciação	105
4. A aculturação	109
5. A actividade missionária	114
6. O colonialismo	119
7. Os movimentos religiosos de reforma e libertação	123
8. Aspectos particulares da aculturação	126
9. A desculturação	128

IV. *O método e a pesquisa* 135

1. Os pressupostos metodológicos	135
2. A escolha do campo	142
3. O estudo da língua	145
4. O trabalho de grupo	146
5. A recolha do material	149
6. Cartas geográficas, diagramas, censos, genealogias	152
7. Mitos	158
8. A observação participante	160
9. Análises e avaliações	165
Apêndice	169

SEGUNDA PARTE — TEORIAS E ESCOLAS

V. *Período I – O problema das origens* 185

1. A fase da curiosidade	186
2. A comparação iluminística	190
3. A sistematização científica	191
4. A escola evolucionista	197
5. A escola histórico-cultural	205
6. O primeiro período da escola americana	211
7. A escola sociológica francesa	215

ÍNDICE

VI *Período II — O problema da função e estrutura* 219

  1. Radcliffe-Brown 220
  2. Malinowski 223
  3. As mudanças coloniais 226
  4. A antropologia social inglesa 229
  5. A culturologia 235
  6. Sistemas de pensamento 240
  7. Antropologia estrutural 244
  8. A etno-história 249
  9. A nova antropologia 251

VII. *Os estudos etno-antropológicos em Itália* 255

  1. Período positivo-evolucionístico 256
  2. Período individual e humanístico 260
  3. Período etnológico 268
  4. Período etno-antropológico 277

TERCEIRA PARTE – ETNEMAS SOCIAIS

VIII. *O parentesco* 289

  1. O parentesco e o casamento 290
     O que é o parentesco. Consaguíneos – afins – adoptivos 290
     Os princípios basilares 292
     O código 295
     O que é o casamento 296
  2. Tipos e sistemas matrimoniais 299
     Endogamia, exogamia, incesto 299
     Monogamia e poligamia 304
     A idade e o matrimónio 307
     O contrato matrimonial 308
     A residência matrimonial 310
     Sistemas matrimoniais 311
  3. Grupos de parentesco 321
     As díades e a família 322
     Formas plurais de família 326
     Clã e linhagem 329
     Grupos cognáticos – parentela 332
  4. Sistemas de terminologia 336
     A classificação dos sistemas 338
     Sistema misto 338
     Sistema descritivo 339

INTRODUÇÃO AOS ESTUDOS ETNO-ANTROPOLÓGICOS

Sistema sudanês 339
Sistema havaiano 339
Sistema esquimó 339
Sistema iroquês 341
Sistema crow 341
Sistema omaha 343

IX *A ordenação política* 347

1. Os clássicos da antropologia 348
2. Tipologia 352
3. O conceito de tribo 356
4. Ordenamentos políticos de igualdade 359
   A banda 359
   A estrutura da linhagem 363
   As classes de idade 368
5. Os conselhos 377
6. Ordenamentos políticos de desigualdade 379
   As dinastias 380
   Chefes e rei. O «rei divino» 382
   A «realeza circulante» 384
   O Estado 387
7. O ordenamento político do indivíduo 394
8. O recurso à violência: lutas e guerras 398

X. *O etnema económico* 405

1. Premissa 405
2. Das escolas históricas, evolucionistas e culturais
   aos funcionalistas 407
3. «Primitivos» e «camponeses» 411
4. Ecologia – tecnologia – economia 412
5. A produção 414
6. A circulação 421
7. O consumo 432
8. Os factores económicos e as mudanças culturais 434

XI. *O etnema religioso-mágico* 437

1. O mistério do cosmos 438
2. A linguagem religiosa 440
3. Religião e magia 444
4. O etnema religioso-mágico e o ambiente 447
5. O teísmo silvestre 450
6. O teísmo agrário 457

ÍNDICE

7. O teísmo pastoril 461
8. A estratificação hierárquica dos «espíritos» 464
9. O culto em geral 466
10. Mediação e culto: Os sacerdotes 470
11. A adivinhação: O adivinho 474
12. O êxtase e a possessão dos espíritos: O xamã 478
13. A feitiçaria: O feiticeiro 481
14. Conservação e reforma: O profeta 483
15. Os movimentos de reforma religiosa 487

Bibliografia 491